LENNART SYDOW

Das Spannungsverhältnis zwischen e-Discovery und Datenschutzrecht

D1717640

Internetrecht und Digitale Gesellschaft

Herausgegeben von

Dirk Heckmann

Band 20

Das Spannungsverhältnis zwischen e-Discovery und Datenschutzrecht

Eine Analyse der e-Discovery nach US-Recht
aus datenschutzrechtlicher Perspektive
im Vergleich zur Informationsbeschaffung
für Zivilprozesse in Deutschland und England

Von

Lennart Sydow

Duncker & Humblot · Berlin

Die Rechtswissenschaftliche Fakultät
der Westfälischen Wilhelms-Universität Münster
hat diese Arbeit im Jahr 2018
als Dissertation angenommen.

Bibliografische Information der Deutschen Nationalbibliothek

Die Deutsche Nationalbibliothek verzeichnet diese Publikation in
der Deutschen Nationalbibliografie; detaillierte bibliografische Daten
sind im Internet über http://dnb.d-nb.de abrufbar.

Erster Berichterstatter: Prof. Dr. Thomas Hoeren
Zweiter Berichterstatter: Prof. Dr. Ingo Saenger
Dekan/in: Prof. Dr. Klaus Boers
Tag der mündlichen Prüfung: 16.04.2019

D 6

© 2019 Duncker & Humblot GmbH, Berlin
Satz: Fotosatz Voigt, Berlin
Druck: CPI buchbücher.de gmbh, Birkach
Printed in Germany

ISSN 2363-5479
ISBN 978-3-428-15825-6 (Print)
ISBN 978-3-428-55825-4 (E-Book)
ISBN 978-3-428-85825-5 (Print & E-Book)

Gedruckt auf alterungsbeständigem (säurefreiem) Papier
entsprechend ISO 9706 ⊖

Internet: http://www.duncker-humblot.de

Vorwort

Die vorliegende Arbeit wurde im Wintersemester 2018/2019 von der Rechtswissenschaftlichen Fakultät der Westfälischen Wilhelms-Universität Münster als Dissertation angenommen. Rechtsprechung und Literatur sind auf dem Stand vom 01. September 2018.

Mein herzlicher Dank gilt zuallererst meinem Doktorvater Herrn Prof. Dr. Thomas Hoeren für die Betreuung der Arbeit, viele hilfreiche Anregungen und die gute Zusammenarbeit am Institut für Informations-, Telekommunikations- und Medienrecht (ITM) in Münster. Herrn Prof. Dr. Ingo Saenger danke ich für die sehr zügige Erstellung des Zweitgutachtens und Herrn Prof. Dr. Dirk Heckmann für die Aufnahme in die Schriftenreihe „Internetrecht und Digitale Gesellschaft".

Die Arbeit ist zum größten Teil während meiner Zeit als wissenschaftlicher Mitarbeiter am ITM entstanden. Der stetige Austausch mit den Kolleginnen und Kollegen und die anregende und freundschaftliche Atmosphäre dort haben mir bei der Anfertigung der Arbeit durchgehend sehr geholfen. Für inhaltliche Anregungen und Diskussionen danke ich insbesondere Markus Andrees und Florian Klein. Für ihre Unterstützung bei der Durchsicht des Manuskripts danke ich zudem Yannick Eckervogt, Florian Neuber, Henning Sydow sowie Anne und Peter Laska. Für ihre unendliche Geduld und liebevolle Unterstützung über die gesamte Zeit danke ich ganz besonders meiner Freundin Lydia Weygoldt.

Über allem steht aber der Dank an meine Eltern, Martina und Michael Sydow, ohne deren Unterstützung diese Arbeit nie entstanden wäre und denen ich alles verdanke. Ihnen ist diese Arbeit gewidmet.

Berlin, Juni 2019   *Lennart Sydow*

Inhaltsverzeichnis

Abkürzungsverzeichnis

Duke J. Comp. & Int'l L.	Duke Journal of Comparative and International Law
Duke L.J.	Duke Law Journal
D. Utah	United States District Court for the District of Utah
E.D. La.	United States District Court for the Eastern District of Louisiana
E.D. Mich.	United States District Court for the Eastern District of Michigan
E.D. N.Y.	United States District Court for the Eastern District of New York
E.D. Pa.	United States District Court for the Eastern District of Pennsylvania
E.M.L.R.	Entertainment and Media Law Reports
EuBVO	Verordnung (EG) Nr. 1206/2001 des Rates vom 28. Mai 2001 über die Zusammenarbeit zwischen den Gerichten der Mitgliedstaaten auf dem Gebiet der Beweisaufnahme in Zivil- oder Handelssachen
EuGVVO	Verordnung (EU) Nr. 1215/2012 des Europäischen Parlaments und des Rates vom 12. Dezember 2012 über die gerichtliche Zuständigkeit und die Anerkennung und Vollstreckung von Entscheidungen in Zivil- und Handelssachen
EuZVO	Verordnung (EG) Nr. 1393/2007 des Europäischen Parlaments und des Rates vom 13. November 2007 über die Zustellung gerichtlicher und außergerichtlicher Schriftstücke in Zivil- oder Handelssachen in den Mitgliedstaaten („Zustellung von Schriftstücken") und zur Aufhebung der Verordnung (EG) Nr. 1348/2000 des Rates
EWCA	England and Wales Court of Appeal (Civil Division) Decisions
EWHC	High Court of England and Wales
Fed. Cir.	United States Court of Appeals for the Federal Circuit
Fordham L. Rev.	Fordham Law Review
FRCP	Federal Rules of Civil Procedure
F.R.D.	Federal Rules Decisions
F.S.R.	Fleet Street Reports
F. Supp	Federal Supplement
F. Supp. 2d	Federal Supplement, Second Series
F. Supp. 3d	Federal Supplement, Third Series
F.2d	Federal Reporter, Second Series
F.3d	Federal Reporter, Third Series
Ga. St. U. L. Rev.	Georgia State University Law Review
Geo. J. Legal Ethics	Georgetown Journal of Legal Ethics
Harv. L. Rev.	Harvard Law Review
Hastings Comm. & Ent. L.J.	Hastings Communications and Entertainment Law Journal

Hastings Int'l & Comp. L. Rev.	Hastings International and Comparative Law Review
Hastings L.J.	Hastings Law Journal
HBÜ	Übereinkommen über die Beweisaufnahme im Ausland in Zivil- oder Handelssachen vom 18. März 1970
HL	House of Lords
Hofstra L. Rev.	Hofstra Law Review
Int'l J. Evidence & Proof	International Journal of Evidence & Proof
J. Comp. L	Journal of Comparative Law
La. L. Rev.	Louisiana Law Review
Md. B.J.	Maryland Bar Journal
M.D.N.C.	United States District Court for the Middle District of North Carolina
Mich. L. Rev.	Michigan Law Review
N.C. Cent. L. Rev.	North Carolina Central Law Review
N.C.J. Int'l L. & Com. Reg.	North Carolina Journal of International Law and Commercial Regulation
N.D. Cal.	United States District Court for the Northern District of California
N.D. Ill.	United States District Court for the Northern District of Illinois
N.D. Tex.	United States District Court for the Northern District of Texas
N.D. W.Va.	United States District Court for the Northern District of West Virginia
N.J.	Supreme Court of New Jersey
Notre Dame L. Rev.	Notre Dame Law Review
Nw. J. Tech. & Intell. Prop.	Northwestern Journal of Technology and Intellectual Property
N.Y. App. Div.	Supreme Court of the State of New York Appellate Division, First Department
N.Y. Sup. Ct.	New York Supreme Court
N.Y.U. L. Rev.	New York University Law Review
Ohio Ct. App.	Ohio Court of Appeals
Penn St. L. Rev.	Penn State Law Review
QB	Law Reports, Queen's Bench (3rd Series)
Q.B.D.	Law Reports, Queen's Bench Division
Regent U. L. Rev.	Regent University Law Review
Rich. J. Global L. & Bus.	Richmond Journal of Global Law and Business
Rich. J. L. & Tech.	Richmond Journal of Law & Technology
San Diego Int'l L.J.	San Diego International Law Journal
Santa Clara High Tech. L.J.	Santa Clara High Technology Law Journal
S. C. L. Rev.	South Carolina Law Review
S. Ct.	Supreme Court Reporter

S.D. Cal	United States District Court for the Southern District of California
S.D. Fla.	United States District Court for the Southern District of Florida
S.D. N.Y.	United States District Court for the Southern District of New York
S.D. W.Va.	United States District Court for the Southern District of West Virginia
Sedona Conf. J.	The Sedona Conference Journal
Stan. L. Rev.	Stanford Law Review
Suffolk U. L. Rev.	Suffolk University Law Review
T.C.	United States Tax Court
TCC	High Court of Justice Queen's Bench Division Technology and Construction Court
Tex.	Supreme Court of Texas
Tex. App.	Court of Appeals of Texas
T. M. Cooley L. Rev.	Thomas M. Cooley Law Review
U. Chi. L. Rev.	University of Chicago Law Review
U. Colo. L. Rev.	University of Colorado Law Review
U. Ill. L. Rev.	University of Illinois Law Review
U.K.H.R.R.	United Kingdom Human Rights Reports
U. Kan. L. Rev.	University of Kansas Law Review
UKSC	United Kingdom Supreme Court
U. Mich. J. L. Reform	University of Michigan Journal of Law Reform
U. Pa. L. Rev.	University of Pennsylvania Law Review
U.S.	United States Reports
U. Tol. L. Rev.	University of Toledo Law Review
Val. U. L. Rev.	Valparaiso University Law Review
Vand. L. Rev.	Vanderbilt Law Review
Vill. L. Rev.	Villanova Law Review
Wake Forest L. Rev.	Wake Forest Law Review
Wash. Ct. App.	Court of Appeals of Washington
Wash. & Lee L. Rev.	Washington and Lee Law Review
W.D. N.Y.	United States District Court for the Western District of New York
W.D. Pa.	United States District Court for the Western District of Pennsylvania
WL	Westlaw
W.L.R.	Weekley Law Reports
WP	Working Paper
2d Cir.	United States Court of Appeals, Second Circuit
3d Cir.	United States Court of Appeals, Third Circuit
4th Cir.	United States Court of Appeals, Fourth Circuit

5th Cir.	United States Court of Appeals, Fifth Circuit
7th Cir.	United States Court of Appeals, Seventh Circuit
9th Cir.	United States Court of Appeals, Ninth Circuit
10th Cir.	United States Court of Appeals, Tenth Circuit
11th Cir.	United States Court of Appeals, Eleventh Circuit

Im Übrigen wird verwiesen auf: *Kirchner, Hildebert/Böttcher, Eike,* Abkürzungsverzeichnis der Rechtssprache, 8. Aufl., Berlin 2015.

A. Einleitung

I. Überblick

Die Übermittlung personenbezogener Daten in die USA und andere Staaten, die nicht Teil der Europäischen Union sind, sogenannte Drittstaaten, ist seit langem einer der problematischsten Bereiche des Datenschutzrechts. Spätestens durch das Urteil des Europäischen Gerichtshofs zur Unwirksamkeit der Safe Harbor-Entscheidung der EU-Kommission und die dadurch entstandene Legitimationslücke für die Datenübermittlung in die USA wurde die Dringlichkeit der Problematik auch einer breiten Öffentlichkeit bewusst.[1] Dies konnte auch durch den Abschluss des Privacy Shield-Abkommens nicht vollständig gelöst werden. Zum einen bestehen an dessen Vereinbarkeit mit dem einschlägigen Unionsrecht in Form der Datenschutz-Grundverordnung sowie dem Primärrecht der Charta der Grundrechte der Europäischen Union und der Europäischen Menschenrechtskonvention zumindest Zweifel.[2] Zum anderen kann auch dieses Abkommen eine Datenübermittlung nur so weit rechtfertigen, wie alle in der Situation beteiligten datenverarbeitenden Stellen sich diesen Grundsätzen unterworfen haben. Daher bleibt in vielen Situationen des Wirtschaftslebens die Frage, ob – und wenn ja, unter welchen Voraussetzungen – eine rechtmäßige Übermittlung personenbezogener Daten in die USA möglich ist.

Ein prominentes Beispiel für einen derartigen Konflikt bildet aktuell die Situation, dass Unternehmen von US-Behörden insbesondere zum Zwecke der Strafverfolgung zur Vorlage von Dokumenten verpflichtet werden.[3] Neben dieser Strafverfolgungssituation und einer unbegrenzten Vielzahl unmittelbar wirtschaftlicher Interessen kann sich ein Bedürfnis zur Übermittlung von Daten in Drittstaaten aber auch daraus ergeben, dass dies erforderlich ist, um erfolgreich ein zivilgerichtliches Verfahren in den USA zu führen.[4] Wer in den USA an

---

[1] EuGH, Urt. v. 6.10.2015 – C-362/14, Maximillian Schrems/Data Protection Commissioner, NJW 2015, 3151 f.

[2] *Art. 29-Datenschutzgruppe,* WP 238, 49 ff.; *Pauly,* in: Paal/Pauly, DS-GVO, Art. 45 Rn. 19 ff.

[3] Vgl. hierzu United States v. Microsoft Corp., 138 S. Ct. 1186 (2018); United States v. Microsoft Corp., 138 S. Ct. 356 (2017); Matter of Warrant to Search a Certain E-Mail Account Controlled & Maintained by Microsoft Corp., 829 F.3d 197 (2d Cir. 2016); *Metz/Spittka,* ZD 2017, 361, 361 ff.; *Spies,* ZD-Aktuell 2018, 4291; *Spies,* ZD-Aktuell 2017, 5829.

[4] Siehe aktuell zum Beispiel BrightEdge Techs., Inc. v. Searchmetrics GmbH, 2017 WL 5171227, 2 (N.D. Cal. 2017) = ZD 2018, 76; Knight Capital Partners Corp. v. Henkel Ag & Company, KGaA, 290 F.Supp.3d 681, 687 (E.D. Mich. 2017).

einem Zivilverfahren beteiligt ist, sieht sich der Verpflichtung zur Mitwirkung an
der sogenannten *pretrial discovery* ausgesetzt. Dabei handelt es sich um eine
Verfahrensphase vor der Hauptverhandlung, in der die Parteien den Sachverhalt
ermitteln und Unterlagen und Informationen über vorhandene potentielle Beweismittel austauschen. Ähnliche Ansätze gibt es im gesamten anglo-amerikani-
schen Rechtskreis.[5] Dies umfasst unter anderem, dass die Beteiligten dazu verpflichtet sind, Dokumente und Informationen offenzulegen und auf Verlangen zu
übermitteln.[6] Da die überwältigende Mehrheit von Informationen heutzutage
elektronisch gespeichert ist, bezieht sich auch die *pretrial discovery* mittlerweile
größtenteils auf elektronisch gespeicherte Dokumente.[7] Diese *discovery*-Maßnah-
men zur Vorlage elektronisch gespeicherter Dokumente werden üblicherweise unter dem Begriff der *electronic discovery,* kurz *e-discovery,* zusammengefasst. Die
für die vorliegende Untersuchung anlassgebende Problematik ergibt sich daraus,
wenn diese Verpflichtung zur Offenlegung und Vorlage ein Unternehmen trifft,
welches entweder seinen Sitz oder eine Niederlassung innerhalb der europäischen Union hat oder aus anderem Grund Daten verarbeitet, die unter europäisches Datenschutzrecht fallen. Dies kann zu der Situation führen, dass das Unternehmen gleichzeitig die Vorlageverpflichtung des US-Zivilverfahrens und die
Vorgaben des europäischen Datenschutzrechts, wonach eine Übermittlung in
Nicht-EU-Staaten nur unter engen Voraussetzungen zulässig ist, erfüllen muss.
Wenn diese Verpflichtungen aufeinandertreffen, wird daher vielfach angenommen, dass sich betroffene Unternehmen zwischen der Verpflichtung der Mitwirkung im *discovery*-Verfahren nach US-Recht und dem europäischen Datenschutzrecht in einem Konflikt befinden, der sich aus den entgegengesetzten Pflichten
der Offenlegung von Dokumenten und der Sparsamkeit bei der Datenverarbeitung ergibt, und die Unternehmen praktisch vor einer unlösbaren Aufgabe stehen, wenn sie versuchen, beiden Anforderungen gerecht zu werden; jedenfalls
wird ein erhebliches Spannungsverhältnis zwischen beiden Verpflichtungen angenommen.[8] Dass das Aufeinandertreffen dieser beiden Verpflichtungen in Zukunft
noch an Bedeutung gewinnen wird, ist vor allem aufgrund der schärferen Sanktionsmöglichkeiten der Datenschutz-Grundverordnung im Vergleich zur Datenschutzrichtlinie und der Problematik, dass bei Daten, die auf Cloud-Servern gespeichert sind, deren Belegenheitsort nur schwer festzustellen ist, wahrscheinlich.[9]

Die vorliegende Arbeit untersucht dieses Spannungsverhältnis zwischen der
e-discovery und dem europäischen Datenschutzrecht. Sie soll klären, ob dahinter

---

[5] *Hay/Schlosser,* 1 f.
[6] Siehe unten B. I.
[7] Siehe unten B. I. 5.
[8] Siehe dazu sogleich unter A. II.
[9] *Curran,* 51 Akron L.Rev. 2017, 857, 881 ff.; *Kessler/Nowak/Khan,* 17 Sedona
Conf. J. 2016, 575, 593.

tatsächlich ein unlösbarer spezifischer Konflikt derart besteht, dass die *e-discovery* als Instrument der Informationsbeschaffung für den Zivilprozess mit dem Datenschutzrecht unvereinbar ist, oder ob sich lediglich das insgesamt unterschiedliche Datenschutzverständnis zwischen der EU und den USA auch in dieser Situation auswirkt, was im Einzelfall zu Schwierigkeiten führen kann. Dazu wird die *e-discovery* als Mittel der Informationsbeschaffung im Rahmen einer vergleichenden Betrachtung der funktional äquivalenten Regelungen in England und Deutschland aus datenschutzrechtlicher Perspektive beurteilt. Soweit nicht die *e-discovery* als Mittel der Informationsbeschaffung spezifisch mit dem Datenschutzrecht unvereinbar ist, kann die Übermittlung von Daten zu diesem Zweck, obwohl aufgrund allgemein unterschiedlicher rechtlicher Bedingungen aus europäischer Sicht vielfach davon ausgegangen wird, dass in den USA insgesamt kein angemessenes Datenschutzniveau besteht, weitgehend mit dem Datenschutzrecht in Einklang gebracht werden. Ein unlösbarer Konflikt für die betroffenen Unternehmen kann dann, auch wenn im Einzelfall einiger Aufwand notwendig ist, vermieden werden, insbesondere durch die Erlaubnis zur Übermittlung im für die Rechtsdurchsetzung erforderlichen Maß in Art. 49 Abs. 1 lit. e DS-GVO. Eine über die Beurteilung dieser speziellen Situation hinausgehende allgemeine Beurteilung des Datenschutzniveaus in den USA kann und soll hier nicht erfolgen.

II. Stand der Diskussion

Das beim Aufeinandertreffen der Verpflichtung zur Mitwirkung an der *e-discovery* und zur Einhaltung des Datenschutzrechts entstehende Spannungsverhältnis und die daraus folgende Konfliktlage für die betroffenen Unternehmen wird weitgehend problematisch gesehen. Teilweise wird davon ausgegangen, dass die Unternehmen sich in einem kaum lösbaren Dilemma befinden.[10] Beide Verpflichtungen seien inkompatibel.[11] Jedenfalls wird ein erhebliches Konfliktpotential erkannt.[12] Der Blick auf die Literatur und Praxisanweisungen von Aufsichtsbehörden zu dieser Thematik macht deutlich, dass keine Rechtssicherheit darüber

---

[10] *Deutlmoser/Filip,* in: Hoeren/Sieber/Holznagel, Teil 16.6 Rn. 5; *Cutler,* 59 B.C. L. Rev. 2018, 1513, 1524; *Freeman/Duchesne/Polly,* PHi 2012, 22, 22 u. 25; *Klein,* 25 Geo. J. Legal Ethics 2012, 623; *Kurtz,* in: Borges/Meents, § 16 Rn. 26; andere gehen von einer kaum lösbaren Position der Unternehmen aus *Baumann,* 274 ff.; *Berman,* 11 Bus. L. Int'l 2010, 123, 131; *O. Forster/Almughrabi,* 36 Hastings Int'l & Comp. L. Rev. 2013, 111, 126; „... should I be an American criminal, or a European criminal?".

[11] *Geercken/Holden/Rath/Surguy/Stretton,* CRi 2010, 65, 71; *Patzak/Higard/Wybitul,* CRi 2011, 13, 15.

[12] *Brisch/Laue,* RDV 2010, 1, 3; *Gabel,* in: Taeger/Gabel, BDSG-alt, § 4c Rn. 11; *Hladjk,* in: Abel/Behling, Kap. 5 Rn. 210 f.; *Lux/Glienke,* RIW 2010, 603; *von dem Busche,* in: Plath, BDSG-alt, 2. Aufl., § 4c Rn. 14; *Kessler/Nowak/Khan,* 17 Sedona Conf. J. 2016, 575; *Däubler,* in: Däubler/Wedde/Weichert/Sommer, Art. 49 Rn. 14; a. A. *Hanloser,* DuD 2008, 785, 789, der die Problematik als größtenteils gelöst erachtet.

besteht, ob und bis zu welcher Grenze die Übermittlung personenbezogener Daten zur Verwendung in einem *discovery*-Verfahren datenschutzrechtlich zulässig ist. Daher wird vor allem empfohlen, die Problematik in der Praxis durch bestimmte Maßnahmen so weit wie möglich zu umgehen.

1. Umgehung der Problematik im Einzelfall

Teilweise wird vertreten, dass eine Lösung der Konfliktsituation überhaupt nur im US-Verfahren gesucht werden könne.[13] Schon bei der ersten Konferenz zwischen den Parteien müsse daher versucht werden, mit dem Prozessgegner die datenschutzrechtlichen Probleme zu besprechen, um dessen Vorlageverlangen einvernehmlich so eng wie möglich zu begrenzen.[14] Die übermittelnde Stelle könne zudem auch das US-Gericht einbeziehen, damit dies eine gerichtliche Anordnung über die Vorlagepflichten trifft, und dabei darauf hinwirken, dass diese bezüglich personenbezogener Daten so eng wie möglich ausfällt.[15] Zeigt eine betroffene Partei dabei insgesamt Kooperationsbereitschaft, führe dies im Zweifelsfall eher dazu, dass ein US-Gericht die Einwände aus dem Datenschutzrecht berücksichtigt.[16] Bedenken aufgrund von möglichen Datenschutzverstößen müssten dem US-Gericht dabei in jedem Fall substantiiert vorgetragen werden, damit überhaupt die Möglichkeit besteht, dass diese berücksichtigt werden.[17] Empfohlen wird zudem, im Verfahren vor dem US-Gericht die bestehenden prozessualen Möglichkeiten zum Schutz von Persönlichkeitsrechten auszuschöpfen.[18] So könne die Menge der zu übermittelnden Daten so klein wie möglich gehalten und die Verarbeitung der Daten unter größtmöglicher Berücksichtigung der Datenschutzgrundsätze nachgewiesen werden. Empfehlenswert sei es weiter, eine *protective order* zu beantragen, die entweder gewisse Dateien von der Vorlageverpflichtung ausnimmt oder zumindest die Gegenseite dazu verpflichtet, diese geheim zu halten.[19] Auch ist es möglich zu beantragen, dass die übermittelten Daten beim Gericht unter Ausschluss des Zugangs der Öffentlichkeit verwahrt werden (*filing under seal*).[20]

Soweit die Verpflichtung zur Übermittlung aber nach US-Recht besteht, sei diese jedenfalls so eng wie möglich auf die von der Vorlagepflicht erfassten Da-

---

[13] *Rath/S. Klug,* KuR 2008, 596, 599.

[14] *Spies/Schröder,* MMR 2008, 275, 280.

[15] *Deutlmoser/Filip,* in: Hoeren/Sieber/Holznagel, Teil 16.6 Rn. 97.

[16] *O. Forster/Almughrabi,* 36 Hastings Int'l & Comp. L. Rev. 2013, 111, 137 f.

[17] *Spies,* in: Forgó/Helfrich/Schneider, Teil XII. Kap. 2 Rn. 33.

[18] *Thomale,* in: Auernhammer, BDSG-alt, 4. Aufl., § 4c Rn. 9.

[19] *Spies,* in: Forgó/Helfrich/Schneider, Teil XII. Kap. 2 Rn. 39; *Rath/S. Klug,* KuR 2008, 596, 600 aber mit Hinweis darauf, dass die Gerichte eher zurückhaltend seien; *Reyes,* 19 Duke J. Comp. & Int'l L. 2009, 357, 384; siehe dazu auch unten ab E. I. 1. d) bb) und F. I. 3.

[20] *Spies/Schröder,* MMR 2008, 275, 280.

ten zu beschränken und zudem dafür zu sorgen, dass möglichst wenige Personen Zugriff auf diese erhalten (Anwälte, Prozessgegner, Gericht).[21] Soweit möglich müssten die Daten innerhalb der EU gefiltert werden, damit nur die absolut notwendigen Daten übermittelt werden.[22] Dateien sollten dann zunächst in pseudonymisierter Form und nur, wenn die Personenangaben erforderlich sind, offen übermittelt werden.[23] Soweit möglich solle auch versucht werden, die Einwilligung der Betroffenen zu erhalten.[24] Zudem sollte der Datenschutzbeauftragte und gegebenenfalls auch die zuständige Aufsichtsbehörde frühzeitig eingebunden werden, um Sanktionen zu vermeiden.[25]

Die Vielzahl praktischer Empfehlungen zur Handhabung der *discovery* zeigt, welche Unsicherheit sich aus dem nicht geklärten Verhältnis zwischen der nach US-Recht verlangten Übermittlung und den Anforderungen des EU-Datenschutzrechts ergeben.[26] Sie versuchen lediglich dafür zu sorgen, dass in Einzelfällen praktisch ein Ausgleich erreicht wird, der Sanktionen vermeidet.[27] Was dies betrifft, so wird sowohl bei der Zulässigkeit der Übermittlung als auch bei der Minimierung der Verpflichtung zur Offenlegung angesetzt. Dadurch kann es im Einzelfall durchaus gelingen, einen Kompromiss zu erreichen, der das betroffene Unternehmen vor Sanktionen auf beiden Seiten bewahrt. Die zugrundeliegende Frage der Vereinbarkeit der *discovery* als Mittel der Informationsbeschaffung mit dem Datenschutzrecht wird aber nicht beantwortet.

2. Lösung durch Eingreifen des Gesetzgebers

Aufgrund der bestehenden Rechtsunsicherheit werden daher gesetzgeberische Eingriffe auf beiden Seiten vorgeschlagen. Dazu wird zum Teil die Lösung durch ein globales Abkommen für erforderlich gehalten.[28] Dies könnte eine Anpassung des Haager Beweisübereinkommens (HBÜ)[29] inklusive der Streichung der Vorbehaltsmöglichkeit in Art. 23 HBÜ und Feststellung ihrer Verbindlichkeit und

---

[21] *Gabel*, in: Taeger/Gabel, BDSG-alt, § 4c Rn. 11; *Hladjk*, in: Abel/Behling, Kap. 5 Rn. 246 u. 250; vgl. dazu *von dem Busche*, in: Plath, BDSG-alt, 2. Aufl., § 4c Rn. 14; *Spies*, in: Forgó/Helfrich/Schneider, Teil XII. Kap. 2 Rn. 33.

[22] *Deutlmoser/Filip*, in: Hoeren/Sieber/Holznagel, Teil 16.6 Rn. 90; *Hladjk*, in: Abel/Behling, Kap. 5 Rn. 271; *Spies*, in: Forgó/Helfrich/Schneider, Teil XII. Kap. 2 Rn. 37.

[23] *Deutlmoser/Filip*, in: Hoeren/Sieber/Holznagel, Teil 16.6 Rn. 92; *von dem Busche*, in: Plath, BDSG-alt, 2. Aufl., § 4c Rn. 14.

[24] *von dem Busche*, in: Plath, BDSG-alt, 2. Aufl., § 4c Rn. 14.

[25] *Deutlmoser/Filip*, in: Hoeren/Sieber/Holznagel, Teil 16.6 Rn. 64; *Gierschmann*, § 4c Rn. 28; *Hladjk*, in: Abel/Behling, Kap. 5 Rn. 275.

[26] *Spies/Schröder*, MMR 2008, 275, 280.

[27] *Deutlmoser/Filip*, in: Hoeren/Sieber/Holznagel, Teil 16.6 Rn. 1.

[28] *Art. 29 Datenschutzgruppe*, WP 158, 3.

[29] Haager Übereinkommen vom 18. März 1970 über die Beweisaufnahme im Ausland in Zivil- oder Handelssachen.

ihres Vorrangs in allen Unterzeichnerstaaten festlegen.[30] Für ein solches Abkommen bestehen aber hohe politische Hürden und es muss bezweifelt werden, dass eine Lösung auf diesem Weg in naher Zukunft realisierbar ist. Auf nationaler Ebene ist ein Vorstoß für eine behutsame Einschränkung des in Deutschland geltenden Totalvorbehalts gegenüber der Ausführung von Rechtshilfeersuchen für *pretrial discovery*-Verfahren im Jahr 2017 gescheitert, da der Ausschuss für Recht und Verbraucherschutz einen entsprechenden Referentenentwurf abgelehnt hat.[31]

Teilweise wird auch die Zurücknahme der *Aerospatiale*-Entscheidung[32] auf US-Seite gefordert, in der die *discovery* für Vorlageersuchen mit Auslandsbezug als gleichrangig neben der HBÜ anwendbar erachtet wurde.[33] Dies würde letztlich auf ein einseitiges Nachgeben der USA zu Lasten der Durchsetzung der eigenen Interessen hinauslaufen. Dass der U.S. Supreme Court seine Rechtsprechung diesbezüglich revidiert, ist aber ebenfalls sehr unwahrscheinlich, da sich die zugrundeliegenden rechtlichen Gegebenheiten nicht geändert haben.[34] Teilweise wird das EU-Datenschutzrecht sogar besonders skeptisch betrachtet und vor zu viel Rücksicht auf dieses im *discovery*-Verfahren gewarnt, damit es nicht dazu komme, dass Unternehmen ihre Daten gezielt in dessen Anwendungsbereich verlagern, um sie dem Zugriff der *discovery* zu entziehen.[35] Auch wenn das europäische Datenschutzrecht einen legitimen Zweck verfolge, gleiche es in seinen Auswirkungen einem sogenannten *„blocking statute"* und sei auch wie ein solches zu behandeln und daher, außer in engen Ausnahmefällen, nicht zu berücksichtigen.[36] Auch ein Verweis auf die Möglichkeit der Rechtshilfe über das HBÜ geht aufgrund des erklärten Vorbehalts zahlreicher Vertragsstaaten ins Leere.[37]

Da eine Angleichung der unterschiedlichen Herangehensweisen bei der Informationsbeschaffung für den Zivilprozess oder des Datenschutzniveaus nicht absehbar und ein einseitiger Verzicht zu Gunsten der Interessen der anderen Rechtsordnung aus nachvollziehbaren Gründen ebenfalls nicht zu erwarten ist, ist davon auszugehen, dass die hier beschriebene Situation nicht zeitnah durch eine Änderung der Rechtslage aufgelöst werden wird.

---

[30] *Friederich,* 12 San Diego Int'l L.J. 2010, 263, 265 u. 295 ff.; *Knöfel,* RIW 2010, 403, 406 dem folgend *Deutlmoser/Filip,* in: Hoeren/Sieber/Holznagel, Teil 16.6 Rn. 54.

[31] Vgl. die Beschlussempfehlung BT-Drucks. 18/11637 und den Gesetzesentwurf der Bundesregierung BT-Drucks. 18/10714.

[32] Siehe dazu ausführlich unten ab B. II.

[33] *Klein,* 25 Geo. J. Legal Ethics 2012, 623, 643.

[34] *Friederich,* 12 San Diego Int'l L.J. 2010, 263, 293.

[35] *Knapp,* Rich. J. Global L. & Bus. 2010, 111, 112.

[36] *Knapp,* Rich. J. Global L. & Bus. 2010, 111, 129 f.

[37] *Kessler/Nowak/Khan,* 17 Sedona Conf. J. 2016, 575, 578; so aber *Cutler,* 59 B.C. L. Rev. 2018, 1513, 1533 ff.

Vor allem im Hinblick auf die Tatsache, dass eine Lösung durch ein gesetzgeberisches Eingreifen unwahrscheinlich ist, stellt sich die Frage, ob ein solches Eingreifen in Anbetracht der zugrundeliegenden Interessen erfolgversprechend und überhaupt zwingend notwendig wäre, oder ob nach der bestehenden Gesetzeslage, insbesondere nach Art. 49 Abs. 1 lit. e DS-GVO, die Übermittlung für die *discovery* in einem Umfang zulässig ist, der einen strukturellen Konflikt mit dem US-Recht vermeidet. Die angesprochenen Praxisempfehlungen können zwar im Einzelfall hilfreich sein, sodass die Zulässigkeit der Übermittlung aufgrund der Erforderlichkeit für die Rechtsdurchsetzung festgestellt werden kann.[38] Trotzdem ist es aber schon aus Gründen der Rechtssicherheit angezeigt, die hinter der Einzelentscheidung stehende übergeordnete Frage der Vereinbarkeit des Rechtsinstrumentes der *e-discovery* mit dem Datenschutzrecht zu beurteilen und auf diesem Wege zumindest eine Abwägungstendenz und ein Regel-Ausnahme-Verhältnis zu ermitteln.

III. Gang der Untersuchung und deren Grenzen

In der vorliegenden Untersuchung wird zunächst das Spannungsverhältnis zwischen den Verpflichtungen aus dem *discovery*-Verfahren und dem EU-Datenschutzrecht herausgearbeitet (B.). Daraus ergibt sich, dass es für die Frage der strukturellen Vereinbarkeit darauf ankommt, ob die *e-discovery* die Übermittlung von personenbezogenen Daten verlangt, die aus unionsrechtlicher Perspektive nicht mehr zur Rechtsdurchsetzung erforderlich sind. Danach wird die datenschutzrechtliche Vereinbarkeit der *e-discovery* als Mittel der Informationsbeschaffung so weit wie möglich unabhängig vom generellen Datenschutzniveau in den USA beurteilt. Dies erfolgt durch eine vergleichende Betrachtung unter Einbeziehung der einfachgesetzlichen Ausgestaltung des Ausgleichs des Informationsbedürfnisses für den Zivilprozess mit der Privatsphäre und der informationellen Selbstbestimmung in England und Deutschland. Dafür werden die Begrenzung der Vorlagepflichten auf das notwendige Maß, die Beschränkung der Verwendung der Dokumente auf den Zweck der Verwendung im konkreten Verfahren und die gerichtliche Kontrolle des Verfahrens als maßgebliche Kriterien identifiziert (C.). Die *e-discovery* nach US-Recht wird dann anhand dieser Kriterien, unter Vergleich zu funktional äquivalenten Regelungsinstrumenten im deutschen und englischen Recht, aus datenschutzrechtlicher Perspektive beurteilt. (D.–G.). Aus den dort gefundenen Ergebnissen ergibt sich die Antwort auf die Ausgangsfrage nach einem spezifischen Konflikt zwischen der *e-discovery* und dem Datenschutzrecht und für die praktische Beurteilung ein Regel-Ausnahme-Verhältnis bezüglich der Zulässigkeit der Übermittlung (H.).

---

[38] *Deutlmoser/Filip*, in: Hoeren/Sieber/Holznagel, Teil 16.6 Rn. 99.

Die Untersuchung ist auf die Vereinbarkeit der Übermittlung von elektronischen Dokumenten auf Aufforderung im Rahmen der *e-discovery* mit dem europäischen Datenschutzrecht beschränkt, die anhand einer vergleichenden Betrachtung der funktional äquivalenten Regelungen in England[39] und Deutschland beurteilt wird. Da ein möglicher Konflikt zwischen dem europäischen Datenschutzrecht und der Übermittlungsverpflichtung im Rahmen der *e-discovery* untersucht werden soll, ist die Vereinbarkeit an datenschutzrechtlichen Kriterien zu messen. Erwägungen, die darüber hinausgehen, wie zum Beispiel der Grundsatz der Waffengleichheit im Zivilprozess, ein Ausforschungsverbot oder sonstige rein zivilprozessuale Erwägungen, sind nicht ausschlaggebend und werden daher nur so weit behandelt, wie sie sich aus datenschutzrechtlicher Perspektive auswirken. Nicht unmittelbar untersucht wird auch die Vereinbarkeit mit sonstigen, der Vorlage möglicherweise entgegenstehenden, Geheimhaltungs- und Verschwiegenheitspflichten wie zum Beispiel aus Betriebsvereinbarungen, dem Fernmeldegeheimnis, Verschwiegenheitspflichten von Anwälten, Steuerberatern oder Wirtschaftsprüfern sowie für Betriebs- und Geschäftsgeheimnisse.[40]

Theoretisch besteht der Konflikt nicht nur zwischen der *e-discovery* und dem Datenschutzrecht, sondern bei sämtlichen *discovery*-Pflichten, so zum Beispiel auch, wenn Zeugen zur Vernehmung benannt werden. Da sich das Spannungsverhältnis zwischen *discovery* und europäischem Datenschutzrecht praktisch aber nahezu ausschließlich am Fall der Übermittlung großer Sammlungen von elektronischen Dokumenten in die USA zeigt, wird auch nur diese Situation der Untersuchung zugrunde gelegt.[41]

Auch fallen unter den Begriff der *e-discovery* nach US-Recht sowohl die Verpflichtung zur Übermittlung von Dokumenten an die Gegenseite (*production*) als auch die Situation, dass eine Durchsuchung von Datenbanken und Computersystemen durch die Gegenseite ermöglicht und zugelassen wird (*inspection*). Die vorliegende Untersuchung berücksichtigt aber nur den Fall der *production of documents,* bei dem Dateien auf Aufforderung hin übermittelt werden. Für diese Eingrenzung sprechen sowohl rechtliche als auch praktische Erwägungen, da schon von vornherein nicht in jeder ihrer Ausprägungen die beschriebene Konfliktsituation auftreten kann. Eine Durchsuchung von Datenbanken und Computersystemen durch die Gegenseite ist, selbst in Verfahren zwischen ausschließlich US-amerikanischem Recht unterliegenden Parteien, höchst selten und wird nur angeordnet, wenn besondere Gründe vorliegen, wie zum Beispiel, wenn der begründete Verdacht besteht, dass Informationen zurückgehalten werden, wobei

---

[39] Um die Lesbarkeit zu verbessern, wird hier nur von England gesprochen, in Wales gelten aber die gleichen zivilprozessualen Regelungen.

[40] Siehe dazu *Spies,* in: Forgó/Helfrich/Schneider, Teil XII. Kap. 2 Rn. 20 ff.

[41] *von dem Busche,* in: Plath, BDSG-alt, 2. Aufl., § 4c Rn. 14; siehe dazu ausführlicher B. I. 3.

sehr hohe Anforderungen gestellt werden.[42] Der direkte Zugriff auf die Daten und die technischen Systeme stellt keineswegs ein gängiges Mittel dar, sondern betrifft nur enge Ausnahmesituationen.[43] Zudem besteht zwischen diesen beiden Möglichkeiten der Informationserlangung ein erheblicher rechtlicher Unterschied, sobald internationale Unternehmen und damit elektronische Dokumente mit Bezug zu anderen Rechtsordnungen als den USA betroffen sind. Dann stellt sich zudem die Frage, ob es sich bei der Durchsuchung von Datensammlungen oder IT-Infrastrukturen durch die Gegenpartei im Rahmen eines *discovery*-Verfahrens um eine Beweisaufnahme im Ausland handelt.[44] Eine solche Beweisaufnahme in einem anderen Vertragsstaat fällt nach dem Vernehmen der Vertragsstaaten in den ausschließlichen Anwendungsbereich des HBÜ.[45] Da sich aber zahlreiche Vertragsstaaten des HBÜ – wie auch Deutschland – vorbehalten haben, keine Rechtshilfeersuchen zum Zweck der Verwendung in *pretrial discovery*-Verfahren zu erfüllen, ist auf diesem Wege keine *inspection* möglich. Anders ist dies bei der hier untersuchten bloßen Übermittlung von Dateien aus einem Vertragsstaat in die USA aufgrund einer Verpflichtung zur *discovery*. Aus Sicht des U.S. Supreme Court ist darin lediglich eine Beweisbeschaffung im Ausland zu sehen, die sowohl unter Zuhilfenahme der HBÜ als auch allein aufgrund der FRCP erfolgen kann.[46] Daher entsteht die angesprochene mögliche Konfliktsituation üblicherweise in der Situation der Verpflichtung zur Übermittlung, sodass auch nur diese Gegenstand der vorliegenden Untersuchung ist.

Die zur Beurteilung der *e-discovery* anzustellende vergleichende Betrachtung erfolgt unter Einbeziehung der Rechtslage in England und Deutschland. Das Zivilverfahrensrecht ist als solches nicht von der Regelungskompetenz der EU erfasst. Das Unionsrecht regelt nur einige Bereiche mit zwischenstaatlichem Bezug, insbesondere Fragen der Zuständigkeit, Anerkennung und Vollstreckung von Urteilen (in der EuGVVO), der Rechtshilfe durch Beweisaufnahme (in der EuBVO) und der Zustellung von Schriftstücken (in der EuZVO). Das Verfahren vor den nationalen Zivilgerichten, inklusive der Informationsbeschaffung, ergibt sich aber aus den nationalen Rechtsordnungen der Mitgliedstaaten. Eine Untersuchung funktional vergleichbarer Instrumente der Informationsbeschaffung sämtlicher EU-Mitgliedstaaten scheidet schon aus praktischen Erwägungen aus. Für die vorliegende Untersuchung bietet sich die Auswahl von England und Deutschland als Referenz an, da es sich bei diesen um die, gemessen an der Ein-

---

[42] *Grenig/Kinsler,* § 5:26.

[43] *Marcus,* in: Federal Practice & Procedure, § 2218 m.w.N.

[44] *Junker,* Electronic Discovery, Rn. 75 ff. u. 90 ff.

[45] *Junker,* Electronic Discovery, Rn. 58.

[46] Societe Nationale Industrielle Aerospatiale v. U.S. Dist. Court for S. Dist. of Iowa, 482 U.S. 522, 539 ff. (1987); vgl. auch *Heinrich,* in: MüKoZPO, § 363 Rn. 5; *Adler,* 432 ff.; *Hanloser,* DuD 2008, 785, 786; *Junker,* Electronic Discovery, Rn. 55.

wohnerzahl und Wirtschaftskraft, jeweils bedeutendsten Vertreter der Rechtstraditionen des *common law* und des *civil law* innerhalb der EU handelt.

Die Auswirkungen des bevorstehenden Austritts des Vereinigten Königreichs von Großbritannien und Nordirland aus der europäischen Union könnten die hier zugrunde gelegte Ausgangslage für die Zukunft möglicherweise beeinflussen. Wenn das Vereinigte Königreich die EU und den Europäischen Wirtschaftsraum verlässt, wird es selbst zum Drittstaat im Sinne der Datenschutz-Grundverordnung.[47] Wenn dadurch auch die zunächst auch noch im Vereinigten Königreich geltende Datenschutz-Grundverordnung aufgehoben oder geändert würde, könnte das Datenschutzniveau unter ein angemessenes Niveau aus Sicht des Unionsrechts absinken. Es könnte sich dann eine vergleichbare Situation wie zwischen den USA und der EU ergeben. Da aktuell nicht absehbar ist, wann genau der Austritt erfolgt, ob und wenn ja welche Übergangsregelungen getroffen werden und ob das Datenschutzrecht nach dem Verlassen der EU im Vereinigten Königreich geändert werden soll, sind derartige Spekulationen hier auszuklammern. Für die hinter dieser Untersuchung stehende zentrale Frage nach dem Verständnis der für Zivilprozesse erforderlichen Datenverarbeitung aus datenschutzrechtlicher Perspektive spielt ein zukünftiger Austritt des Vereinigten Königreichs aus der EU ohnehin nur eine untergeordnete Rolle.

---

[47] EU-Kommission, Mitteilung vom 9.1.2018, abrufbar unter http://ec.europa.eu/newsroom/just/document.cfm?action=display&doc_id=49245 (zuletzt abgerufen am 1.9.2018).

B. Das Spannungsverhältnis zwischen *e-discovery* und Datenschutzrecht

Die hier untersuchte Problematik ergibt sich dort, wo die Verpflichtungen zur Dokumentenvorlage im Rahmen der *e-discovery* und zur Einhaltung des EU-Datenschutzrechts denselben Adressaten treffen und sich auf dieselben elektronischen Dokumente beziehen.

I. *e-discovery* als Mittel der Informationsbeschaffung für den Zivilprozess

Der Begriff der *e-discovery* erfasst die Verarbeitung elektronisch gespeicherter Informationen im Zusammenhang mit einem Gerichtsverfahren im Stadium der *pretrial discovery,* insbesondere die Abläufe der Identifizierung, Lokalisierung, Speicherung, Sammlung, Vorbereitung, Überprüfung und Vorlage.[1] Darunter fallen sämtliche Maßnahmen, die darauf gerichtet sind, im *discovery*-Verfahren elektronische Dokumente bereitzuhalten oder zur Verfügung zu stellen.[2] Der Begriff *e-discovery* beschreibt daher kein besonderes Verfahren oder rechtliches Instrument, sondern lediglich den Unterfall der *pretrial discovery,* dass nach FRCP 34(a)(1)(A) die Pflicht zur Offenlegung von Dokumenten auf Anfrage auch jegliche elektronisch gespeicherte Informationen umfasst, soweit die allgemeinen Voraussetzungen erfüllt sind. Für die *e-discovery* gelten daher weitgehend die allgemeinen Regeln für die *pretrial discovery.* Für die hier untersuchte Verpflichtung zur Herausgabe elektronischer Dokumente sind daher die allgemeinen Vorschriften zur *pretrial discovery* und einige spezifische Regelungen bezüglich elektronisch gespeicherter Informationen zu beachten.

Die Informationsbeschaffung findet in den USA innerhalb des Zivilprozesses in einer der Hauptverhandlung vorgelagerten Verfahrensphase statt. Diese, nach dem Austausch der Schriftsätze zur Klageerhebung und deren Erwiderung (den sogenannten *pleadings*) beginnende zweite Verfahrensphase, wird meist als *pretrial discovery* oder *discovery* bezeichnet.[3] Diese Bezeichnung ist historisch begründet, da die *discovery* bis 1993 das einzige Mittel zur Sachverhaltsaufklärung vor der Hauptverhandlung war. Mittlerweile wird darunter aber häufig die gesamte Informationsbeschaffung für Zivilverfahren verstanden, welche im mit

---

[1] *The Sedona Conference,* E-Discovery & Digital Information Management, 15.

[2] *Spies,* in: Forgó/Helfrich/Schneider, Teil XII. Kap. 2 Rn. 4.

[3] *Adler,* 110.

„Disclosures and discovery" überschriebenen 5. Titel der *Federal Rules of Civil Procedure* geregelt ist.[4]

Die Informationsbeschaffung für amerikanische Zivilprozesse erfolgt dann konkret durch verschiedene Instrumente, die üblicherweise unter dem Oberbegriff der *pretrial discovery* zusammengefasst werden. So findet vor allem zu Beginn der *pretrial*-Phase eine sogenannte *required disclosure,* das heißt ein Austausch von Informationen und Dokumenten ohne Aufforderung durch das Gericht oder die Gegenseite, statt.[5] Im weiteren Verlauf können die Parteien dann, durch die verschiedenen Mittel der *discovery* im engeren Sinne, gezielt weitere Informationen und potentielle Beweismittel erlangen. Gegenstand der *discovery* ist nach FRCP 26(b)(1) alles, was relevant für das Klagebegehren oder die Verteidigung dagegen ist, nicht durch ein Weigerungsrecht (*privilege*) davon ausgenommen wird und verhältnismäßig ist.[6] Zu beachten ist dabei, dass das Gericht die Möglichkeit hat, nach eigenem Ermessen die *discovery* zu beschränken. Dies erfolgt durch eine gerichtliche Anordnung, eine sogenannte *protective order.*[7]

1. Eintritt in die *pretrial*-Phase

Die Informationsbeschaffung durch *disclosure* und *discovery* findet im Regelfall innerhalb eines laufenden Zivilprozesses statt.[8] Dieser wird vor US-Bundesgerichten mit dem Einreichen der Klage bei Gericht eröffnet, FRCP 3. Damit beginnt die erste Phase des Vorverfahrens, in der die Parteien Schriftsätze (sogenannte *pleadings*) austauschen. Diese Schriftsätze sind gemäß FRCP 7(a) die Klageschrift und die Klageerwiderung und deren dort aufgezählte Variationen, wie die Widerklage oder eine Klageschrift eines Dritten. Die Zustellung der Schriftsätze ist von der jeweiligen Partei selbst vorzunehmen, was in der Praxis hohen Aufwand bedeuten kann.[9] Die Klageschrift muss gemäß FRCP 8(a) kurze und eindeutige Angaben zur Zuständigkeit des Gerichts, zum Klageantrag und eine kurze Stellungnahme zum Sachverhalt enthalten, die aufzeigt, dass dem Anspruchsteller das Klagebegehren zusteht.[10] Für die Klageerwiderung (*defenses*) werden in FRCP 8(b)(1) ebenfalls nur kurze und klare Angaben zur Verteidigung gegen die im Klagebegehren vorgebrachten Ansprüche gefordert. Werden diese Anforderungen nicht erfüllt, kann der Adressat auf zwei Wegen darauf reagieren.

---

[4] Die Federal Rules of Civil Procedure können unter http://www.uscourts.gov/rules-policies/current-rules-practice-procedure/federal-rules-civil-procedure abgerufen werden.

[5] Fort Worth Employees' Retirement Fund v. J. P. Morgan Chase & Co., 297 F.R.D. 99, 109 (S.D.N.Y. 2013).

[6] Siehe dazu ausführlich unten E. I.

[7] Dazu unten E. I. 1. d) bb) und F. I. 3.

[8] Siehe zu den Ausnahmen unten B. I. 8.

[9] *Schack,* 37 ff.

[10] Siehe zu den Anforderungen an die Schriftsätze ausführlich unten E. I. 1. a).

Er kann zum einen nach FRCP 12(e) den Antrag an das Gericht stellen, den Ersteller des Schriftsatzes zu einer eindeutigeren Formulierung des Schriftsatzes aufzufordern, wenn dieser so vage oder mehrdeutig ist, dass es nicht möglich ist, die darin gestellten Forderungen zu beantworten. Zum anderen kann er die Abweisung der Klage durch das Gericht gemäß FRCP 12(b)(6) beantragen (*motion to dismiss*), wenn die Anforderungen nicht erfüllt sind, was zur Folge hat, dass keine *discovery* stattfindet.

Auch findet keine *discovery* statt, wenn ein Versäumnisurteil nach FRCP 55 ergeht, die Klage nach FRCP 41(a)(1) zurückgenommen wird, oder das Gericht auf Antrag einer Partei hin gemäß FRCP 12(c) eine Sachentscheidung auf Grundlage der Schriftsätze trifft. Ein solches ergeht, soweit der Sachverhalt unbestritten ist und der Antragsteller, bei Beurteilung der sich daraus ergebenden Rechtsfragen, ein Recht auf eine solche Entscheidung zu seinen Gunsten hat.[11] Wird das Verfahren nicht aus einem der genannten Gründe beendet, beginnt anschließend die Informationsbeschaffung in der Phase der *pretrial discovery*.

2. *Initial disclosure*

Die *pretrial*-Phase beginnt mit der *initial disclosure. Diese* Verpflichtung zur unaufgeforderten Offenlegung zu Beginn der *pretrial*-Phase bezüglich der grundlegenden Informationen wurde durch die umfassende Gesetzesreform 1993 eingeführt.[12] Bis dahin waren die Informationen und Dokumente ausschließlich auf Aufforderung der Gegenseite zu offenbaren. Durch die Gesetzesänderung trat vor die verschiedenen Instrumente zur Offenlegung auf Aufforderung hin eine Pflicht zur unaufgeforderten Vorlage gewisser Informationen. Der Hauptzweck dieser Änderung war die Beschleunigung des Austausches grundlegender Informationen und die Verringerung des bis dahin mit der gezielten Aufforderung einhergehenden Aufwandes.[13] Die Verpflichtung zur *initial disclosure* entfällt lediglich in den engen Ausnahmefällen in FRCP 26(a)(1)(b) oder wenn das Gericht dies ausnahmsweise anordnet. Sie bleibt bis zum Beginn der Hauptverhandlung bestehen, sodass die verpflichtete Partei ihre Angaben gemäß FRCP 26(e)(1) gegebenenfalls berichtigen oder ergänzen muss.

Der Umfang der Verpflichtung zur *initial disclosure* ergibt sich aus FRCP 26 (a)(1)(A). Danach sind zunächst die Namen und soweit vorhanden die Kontaktdaten sämtlicher Personen, die voraussichtlich offenzulegende Informationen haben sowie der Gegenstand dieser Informationen mitzuteilen, wenn die Partei

---

[11] *Miller/A. B. Spencer,* in: Federal Practice & Procedure, § 1367.

[12] Siehe zu dieser Gesetzesreform ausführlich *Lorenz,* ZZP 1998, 35, 51.

[13] *Advisory Committee on Civil Rules* on Rule 26 – 1993 Amendment (Die Anmerkungen des Advisory Committee können auf der Seite der Cornell Law School jeweils zu den einzelnen geänderten Vorschriften eingesehen werden https://www.law.cornell.edu/rules/frcp); *Marcus,* in: Federal Practice & Procedure, § 2053.

diese möglicherweise im Prozess verwenden möchte. Je nach Fall kann es dabei auch erforderlich sein, eine sehr große Zahl von Personen anzugeben, wenn diese potentiell relevante Informationen beitragen können, wobei diese dann sobald wie möglich einzugrenzen ist.[14] Weiter sind physische und elektronisch gespeicherte Dokumente sowie sämtliche Augenscheinsobjekte entweder in Kopie oder durch eine Beschreibung ihrer Art und des Ortes an dem Einsicht genommen werden kann zur Verfügung zu stellen, wenn eine Partei diese selbst möglicherweise zur Unterstützung ihrer Forderungen oder Erwiderung einzusetzen vorsieht. Die Vorlage von Dokumenten und Dateien ist dabei nicht zwingend erforderlich, aber anstelle einer, insbesondere bei Dateien praktisch oft aufwendigeren, Aufstellung über die zur Verfügung stehenden Dokumente, möglich.[15] Wird aber lediglich eine Aufstellung und Beschreibung übermittelt, so kann die offenlegende Partei dadurch mögliche Einwände gegen die Verpflichtung bestimmte Dokumente und Dateien zu offenbaren, wahren.[16] Darüber hinaus ist nach FRCP 26(a)(2) auch die Identität aller Zeugen und Sachverständigen offenzulegen. Die übrigen zu übermittelnden Informationen wie die Berechnungsgrundlage von Schadensersatzberechnungen und Versicherungsverträge sind für die hier angestellte Untersuchung nicht von Bedeutung.

Wird die Verpflichtung zur *initial disclosure* missachtet, führt dies gemäß FRCP 37(c)(1) zum Ausschluss der nicht aufgeführten Beweismittel für jegliche Anträge, Anhörungen und die Hauptverhandlung, wenn nicht für das Versäumnis eine erhebliche Begründung geliefert wird oder sich das Versäumnis nicht nachteilig auswirkt. Beachtlich ist, dass jede Partei nur noch zur Offenlegung aller Informationen, welche sie möglicherweise im späteren Verlauf des Verfahrens zu nutzen plant, verpflichtet ist. Bis zur Gesetzesreform im Jahr 2000 war für die Verpflichtung zur Angabe ausreichend, dass es sich um Dokumente handelte, die für das Verfahren relevant waren oder Personen, die über relevante Informationen verfügen konnten.[17] Dadurch, dass jetzt nur noch die Informationen der Offenlegungspflicht unterfallen, welche die Partei auch möglicherweise einzusetzen plant, müssen die Parteien nicht mehr auch für die eigene Position nachteilige Dokumente und Beweispersonen benennen.[18]

3. Vorlage elektronischer Dokumente als Mittel der *discovery*

Auf die *initial disclosure* folgt dann das Kernstück des *pretrial*-Verfahrens, die Phase der *discovery,* der gezielten Informationsbeschaffung auf Aufforderung für

---

[14] *Haydock/Herr,* § 2.03 (B).

[15] *Haydock/Herr,* § 2.03 (C).

[16] *Advisory Committee on Civil Rules* on Rule 26 – 1993 Amendment; *Haydock/ Herr,* § 2.03 (C).

[17] *Lorenz,* ZZP 1998, 35, 52.

[18] *Marcus,* in: Federal Practice & Procedure, § 2053.

das spätere Hauptverfahren. Die im fünften Abschnitt der FRCP aufgeführten *discovery*-Instrumente sind:

(1) die Aufnahme beeideter Aussagen nach FRCP 30 und 31 (*depositions*),

(2) die schriftliche Befragung nach FRCP 33 (*interrogatories*),

(3) die Aufforderung zur Vorlage von Dokumenten und Augenscheinsobjekten nach FRCP 34 (*production of documents*),

(4) die medizinische Untersuchung nach FRCP 35 (*physical and mental examinations*) und

(5) die Aufforderung zum Zugeständnis nach FRCP 36 (*request for admission*).

Diese Instrumente schließen sich gegenseitig nicht aus, sondern sind nebeneinander anwendbar und sollen sich ergänzen.[19] Von der Anordnung einer medizinischen Untersuchung abgesehen, ist ein Tätigwerden des Gerichts nicht erforderlich, um eine *discovery*-Maßnahme einzuleiten, sondern es genügt eine Anfrage der Partei, auf die der Adressat dann wiederum direkt zu reagieren hat.[20] Das Gericht muss nur einschreiten, wenn eine Partei Schutzmaßnahmen bezüglich gewisser Informationen beantragt oder wenn Zwangsmittel gegen den Adressaten eines *discovery*-Ersuchens zu verhängen sind, weil dieser der Aufforderung nicht entspricht.[21]

Aus datenschutzrechtlicher Perspektive sind die einzelnen Methoden der *discovery* allerdings gänzlich unterschiedlich bedeutsam. Die hier untersuchte Situation, dass eine große Anzahl personenbezogener Daten von Personen betroffen ist, die selbst keine Kontrolle über die Datenübermittlung haben, tritt praktisch nur bei der Vorlage von Dokumenten nach FRCP 34 auf. So sind zwar, abgesehen vom Fall des Zugeständnisses, bei allen *discovery*-Instrumenten Situationen vorstellbar, bei denen die von der *discovery* adressierten Parteien oder Dritte in einer Art und Weise betroffen sind, die einen Eingriff in die durch das Recht auf Schutz personenbezogener Daten geschützten Garantien, bedeuten kann. Die Konfliktsituation, welche den Anlass für die hier angestellte Untersuchung gibt, ergibt sich aber praktisch vor allem dann, wenn eine Vielzahl elektronischer Dokumente betroffen ist.[22] Die vorliegende Untersuchung behandelt daher nur die Vorlage von Dokumenten nach FRCP 34.

Die Verpflichtung zur Dokumentenvorlage ist in der Praxis vor US-Gerichten das wichtigste Instrument der *discovery*.[23] Nach FRCP 34 kann jede Partei an

---

[19] Westfield Insurance Company, 2012 WL 6679249 (S.D. W. Va. 2012); Rogers v. Tri-State Materials Corp., 51 F.R.D. 234, 240 (N.D. W. Va. 1970); Stonybrook Tenants Ass'n, Inc. v. Alpert, 29 F.R.D. 165, 167 (D.C. Conn. 1961).

[20] *Reiling,* 100.

[21] Siehe dazu auch unten G. III.

[22] *von dem Busche,* in: Plath, BDSG-alt, 2. Aufl., § 4c Rn. 14.

[23] *Wagner,* JZ 2007, 706, 708.

eine andere Partei eine Anfrage zur Vorlage von Dokumenten, elektronisch ge-speicherten Informationen oder Gegenständen stellen. Darüber hinaus kann auch Zutritt auf Grundstücke, die im Eigentum der anderen Partei stehen oder von ihr kontrolliert werden, verlangt werden. Dazu muss gemäß FRCP 34(b)(1) lediglich mit hinreichender Genauigkeit angegeben werden, auf welche Dokumente, Da-teien oder Gegenstände sich das Ersuchen bezieht und, im Fall von elektronisch gespeicherten Informationen, darüber hinaus das Format, in dem die Informatio-nen bereitgestellt werden sollen. Die angesprochene Partei muss dann innerhalb von 30 Tagen darauf antworten, wenn das Gericht nicht eine andere Frist festge-legt hat. Dabei ist auf jedes Anfrageobjekt einzeln einzugehen und entweder das Verlangen zu erfüllen oder begründet Widerspruch zu erheben.

Die Dokumentenvorlage hat gegenüber den anderen *discovery*-Instrumenten seit Einführung der *discovery*-Regeln im Jahr 1938 mit dem Anstieg der Gesamt-menge an verfügbaren Dokumenten stetig an Bedeutung gewonnen, insbesondere mit der zunehmenden Verbreitung vernetzter elektronischer Speichermedien. Die hier untersuchte Problematik besteht theoretisch sowohl bei der Übermittlung von elektronischen als auch analogen Dokumenten, praktisch werden aber mittler-weile nahezu sämtliche Dokumente elektronisch gespeichert und auch auf die-sem Wege übermittelt. Mittlerweile wird angenommen, dass 99 Prozent aller Dokumente elektronisch gespeichert sind und daher gefolgert, dass nahezu jede *pretrial discovery*-Verfahren auch *e-discovery* beinhaltet.[24] Daher gelten die fol-genden Ausführungen zwar, abgesehen von spezifischen Vorschriften zur Be-handlung elektronisch gespeicherter Informationen, auch für physische Doku-mente, eine Übermittlung großer Datenmengen in analoger Form hat aber in der Praxis nur noch untergeordnete Bedeutung. Im Folgenden wird daher die Situa-tion vorausgesetzt, dass elektronisch gespeicherte Dokumente – also Dateien – Gegenstand der *discovery* sind.

4. Gerichtliche Schutzanordnungen – *protective orders*

Unter dem Oberbegriff einer *protective order* werden gerichtliche Schutzan-ordnungen bezüglich der *discovery* gefasst, welche die *discovery* in unterschied-licher Weise regeln. Darin kann das Gericht nach FRCP 26(c)(1) zum Schutz des Adressaten der *discovery* oder Dritter unter anderem die Offenlegungsverpflich-tung ganz oder teilweise aufheben, die Bedingungen der Vorlage (wie zum Bei-spiel Zeit und Ort) festlegen, ein bestimmtes Mittel vorgeben, Inhalte von der Offenlegung ausnehmen oder die Offenlegung auf diese beschränken, sowie an-ordnen, dass bestimmte Dokumente unter Verschluss gehalten und nur auf ge-richtliche Anordnung geöffnet werden, die Beteiligten zur Geheimhaltung über den Inhalt der Dokumente verpflichten und deren Weitergabe verbieten. Durch

---

[24] *Haydock/Herr,* § 24.05; *Mark,* 45 U. Mich. J. L. Reform 2012, 405.

FRCP 26(c)(1) wird den Gerichten bewusst eine große Auswahl von Schutz-
instrumenten gewährt, zumal die Aufzählung dort nicht abschließend ist und das
Gericht selbst nach eigenem Ermessen erforderliche Maßnahmen bestimmen
kann.[25] Die für die Praxis und die vorliegende Untersuchung wichtigsten Anordnungen sind die Begrenzung der Vorlagepflicht, die Bestimmung, dass über die
im Rahmen der *discovery* offengelegten Dokumente von den Empfängern nicht
weitergegeben oder veröffentlicht werden dürfen und dass die Dokumente, die an
das Gericht übermittelt werden, der Öffentlichkeit nicht zur Verfügung gestellt
werden. Dem Ziel des weitgehenden Informationsaustausches im US-Zivilprozessrecht entsprechend wird ein Ausschluss der Offenlegung nur in Ausnahmefällen angeordnet, während die Geheimhaltung und Weitergabeverbote häufig
vorkommen. Auf diese Schutzanordnungen wird im Fortgang der Untersuchung
aufgrund ihrer Auswirkungen auf den Umfang der Vorlagepflichten[26] und die
Zweckbindung[27] eingegangen.

5. Spezifische Regelungen für *discovery* bezüglich elektronischer Dokumente

Elektronisch gespeicherte Informationen unterliegen im Wesentlichen den
gleichen Vorschriften wie physische Dokumente und ihre Vorlage kann daher unter den Voraussetzungen von FRCP 34(a)(1)(A) verlangt werden. Danach können
neben physischen Dokumenten ausdrücklich auch elektronisch gespeicherte Informationen von der Vorlagepflicht betroffen sein, was neben den unter anderem
ausdrücklich aufgeführten, Fotos, Zeichnungen, Abbildungen und Tondokumen-
ten auch jegliche Daten und Datenzusammenstellungen erfasst. Es bestehen aber
zum Teil spezifische Regelungen für die *discovery* bezüglich elektronisch gespeicherter Informationen. Das US-Bundesrecht wurde mehrfach angepasst, um der
praktischen Bedeutung der *e-discovery* Rechnung zu tragen.[28] Waren ursprünglich nur Dokumente und Gegenstände von der Vorlagepflicht erfasst, wurden
schon im Jahr 1970 auch elektronische Datenzusammenstellungen in die Aufzählung in FRCP 34 aufgenommen. Im Jahr 2006 wurde die Vorschrift dann erneut
geändert und umfasst seither auch ausdrücklich alle Formen von elektronisch gespeicherten Informationen. Diese Änderung sollte klarstellen, dass auch solche
Informationen erfasst sind, die nicht als elektronisch gespeicherte Dokumente
einzuordnen sind.[29] Letztere wurden allerdings auch vorher schon von allen Beteiligten als mögliche *discovery*-Objekte eingestuft. Die neue Formulierung soll
dabei sehr weit verstanden werden und jede Art von computerbasierten Daten

---

[25] *Moskowitz*, 78 U. Colo. L. Rev. 2007, 817, 824.
[26] Siehe unten E. I. 1. d) bb).
[27] Siehe unten F. I. 5.
[28] *Kroll*, 59 Hastings L.J. 2007, 221, 226 ff.
[29] *Advisory Committee on Civil Rules* on Rule 34 – 2006 Amendment.

erfassen sowie auch flexibel genug sein, durch zukünftige technische Entwicklungen nicht überholt zu werden.[30]

a) Begriff der elektronisch gespeicherten Informationen

Aus technischer Sicht handelt es sich um elektronisch gespeicherte Informationen, wenn diese nicht ohne Zuhilfenahme eines Computers wahrnehmbar gemacht werden können.[31] Diese Definition schafft eine Abgrenzung zu analogen, durch Augenschein wahrnehmbaren, Papierdokumenten und trifft auf klassische Beispiele wie E-Mails, Webseiten, Textdateien und Datenbanken ebenso zu wie auf jegliche andere Arten von Informationen die auf einem Computer abgespeichert sind.[32] Den Großteil der von der *e-discovery* betroffenen Dokumente machen E-Mails aus, die regelmäßig personenbezogene Daten nach europäischem Datenschutzrecht enthalten.[33]

Neben dem offensichtlich deutlich größeren Umfang der verfügbaren Daten und der unterschiedlichen Zugriffsmöglichkeit unterscheidet sich *e-discovery* teilweise auch dadurch vom Zugriff auf analoge Dokumente, dass gewisse Daten abgerufen werden können, die bei analogen Dokumenten nicht anfallen. Zu denken ist hierbei einerseits an Metadaten und andererseits an temporäre Dateien. Unter Metadaten werden Daten über Daten verstanden.[34] Im Zusammenhang mit elektronisch gespeicherten Dateien sind dies zusätzliche Informationen über die inhaltstragende Datei. Diese Eigenschaften der Inhaltsdatei dienen zur Strukturierung der Datenbestände und Zuordnung der jeweiligen Datei und enthalten dafür gewisse Informationen über die Datei. Sie ermöglichen dadurch unter anderem das Suchen, Finden und Sortieren von Daten. Dabei kann es sich zum Beispiel um beschreibende Daten wie den Erstellungszeitpunkt oder den Zeitpunkt und/ oder die Art einer Veränderung der Datei oder über die Person, die eine Datei bearbeitet hat, handeln.[35] Diese zusätzlichen Eigenschaften können, vor allem im Zusammenhang mit dem Inhalt einer Datei, auf verschiedenste Weise neue Informationen enthalten und Erkenntnisse bringen. Dies führt dazu, dass je nach Fall auch Metadaten für die Parteien von hohem Wert sein können und diese daher ein Interesse daran haben, diese im *discovery*-Verfahren zu erlangen. Anders als bei analogen Dokumenten stellt sich bei elektronisch gespeicherten Informa-

---

[30] *Advisory Committee on Civil Rules* on Rule 34 – 2006 Amendment; *Marcus,* in: Federal Practice & Procedure, § 2218 Fn. 55.

[31] *Ward/Sipior/Hopkins/Purwin/Volonino,* 18 B.U. J. Sci. & Tech. L. 2012, 150, 155; *The Sedona Conference,* Best Practices, Recommandations & Principles for adressing electronic document production, 1.

[32] *The Sedona Conference,* Best Practices, Recommandations & Principles for adressing electronic document production, 3 f.

[33] *Klein,* 25 Geo. J. Legal Ethics 2012, 623, 631.

[34] *Dippold/Meier/Schnider/Klaus Schwinn,* 98.

[35] *Himmelreich,* 43 Md. B.J. 2010, 34, 36.

tionen auch die Frage, wann elektronische Informationen im rechtlichen Sinne gespeichert sind. Problematisch wird dies bei Informationen, die nie auf einem Datenträger dauerhaft fixiert, sondern lediglich im Zwischenspeicher (RAM) verarbeitet werden. Die Möglichkeit auf Informationen im Zwischenspeicher zuzugreifen wurde in der Rechtsprechung für ausreichend gehalten, da auch diese Dateien für eine gewisse Zeit fixiert seien und wahrgenommen und vervielfältigt werden können.[36] Daher können auch solche temporären Dateien das Ziel von *discovery*-Verlangen sein, soweit die übrigen Voraussetzungen vorliegen.

b) Form der Vorlage

Besonderheiten ergeben sich auch durch die oft leicht veränderbare Form elektronischer Dokumente. Wird die Herausgabe von Dateien gefordert, so kann die anfordernde Partei nach FRCP 34(b)(1)(C) angeben, in welchem Format (zum Beispiel .pdf, .doc, etc.) sie die Dateien übermittelt bekommen möchte. Die verpflichtete Partei kann aber der gewünschten Form nach FRCP 34(b)(2)(D) widersprechen. Werden sich die Parteien nicht über die Form der Darbietung einig, muss das Gericht darüber entscheiden.[37] Wird keine besondere Form der Darbietung gefordert, so sind die Dateien nach FRCP 34(b)(2)(D)(ii) in der Form, in der sie üblicherweise aufbewahrt werden oder einer anderen angemessenen Form, zu übermitteln. Um Meinungsverschiedenheiten in technischen Fragen bei der Umsetzung der *discovery* zu lösen, werden oft unabhängige technische Berater von den Parteien hinzugezogen oder sogar als Stellvertreter für das Gericht bestellt.[38]

c) Zusammenstellung der vorzulegenden Dokumente

Das gezeigte Recht der ersuchenden Partei kann im Einzelfall auch beinhalten, dass der Gegenpartei (oder ihren Vertretern) Zugriff auf ein Computersystem zu gewähren ist. Mit der Gesetzesänderung von 2006, welche die *discovery* von Dateien regeln sollte, wurde auch der Umfang dessen erweitert, was der berechtigten Partei bezüglich der offengelegten Dokumente und Dateien ermöglicht werden muss. So kann diese gemäß FRCP 34(a)(1) nicht nur die Übermittlung (*produce*) verlangen, sondern kann auch das Recht haben, sie direkt einzusehen, zu kopieren, zu prüfen und gegebenenfalls Stichproben zu ziehen. Ein routinemäßiges Recht, die Systeme des Verpflichteten zu durchsuchen, sollte mit dieser Änderung aber ausdrücklich nicht geschaffen werden.[39] Stattdessen einigen sich

---

[36] Columbia Pictures, Inc. v. Bunnell, 245 F.R.D. 443, 446 ff. (C.D. Cal. 2007).

[37] *Gensler*, Rule 34 – Specifying the form of production of ESI.

[38] *Federal Judicial Center*, Manual for Complex Litigation, § 11.51; *Haydock/Herr*, § 27.03(C).

[39] *Advisory Committee on Civil Rules* on Rule 34 – 2006 Amendment; *Marcus*, in: Federal Practice & Procedure, § 2218 Fn. 57; siehe dazu auch schon oben A. III.

die Parteien üblicherweise darüber, mit welchen technischen Mitteln eine Partei nach welchen festgelegten Kriterien ihren Datenbestand zu durchsuchen und das Produkt dieser Suche an die ersuchende Partei zu übermitteln hat. Ein gängiges Mittel sind dabei Stichwortsuchen, die durch oder unter Aufsicht der verpflichteten Partei durchgeführt werden und daher weniger in die Sphäre des Betroffenen eingreifen als ein direkter Zugriff auf die Systeme.[40] Verhältnismäßig neu ist das Mittel der *technology assisted review (TAR)*, ein Prozess bei dem „selbstlernende" Software von einem Anwalt genutzt und dadurch so konfiguriert wird, dass diese dann selbständig erkennt, was gesucht wird und selbstständig entsprechende Dateien erkennt.[41] Auch diese technische Möglichkeit der Zusammenstellung der zu übermittelnden Dateien ist mittlerweile als zulässig anerkannt.[42]

Diese Möglichkeiten, die geforderten Dateien zusammenzustellen, sind keineswegs in allen Fällen verpflichtend, sondern können alternativ oder kumulativ angewendet werden. Dabei ist die Entscheidung, welches im konkreten Fall das effektivste Mittel ist, möglichst durch die Parteien zu treffen und das Gericht nur einzubeziehen, wenn keine Einigung erreicht werden kann.[43]

6. Gegenüber Dritten

Der Großteil des Informationsaustauschs findet zwischen den Parteien eines Zivilprozesses statt. Gemäß FRCP 34(c) und (a)(1)(A)(iii) können aber auch Dritte, die nicht Partei des Verfahrens sind, zur Herausgabe von Dokumenten aufgefordert werden. Dritte können allerdings nicht unmittelbar von den Parteien, sondern nur auf Anordnung des Gerichts gemäß FRCP 34(c) i.V.m. FRCP 45 (a)(1)(D) zur Vorlage verpflichtet werden.[44] Das Verfahren läuft im Übrigen wie bei der *discovery* gegenüber Parteien ab, lediglich bei den Sanktionsmöglichkeiten gibt es Unterschiede.[45] Dritte sind praktisch nur subsidiär zur *discovery* verpflichtet, da sie gegenüber einer solchen Anordnung meist den Einwand geltend machen können, dass die verlangten Dateien auch von einer Partei in zumutbarer Weise erlangt werden können, soweit dies der Fall ist.[46]

---

[40] *Marcus,* in: Federal Practice & Procedure, § 2218.

[41] *Marcus,* in: Federal Practice & Procedure, § 2218.

[42] Rio Tinto PLC v. Vale S.A., 306 F.R.D. 125, 127 (S.D.N.Y. 2015).

[43] Dynamo Holdings Ltd. Partnership v. C.I.R., 143 T.C. 183, 188 f. (T.C. 2014); Rio Tinto PLC v. Vale S.A., 306 F.R.D. 125, 127 (S.D.N.Y. 2015).

[44] Hobley v. Burge, 433 F.3d 946, 949 (7th Cir. 2006); *Miller/A. B. Spencer,* in: Federal Practice & Procedure, § 2456.

[45] *Osthaus,* 126.

[46] Nidec Corp. v. Victor Co. of Japan, 249 F.R.D. 575, 577 (N.D. Cal. 2007); *Haydock/Herr,* § 24.04.

7. Aufbewahrungspflichten ab Kenntnis

Für den Informationsaustausch und dessen reibungslosen Ablauf ist es erforderlich, dass die Dokumente auch verfügbar sind. Die potentiellen Parteien eines Zivilprozesses in den USA und auch Dritte sind daher ab einem gewissen Zeitpunkt dazu verpflichtet, Dokumente, die inhaltlich der *discovery*-Verpflichtung unterliegen[47], aufzubewahren. Diese Verpflichtung ist insbesondere bei elektronisch gespeicherten Dokumenten bedeutend, die oft an verschiedenen Orten und von unterschiedlichen Personen gespeichert werden und aufgrund von Backup Systemen teilweise automatisch überschrieben werden.

Dass eine solche Aufbewahrungspflicht besteht, ist nicht ausdrücklich in den FRCP geregelt, wird aber seit 2015 zumindest für elektronische Dateien in FRCP 37(e) vorausgesetzt. Danach sind bezüglich elektronischer Dateien angemessene Maßnahmen zur Aufbewahrung zu treffen. Welchen Umfang die Pflicht zur Aufbewahrung von Dokumenten, mit Bezug zu einem möglichen Verfahren, hat und welche Grenzen, ergibt sich weiterhin aus dem *common law*.[48] Die Pflicht zur Aufbewahrung besteht danach ab dem Zeitpunkt, an dem eine (potentielle) Partei weiß oder wissen muss, dass bestimmte Dokumente in einem anhängigen oder zukünftigen Verfahren relevant werden.[49] So ist der Beklagte jedenfalls verpflichtet, Dokumente aufzubewahren, sobald ihm die Klage zugestellt wurde.[50] Auch die Reichweite der Aufbewahrungspflicht wird dann relativ klar bestimmt, spätestens durch die *discovery*-Anfragen der Gegenseite oder die Absprachen bei der *discovery conference*.[51] Aber auch eine sonstige Benachrichtigung oder Kenntnisnahme kann dazu führen, dass einer Partei die Möglichkeit eines Prozesses ausreichend bewusst sein muss.[52] Dazu muss allerdings im konkreten Einzelfall eine Situation vorliegen, in der es wahrscheinlich ist, dass es zu einem Verfahren kommt.[53] Auch der Kläger ist in gleichem Maße dazu verpflichtet, relevante Dokumente aufzubewahren, sobald ihm bewusst ist, dass ein Prozess möglicherweise bevorsteht.[54]

---

[47] Siehe dazu unten E. I. 1.

[48] *Haydock/Herr*, § 28.01.

[49] Surowiec v. Capital Title Agency, Inc., 790 F. Supp. 2d 997, 1005 (D. Ariz. 2011); Ashton v. Knight Transp., Inc., 772 F. Supp. 2d, 772, 800 (N.D. Tex. 2011); In re Napster, Inc. Copyright Litigation, 462 F. Supp. 2d 1060, 1067 (N.D. Cal. 2006); Zubulake v. UBS Warburg LLC, 220 F.R.D. 212, 216 (S.D.N.Y.2003).

[50] In re Napster, Inc. Copyright Litigation, 462 F. Supp. 2d 1060, 1067 (N.D. Cal. 2006); National Ass'n of Radiation Survivors v. Turnage, 115 F.R.D. 543, 556 f. (N.D. Cal. 1987).

[51] *Haydock/Herr*, § 28.01.

[52] Cache La Poudre Feeds, LLC v. Land O'Lakes, Inc., 244 F.R.D. 614, 621 (D. Colo. 2007).

[53] Zbylski v. Douglas County School District, 154 F. Supp. 3d 1146, 1162 f. (D. Colo. 2015); Cache La Poudre Feeds, LLC v. Land O'Lakes, Inc., 244 F.R.D. 614, 621 (D. Colo. 2007).

[54] *Posdziech*, S. 56.

Werden elektronisch gespeicherte Informationen, die von der *discovery*-Verpflichtung erfasst wären, derart gelöscht, dass sie nicht wiederherstellbar oder anderweitig zu ersetzen sind, kann das Gericht Sanktionen nach FRCP 37(e) anordnen. Danach kann die Partei dazu verpflichtet werden, den anderen Parteien den durch den Verlust der Daten entstandenen Schaden zu ersetzen. Wenn der Partei die vorsätzliche Löschung nachgewiesen werden kann, kann das Gericht zudem die verlorenen Informationen in Beweisfragen gegen die Partei werten[55] sowie die Klage abweisen oder das Verfahren durch eine summarische Entscheidung beenden. Auch Dritte trifft eine Aufbewahrungspflicht zumindest ab dem Moment, in dem ihnen eine Vorladung zugestellt wird.[56] Ein Verstoß gegen die Aufbewahrungspflicht liegt in der Regel nicht vor, wenn im Rahmen der üblichen Nutzung eines Computers Daten gelöscht oder überschrieben werden und keine Pflicht besteht, diese Nutzung zu unterlassen.[57] Sobald die Aufbewahrungspflicht besteht, kann es aber erforderlich sein, diese Abläufe zu ändern und Dateien, die mit einem mögliche Verfahren zusammenhängen können, zu konservieren.[58]

8. *Discovery* vor Klageerhebung zur Beweissicherung

Der Grundsatz ist, dass die *discovery* nach dem Austausch der Schriftsätze stattfinden soll.[59] Nach FRCP 27(b)(3) ist es in Ausnahmesituationen aber möglich, schon vor der Zustellung einer Klage die Vorlage von Dokumenten zu verlangen. Der Antrag auf Anordnung einer Dokumentenvorlage vor Klageerhebung muss gemäß FRCP 27(a)(1) unter anderem darlegen, dass der Antragsteller erwartet, zukünftig in einem Verfahren als Partei beteiligt zu sein und er selbst nicht dafür verantwortlich ist, dass dieses Verfahren bisher noch nicht anhängig ist. Zudem ist der zu erwartende Prozessgegenstand und das Interesse des Antragstellers darzustellen sowie die Tatsachen, die gesichert werden sollen und der Grund für die Beweissicherung.

FRCP 27 erlaubt lediglich ausnahmsweise die Anwendung von *discovery*-Mitteln in engen Grenzen vor der Klageerhebung und zieht nicht die *discovery*-Phase als solche vor. Möglich ist nur der eingeschränkte Einsatz von *discovery*-Mitteln, wenn dies zur Sicherung von Beweismitteln erforderlich ist, da ansonsten zu befürchten ist, dass sie im Rahmen eines späteren *discovery*-Verfahrens nicht mehr verfügbar sein könnten. Bei der Entscheidung über die Anordnung

---

[55] Apple Inc. v. Samsung Elecs. Co., Ltd., 881 F. Supp. 2d 1132, 1150 (N.D. Cal. 2012).

[56] *Haydock/Herr,* § 28.01.

[57] Mintel Intern. Group, Ltd. v. Neergheen, 2010 WL 145786 (N.D. Ill. 2010); *Haydock/Herr,* § 27.03(E).

[58] Apple Inc. v. Samsung Elecs. Co., Ltd., 881 F. Supp. 2d 1132, 1136 (N.D. Cal. 2012).

[59] Landwehr v. FDIC, 282 F.R.D. 1, 3 (D.D.C. 2010).

von *discovery*-Maßnahmen vor Klageerhebung berücksichtigen die Gerichte im Einzelfall insbesondere, ob eine einstweilige Verfügung anhängig ist, den Umfang und den Zweck der beantragten *discovery,* den Aufwand für den Antragsgegner und wie weit im Voraus die *discovery* gefordert wird.[60] Aufgrund der engen Voraussetzungen spielt dieses Mittel in der Praxis zwar nur selten eine Rolle[61], es erweitert aber die *discovery* insofern, als dadurch der Bezug zu einem laufenden Verfahren in Ausnahmefällen entbehrlich gemacht wird.

9. Zwischenergebnis

Wie gezeigt, können im Rahmen der *pretrial*-Phase weitgehende Informations- und Vorlagepflichten bestehen. Dass dabei personenbezogene Daten betroffen sein können, ergibt sich aus dem Vorlagegegenstand der spezifischen Erfordernisse zur *initial disclosure,* bei der ausdrücklich Angaben zu relevanten Personen gemacht werden müssen, und der Verpflichtung zur Vorlage von elektronischen Dokumenten aller Arten auf ein *discovery*-Ersuchen nach FRCP 34 hin. Diese geschieht im Regelfall nach der Klageerhebung innerhalb der Verfahrensphase der *pretrial discovery* und dort unter den Prozessparteien, ist aber auf Anordnung des Gerichts im Ausnahmefall auch subsidiär gegenüber Dritten und in engen Grenzen zur Beweissicherung vor Klageerhebung möglich. In den vorzulegenden Dokumenten und Dokumentensammlungen sind üblicherweise personenbezogene Daten Dritter, wie zum Beispiel Kontaktdaten und sonstige Inhalte von E-Mails oder Personaldaten, enthalten.

II. Entgegenstehende Vorschriften anderer Rechtsordnungen

Für ein beteiligtes Unternehmen können die gezeigten Vorlagepflichten dann problematisch werden, wenn es diese einhalten muss, der Übermittlung der Dokumente aber gesetzliche Pflichten einer anderen Rechtsordnung entgegenstehen. Ihnen bleibt dann nur entweder gegen diese Vorschriften des anderen Staates zu verstoßen oder die Sanktionen für eine Verletzung der *discovery*-Pflicht in Kauf zu nehmen.

1. Sanktionen und Nachteile

Um die Durchsetzung der Vorschriften zur Informationsbeschaffung zu gewährleisten, stehen den Gerichten verschiedene Sanktionsmöglichkeiten bei Verstößen zur Verfügung. Dabei ist zwischen Maßnahmen gegenüber Parteien und am Prozess nicht beteiligten Dritten zu unterscheiden. Dies ergibt sich daraus,

---

[60] Attkisson v. Holder, 113 F. Supp. 3d 156, 161 (D.D.C. 2015); In re Fannie Mae Derivative Litigation, 227 F.R.D. 142, 142 f. (D.D.C. 2005).

[61] *Haydock/Herr,* § 9.01.

dass das üblicherweise stärkste Druckmittel einer negativen Beweiswürdigung und daraus folgend möglicherweise auch ein ungünstiger Prozessausgang gegenüber am Verfahren nicht Beteiligten entfällt.[62] Kommt jemand der Aufforderung zur Herausgabe von Dokumenten nicht nach, so kann die Partei, welche die Herausgabe verlangt, zunächst nach FRCP 37(a)(1) einen Antrag an das zuständige Gericht stellen, eine Anordnung zu erlassen, um die Mitwirkung zu erzwingen. Dabei muss die beantragende Partei bestätigen, dass sie ihr Verlangen mit dem Betroffenen besprochen oder dies zumindest versucht hat. Die Parteien können dann unter anderem gemäß FRCP 37(a)(3)(A) beantragen, die Gegenpartei zur *disclosure* oder gemäß FRCP 37 (a)(3)(B)(iv) zur Vorlage der gemäß FRCP 34 herausverlangten Dokumente zu verpflichten. Wird eine solche Anordnung daraufhin erlassen, trägt nach FRCP 37(a)(5) derjenige, dessen Mitwirkung erzwungen werden musste, die durch den Antrag und die Anordnung entstandenen zusätzlichen Kosten der Gegenseite. Erst wenn eine solche Anordnung ergangen ist und durch den Betroffenen missachtet wurde, können Sanktionen durch das Gericht angeordnet werden. Die möglichen Sanktionen sind entweder direkte oder indirekte Zwangsmittel, je nach ihrer Wirkungsweise. Indirekt sind solche, die einen Nachteil im Prozess zur Folge haben und nicht auf die tatsächliche Erzwingung des gebotenen Verhaltens abzielen, was auf sämtliche Zwangsmitteln in amerikanischen Zivilprozessen zutrifft, abgesehen von der Verurteilung wegen Missachtung des Gerichts (*contempt of court*) und der Auferlegung von Kosten.[63] Ebendiese Sanktionsmaßnahme kann als einziges direktes Zwangsmittel eingesetzt werden, um durch die Beugemittel der Geld- oder Haftstrafe ein Verhalten zu erzwingen.[64] Auch gegenüber den Anwälten einer Partei besteht die Möglichkeit entweder eine Missachtung des Gerichts festzustellen oder die Kostentragung gemäß FRCP 37 (b)(2)(c) anzuordnen.[65]

Gegenüber den Prozessparteien oder mit ihnen verbundenen Personen (wie leitende Angestellte oder Direktoren) werden aber regelmäßig indirekte Sanktionen[66], in Form einer Anordnung durch das Gericht gemäß FRCP 37(a)(2)(A), angewendet. Eine solche Anordnung kann insbesondere die Feststellung der fraglichen Tatsachen zuungunsten der unkooperativen Partei enthalten, die Ansprüche und Einwendungen oder Tatsachen für die Beweisführung im Hauptverfahren ausschließen, Schriftsätze verwerfen, die Klage ganz oder zum Teil abweisen oder die Säumnis einer Partei feststellen. Darüber hinaus können ihr gemäß FRCP 37(b)(2)(c) auch die durch die mangelnde Mitwirkung verursachten Kosten auferlegt werden.

---

[62] *Junker*, Discovery, 193.

[63] *Junker*, Discovery, 193.

[64] *Junker*, Discovery, 194.

[65] *Osthaus*, 94.

[66] *Osthaus*, 94.

2. Umgang mit entgegenstehenden Verpflichtungen

Dass eine Partei elektronisch gespeicherte Dokumente aus einem anderen Staat beschaffen und übermitteln muss, schließt diese nicht von der Verpflichtung zur Vorlage im Rahmen der *discovery* aus Sicht der US-Gerichte aus. Es handelt sich aus US-amerikanischer Sicht lediglich um eine zulässige Beweisbeschaffung aus dem Ausland und nicht um eine Beweisaufnahme im Ausland, die die Souveränität des jeweiligen Staates verletzen würde.[67] Die Verpflichtung einer Partei zur Mitwirkung an einem *discovery*-Verfahren kann aus Sicht der US-Gerichte daher auch außerhalb eines Rechtshilfeersuchens nach der HBÜ bestehen.[68]

In der *Aerospatiale*-Entscheidung entschied der U.S. Supreme Court, dass die HBÜ keine exklusive Geltung hat und daher auch die Vorlage von Dokumenten im Rahmen der *discovery* nach FRCP verlangt werden kann, ohne den Rechtshilfeweg über das Verfahren nach der HBÜ zu beschreiten.[69] Dies ergebe sich schon aus dem Wortlaut der HBÜ, der keine zwingende Anwendung unter Ausschluss der Alternativen vorsehe und deren Zweck, dass die Übereinkunft die Möglichkeiten der Informationsbeschaffung gerade erweitert werden soll.[70] Auch der mögliche Vorbehalt gegenüber der Erfüllung von Rechtshilfeersuchen für das *pretrial discovery*-Verfahren, der sich aus Art. 23 HBÜ ergibt, spreche für dieses Verständnis, da ansonsten kaum nachvollziehbar sei, weshalb die *common law* Staaten sich auf einen Ausschluss der *pretrial discovery* eingelassen haben sollten.[71] Eine Beschränkung auf Rechtshilfeersuchen nach der HBÜ würde die Zulässigkeit der *discovery* vom Recht des jeweiligen Drittstaats abhängig machen, dessen Rechtsordnung der Adressat eines *discovery*-Ersuchens unterliegt.[72] Die HBÜ ist auch nicht vorrangig, sondern steht gleichberechtigt neben der Möglichkeit der Vorlageverpflichtung nach FRCP 34.[73] Die Möglichkeit eines Rechtshilfeersuchens an die zuständige Stelle eines Drittstaates besteht daher ne-

---

[67] Siehe dazu schon oben A. III.

[68] Societe Nationale Industrielle Aerospatiale v. U.S. Dist. Court for S. Dist. of Iowa, 482 U.S. 522, 529 (1987); *Born/Rutledge,* 968; *Rouhette/Barda,* 84 Def. Counsel J. 2017, 8 ff.

[69] Societe Nationale Industrielle Aerospatiale v. U.S. Dist. Court for S. Dist. of Iowa, 482 U.S. 522, 522 ff. (1987).

[70] Societe Nationale Industrielle Aerospatiale v. U.S. Dist. Court for S. Dist. of Iowa, 482 U.S. 522, 529 ff. (1987).

[71] Societe Nationale Industrielle Aerospatiale v. U.S. Dist. Court for S. Dist. of Iowa, 482 U.S. 522, 536 (1987).

[72] Societe Nationale Industrielle Aerospatiale v. U.S. Dist. Court for S. Dist. of Iowa, 482 U.S. 522, 539 (1987).

[73] Societe Nationale Industrielle Aerospatiale v. U.S. Dist. Court for S. Dist. of Iowa, 482 U.S. 522, 542 (1987).

ben einer Verpflichtung zur *discovery* nach den FRCP.[74] Dies kann zu der Problematik führen, dass entgegenstehende Rechtsvorschriften des anderen Staates die nach US-Recht im Rahmen der *discovery* geforderte Vorlage verbieten. Da die US-Gerichte aber die Offenlegungsverpflichtung modifizieren können, haben sie die Möglichkeit bei einem derartigen Aufeinandertreffen gegensätzlicher Verpflichtungen zu reagieren und die erforderliche Offenlegung zu beschränken.[75]

III. Überschneidung mit Verpflichtungen des EU-Datenschutzrechts

Wie gezeigt, kann die Verpflichtung zur Dokumentenvorlage im Rahmen der *e-discovery* in Verbindung mit den drohenden Sanktionen und Prozessnachteilen zu einer problematischen Situation für die betroffenen Unternehmen führen, wenn die Rechtsordnung eines anderen Landes die Übermittlung der Dokumente untersagt. Ein solches Übermittlungsverbot ergibt sich weitgehend aus dem europäischen Datenschutzrecht. Die oben beschriebenen Vorlagepflichten erfassen häufig auch personenbezogene Daten. Das gilt insbesondere, da auch Informationen innerhalb der beruflichen Sphäre Personenbezug haben können.[76] So enthält praktisch nahezu jede E-Mail personenbezogene Daten.[77] Ein betroffenes Unternehmen muss daher bei der Speicherung, Verarbeitung und Übermittlung der Daten an Rechtsanwälte, den Prozessgegner und das Gericht in den USA die Vorgaben des europäischen Datenschutzrechts, also konkret der Datenschutz-Grundverordnung, einhalten, soweit die jeweiligen Dokumente Informationen enthalten, die deren weitem Anwendungsbereich unterliegen.

Die Zulässigkeit einer Übermittlung von Daten in einen Nicht-EU-Staat wird durch eine zweistufige Prüfung beurteilt.[78] Zunächst muss die Datenverarbeitung an sich rechtmäßig sein, also nach dem Grundsatz des Verbots mit Erlaubnisvorbehalt aus Art. 6 Abs. 1 DS-GVO entweder eine Einwilligung des Betroffenen (Abs. 1 lit. a) vorliegen oder ein gesetzlicher Erlaubnistatbestand (Abs. 1 lit. b–f) einschlägig sein. Trifft dies zu, müssen auch die besonderen Voraussetzungen der Übermittlung in Drittstaaten in Art. 44–50 DS-GVO vorliegen.

---

[74] Societe Nationale Industrielle Aerospatiale v. U.S. Dist. Court for S. Dist. of Iowa, 482 U.S. 522, 523 (1987).

[75] Siehe dazu unten E. I. 1. d).

[76] *Deutlmoser/Filip*, in: Hoeren/Sieber/Holznagel, Teil 16.6 Rn. 10; *Gabel*, in: Taeger/Gabel, BDSG-alt, § 4c Rn. 11; *Hladjk*, in: Abel/Behling, Kap. 5 Rn. 223; *Junker*, Electronic Discovery, Rn. 181; *Knapp*, Rich. J. Global L. & Bus. 2010, 111, 126 f.

[77] *Deutlmoser/Filip*, in: Hoeren/Sieber/Holznagel, Teil 16.6 Rn. 10.

[78] Siehe zur alten Rechtslage nur: EuGH, Urt. v. 6.10.2015 – C-362/14, Maximillian Schrems/Data Protection Commissioner, NJW 2015, 3151, 3153, Rn. 46; EuGH, Urt. v. 6.11.2003 – Rs. C-101/01, Lindqvist, MMR 2004, 95, 97, Rn. 63.

1. Rechtsdurchsetzung als berechtigtes Interesse

Die Verarbeitung personenbezogener Daten zur Verwendung in einem *discovery*-Verfahren kann durch Art. 6 Abs. 1 lit. f DS-GVO erlaubt sein. Bei dieser Vorschrift handelt es sich um eine sehr allgemeine Generalklausel.[79] Das Erfordernis eines berechtigten Interesses in diesem Sinne ist weit zu verstehen, es kann sich nicht nur aus rechtlichen, sondern auch tatsächlichen, wirtschaftlichen oder ideellen Interessen ergeben.[80] Die Geltendmachung, Ausübung oder Verteidigung von Rechtsansprüchen ist ein solches anerkanntes berechtigtes Interesse im Sinne des Art. 6 Abs. 1 lit. f DS-GVO.[81] Darunter fällt auch die Verwendung im *discovery*-Verfahren zur Durchsetzung von Rechtsansprüchen oder zur Verteidigung gegen solche.[82] Das gilt nicht nur, wenn die datenverarbeitende Stelle direkt in einem Verfahren beteiligt ist, sondern auch dann, wenn sie durch Konzernstrukturen mit einer Beteiligten verbunden ist.[83]

Dabei überwiegt das Interesse eines Unternehmens, Daten zur Verteidigung oder Durchsetzung von Rechtsansprüchen im Inland zu verarbeiten, abstrakt die entgegenstehenden Interessen der Betroffenen.[84] Dies ergibt sich bereits daraus, dass für diesen Fall auch die Verarbeitung besonderer Kategorien personenbezogener Daten und die Übermittlung der Daten in einen Drittstaat durch Art. 9 Abs. 1 lit. f zulässig ist. Dieses abstrakte Vorrangverhältnis zu Gunsten der Datenverarbeitung zum Zweck der Rechtsdurchsetzung zeigt sich auch in Art. 49 DS-GVO, in dem wie in der Vorgängervorschrift in Art. 26 der Datenschutzrichtlinie[85], typisierte Ausnahmefälle vorgesehen sind, in denen das Interesse der datenübermittelnden Stelle die Interessen der betroffenen Personen überwiegt.[86] Es handelt sich um eine durch den Gesetzgeber vorweggenommene Güterabwägung für Situationen, in denen das Schutzbedürfnis der Betroffenen gering ist.[87] Im

---

[79] *Buchner/Petri*, in: Kühling/Buchner, DS-GVO, Art. 6 Rn. 142; *Frenzel*, in: Paal/Pauly, DS-GVO, Art. 6 Rn. 27.

[80] *Buchner/Petri*, in: Kühling/Buchner, DS-GVO, Art. 6 Rn. 146; *Martini*, in: Paal/Pauly, DS-GVO, Art. 26 Rn. 28; zur alten Rechtslage siehe *Gola/C. Klug/Körffer*, in: Gola/Schomerus, BDSG-alt, 12. Aufl., § 28 Rn. 24.

[81] *Patzak/Higard/Wybitul*, CRi 2011, 13, 14.

[82] *Hladjk*, in: Abel/Behling, Kap. 5, Rn. 242; *Noorda/Hanloser*, E-discovery and data privacy, 13, 19; *Spies/Schröder*, MMR 2008, 275, 278.

[83] *Thomale*, in: Auernhammer, BDSG-alt, 4. Aufl., § 4c Rn. 8; *Hladjk*, in: Abel/Behling, Kap. 5, Rn. 242.

[84] *Thomale*, in: Auernhammer, BDSG-alt, 4. Aufl., § 4c Rn. 8; *Gierschmann*, § 4c Rn. 25.

[85] Richtlinie 95/46/EG des Europäischen Parlaments und des Rates vom 24. Oktober 1995 zum Schutz natürlicher Personen bei der Verarbeitung personenbezogener Daten und zum freien Datenverkehr.

[86] *Schröder*, in: Kühling/Buchner, DS-GVO, Art. 49 Rn. 26; siehe zur alten Rechtslage *Brühann*, in: Grabitz/Hilf/Nettesheim, Band IV Art. 26 DS-RL Rn. 9.

[87] *Schantz*, in: Wolf/Brink BDSG-alt, § 4c Rn. 1; *Gierschmann*, § 4c Rn. 25.

Einzelfall können aber dennoch die Grundrechte, Grundfreiheiten oder Interessen der betroffenen Personen das Verarbeitungsinteresse überwiegen, daher muss die Verarbeitung der Daten im konkreten Fall auch verhältnismäßig sein.[88] Es ist daher jedenfalls darauf zu achten, dass wirklich nur die Daten verwendet werden, die tatsächlich erforderlich sind, und dass diese auch nur für die Zwecke des konkreten Verfahrens genutzt werden. Gegen die Speicherung von Daten für ein konkretes Verfahren (nicht präventiv und anlasslos) sprechen allerdings auch im Einzelfall regelmäßig keine Interessen der Betroffenen.[89] Auch die vorgelagerte Verarbeitung von Daten durch die betroffene Stelle sowie externe Dienstleister (innerhalb des Geltungsbereichs der Datenschutz-Grundverordnung) zum Zweck der Prozessführung der datenverarbeitenden Stelle ist, solange sie auf das notwendige Maß beschränkt ist, im Regelfall verhältnismäßig.[90]

Dieses Regel-Ausnahme-Verhältnis gilt so unproblematisch aber nur für die Verarbeitung von personenbezogenen Daten innerhalb des Geltungsbereichs der Datenschutz-Grundverordnung. Für die Übermittlung in einen Drittstaat bestehen erhöhte Anforderungen.

2. Übermittlung in Drittstaaten als möglicher Konflikt

Soweit die gespeicherten und gefilterten Dateien aufgrund der Verpflichtung nach US-Recht an die jeweiligen Prozessparteien in den USA herausgegeben werden sollen, müssen die zusätzlichen Voraussetzungen zur Übermittlung von personenbezogenen Daten in Drittstaaten aus Art. 44–49 DS-GVO erfüllt sein. Diese sind in ihrer Struktur mit den Vorgängervorschriften der Datenschutzricht-linie vergleichbar und unterscheiden sich nur punktuell.[91] Aus Art. 44 der DS-GVO ergibt sich für die Übermittlung personenbezogener Daten in Drittstaaten ebenfalls ein Verbot mit Erlaubnisvorbehalt, sodass hierfür zusätzlich eine Einwilligung der Betroffenen nach Art. 49 Abs. 1 lit. a) DS-GVO vorliegen oder einer der gesetzlichen Erlaubnistatbestände erfüllt sein muss.[92] Dabei ist weder die Feststellung eines angemessenen Datenschutzniveaus im Geltungsbereich des sogenannten „EU-US-Privacy-Shield"-Abkommens noch der Einsatz von Garantien im Sinne des Art. 46 Abs. 1 DS-GVO oder die Möglichkeit einer Einwilligung der Betroffenen ein umfassendes und praktikables Mittel zur Legitimierung der im Rahmen der *discovery* notwendigen Übermittlung.

---

[88] *Deutlmoser/Filip,* in: Hoeren/Sieber/Holznagel, Teil 16.6 Rn. 36.

[89] *Spies/Schröder,* MMR 2008, 275, 278.

[90] *Deutlmoser/Filip,* in: Hoeren/Sieber/Holznagel, Teil 16.6 Rn. 86.

[91] *Albrecht/Jotzo,* 101.

[92] *Pauly,* in: Paal/Pauly, DS-GVO, Art. 45 Rn. 1.

a) Privacy-Shield

Art. 45 DS-GVO erlaubt die Übermittlung von personenbezogenen Daten in Staaten oder an internationale Organisationen, für die die EU-Kommission ein angemessenes Datenschutzniveau festgestellt hat, wobei diese Feststellung auch nur für ein räumliches Teilgebiet oder spezifische Sektoren erfolgen kann. Für die Übermittlung in die USA wurde eine solche Feststellung eines angemessenen Datenschutzniveaus durch die Kommission für solche Unternehmen getroffen, die den Bedingungen des „EU-US-Privacy-Shield"-Abkommens zugestimmt haben. Ungeachtet der Bedenken an der Übereinstimmung dieser Kommissionsentscheidung mit dem europäischen Primärrecht, ist dies schon keine Legitimationsmöglichkeit, welche die Situation einer Übermittlung von Daten für ein *discovery*-Verfahren umfassend löst. Zwar können danach im Einzelfall Übermittlungen im Rahmen eines *discovery*-Verfahrens zulässig sein, da aber erforderlich ist, dass Unternehmen sich freiwillig dazu verpflichten, die Bedingungen des Abkommens einzuhalten, besteht für die übermittelnde Stelle keine Möglichkeit zu erzwingen, dass gerade das Unternehmen auf der Gegenseite eines Prozesses oder das Gericht eine solche Vereinbarung eingeht.[93]

b) Geeignete Garantien

Nach Art. 46 Abs. 1 DS-GVO ist eine Übermittlung auch dann zulässig, wenn der Verantwortliche „geeignete Garantien" für die Einhaltung des Datenschutzes vorgesehen hat. Diese geeigneten Garantien können, bei der Übermittlung an private Unternehmen, in verbindlichen Unternehmensvorschriften, Standardvertragsklauseln, genehmigten Verhaltensregeln oder einem Zertifizierungsmechanismus bestehen. Die Möglichkeiten, geeignete Garantien vorzusehen, erfordern allerdings ebenfalls die Mitwirkung der anderen Parteien des Verfahrens und des Gerichts als Empfänger der Daten und sind daher auch nicht geeignet, einen möglichen Konflikt zwischen EU-Datenschutzrecht und der Verpflichtung zur Kooperation in *discovery*-Verfahren umfassend zu vermeiden.[94]

c) Vollstreckung von Urteilen und Verwaltungsentscheidungen

Gemäß Art. 48 dürfen Urteile von Gerichten aus Drittländern ebenso wie Entscheidungen von Verwaltungsbehörden aus Drittländern, die auf die Übermittlung oder Weitergabe von personenbezogenen Daten gerichtet sind, dann anerkannt oder vollstreckt werden, wenn sie auf internationale Abkommen gestützt sind.

---

[93] Zum gleichen Gedanken bzgl. des Vorgängerabkommens (Safe Harbor) *Deutlmoser/Filip,* in: Hoeren/Sieber/Holznagel, Teil 16.6 Rn. 43; *Hladjk,* in: Abel/Behling, Kap. 5 Rn. 263; *Brisch/Laue,* RDV 2010, 1, 6; *Hanloser,* DuD 2008, 785, 788.

[94] *Hladjk,* in: Abel/Behling, Kap. 5 Rn. 265; *Brisch/Laue,* RDV 2010, 1, 7; *Hanloser,* DuD 2008, 785, 788.

Zwar können *discovery*-Verlangen auch aufgrund gerichtlicher Anordnung erfolgen, wenn in einem Streitfall das Gericht von einer der Parteien eingeschaltet wird, sodass ein Vorgehen auf dem Rechtshilfeweg denkbar wäre.[95] Zahlreiche EU-Mitgliedsstaaten (darunter auch Deutschland) haben aber von der Möglichkeit in Art. 23 HBÜ Gebrauch gemacht, sodass sie ausdrücklich keine Anfragen für *pretrial discovery*-Verfahren im Rahmen von Rechtshilfeersuchen erfüllen, und dies daher auch keine gangbare Option ist.[96] Ein Versuch diesem Weg mehr Bedeutung zu verschaffen, indem die Erfüllung solcher Anfrage unter engen Voraussetzungen zugelassen wird, scheiterte in Deutschland 2017 im Gesetzgebungsverfahren.[97] Die US-Gerichte sehen den Rechtshilfeweg daher auch für *discovery*-Verlangen nicht als verpflichtend an.[98]

d) Einwilligung aller Betroffenen

Auch die Möglichkeit, die Übermittlung durch eine Einwilligung der Betroffenen zu legitimieren (Art. 49 Abs. 1 lit. a DS-GVO), löst die Problematik aus Sicht eines betroffenen Unternehmens nicht. Für die Übermittlung großer Mengen elektronischer Daten zu dem hier untersuchten Anlass ist auch die vorherige Einwilligung aller Betroffenen keine praktikable Lösung.[99] So könnte in der Praxis der finanzielle und tatsächliche Aufwand häufig so hoch sein, dass die dadurch entstehenden Kosten in Hinblick auf das Verfahren unverhältnismäßig hoch wären. Auch wäre die vorschriftsgemäße Mitwirkung der datenverarbeitenden Stelle dann von der Kooperation der Betroffenen abhängig und zeitlich kaum innerhalb der im *discovery*-Verfahren üblicherweise geltenden Fristen zu erreichen. Vereinfachungen durch pauschale Einwilligungen aller Arbeitnehmer oder durch Kollektivvereinbarungen würden zum einen nicht alle betroffenen Dritten (wie Kunden und Geschäftspartner) erfassen und sind zum anderen schon nicht zulässig.[100] Zum anderen ist die Einwilligung jederzeit widerruflich und kann schon deshalb keine Sicherheit für die anhaltende Zulässigkeit der Übermittlung geben.[101]

---

[95] *Schröder,* in: Kühling/Buchner, DS-GVO, Art. 48 Rn. 13; *Pauly,* in: Paal/Pauly, DS-GVO, Art. 48 Rn. 6.

[96] *Hladjk,* in: Abel/Behling, Kap. 5 Rn. 260; *Kurtz,* in: Borges/Meents, § 16 Rn. 46; *Schantz,* in: Wolf/Brink BDSG-alt, § 4c Rn. 24; *Schröder,* in: Kühling/Buchner, DS-GVO, Art. 49 Rn. 28; *Hanloser,* DuD 2008, 785.

[97] Vgl. die Beschlussempfehlung BT-Drucks. 18/11637 und den Gesetzesentwurf der Bundesregierung BT-Drucks. 18/10714.

[98] Siehe oben B. II. 2.

[99] *Deutlmoser/Filip,* in: Hoeren/Sieber/Holznagel, Teil 16.6 Rn. 22; *Spies/Schröder,* MMR 2008, 275, 278; *Noorda/Hanloser,* E-discovery and data privacy, 13, 19; im Ergebnis wohl auch *Simitis,* in: Simitis BDSG-alt, § 4 Rn. 21, der dies für möglich aber umständlich hält.

[100] *Deutlmoser/Filip,* in: Hoeren/Sieber/Holznagel, Teil 16.6 24; *Hladjk,* in: Abel/Behling, Kap. 5 Rn. 233 f.

[101] *Deutlmoser/Filip,* in: Hoeren/Sieber/Holznagel, Teil 16.6 34; *Hladjk,* in: Abel/Behling, Kap. 5 Rn. 234.

3. Erforderlich zur Geltendmachung, Ausübung oder Verteidigung von Rechtsansprüchen

Art. 49 Abs. 1 lit. e DS-GVO regelt ausdrücklich eine Ausnahme für Fälle, in denen „[...] *die Übermittlung zur Geltendmachung, Ausübung oder Verteidigung von Rechtsansprüchen erforderlich ist* [...]". Damit räumt die Vorschrift dem Interesse der datenverarbeitenden Stelle an der Rechtsdurchsetzung für diesen Fall Vorrang gegenüber den persönlichkeitsrechtlichen Interessen der Betroffenen ein.[102] Ob sich ein Unternehmen, welches sowohl die Verpflichtung zur Übermittlung von Dokumenten im *discovery*-Verfahren als auch das EU-Datenschutzrecht beachten muss, in einer unlösbaren Situation befindet, hängt daher davon ab, ob diese Übermittlung noch erforderlich im Sinne des Art. 49 Abs. 1 lit. e DS-GVO ist.

Vor Inkrafttreten der Datenschutz-Grundverordnung war fraglich, ob die *pretrial discovery* von der Vorgängerregelung in § 4c Abs. 1 S. 1 Nr. 4 Alt. 2 BDSG-alt erfasst war, da dieser, wie auch die deutsche Übersetzung in Art. 26 Abs. 1 lit. d DS-RL, voraussetzte, dass dies für die Geltendmachung, Ausübung oder Verteidigung von Rechtsansprüchen „vor Gericht" erforderlich sein musste. Daraus wurde für Deutschland teilweise geschlossen, dass die Übermittlung für ein *discovery*-Verfahren nicht zulässig gewesen sei.[103] Problematisch war dies aber schon aus dem Grund, dass nur in einigen Sprachversionen der Richtlinie diese Einschränkung enthalten war.[104] Daher sprach auch schon unter der bisherigen Rechtslage einiges dafür, dass es der Übermittlung zu Zwecken der *pretrial discovery* nicht grundlegend widersprach, dass dieses Verfahren zu großen Teilen zwischen den Parteien direkt stattfindet und § 4c Abs. 1 S. 1 Nr. 4 Alt. 2 BDSG-alt einschlägig war.[105] Nunmehr enthält der unmittelbar anzuwendende Art. 49 Abs. 1 lit. e DS-GVO keine solche Einschränkung auf ein Verfahren „vor Ge-

---

[102] *Albrecht/Jotzo,* 108; *Pauly,* in: Paal/Pauly, DS-GVO, Art. 49 Rn. 21; zur Vorgängervorschrift siehe Regierungsentwurf, BT-Drucks. 14/4329, S. 34; *Thomale,* in: Auernhammer, BDSG-alt, 4. Aufl., § 4c Rn. 8; *Gabel,* in: Taeger/Gabel, BDSG-alt, § 4c Rn. 9; *Hladjk,* in: Abel/Behling, Kap. 5 Rn. 269; *Hladjk,* in: Auernhammer, DS-GVO, Art. 49 Rn. 8; *von dem Busche,* in: Plath, BDSG-alt, 2. Aufl., § 4c Rn. 13; *Gierschmann,* § 4c Rn. 25; *Schantz,* in: Wolf/Brink BDSG-alt, § 4c Rn. 21.

[103] *Schantz,* in: Wolf/Brink BDSG-alt, § 4c Rn. 25; *Lux/Glienke,* RIW 2010, 603, 605; *Posdziech,* 140 f.; *Patzak/Higard/Wybitul,* CRi 2011, 13, 14; im Ergebnis wohl auch *Brühann,* in: Grabitz/Hilf/Nettesheim, Band IV Art. 26 DSRL, Rn. 9.

[104] So nur in der tschechischen, niederländischen, deutschen, griechischen, italienischen, lettischen, portugiesischen, rumänischen und spanischen Übersetzung, siehe: *Patzak/Higard/Wybitul,* CRi 2011, 13, 14.

[105] *Art. 29 Datenschutzgruppe,* WP 158, 15; *Deutlmoser/Filip,* in: Hoeren/Sieber/Holznagel, Teil 16.6 Rn. 57; *Thomale,* in: Auernhammer, BDSG-alt, 4. Aufl., § 4c Rn. 9; *Gierschmann,* § 4c Rn. 26; *Brisch/Laue,* RDV 2010, 1, 7; *von dem Busche,* in: Plath, BDSG-alt, 2. Aufl., § 4c Rn. 14; *Harguth,* 321; *Rath/S. Klug,* KuR 2008, 596, 598, die § 4c Abs. 1 Nr. 4 auch auf die *discovery* anwenden; *Spies/Schröder,* MMR 2008, 275, 279.

richt", sodass dieser Einwand gegen eine Übermittlung jedenfalls für die neue Rechtslage nicht mehr zutrifft.[106] Es genügt daher, dass die Übermittlung der Daten im weiteren Sinne für die Rechtsdurchsetzung erforderlich ist. Dies entspricht auch Erwägungsgrund 111 der DS-GVO, wonach ausdrücklich auch außergerichtliche Verfahren erfasst sein sollen. Daher kann auch die Übermittlung zur Verwendung im *pretrial discovery*-Verfahren von Art. 49 Abs. 1 lit. e DS-GVO erfasst sein.[107]

Auch die neue Vorschrift in der Datenschutz-Grundverordnung ist aber bezüglich der vorliegenden Situation nicht eindeutig. Denn was im Sinne des Art. 49 Abs. 1 lit. e DS-GVO erforderlich ist, ist dort nicht genauer bestimmt und der Wortlaut lässt unterschiedliche Auslegungen zu. Obwohl die Übermittlung für ein *discovery*-Verfahren erfasst ist, kann dies nicht, wie man auf den ersten Blick denken könnte, einen Freibrief für jegliche Übermittlung zu diesem Zwecke ergeben, der einen Konflikt zwischen Datenschutzrecht und *discovery*-Verpflichtung gänzlich ausschließen und im Falle entgegengesetzter Verpflichtungen von vorneherein zu Gunsten letzterer entscheiden würde. Zwar wird nach dem Wortlaut des Art. 49 Abs. 1 lit. e DS-GVO nicht ausdrücklich eine Abwägung des Interesses des Unternehmens an der Übermittlung mit den entgegenstehenden Interessen der Betroffenen gefordert, die Übermittlung zu diesem Zweck muss aber „erforderlich" sein. Da sowohl die Zulässigkeit der Datenverarbeitung nach Art. 6 Abs. 1 lit. f DS-GVO als auch die besondere Zulässigkeitsvoraussetzung für die Übermittlung in Drittstaaten nach Art. 49 Abs. 1 lit. e DS-GVO an die „Erforderlichkeit" anknüpfen, sind beide Schritte systematisch nicht voneinander zu trennen. So ist der Grundsatz der Verhältnismäßigkeit bei der Bestimmung des zulässigen Umfangs der Datenübermittlung zu berücksichtigen.[108] Daher hat über die Zulässigkeit einer Übermittlung zum Zweck der Rechtsdurchsetzung eine einheitliche exportbezogene Interessenabwägung stattzufinden.[109]

a) Autonome Auslegung

Nur vereinzelt werden Ansätze vertreten, wonach die Erforderlichkeit ausschließlich vom Recht des Drittstaats bestimmt werde und nur wenn fundamentale Prinzipien des Datenschutzrechts verletzt werden die Übermittlung unvereinbar wäre[110], oder, dass das Datenschutzrecht auf den Fall der Übermittlung

---

[106] *Pauly*, in: Paal/Pauly, DS-GVO, Art. 49 Rn. 21.

[107] *Hladjk*, in: Auernhammer, DS-GVO, Art. 49 Rn. 7 u. 9; *Schröder*, in: Kühling/Buchner, DS-GVO, Art. 49 Rn. 27 ff.

[108] So zur deutschen Vorgängerregelung: Regierungsentwurf, BT-Drucks. 14/4329, S. 34; *Taeger/Gabel*, in: Taeger/Gabel, BDSG-alt, § 4c Rn. 10.

[109] *Deutlmoser/Filip*, in: Hoeren/Sieber/Holznagel, Teil 16.6 Rn. 58.

[110] *Domke*, International E-Discovery, 6.

von Daten zur Verwendung im *discovery*-Verfahren überhaupt nicht anwendbar sei.[111] Dies ist aber mit der systematischen Stellung des Art. 49 Abs. 1 lit. e DS-GVO als Erlaubnisvorschrift in Kapitel V. der Datenschutz-Grundverordnung nicht vereinbar. Schon die Existenz der Ausnahmevorschriften in Art. 49 zeigt, dass das Datenschutzrecht nicht generell hinter ausländischem Zivilprozessrecht zurücktreten darf.[112] Erforderlich kann in diesem Zusammenhang nicht lediglich bedeuten, dass die Übermittlung auf solche Daten beschränkt werden muss, die nach der Rechtsordnung des Drittstaates für die konkrete Prozessführung benötigt werden.[113] Mit diesem Ende 2017 von einem *District Court* unter Verweis darauf, dass der Wortlaut eindeutig sei, angelegten Verständnis wird die Problematik von vornherein verkannt.[114] Dass Datenverarbeitungen und insbesondere Übermittlungen in Drittstaaten eng auf das erforderliche Maß begrenzt werden müssen, ergibt sich schon aus dem allgemeinen Grundsatz der Datenminimierung in Art. 5 Abs. 1 lit. c DS-GVO, sodass Art. 49 Abs. 1 lit. e DS-GVO dann keine höheren Anforderungen für eine Übermittlung der Daten stellen würde, als dies für jegliche Datenverarbeitung der Fall ist. Gegen ein Verständnis der Erforderlichkeit, wonach es ausreichen würde, dass die Rechtsordnung eines Drittstaates eine Verpflichtung dazu vorsieht, spricht vor allem, dass dadurch das europäische Datenschutzniveau unterlaufen würde.[115] Die Gesetze eines Nicht-EU-Staates würden dann die Ausfüllung des Unionsrechts bestimmen.[116] Einer solchen Auslegung steht ausdrücklich Art. 44 S. 2 DS-GVO entgegen, wonach durch die Anwendung der Normen des Kapitels V. der Datenschutz-Grundverordnung das gewährleistete Schutzniveau für die betroffenen Personen nicht untergraben werden darf.

Die Erforderlichkeit im Sinne des Art. 49 Abs. 1 lit. e DS-GVO setzt daher zwar voraus, dass die Übermittlung nach der Rechtsordnung des Drittstaates notwendig sein muss, dies alleine genügt aber nicht, um die Anforderungen zu erfüllen. Darüber hinaus ist autonom auf Grundlage des Rechts der Europäischen Union zu beurteilen, ob eine Übermittlung noch erforderlich ist oder zu weit geht.[117]

---

[111] *Knöfel,* RIW 2010, 403, 405.

[112] So zur alten Rechtslage *Lux/Glienke,* RIW 2010, 603, 606.

[113] So zur alten Rechtslage *Patzak/Higard/Wybitul,* CRi 2011, 13, 15.

[114] Knight Capital Partners Corp. v. Henkel Ag & Company, KGaA, 290 F.Supp.3d 681, 687 (E.D. Mich. 2017).

[115] *Art. 29 Datenschutzgruppe,* WP 117, 8; *Spies/Schröder,* MMR 2008, 275, 279; dem folgend *Patzak/Higard/Wybitul,* CRi 2011, 13, 16.

[116] *Art. 29 Datenschutzgruppe,* WP 117, 8; *Spies/Schröder,* MMR 2008, 275, 279.

[117] So zur alten Rechtslage *Patzak/Higard/Wybitul,* CRi 2011, 13, 15 f.; *Spies/Schröder,* MMR 2008, 275, 279; vgl. auch *Art. 29 Datenschutzgruppe,* WP 117, 8.

b) Nicht streng restriktiv

Zunächst kann nicht schon im Zusammenhang mit Art. 48 DS-GVO gefolgert werden, dass eine Übermittlung für die Verwendung in einem *discovery*-Verfahren absolut unzulässig ist, wenn dies nicht auf Grundlage eines internationalen Abkommens erfolgt, da sich aus Art. 48 DS-GVO und Erwägungsgrund 115 ergibt, dass die Erlaubnis zur Übermittlung aufgrund einer internationalen Übereinkunft wie etwa eines Rechtshilfeabkommens die übrigen Erlaubnistatbestände unberührt lässt.[118]

Auch der Versuch, der systematischen Stellung der Norm eine klare Vorgabe zu entnehmen, gelingt nicht. Zur Vorgängervorschrift wurde vertreten, dass das Merkmal der „Erforderlichkeit" als Ausnahmevorschrift streng restriktiv auszulegen sei.[119] Die Tendenz der Abwägung sollte daher im Regelfall gegen die Übermittlung sprechen.[120] Die Interessen der Betroffenen sprächen regelmäßig gegen die Übermittlung von personenbezogenen Daten.[121] Die weniger systematisch ausgestalteten *„privacy rights"* in den USA führten dazu, dass deutlich mehr Informationen unter die *discovery* fielen, als dies nach europäischem Datenschutzrecht zulässig wäre.[122] Dies betrifft allerdings das allgemeine Datenschutzniveau der USA, welches aus europäischer Sicht vielfach als nicht angemessen angesehen wird. Von dem Verbot der Übermittlung in Drittstaaten ohne angemessenes Datenschutzniveau stellen die Fallgruppen in Art. 49 Abs. 1 DS-GVO aber gerade Ausnahmen dar. Begründet man mit dem allgemeinen Datenschutzniveau dann wiederum eine enge Auslegung des Art. 49 Abs. 1 lit. e DS-GVO, würde dies zu einem Zirkelschluss führen. Auch handelt es sich wie, bei der Vorgängervorschrift der Datenschutzrichtlinie (und dem darauf beruhenden § 4c BDSG-alt) bei den Fallgruppen in Art. 49 nicht, wie der Wortlaut zunächst vermuten lassen könnte, um seltene Ausnahmen, sondern stattdessen um teils alltäglich vorkommende Übermittlungssituationen.[123] Auch beschreiben die dort geregelten Fälle Situationen, in denen das Risiko für den Schutz der Persönlichkeitsrechte der Betroffenen relativ gering einzustufen ist.[124] Zudem deutet die vorsichtige Öff-

---

[118] *Kessler/Nowak/Khan,* 17 Sedona Conf. J. 2016, 575, 589.

[119] *Hladjk,* in: Abel/Behling, Kap. 5 Rn. 271; *Klein,* 25 Geo. J. Legal Ethics 2012, 623, 632.

[120] *Deutlmoser/Filip,* in: Hoeren/Sieber/Holznagel, Teil 16.6 Rn. 89.

[121] *Bergmann/Möhrle/Herb,* § 28 BDSG-alt Rn. 245.

[122] *Klein,* 25 Geo. J. Legal Ethics 2012, 623, 633.

[123] *Pauly,* in: Paal/Pauly, DS-GVO, Art. 49 Rn. 2 mit Verweis auf *Simitis,* in: Simitis BDSG-alt, § 4 Rn. 1 zur alten Rechtslage; so auch *Schröder,* in: Kühling/Buchner, DS-GVO, Art. 49 Rn. 2 aber mit Hinweis darauf, dass diese dennoch restriktiv auszulegen seien.

[124] *Art. 29 Datenschutzgruppe,* WP 114, 8; *Art. 29 Datenschutzgruppe,* WP 12, 26; *Gola/C. Klug/Körffer,* in: Gola/Schomerus, BDSG-alt, 12. Aufl., § 4c Rn. 4; *Pauly,* in: Paal/Pauly, DS-GVO, Art. 49 Rn. 4.

nungsklausel in Art. 49 Abs. 1 S. 2 DS-GVO an, dass zumindest eine gewisse Flexibilität erreicht werden soll.[125] Dies ist ein Indiz dafür, dass die Ausnahmen nicht streng restriktiv auszulegen sind. Die Ausnahmetatbestände sollen stattdessen gerade eine unnötige Belastung des Wirtschaftsverkehrs verhindern.[126]

c) Prüfungsmaßstab für Beurteilung der Erforderlichkeit

Aufgrund dieser Gegebenheiten gestaltet sich die Beurteilung der Zulässigkeit der Übermittlung für die *discovery* aufgrund der Erforderlichkeit zur Rechtsdurchsetzung aus unionsrechtlicher Perspektive als durchaus problematisch. Dies führt dazu, dass sich zu dieser Situation, wie eingangs erwähnt, bisher vor allem Empfehlungen dazu finden, wie ein Konflikt praktisch abgemildert werden kann oder aber gesetzgeberisches Tätigwerden gefordert wird.[127] Eine Antwort auf die dahinterstehende Frage der Vereinbarkeit der *discovery* mit dem EU-Datenschutzrecht wird weitgehend vermieden.

Anknüpfungspunkt muss der Zweck der Norm sein, den datenverarbeitenden Stellen innerhalb der EU eine Rechtsdurchsetzung zu ermöglichen. Bei der Auslegung von Art. 49 DS-GVO ist auch das Recht auf effektiven Rechtsschutz zu berücksichtigen, welches verletzt sein könnte, wenn einer Partei kategorisch die Möglichkeit genommen würde, für ein Verfahren in den USA Daten zu verarbeiten und zu übermitteln, wenn diese Verarbeitung nicht grundlegend von dem abweicht, was innerhalb der EU für erforderlich erachtet wird.[128] Die zu diesem Zweck erforderliche Datenübermittlung ist aus dem Verständnis innerhalb der EU zu bestimmen. Dies ist allerdings problematisch, da das Unionsrecht nicht den Ablauf der Zivilverfahren vor den nationalen Zivilgerichten, sondern lediglich die justizielle Zusammenarbeit, insbesondere durch zuständigkeits- und kollisionsrechtliche Bestimmungen, regelt. Zwar besteht mit der EuBVO auch eine Regelung der Beweisaufnahme auf dem Rechtshilfeweg in Verfahren mit Auslandsbezug innerhalb der EU, in dieser wird aber in Art. 10 Abs. 2 ausdrücklich festgestellt, dass die gestellten Rechtshilfeersuchen nach dem Recht des Mitgliedstaates zu erledigen sind. Der Umfang und das Verfahren der Informationsbeschaffung für Zivilprozesse sind daher, anders als der Rechtshilfeweg, nicht durch das Unionsrecht vorgegeben, sondern ausschließlich nach dem Recht der Mitgliedstaaten zu beurteilen.

Aus dem Unionsrecht lässt sich nur entnehmen, dass ein Informationsbedürfnis einer beweisbelasteten Partei bestehen und in gewissen Situationen unter anderem auch die Vorlage von Dokumenten zum Zweck der Rechtsdurchsetzung

---

[125] *Albrecht/Jotzo*, 108.
[126] *Art. 29 Datenschutzgruppe*, WP 114, 8.
[127] Siehe oben A. II.
[128] *Curran*, 76 La. L. Rev. 2016, 1141, 1146.

angezeigt sein kann. Dieses Grundverständnis kommt insbesondere in den Verpflichtungen für die Mitgliedstaaten in der Enforcement-Richtlinie[129] und der Kartellschadensersatzrichtlinie[130] zum Ausdruck, Möglichkeiten zur Beweismittelvorlage zu schaffen. Die konkrete Ausgestaltung der Informationsbeschaffung zu diesem Zweck unterliegt aber, wie das Zivilprozessrecht insgesamt, der Autonomie der Mitgliedstaaten.[131] Indem die Zulässigkeit der Datenübermittlung an die Erforderlichkeit zum Zwecke der Rechtsdurchsetzung gebunden ist, verweist das Unionsrecht letztlich auf das einschlägige Zivil- und Zivilprozessrecht der Mitgliedstaaten. Das Verständnis für das erforderliche Maß der Informationsbeschaffung für die Rechtsdurchsetzung auf dem Zivilrechtsweg, kann daher nur aus dem Recht der einzelnen Mitgliedstaaten ermittelt werden. Möglich ist aber schon aus praktischen Gründen kein Vergleich mit dem Recht aller 28 Mitgliedstaaten, sondern nur beispielhaft anhand einzelner Rechtsordnungen. Hier bieten sich England und Deutschland als von der Wirtschaftskraft und der Bevölkerungszahl bedeutende Volkswirtschaften an. Dies gilt insbesondere, da England als Vertreter des *common-law*-Rechtskreises historisch erhebliche Parallelen zum US-Recht aufweist und daher als für europäische Verhältnisse sehr liberal bei der Informationsbeschaffung gilt und Deutschland traditionell für besonders streng im Hinblick auf Informationsmöglichkeiten und Mitwirkungspflichten für Zivilprozesse erachtet wird. Die nach US-Recht geforderte Vorlage elektronischer Dokumente ist daher unter Vergleich mit den funktional äquivalenten Regelungen im englischen und deutschen Zivil- und Zivilverfahrensrecht zu beurteilen.

Die Beurteilung der erforderlichen Datenverarbeitung für Zivilprozesse ist dabei aus einer spezifisch datenschutzrechtlichen Perspektive anzustellen. Die Ansicht, dass es für die Beurteilung, ob die Erforderlichkeit der Übermittlung auch aus Sicht des EU-Gesetzgebers zulässig ist, nicht auf die datenschutzrechtliche Ausgestaltung des Verfahrens des Drittstaates ankomme, sondern ausreichend sei, wenn das Verfahren, zu dessen Zwecken die Dokumente übermittelt werden, allgemeinen rechtsstaatlichen Anforderungen entspreche, kann nicht überzeugen.[132] Erforderlich im Sinne der Datenschutz-Grundverordnung kann jedenfalls nur sein, was auch aus Perspektive des europäischen Datenschutzrechts noch zulässig ist.[133] Würden die datenschutzrechtlichen Ausnahmebestimmungen des

---

[129] Richtlinie 2004/48/EG des Europäischen Parlaments und des Rates vom 29. April 2004 zur Durchsetzung der Rechte des geistigen Eigentums.

[130] Richtlinie 2014/104/EU des Europäischen Parlaments und des Rates vom 26. November 2014 über bestimmte Vorschriften für Schadensersatzklagen nach nationalem Recht wegen Zuwiderhandlungen gegen wettbewerbsrechtliche Bestimmungen der Mitgliedstaaten und der Europäischen Union.

[131] *Leible/Terhechte* (Hrsg.), Europäisches Rechtsschutz- und Verfahrensrecht, § 14 Rn. 22.

[132] So aber *Thomale,* in: Auernhammer, BDSG-alt, 4. Aufl., § 4c BDSG, Rn. 9 ohne ausführlichere Begründung.

[133] *Spies/Schröder,* MMR 2008, 275, 280.

Art. 49 DS-GVO ohne Berücksichtigung datenschutzrechtlicher Grundsätze angewandt, bestünde gerade die Gefahr, dass das Schutzniveau der Datenschutz-Grundverordnung untergraben wird, sodass auch Art. 44 S. 2 DS-GVO dem entgegensteht. Je eher die *e-discovery* aus datenschutzrechtlicher Perspektive mit bestehenden Regelungen innerhalb der EU vergleichbar ist, desto eher spricht dies zumindest für die Vereinbarkeit der *e-discovery* mit europäischem Datenschutzrecht. Die Anforderungen an die Vergleichbarkeit sind dabei nicht zu formal anzusetzen. Selbst für ein angemessenes Datenschutzniveau im Sinne der Datenschutz-Grundverordnung ist kein identisches, sondern nur ein gleichwertiges Datenschutzniveau notwendig.[134] In der hier untersuchten Konstellation aus Art. 49 lit. e DS-GVO handelt es sich zudem gerade um eine Übermittlung, die ausnahmsweise sogar unabhängig von einem angemessenen Datenschutzniveau erfolgen kann. Auch erhebliche Unterschiede führen daher nicht zwingend zur Unvereinbarkeit.

In Verbindung mit dem Umstand, dass Art. 49 DS-GVO eine Ausnahme vom Übermittlungsverbot erteilt, ergibt sich daraus auf den ersten Blick ein Zirkelschluss.[135] Das in der Datenschutz-Grundverordnung im Einzelnen geregelte Datenschutzniveau kann nicht den Maßstab für eine zulässige Übermittlung bilden, die aufgrund der Ausnahmeregelung des Art. 49 Abs. 1 lit. e DS-GVO gerade in einen Drittstaat ermöglicht wird, der kein dem Schutzniveau innerhalb der EU angemessenes Datenschutzniveau aufweist. Dieser beschriebene Zirkelschluss kann dadurch vermieden werden, dass man Art. 49 Abs. 1 lit. e DS-GVO als Ausnahme vom formalen Datenschutzniveau der Datenschutz-Grundverordnung versteht und deshalb lediglich fordert, dass die erforderliche Übermittlung mit Grundprinzipien des Datenschutzrechts, die aus dem EU-Primärrecht und insbesondere den Grundsätzen der Datenverarbeitung in Art. 5 DS-GVO zu entnehmen sind, noch vereinbar ist.

IV. Ergebnis

Die nach den FRCP erforderliche Übermittlung von Dokumenten zur Verwendung in einem *discovery*-Verfahren aus dem Geltungsbereich der Datenschutz-Grundverordnung kann, wenn personenbezogene Daten betroffen sind, praktisch weder durch eine Einwilligung aller Betroffenen noch durch das *Privacy-Shield*-Abkommen, Garantien in Form von Standardvertragsklauseln oder verbindlichen Unternehmensrichtlinien oder durch Anträge aufgrund der HBÜ umfassend legitimiert werden. Es ist daher für die betroffenen datenverarbeitenden Stellen entscheidend, ob und wie weit die Erlaubnis der Übermittlung zur Geltendmachung, Ausübung oder Verteidigung von Rechtsansprüchen, in Art. 49 Abs. 1 lit. e DS-

---

[134] EuGH, Urt. v. 6.10.2015 – C-362/14, Maximillian Schrems/Data Protection Commissioner, NJW 2015, 3151, 3155, Rn. 73.
[135] Siehe bereits oben B. III. 3. c).

GVO, die Übermittlung zur Verwendung im Rahmen der *e-discovery* erfasst. Ob für europäische Unternehmen ein unlösbarer Konflikt zwischen den Verpflichtungen im *discovery*-Verfahren und der Bindung an das europäische Datenschutzrecht besteht, hängt davon ab, ob die Übermittlung im Sinne des Art. 49 Abs. 1 lit. e DS-GVO erforderlich ist. Das Verständnis der zu diesem Zweck „erforderlichen" Datenverarbeitung ist, aufgrund des in der Anknüpfung an die Erforderlichkeit zur Rechtsdurchsetzung liegenden Verweises auf das mitgliedstaatliche Recht, unter Vergleich funktional äquivalenter Regelungen in EU-Mitgliedstaaten, hier beispielhaft England und Deutschland, aus datenschutzrechtlicher Perspektive zu bestimmen. Es kommt darauf an, ob die *e-discovery* nach den FRCP die Verarbeitung von Daten vorschreibt, die sich aus einer datenschutzrechtlichen Perspektive so weit von den in England und Deutschland zum Zweck der Ausgestaltung des Ausgleichs zwischen Informationsinteresse und Datenschutzrecht bestehenden funktional äquivalenten Regelungen unterscheidet, dass dies gegen die Vereinbarkeit der Vorlagepflicht nach US-Recht mit den Grundprinzipien des europäischen Datenschutzrechts spricht.

C. Kriterien für die Vereinbarkeit der *e-discovery* mit Grundprinzipien des EU-Datenschutzrechts

Ob die *e-discovery* nach den FRCP systematisch eine Übermittlung von personenbezogenen Daten erfordert, die nach europäischem Verständnis nicht zur Geltendmachung, Ausübung oder Verteidigung von Rechtsansprüchen erforderlich sind, ist aus datenschutzrechtlicher Perspektive zu beurteilen.[1] Die Kriterien für die Beurteilung der Vereinbarkeit folgen aus den Grundprinzipien des EU-Datenschutzrechts, die sich aus den Grundsätzen der Datenverarbeitung der Datenschutz-Grundverordnung in Anknüpfung an das EU-Primärrecht ergeben.

I. Herleitung

Die Grundsätze der Datenverarbeitung sind in Art. 5 DS-GVO aufgeführt. Danach sind bei der Verarbeitung personenbezogener Daten die Grundsätze der Rechtmäßigkeit der Verarbeitung nach Treu und Glauben, Transparenz, Zweckbindung, Datenminimierung, Richtigkeit, Speicherbegrenzung, Integrität und Vertraulichkeit sowie der Rechenschaftspflicht einzuhalten. Diese Grundsätze bilden nach der Datenschutz-Grundverordnung den Maßstab, an dem die Vereinbarkeit einer Datenverarbeitung mit dem Datenschutzrecht zu prüfen ist.[2] Bei diesen Grundsätzen der Datenverarbeitung handelt es sich um Konkretisierungen des zugrundeliegenden Primärrechts.[3] Durch die Datenschutz-Grundverordnung werden, wie zuvor durch die Datenschutzrichtlinie, die Anforderungen an Eingriffe in das Grundrecht auf Schutz personenbezogener Daten aus Art. 8 GRCh einfachgesetzlich ausgestaltet.[4] Die Grundsätze für die Verarbeitung personenbezogener Daten in Art. 5 DS-GVO stimmen aufgrund des grundrechtlichen Bezugs ganz überwiegend auch mit den Kriterien überein, die von der Artikel 29-Gruppe und der EU-Kommission zur Beurteilung der Einhaltung eines Mindeststandards zur Bestimmung eines angemessenen Datenschutzniveaus aufgestellt wurden.[5] Anders als noch bei der Datenschutzrichtlinie, bei der die Normenhierarchie insofern kompliziert war, als diese einerseits einen gewissen Vorbild-

---

[1] Siehe oben B. III. 3.

[2] *Frenzel,* in: Paal/Pauly, DS-GVO, Art. 5 Rn. 15.

[3] *Herbst,* in: Kühling/Buchner, DS-GVO, Art. 5 Rn. 1.

[4] EuGH, Urt. v. 13.5.2014 – C-131/12, Google Spain, NJW 2014, 2257, 2261, Rn. 69.

[5] Mitteilung der Kommission über das sektorübergreifende Konzept für die Übermittlung von Fluggastdatensätzen (PNR) an Drittländer, KOM (2010) 492, S. 9 ff.; *Art. 29 Datenschutzgruppe,* WP 177, 5 ff.; *Art. 29 Datenschutzgruppe,* WP 12, 6 ff.

charakter für Art. 8 GRCh hatte und andererseits als Sekundärrecht an der darin enthaltenen Grundrechtsgarantie gemessen werden musste[6], ist für die Datenschutz-Grundverordnung eindeutig, dass diese anhand der Grundrechtecharta, die nunmehr verbindlich ist, als zugrundeliegendes Primärrecht zu beurteilen ist. Die Vorgaben des EU-Primärrechts ergeben sich daher aus den Anforderungen an Eingriffe in das Recht auf Schutz personenbezogener Daten.

II. Primärrecht

Die primärrechtliche Grundlage des Datenschutzrechts in der EU bilden die Art. 8 und 7 GRCh, Art. 16 AEUV und Art. 39 EUV.[7] Erwägungsgrund (1) zur Datenschutz-Grundverordnung stellt klar, dass der Verordnung das Grundrecht auf Schutz personenbezogener Daten aus Art. 8 Abs. 1 der GRCh und in Art. 16 Abs. 1 AEUV zugrunde liegen. Art. 16 Abs. 1 AEUV hat keine von Art. 8 GRCh abweichende Bedeutung und enthält daher lediglich eine doppelte Erwähnung des inhaltsgleichen Grundrechts, welches aufgrund des nur dort enthaltenen Schrankenvorbehalts an den Voraussetzungen des Art. 8 GRCh zu prüfen ist.[8] Das in Art. 8 GRCh enthaltene Grundrecht auf Schutz personenbezogener Daten beruht historisch auf der Vorlage der Art. 286 EGV-Nizza und der Datenschutzrichtlinie sowie Art. 8 EMRK.[9] Das Verhältnis von Art. 7 und Art. 8 GRCh ist nicht eindeutig geklärt.[10] Für die vorliegende Untersuchung ist es aber unerheblich, ob Art. 7 GRCh durch Art. 8 GRCh im Sinne einer rechtlichen Spezialität verdrängt wird, da dann jedenfalls dessen grundrechtlicher Gehalt in das Grundrecht auf Schutz personenbezogener Daten in Art. 8 GRCh hineinzulesen ist, oder ob darin ein spezifischer Teilbereich des Schutzes der Privatsphäre geregelt ist, Art. 7 GRCh aber nicht verdrängt wird.[11] Beide Grundrechte stehen jedenfalls in engem Zusammenhang miteinander und überschneiden sich, wie die gemeinsame Behandlung beider Grundrechte durch den EuGH bei der Prüfung von Eingriffen in das Grundrecht auf Schutz personenbezogener Daten belegt, sodass der Bezug zur Privatsphäre bei der Prüfung einer Verletzung des Schutzes personenbezogener Daten zu berücksichtigen ist.[12]

---

[6] *Burgkardt,* 314.

[7] *Paal/Pauly,* in: Paal/Pauly, DS-GVO, Einl. Rn. 15.

[8] *Kühling/Raab,* in: Kühling/Buchner, DS-GVO, Einf. Rn. 35.

[9] *Bernsdorff,* in: Meyer, GRCh, Art. 8 Rn. 2.

[10] Für den Vorrang von Art. 8 GRCh: *Kühling/Raab,* in: Kühling/Buchner, DS-GVO, Einf. Rn. 26; *Gersdorf,* in: BeckOK InfoMedienR, GRCh, Art. 7 Rn. 17; *Johlen,* in: Stern/Sachs, Art. 8 Rn. 24; *Kingreen,* in: Calliess/Ruffert, GRCh, Art. 8 Rn. 1; *Knecht,* in: Schwarze, GRCh, Art. 8 Rn. 5; für Idealkonkurrenz *Jarass,* in: Jarass, GRCh, Art. 8 Rn. 4.

[11] Siehe dazu *Michl,* DuD 2017, 349, 352 f.

[12] EuGH, Urt. v. 21.12.2016 – C-203/15 und C-698/15, Tele2 Sverige, ZD 2017, 124, 128, Rn. 93; EuGH, Urt. v. 6.10.2015 – C-362/14, Maximillian Schrems/Data Pro-

Art. 8 GRCh wird auch nicht durch Art. 8 EMRK verdrängt, obwohl sein Inhalt ebenfalls von dessen Schutzbereich erfasst wird, da dieser keine speziellen datenschutzrechtlichen Bestimmungen enthält und somit keine Entsprechung nach Art. 52 Abs. 3 GRCh vorliegt.[13] Mit der Grundrechtecharta wurden keine neuen Grundrechte entwickelt, sondern lediglich der zuvor durch die Rechtsprechung des EuGH entstandene Grundrechtsschutz kodifiziert, wenn auch, wie im Fall des Art. 8 GRCh, bisher nicht ausdrücklich so benannte Garantien aufgenommen wurden.[14] Aus dieser Entstehung ergibt sich aber die Bedeutung der bisherigen Rechtsprechung des EuGH für die Auslegung des Art. 8 GRCh, die insbesondere auf Art. 8 EMRK, die Datenschutzkonvention und die Datenschutzrichtlinie Bezug nimmt.[15] Die EMRK hat nicht nur Vorbildfunktion für die Charta, sie wirkt auch auf deren Auslegung ein und setzt einen Grundrechtsstandard, der durch die Charta nicht unterschritten werden darf.[16]

1. Anforderungen an Eingriffe

Gemäß Art. 8 Abs. 1 GRCh erfasst dessen Schutzbereich personenbezogene Daten der Grundrechtsträger ohne Einschränkung. Dies erstreckt sich auf alle Informationen, die eine bestimmte oder bestimmbare natürliche Person betreffen.[17] Diese unter Rückgriff auf Art. 2 lit. a DS-RL entwickelte Definition[18] wurde inhaltsgleich in Art. 4 Nr. 1 DS-GVO übernommen. Die Formulierung des Art. 8 Abs. 1 GRCh und das weite Verständnis des EuGH führen dazu, dass für den Grundrechtsschutz weder ein Bezug zur Privatsphäre der betroffenen Person noch ein besonderer Grad an Sensibilität der Daten erforderlich ist[19], sondern der Personenbezug genügt.[20] Geschützt sind daher auch berufliche Informationen, soweit diese einen personalen Bezug haben.[21] Juristische Personen sind nur dann erfasst, wenn ihr Name eine oder mehrere natürliche Personen bestimmt.[22]

---

tection Commissioner, NJW 2015, 3151, 3155 f., Rn. 92; EuGH, Urt. v. 13.5.2014 – C-131/12, Google Spain, NJW 2014, 2257, 2261, Rn. 69; EuGH, Urt. v. 8.4.2014 – C-293/12 und C-594/12, Digital Rights Ireland, MMR 2014, 412, 414 f. Rn. 60; EuGH, Urt. v. 9.11.2010 – C-92, 93/09, Schecke, EuZW 2010, 939, 941, Rn. 47.

[13] *Kingreen,* in: Calliess/Ruffert, GRCh, Art. 8 Rn. 4.

[14] *Burgkardt,* 346.

[15] *Burgkardt,* 353; zur Bedeutung der Richtlinie für Art. 8 GRCh: *Jotzo,* 32.

[16] *Jotzo,* 30.

[17] Siehe nur EuGH, Urt. v. 17.10.2013 – C-291/12, Schwarz/Stadt Bochum, NVwZ 2014, 435, 436, Rn. 26.

[18] *Gersdorf,* in: BeckOK InfoMedienR, GRCh, Art. 8 Rn. 13.

[19] *Burgkardt,* 355.

[20] *Bernsdorff,* in: Meyer, GRCh, Art. 8 Rn. 15; *Gersdorf,* in: BeckOK InfoMedienR, GRCh, Art. 8 Rn. 16.

[21] EuGH, Urt. v. 9.11.2010 – C-92, 93/09, Schecke, EuZW 2010, 939, 942, Rn. 59; *Kingreen,* in: Calliess/Ruffert, GRCh, Art. 8 Rn. 9.

[22] EuGH, Urt. v. 9.11.2010 – C-92, 93/09, Schecke, EuZW 2010, 939, 941, Rn. 53.

Ein Eingriff in diesen weiten Schutzbereich liegt bei jeder Verarbeitung personenbezogener Daten vor.[23] Auch die Eingriffsdefinition wird im Rückgriff auf Art. 2 lit. b DS-RL gebildet und erfasst jeden von Dritten ausgeführten Vorgang im Zusammenhang mit personenbezogenen Daten.[24] In Anbetracht der auch in der Datenschutz-Grundverordnung gewählten weiten Verarbeitungsdefinition hat dies aber inhaltlich keine Auswirkungen. Auch weiter stimmen die weiten Schutzbereichs- und Eingriffsdefinitionen des EuGH und des EU-Gesetzgebers überein.

Das Grundrecht auf Schutz personenbezogener Daten wird aber seinerseits durch kollidierende Grundrechte (darunter auch die für die Informationsbeschaffung für den Zivilprozess einschlägigen Rechte auf wirksame Rechtsbehelfe und ein faires Verfahren) beschränkt und muss mit diesen unter Wahrung des Verhältnismäßigkeitsprinzips abgewogen werden.[25] Die Einschränkbarkeit der Grundrechte der Charta ergibt sich aus Art. 52 GRCh.[26] Darüber hinaus bestehen für Eingriffe in das Recht auf Schutz personenbezogener Daten spezielle Anforderungen in Art. 8 Abs. 2 GRCh. Es handelt sich dabei um eine Konkretisierung der allgemeinen Einschränkbarkeit der Grundrechte der Charta aus Art. 52 GRCh, sodass beide Vorschriften nebeneinander anwendbar sind.[27] Einschränkungen des Rechts auf Schutz personenbezogener Daten sind daher, wie bei allen Grundrechten, nur auf Grundlage einer gesetzlichen Regelung und unter Beachtung des Wesensgehalts des Grundrechts und des Grundsatzes der Verhältnismäßigkeit zulässig, wenn sie der Förderung eines legitimen Ziels dienen. Darüber hinaus müssen die besonderen Voraussetzungen des Art. 8 Abs. 2 S. 1 GRCh erfüllt sein. Danach ist eine Datenverarbeitung nur nach Treu und Glauben und für festgelegte Zwecke und mit Einwilligung der Betroffenen oder aufgrund einer gesetzlich legitimen Grundlage zulässig. Dies begründet das sogenannte Verbot mit Erlaubnisvorbehalt im Datenschutzrecht.[28]

Für die vorliegende Untersuchung wird die Situation vorausgesetzt, dass die für die *e-discovery* erforderliche Übermittlung von elektronischen Dokumenten auch solche erfasst, die personenbezogene Daten enthalten. Nur dann entsteht das hier untersuchte Spannungsverhältnis zwischen Vorlagepflicht und Datenschutzrecht.

---

[23] EuGH, Urt. v. 17.10.2013 – C-291/12, Schwarz/Stadt Bochum, NVwZ 2014, 435, 436, Rn. 25.

[24] EuGH, Urt. v. 17.10.2013 – C-291/12, Schwarz/Stadt Bochum, NVwZ 2014, 435, 437, Rn. 28.

[25] Erwägungsgrund 4 der DS-GVO; *Paal/Pauly,* in: Paal/Pauly, DS-GVO, Einl. Rn. 13.

[26] EuGH, Urt. v. 9.11.2010 – C-92, 93/09, Schecke, EuZW 2010, 939, 942, Rn. 65.

[27] *Gersdorf,* in: BeckOK InfoMedienR, GRCh, Art. 8 Rn. 24.

[28] *Ernst,* in: Paal/Pauly, DS-GVO, Art. 1 Rn. 5.

2. Wirkung in Privatrechtsverhältnissen

Die Garantien der GRCh verpflichten direkt gemäß Art. 51 GRCh nur die Stellen der EU und die Mitgliedstaaten, soweit diese Unionsrecht durchführen. Private sind nicht unmittelbar durch die Grundrechte der Charta verpflichtet. So ist auch Art. 8 GRCh nicht unmittelbar bindend für Privatpersonen.[29] Aber auch auf Rechtsverhältnisse zwischen Privaten können die Rechte der Charta im Wege der mittelbaren Drittwirkung erheblichen Einfluss haben.[30] Privatrechtliche Vorschriften, die einen Konflikt zwischen Interessen mehrerer Parteien zu Lasten einer dieser Parteien entscheiden, enthalten immer auch einen Eingriff in die Rechte dieser Partei, der den Vorgaben des Verfassungsrechts – insbesondere dem Verhältnismäßigkeitsgrundsatz – entsprechen muss.[31] Daher sind auch privatrechtliche Vorschriften grundrechtskonform unter Berücksichtigung von Art. 7 und 8 GRCh auszulegen[32] und die Grundrechte der Charta wirken durch das Sekundärrecht auch auf Privatrechtsverhältnisse.[33]

III. Eingriffsintensität als Maßstab

In das Recht auf Schutz personenbezogener Daten wird durch die Übermittlung zur *e-discovery* potentiell eingegriffen. Dass personenbezogene Daten von der Verpflichtung zur *e-discovery* betroffen sein können und dass dies auch regelmäßig der Fall ist, wird hier vorausgesetzt. Da das Recht auf Schutz personenbezogener Daten aber nicht absolut gewährt wird, kann ein solcher Eingriff durch die Erlaubnis zur Übermittlung aufgrund entgegenstehender grundrechtlicher Interessen gerechtfertigt sein.

Dass an der Verwendung von Informationen für einen Zivilprozess ein ebenfalls grundrechtlich geschütztes Interesse bestehen kann, ergibt sich im EU-Primärrecht aus den justiziellen Rechten auf einen wirksamen Rechtsschutz und insbesondere auf ein faires Verfahren aus Art. 47 Abs. 2 GRCh i.V.m. Art. 6 EMRK. Dies beinhaltet die, wenn auch ebenfalls nicht uneingeschränkte, Waffen- und Chancengleichheit der Parteien und daher die Verwendung und Beschaffung von Beweis- und Informationsmitteln.[34] Wie weit diese auch bezüglich personenbezogener Daten zulässig ist, hängt von der Abwägung zwischen den justiziellen Rechten aus Art. 47 GRCh i.V.m. Art. 6 EMRK und dem Recht auf

---

[29] *Jarass,* in: Jarass, GRCh, Art. 8 Rn. 3.

[30] *Cremer,* in: Grabenwarter, § 1 Rn. 160.

[31] *Cremer,* in: Grabenwarter, § 1 Rn. 160.

[32] *Gersdorf,* in: BeckOK InfoMedienR, GRCh, Art. 8; *Jarass,* in: Jarass, GRCh, Art. 8 Rn. 3.

[33] *Cremer,* in: Grabenwarter, § 1 Rn. 160.

[34] *Blanke,* in: Calliess/Ruffert, GRCh, Art. 47 Rn. 31.

Schutz personenbezogener Daten aus Art. 8 GRCh unter Berücksichtigung des Schutzes der Privatsphäre aus Art. 7 GRCh im Einzelfall ab.

Entscheidend für die hier untersuchte Frage ist das Ausmaß des durch die Übermittlung entstehenden Eingriffs in das Datenschutzrecht. Gegen die Vereinbarkeit der *discovery* mit europäischem Datenschutzrecht werden insbesondere angeführt, dass der Umfang zu weit und nahezu grenzenlos sei[35], die Verwendung der übermittelten Dokumente nicht auf die Verwendung in dem konkreten Verfahren beschränkt werde[36] und zudem keine gerichtliche Kontrolle der Offenlegung bestehe[37]. Diese Einwände lassen sich jeweils auf Grundprinzipien des Datenschutzrechts zurückführen, welche die Vereinbarkeit mit dem Datenschutzrecht beeinflussen. Die Kriterien für die Beurteilung der Vereinbarkeit der *e-discovery* mit dem EU-Datenschutzrecht ergeben sich aus den Anforderungen des EU-Primärrechts an einen Eingriff in das Recht auf Schutz personenbezogener Daten und den darauf beruhenden Grundsätzen der Datenverarbeitung. Für die hier anzustellende Untersuchung sind diese allerdings nicht alle erheblich. Für die Frage der datenschutzrechtlichen Bewertung der *discovery* sind nur solche Kriterien zu beachten, die spezifisch im Zusammenhang mit der Informationsbeschaffung für Zivilverfahren betroffen sind. Manche Faktoren des Datenschutzniveaus tragen zum, aus europäischer Sicht, möglicherweise unangemessenen Datenschutzniveau in den USA insgesamt bei, betreffen aber nicht spezifisch die Vereinbarkeit der *e-discovery* mit datenschutzrechtlichen Grundprinzipien. Unabhängig von der generell erheblichen Bedeutung dieser Rechte für die Betroffenen, die sich auch darin widerspiegelt, dass sie für die Beurteilung eines angemessenen Datenschutzniveaus eines Nicht-EU-Staates als Kriterium durch die EU-Kommission herangezogen werden, haben sie daher für die Beurteilung der hier untersuchten Fragestellung keine Relevanz.[38]

Aus den Vorgaben der Datenschutz-Grundverordnung und des EU-Primärrechts ergeben sich vorrangig drei Kriterien für die datenschutzrechtliche Beurteilung, die bei der Informationsbeschaffung für Zivilprozesse betroffen und daher für die vorliegende Untersuchung bedeutend sind. Diese sind der Umfang und die Begrenzung der Datenverarbeitung (1.), die Bindung der Verwendung der Daten an den Zweck der Verwendung in dem ursprünglichen Verfahren (2.) und die gerichtliche Kontrolle über die Informationsbeschaffung (3.).

1. Umfang und Begrenzung der Datenverarbeitung

Das Kriterium des Umfangs und der Begrenzung der Verpflichtungen im Rahmen der Informationsbeschaffung im Zivilprozess ergibt sich aus dem Verbot mit

---

[35] Siehe unten E.
[36] Siehe unten F.
[37] Siehe unten G. III.
[38] Vgl. *Art. 29 Datenschutzgruppe*, WP 12, 6.

Erlaubnisvorbehalt und den Konkretisierungen des Verhältnismäßigkeitsgrundsatzes durch die Prinzipien der Zweckbindung und Datenminimierung. Zudem folgt aus dem Einfluss des Grundrechts auf Achtung der Privatsphäre in Art. 7 GRCh, dass nicht nur die Anzahl, sondern auch die Art der Daten zu berücksichtigen ist.

Der Grundsatz vom Verbot mit Erlaubnisvorbehalt ergibt sich aus dem allgemeinen Erfordernis einer gesetzlichen Grundlage für Eingriffe in Grundrechte aus Art. 52 Abs. 1 S. 1 GRCh und der Konkretisierung der Eingriffsvoraussetzungen in Art. 8 Abs. 2 S. 1 GRCh und findet im Grundsatz der Rechtmäßigkeit der Datenverarbeitung in Art. 5 Abs. 1 lit. a und der abschließenden Aufzählung rechtmäßiger Datenverarbeitungssituationen in Art. 6 DS-GVO Ausdruck.[39] Die jeweiligen Vorschriften müssen zudem auch hinreichend bestimmt sein, sodass die Folgen für die Betroffenen vorhersehbar sind.[40] Dazu ist es für die Zulässigkeit einer Datenverarbeitung erforderlich, dass klare und präzise Regelungen für deren Tragweite und Anwendung aufgestellt und Mindestanforderungen festgesetzt werden.[41] Die Bestimmtheit der Vorschriften über die Informationsbeschaffung für den Zivilprozess beeinflusst daher die datenschutzrechtliche Vereinbarkeit und kann als ein Kriterium hinzugezogen werden. Schon aus diesem Grundprinzip lässt sich erkennen, dass die Verarbeitung personenbezogener Daten den Ausnahmefall und nicht die Regel bilden soll. Dafür spricht auch der allgemeine Grundsatz der Verhältnismäßigkeit aus Art. 52 Abs. 1 S. 2 GRCh. Eine Datenverarbeitung muss danach zunächst zumindest geeignet sein, das festgelegte Ziel zu erreichen.[42] Darüber hinaus muss ein Eingriff auch erforderlich sein, es darf also keine milderen Mittel geben, durch die das Ziel ebenso gut erreicht werden kann.[43] So haben auch Anlass, Grund und Dauer der Verarbeitung Einfluss auf die Verhältnismäßigkeit.[44] Für die Beurteilung von Eingriffen in das Grundrecht auf Schutz personenbezogener Daten wird der allgemeine Grundsatz der Verhältnismäßigkeit weiter konkretisiert.

Eine spezifische Ausprägung des Prinzips der Erforderlichkeit ist der Grundsatz der Datenminimierung in Art. 5 Abs. 1 c) DS-GVO, der erfordert, dass die Datenverarbeitung dem Zweck angemessen ist und auf das dafür notwendige

---

[39] *Jotzo,* 43; im Ergebnis so auch *Herbst,* in: Kühling/Buchner, DS-GVO, Art. 5 Rn. 8 ff.

[40] EuGH, Urt. v. 20.5.2003 – C-465/00, C-138/01 und C-139/01, Österreichischer Rundfunk, EuR 2004, 276, 286, Rn. 77.

[41] EuGH, Urt. v. 8.4.2014 – C-293/12 und C-594/12, Digital Rights Ireland, MMR 2014, 412, 414, Rn. 54.

[42] *Jarass,* in: Jarass, GRCh, Art. 8 Rn. 14.

[43] EuGH, Urt. v. 20.5.2003 – C-465/00, C-138/01 und C-139/01, Österreichischer Rundfunk, EuR 2004, 276, 287 f. Rn. 88.

[44] *Kingreen,* in: Calliess/Ruffert, GRCh, Art. 8 Rn. 16; dem folgend *Gersdorf,* in: BeckOK InfoMedienR, GRCh, Art. 8 Rn. 32.

Maß beschränkt wird.[45] Er ist inhaltlich eng mit dem Grundsatz der Zweckbindung verbunden. Unter Datenminimierung fällt sowohl die Verpflichtung Datenverarbeitung so weit wie möglich zu vermeiden und nur dann vorzunehmen, wenn die Zwecke nicht durch andere Mittel in zumutbarer Weise erreicht werden können, als auch das Gebot, die Verarbeitung personenbezogener Daten möglichst eng auszugestalten und wenn möglich Anonymisierung oder Pseudonymisierung einzusetzen, wie man aus Erwägungsgrund 39 entnehmen kann. Die Datenverarbeitung muss auf das notwendige Maß beschränkt werden.[46] Daher ist eine Regelung zur Informationsbeschaffung für Zivilverfahren umso eher mit Datenschutzrecht vereinbar, je enger begrenzt der Umfang der erfassten Daten ist. Dies gilt in quantitativer und qualitativer Hinsicht.[47] Da sich die Rechtmäßigkeit einer Datenverarbeitung letztlich immer nur für konkrete Daten beurteilen lässt, sind vor allem inhaltliche Begrenzungen von Bedeutung und nicht rein quantitative Begrenzungen der Gesamtmenge. Entscheidend ist insbesondere die inhaltliche Bindung der Daten an den verfolgten Zweck.

Dies ergibt sich auch aus dem Zweckbindungsgrundsatz, der ebenfalls den Grundsatz der Verhältnismäßigkeit konkretisiert. Diese Konkretisierung findet sich ausdrücklich in Art. 8 Abs. 2 S. 1 GRCh. Sie wurde der entsprechenden Regelung in Art. 6 Abs. 1 lit. b DS-RL nachempfunden. Als Grundprinzip des Datenschutzrechts hat er lange Tradition im deutschen und europäischen Datenschutzrecht und hat seine Wurzeln im „Volkszählungsurteil" des Bundesverfassungsgerichts.[48] In der Datenschutz-Grundverordnung ist die Zweckbindung als einer der Grundsätze der Datenverarbeitung ausdrücklich in Art. 5 Abs. 1 lit. b aufgenommen. Danach dürfen personenbezogene Daten nur „für festgelegte, eindeutige und legitime Zwecke erhoben werden". Da, wie schon in der Datenschutzrichtlinie, eine Verarbeitung ohne neue Ermächtigungsgrundlage zulässig ist, solange der Verarbeitungszweck mit dem ursprünglichen Zweck „nicht unvereinbar" ist, besteht allerdings eine weniger strenge Festlegung, als dies in § 14 Abs. 1 S. 1 BDSG-alt der Fall war.[49] Die nicht abschließenden Kriterien für diese Vereinbarkeit finden sich in Art. 6 Abs. 4 DS-GVO und werden zudem in Erwä-

---

[45] *Herbst,* in: Kühling/Buchner, DS-GVO, Art. 5 Rn. 8 ff.; so zur vergleichbaren Vorgängervorschrift des Art. 6 Abs. 1c DS-RL *v. Zezschwitz,* in: Handbuch Datenschutzrecht, 2.4. Rn. 30 und dem folgend: *Scholz,* in: Simitis BDSG-alt, § 3a Rn. 33.

[46] Siehe nur EuGH, Urt. v. 6.10.2015 – C-362/14, Maximillian Schrems/Data Protection Commissioner, NJW 2015, 3151, 3157, Rn. 92; EuGH, Urt. v. 9.11.2010 – C-92, 93/09, Schecke, EuZW 2010, 939, 943, Rn. 77.

[47] *Frenzel,* in: Paal/Pauly, DS-GVO, Art. 5 Rn. 34.

[48] BVerfG, Urt. v. 15.12.1983 – 1 BvR 209/83 u.a., NJW 1984, 419, 423 ff.; *Simitis,* in: Simitis BDSG-alt, Einl. Rn. 38.

[49] So schon *v. Zezschwitz,* in: Handbuch Datenschutzrecht, 3.1. Rn. 14 zur Vorgängervorschrift in Art. 6 Abs. 1 b) DS-RL und dem folgend für die DS-GVO *Richter,* DuD 2015, 735, 736.

gungsgrund 50 erläutert. Danach sind unter anderem die Verbindung zwischen den Zwecken, der Zusammenhang, in dem die Daten erhoben wurden, die Art der Daten, sowie die Folgen und möglicherweise vorhandene Garantien zu berücksichtigen. Auch der EuGH hat deutlich gemacht, dass die Frage der verfahrensrechtlichen Bindung des Zugangs zu Daten an gewisse Zwecke ein Kriterium für (oder gegen) die Rechtfertigung eines Eingriffs in Art. 8 GRCh darstellt.[50] Es ist dabei naturgemäß eng mit der erforderlichen Bestimmtheit der gesetzlichen Grundlage und dem darin formulierten Ziel verbunden.

Neben der inhaltlichen Bindung ist auch erheblich, welche Daten von der Verpflichtung zur Offenlegung ausgenommen werden. Der Grad der Beschränkung der Offenlegung für Dokumente mit sensiblen Inhalten beeinflusst die datenschutzrechtliche Beurteilung. Dass die Art der verarbeiteten Daten erheblich ist, erklärt sich durch die Verbindung zum Recht auf Privatsphäre in Art. 7 GRCh und Art. 8 EMRK, der bedeutenden Einfluss auf die Entwicklung des Datenschutzrechts in der EU und die Rechtsprechung des EuGH hat. Eine fehlende Berücksichtigung verschiedener Datenkategorien kann daher, insbesondere wenn sensible Daten nicht ausreichend geschützt werden, die Unzulässigkeit einer Regelung begründen.[51] Eine Unterscheidung personenbezogener Daten anhand ihrer Art zählt zwar nicht zu den ausdrücklich in der Datenschutz-Grundverordnung normierten Grundsätzen der Datenverarbeitung, findet sich aber in verschiedenen Reglungen wieder. So bestehen nach Art. 9 DS-GVO für die dort genannten besonderen Kategorien von Daten strengere Verarbeitungsvorschriften. Auch ist die Art der personenbezogenen Daten im Rahmen von Abwägungsentscheidungen in Art. 6 Abs. 4 DS-GVO und Art. 28 Abs. 3 DS-GVO zu berücksichtigen. Es entspricht dem Willen des EU-Gesetzgebers, sensiblen Daten besonderen Schutz zukommen zu lassen, wie sich aus Erwägungsgrund 51 ergibt.

Zusammen zeigen diese Faktoren, dass für eine rechtmäßige Datenverarbeitung eine bestimmte Gesetzesgrundlage mit festgelegtem Zweck notwendig und die Verarbeitung von Daten qualitativ, quantitativ und zeitlich auf das minimal notwendige Maß zu reduzieren ist. Daraus ergibt sich, dass das Maß, wie weit Daten von einer Verpflichtung erfasst oder ausgenommen werden, ein entscheidendes Kriterium für eine datenschutzrechtliche Beurteilung der Vorlagepflicht nach US-Recht im Zuge der *discovery* ist. Je weiter eine Mitwirkungspflicht geht und je weniger Beschränkungen (inhaltlicher und quantitativer Art) es gibt, desto intensiver ist der Eingriff in das Recht auf Schutz personenbezogener Daten. Je enger die inhaltliche Bindung der betroffenen Daten an das konkrete Verfahren

---

[50] EuGH, Urt. v. 8.4.2014 – C-293/12 und C-594/12, Digital Rights Ireland, MMR 2014, 412, 415, Rn. 61.

[51] EuGH, Urt. v. 8.4.2014 – C-293/12 und C-594/12, Digital Rights Ireland, MMR 2014, 412, 415, Rn. 63.

ist, desto eher ist eine solche Verpflichtung zum legitimen Zweck der Prozessführung mit den Grundprinzipien des Datenschutzrechts vereinbar.

2. Verwendung der Daten und Beschränkung auf ein konkretes Verfahren

Aus dem soeben genannten Verhältnismäßigkeitsgrundsatz und insbesondere dem Grundsatz der Zweckbindung ergibt sich auch ein weiteres Kriterium für die vorliegende Beurteilung. So ist es aufgrund der erforderlichen Zweckbindung entscheidend, wie eng die Verwendung von Dokumenten, die durch Mitwirkungspflichten im Rahmen der *discovery* verarbeitet werden, auf das konkrete Verfahren begrenzt wird und inwiefern die Möglichkeit besteht, dass die Parteien des Ausgangsverfahrens diese weiterverwenden oder Dritte (oder sogar die Öffentlichkeit) Zugriff auf diese Daten erhalten. Je weiter die Verwendung der Daten zugelassen ist und je mehr Personen Zugriff darauf erhalten, desto geringer ist die Bindung an den Zweck der Verwendung in dem konkreten Verfahren, für das die Daten übermittelt wurden und umso größer sind auch schon datenschutzrechtliche Bedenken an der Verarbeitung für das Ausgangsverfahren.

3. Gerichtliche Kontrolle der Informationsbeschaffung

Als letztes Kriterium ist die gerichtliche Kontrolle der Informationsbeschaffung zu berücksichtigen. Neben inhaltlichen Voraussetzungen ist für einen effektiven Schutz personenbezogener Daten auch erforderlich, dass deren Umsetzung praktisch durch verfahrensrechtliche Kontrollmechanismen gewährleistet wird.[52] Dies ergibt sich schon aus Art. 8 Abs. 3 GRCh, nachdem eine unabhängige Stelle die Einhaltung der in Art. 8 Abs. 1 und 2 GRCh normierten Voraussetzungen überwacht. Durch das parallele Erfordernis einer Überwachung der Datenschutzvorschriften in Art. 16 AEUV durch unabhängige Behörden wird deutlich, dass davon sowohl der Europäische Datenschutzbeauftragte, als auch die nationalen Kontrollstellen erfasst sind.[53] In der Datenschutz-Grundverordnung ist die Datenschutzaufsicht, ihrer hohen Bedeutung entsprechend, in den Kapiteln VI bis VIII ausführlich geregelt. Für die hier angestellte Untersuchung hat dies aber keine direkte Bedeutung, da die Datenschutzaufsicht eines Landes zwar das allgemeine Datenschutzniveau erheblich prägt, allerdings nicht speziell zum Bereich der Informationsbeschaffung im Zivilprozess gehört. Dieser Bereich ist vielmehr auch innerhalb der EU von der Aufsicht der Aufsichtsbehörden ausgenommen, wie sich aus Art. 55 Abs. 3 DS-GVO ergibt.

---

[52] *Art. 29 Datenschutzgruppe*, WP 12, 5.
[53] *Gersdorf*, in: BeckOK InfoMedienR, GRCh, Art. 8 Rn. 41.

Allerdings kann die richterliche Aufsicht über diese Informationsbeschaffung zumindest ein gewisses Maß an Kontrolle schaffen. Die Bedeutung unabhängiger Kontrolle wird durch das Erfordernis einer Datenschutzaufsicht deutlich. Auch die richterliche Kontrolle über die Zulässigkeit einer Datenverarbeitung ist daher ein Faktor für deren Rechtmäßigkeit, da sie unabhängige Kontrolle schafft.[54] Für die Situation der Informationsbeschaffung für Zivilprozesse besteht zumindest so weit ein gewisses Maß an Kontrolle, wie ein Gericht über die Datenverarbeitung aufgrund von Mitwirkungspflichten entscheidet.

4. Sonstige Grundprinzipien des Datenschutzrechts

Andere wichtige Grundprinzipien des Datenschutzrechts, wie die Grundsätze der Datenverarbeitung nach Treu und Glauben und der Transparenz, der Richtigkeit und Aktualität gespeicherter Daten, sowie der Integrität und Vertraulichkeit bei der Datenverarbeitung, sind für die vorliegende Untersuchung nicht unmittelbar von Bedeutung. Sie beeinflussen zwar das Datenschutzniveau insgesamt, sind aber in der hier behandelten Situation der Informationsbeschaffung für Zivilprozesse entweder nicht direkt betroffen oder es bestehen keine spezifischen Regelungen hierzu.

IV. Ergebnis

Aus den vorstehenden Ausführungen ergeben sich aus für die Beurteilung der datenschutzrechtlichen Vereinbarkeit der *e-discovery* mit dem EU-Datenschutzrecht drei ausschlaggebende Kriterien:

1. Der Umfang, in dem Dokumente offenzulegen sind. Dabei sind die inhaltliche Bindung der erfassten Dokumente an den Zweck der Sachverhaltsaufklärung für ein Zivilverfahren und die Frage, wie eng das Ausmaß der erfassten personenbezogenen Daten beschränkt wird, erheblich. Dies umfasst insbesondere den Umfang der gespeicherten, verwendeten und übermittelten personenbezogenen Daten und inwiefern die Art der personenbezogenen Daten berücksichtigt wird.

2. Wie die übermittelten Dokumente verwendet werden können. Es kommt darauf an, wie eng die Zwecke begrenzt sind, für die die Daten gespeichert und verwendet werden dürfen und welcher Personenkreis Kenntnis von den betroffenen Informationen erhält.

3. Das Maß an gerichtlicher Kontrolle über das Verfahren der Informationsbeschaffung.

---

[54] EuGH, Urt. v. 8.4.2014 – C-293/12 und C-594/12, Digital Rights Ireland, MMR 2014, 412, 415, Rn. 62.

Für die Beurteilung der Vereinbarkeit der *e-discovery* mit dem EU-Datenschutzrecht ist vergleichend zu betrachten, ob diese als Mittel der Informationsbeschaffung für einen Zivilprozess anhand dieser drei Kriterien einen so erheblich intensiveren Eingriff vorsieht als funktional äquivalente Regelungen in England und Deutschland, dass dies mit den Grundprinzipien des Datenschutzrechts nicht mehr vereinbar ist. Je eher die Vorlagepflicht im US-Recht mit Instrumenten der Informationsbeschaffung in England und Deutschland aus datenschutzrechtlicher Perspektive vergleichbar ist, desto eher spricht dies dafür, dass die Übermittlung für die *e-discovery* mit europäischem Datenschutzrecht abstrakt vereinbar ist.

D. Herangehensweise der funktional äquivalenten Mittel zur Informationsbeschaffung

Für die Vereinbarkeit des Umfangs der *e-discovery* mit dem europäischen Datenschutzrecht kommt es zunächst darauf an, ob schon die Herangehensweise in Form einer allgemeinen prozessualen Aufklärungspflicht dagegen spricht, dass der Umfang der zu übermittelnden Daten noch „erforderlich" zur Rechtsdurchsetzung sein kann. Für diese Beurteilung bietet sich ein Vergleich mit der Herangehensweise funktional äquivalenter Mittel der Informationsbeschaffung in England und Deutschland an.

I. Funktion der *pretrial discovery*

Das zugrundeliegende Ziel des Zivilprozesses ist in allen Rechtsordnungen die Anwendung des Rechts auf den wahren Sachverhalt.[1] Daraus folgt ebenfalls einheitlich das Erfordernis der Ermittlung der – so weit wie möglich – materiellen Wahrheit als Entscheidungsgrundlage.[2] Da die Ermittlung der materiellen Wahrheit aber natürlichen Grenzen unterliegt, ist das vorgegebene Verfahren, um diesem Ideal möglichst nahe zu kommen, in verschiedenen Rechtsordnungen unterschiedlich ausgestaltet.[3] So gilt auch der Grundsatz, dass jede Partei die für sie günstigen Tatsachen zu beweisen hat, in allen hier verglichenen Rechtsordnungen, es bestehen aber Unterschiede bezüglich der Möglichkeiten, die Beweismittel dafür zu beschaffen und ein etwaiges Informationsungleichgewicht auszugleichen.[4] Die *discovery* hat verschiedene Funktionen innerhalb des US-Zivilprozesses. Dem zugrundeliegenden Ziel der Wahrheitsfindung folgend ist aber die zentrale Funktion der *discovery* die gleichwertige Verteilung der Informationen zwischen den Parteien eines Zivilprozesses.[5] Die Verpflichtung zum Informationsaustausch soll das größtmögliche Maß an Sachverhaltsaufklärung schon vor Beginn der Hauptverhandlung erreichen.[6] Ein gegebenenfalls bestehendes Informationsungleichgewicht soll ausgeglichen werden. Neben diesem vorrangigen Ziel der Sachverhaltsaufklärung werden mit der *discovery* unter anderem auch die Beweissicherung und die Förderung der Bereitschaft der Parteien zum Ver-

---

[1] *Zuckerman,* Justice in Crisis, 3 f.
[2] *Lorenz,* ZZP 1998, 35, 36.
[3] *Koch,* 45; *Lorenz,* ZZP 1998, 35, 36 ff.
[4] *Gottwald,* Die Aufklärungspflicht im Rechtsvergleich, 19, 21 f.
[5] *Osthaus,* 80.
[6] Hickmann v. Taylor, 329 U.S. 495, 501 (1947).

gleichsschluss bezweckt.[7] Für die vorliegende Untersuchung sind solche Regelungen in den Rechtsordnungen von England und Deutschland heranzuziehen, die vergleichbare Funktionen erfüllen.

II. *Disclosure* nach den englischen *Civil Procedure Rules*

Der Blick nach England zeigt, dass das Mittel einer allgemeinen zivilprozessualen Aufklärungspflicht zum Zweck der Informationsbeschaffung für einen Zivilprozess auch innerhalb der EU keineswegs unbekannt ist. Wie das US-amerikanische Recht verfolgt auch das englische Recht einen prozessualen Ansatz bei der Sachverhaltsaufklärung, um ein etwaiges Informationsungleichgewicht auszugleichen.[8] Auf diesem Weg soll auch hier den Parteien eines Zivilprozesses ermöglicht werden, Informationen zu dem einem Verfahren zugrundeliegenden Sachverhalt von der Gegenseite zu erhalten.[9] Die Regelungen für Zivilprozesse vor Gerichten in England und Wales ergeben sich seit 1999 aus den *Civil Procedure Rules* (CPR). Die CPR wurden von einem Expertengremium, dem *Civil Procedure Rule Committee,* ausgearbeitet und haben durch den *Civil Procedure Act* Gesetzesrang erlangt.[10] Sie enthalten neben den einzelnen Vorschriften auch sogenannte *Practice Directions,* die keinen Gesetzesrang haben, sondern der Auslegung und Interpretation der CPR dienen.[11] Die CPR enthalten wie die FRCP in den USA eine allgemeine prozessuale Aufklärungspflicht in CPR 31. Eine solche bestand auch schon vor Einführung der CPR[12], wurde aber weitgehend überarbeitet, insbesondere bezüglich des Umfangs der Offenlegungsverpflichtung, mit dem Ziel, die Kosten und den Aufwand des Vorverfahrens zu reduzieren.[13] Oft wird der gesamte Informationsaustausch im Vorverfahren als *disclosure* bezeichnet, obwohl dies formal lediglich den logisch ersten Schritt, in der die Parteien Angaben zu den verfügbaren Dokumenten machen, bezeichnet.[14] Erst danach können die Parteien in einem zweiten Schritt die Einsichtnahme der so zuvor offengelegten Dokumente fordern, in der sogenannten *inspection.* Von den vier Arten der *disclosure,* der Offenlegung von Dokumenten, Informationen, Augenscheinsobjekten und dem Zugang zu Zeugenaussagen, ist die Offenlegung von Dokumenten praktisch die wichtigste, wobei die Regeln für alle vier Arten gleich sind.[15]

---

[7] *Adler,* 130 ff.; *Haydock/Herr,* § 1.01.

[8] *Osthaus,* 95.

[9] *Zuckerman,* Rn. 15.01.

[10] *M. Stürner,* ZVglRWiss 2000, 310, 311.

[11] *M. Stürner,* ZVglRWiss 2000, 310, 313.

[12] *Schaaff,* 18.

[13] *Engelhardt,* 15; *Niehr,* 96; *Osthaus,* 98.

[14] *Zuckerman,* Rn. 15.15.

[15] *Brandt,* 41.

1. Anordnung durch das Gericht

Auch in England findet der Informationsaustausch im Regelfall innerhalb des Prozesses in einer der Hauptverhandlung vorgelagerten Phase der Informationsbeschaffung statt. Anders als in den USA entsteht die Verpflichtung zur Offenlegung aber nicht schon durch das Prozessverhältnis, sondern wird erst durch das Gericht angeordnet, was regelmäßig bei der ersten *case management*-Anhörung geschieht.[16] Dabei werden auch etwaige Abweichungen von der *standard disclosure* durch das Gericht angeordnet.

Ob aber überhaupt eine *disclosure* stattfindet, hängt in englischen Zivilverfahren von der zugewiesenen Verfahrensart ab.[17] Die Zuweisung zu einer der drei Verfahrensarten, *small claims track, fast track* oder *multi track* trifft das Gericht aufgrund der Informationen, die sich aus den Schriftsätzen und einem vorher an die Parteien gesandten Fragebogen ergeben.[18] Nach CPR 31.1(2) und CPR 27.2(1)(b) findet in Verfahren des sogenannten *small claims track* keine umfassende *disclosure* nach den Regeln der CPR statt. Stattdessen müssen die Parteien dann nur solche Dokumente innerhalb von 14 Tagen offenlegen, auf die sie ihre Klage oder ihre Verteidigung stützen.[19] In den Fällen, in denen ein *fast track* Verfahren angeordnet wurde, kann das Gericht gemäß CPR 28.3(2) die reguläre *disclosure* anordnen, diese auf ausgewählte Dokumente oder Kategorien von Dokumenten beschränken oder auch gänzlich darauf verzichten.

Die Grundregel zur Bestimmung, welcher Verfahrensart eine Klage zuzuweisen ist, findet sich in CPR 26.7, wonach die in CPR 26.8(1) – nicht abschließend – aufgezählten Faktoren zu berücksichtigen sind. Dies sind der Streitwert, soweit ein solcher finanzieller Wert bezifferbar ist, die Art der Rechtsmittel, die zu vermutende Komplexität, die Anzahl der beteiligten Parteien und weitere Umstände, die entweder die Kosten und den Aufwand des Verfahrens oder dessen Bedeutung beeinflussen. Soweit der Streitwert bezifferbar ist, wird dessen Höhe regelmäßig den Ausschlag für die Zuweisung zu einer Verfahrensart geben.[20] Dabei ist der *small claims track* nach CPR 26.6(1) regelmäßig zu wählen, wenn der Streitwert £ 10,000 – bei Personenschäden £ 1,000 – nicht überschreitet. Der *fast track* bildet nach CPR 26.6(4) und (5) den Normalfall für Klagen mit einem Streitwert von nicht mehr als £ 25,000, wenn das Gericht davon ausgeht, dass die Hauptverhandlung nicht länger als einen Tag dauert, lediglich zu zwei Fachgebieten Sachverständige gehört werden sollen und die Zahl der Sachverständigen auf jeweils einen pro Fachgebiet beschränkt ist. Für alle sonstigen Verfahren ist nach CPR 26.6(6) der *multi track* einschlägig, sodass die *standard disclosure* stattfindet.

---

[16] White Book – Civil Procedure, Section A, Rn. 31.0.3.
[17] *Niehr,* 59.
[18] CPR Practice Direction 26, para. 4.2.
[19] CPR Practice Direction 27, Appendix B, 1.
[20] White Book – Civil Procedure, Section A, Rn. 26.8.4.

Daraus ergibt sich, dass die *standard disclosure* überhaupt nur stattfindet, wenn die finanzielle Grenze der Zuweisung zum *small claims track* überschritten ist oder der Klage ausnahmsweise aus anderen Gründen eine besondere Bedeutung zukommt. Somit besteht eine Eingangshürde für die *disclosure* in der Form, dass die Streitwerthöhe oder die sonstige Bedeutsamkeit des Klagegegenstandes ein erhebliches Interesse der Parteien an dem Verfahren zum Ausdruck bringen müssen. In Verfahren, an denen objektiv nur ein geringes Interesse besteht, findet regelmäßig keine umfassende *disclosure* statt.

2. Disclosure and Inspection

Der unter dem Begriff der *disclosure* zusammengefasste Austausch von Dokumenten ist formal in zwei Schritte unterteilt. *Disclosure* bedeutet gemäß CPR 31.2 lediglich, dass eine Partei angibt, dass ein Dokument existiert oder existiert hat. Hier werden allerdings nicht nur Basisinformationen, wie bei der *initial disclosure* im US-Recht, ausgetauscht. Stattdessen werden sämtliche Dokumente, die von der *disclosure* Verpflichtung erfasst sind, auf diesem Wege angegeben. Nach dem Austausch dieser Angaben kann dann im Rahmen der *inspection* auf Anfrage tatsächlich Einsicht in die zuvor aufgeführten Dokumente genommen werden.[21] Eine Vorlage von Dokumenten auf gezielte Anfrage hin, wie bei der amerikanischen *document discovery* nach FRCP 34, findet nicht statt.

a) Standard disclosure

Soweit das Gericht nicht einen engeren oder weiteren Rahmen oder sonstige Spezifikationen anordnet, finden die Vorschriften der *standard disclosure* nach CPR 31.6 Anwendung. Von der Verpflichtung zur Offenlegung erfasst sind solche, deren Offenlegung entweder ausdrücklich in einer der *practice directions* bestimmt ist oder auf die sich die Partei selbst bezieht sowie solche, die sich entweder aus ihrer Sicht negativ oder aus Sicht einer anderen Partei positiv oder negativ auf das Verfahren auswirken.[22] Die *disclosure* ist zudem auf die Dokumente beschränkt, welche die jeweilige Partei in ihrer Kontrolle hat oder hatte, CPR 31.8(1).[23] Hatte eine Partei eine inhaltlich erfasste Datei vormals in ihrer Kontrolle und ist dies nicht mehr der Fall, so muss sie diese zwar im Rahmen der *disclosure* angeben, eine geforderte *inspection* der fraglichen Dateien durch andere Beteiligte kann sie aber mit Verweis auf die nunmehr fehlende Zugriffsmöglichkeit verweigern.

Jede Partei erstellt über die unter diese Voraussetzungen fallenden Dokumente eine Liste (*disclosure statement*) und sendet diese der Gegenseite zu, wobei aus

---

[21] *Sime,* in: Blackstone's civil practice, Rn. 50.1; *Zuckerman,* Rn. 15.15 f.
[22] Siehe dazu ausführlich unten: E. II. 1.
[23] Siehe dazu ausführlich unten: E. II. 1. b).

dieser gegebenenfalls auch hervorgehen muss, bei welchen Dokumenten, mit welcher Begründung eine Einsichtnahme verweigert werden soll, CPR 31.10(2 und 3). Der Inhalt der *disclosure*-Verpflichtungen kann nicht nur durch das Gericht, sondern auch durch Parteiabrede geändert werden.[24]

b) Elektronisch gespeicherte Dokumente

Auch in Zivilprozessen vor englischen Gerichten sind elektronisch gespeicherte Dokumente von der Offenlegungsverpflichtung ausdrücklich erfasst und machen mittlerweile den Großteil des Informationsaustauschs aus. Ein *document* im Sinne von CPR 31 ist nach der Legaldefinition in CPR 31.4 alles, was irgendeine Information enthält. Darunter fallen ausdrücklich auch *electronic documents,* wie sich aus der zugehörigen *practice direction* ergibt.[25] Dazu gehören unter anderem E-Mails, Textdokumente, Sprachnachrichten und Datenbanken.[26] Ein Dokument in diesem Sinne ist üblicherweise in der einzelnen gespeicherten Datei zu sehen und nicht in dem physikalischen Datenträger als Einheit.[27] Auch sind ausdrücklich nicht nur direkt verfügbare Dokumente, sondern auch gelöschte Dateien und solche auf Back-up-Servern sowie Metadaten erfasst.[28] Dies entspricht dem weiten Verständnis des Dokumentenbegriffs, welcher auch schon vor Einführung der CPR bei den Gerichten anerkannt war.[29] Auf die Dauerhaftigkeit der Speicherung einer Information kommt es hingegen nicht an, da dies in CPR 31.4 sowie den zugehörigen *Practice Directions* nicht erwähnt wird, obwohl es vor Einführung der CPR zumindest teilweise gefordert worden war.[30] Metadaten, die über die automatisch im Rahmen der *disclosure* anderer Daten offengelegten Metadaten hinausgehen, sind nur offenzulegen, soweit die ersuchende Partei darlegt, dass die Informationen derart relevant und wesentlich sind, dass dies den zusätzlichen Aufwand rechtfertigt.[31]

c) Recht auf Einsichtnahme

Da die *disclosure* zunächst nur eine Auflistung der relevanten Dokumente bezeichnet, erhält die Gegenpartei formal erst im zweiten Schritt, der *inspection,* tatsächlich Einsicht in die Dokumente. In der Praxis werden aber regelmäßig mit der Auflistung der Dokumente auch direkt elektronische Kopien davon zur Ver-

---

[24] *Brandt,* 49; *Zuckerman,* Rn. 15.19.

[25] CPR Practice Direction 31B, para. 1.

[26] CPR Practice Direction 31B, para. 5 (3).

[27] Phaestos Ltd & Anor v Ho [2012] EWHC 2756 (QB), Rn. 27.

[28] CPR Practice Directions 31B, para. 5 (3).

[29] *Niehr,* 60.

[30] *Niehr,* 61.

[31] CPR Practice Directions 31B, para. 28.

fügung gestellt, wenn aus Sicht der vorlagepflichtigen Partei nichts gegen die Vorlage spricht.[32] Die Gegenpartei hat dann nach CPR 31.3 das Recht aus Einsichtnahme in die im Rahmen der *disclosure* offengelegten Dokumente, wenn nicht ein dort aufgeführter Ausschlussgrund dem entgegensteht. Danach besteht kein Recht zur Einsichtnahme, wenn die Partei keinen Zugriff mehr auf das Dokument hat, ein Recht oder die Verpflichtung hat, die Einsichtnahme zu verweigern, oder der Meinung ist, dass die Einsichtnahme unverhältnismäßig ist.[33] Ansonsten können nur ausnahmsweise unbedeutende Teile eines Gesamtdokumentes ausgenommen werden.[34] Neben den Dokumenten, die in der Dokumentenliste nach CPR 31.10 aufgeführt sind, können Parteien nach CPR 31.14(1) auch in solche Dokumente Einsicht nehmen, die in der Klageschrift oder deren Erwiderung, einer Zeugenaussage, einer Zeugenübersicht oder einer eidesstattlichen Erklärung erwähnt wurden. Der Ablauf der Einsichtnahme ist in CPR 31.15 festgeschrieben. Danach muss eine Partei den jeweiligen Verpflichteten schriftlich davon in Kenntnis setzen, in welche Dokumente sie Einsicht nehmen möchte. Dem muss die verpflichtete Partei innerhalb von 7 Tagen nachkommen indem sie entweder den Zugang zu den Dokumenten zulässt oder auch Kopien anfertigt.

Die Einsichtnahme in Dokumente kann dann verweigert werden, wenn diese unverhältnismäßig ist, CPR 31.3(1)(c) und (2). Diese Einschränkung ist Ausdruck des *overriding objective* aus CPR 1.1, den Gerichten zu ermöglichen, Verfahren in gerechter und verhältnismäßiger Weise zu führen.[35] Ziel der CPR ist es, eine Entscheidung zu finden, die der materiellen Wahrheit möglichst nahe kommt, dies aber unter einem verhältnismäßigen Aufwand des Gerichts, da auch der Zugang zur Justiz eine Ressource darstellt, die angemessen und gerecht zu verteilen ist.[36] Diesem zugrundeliegenden Prinzip folgend, ergibt sich aus CPR 1.1(2), dass bei der Bestimmung des verhältnismäßigen Aufwands für ein Verfahren, dessen Streitwert, Bedeutung, Komplexität und die finanzielle Lage der Parteien einzubeziehen sind. Beruft sich eine Partei auf diese Unverhältnismäßigkeit, muss sie bei der *disclosure* angeben in welche Art oder Kategorie von Daten keine Einsichtnahme gewährt wird und dafür als Begründung die Unverhältnismäßigkeit der Einsichtnahme nennen.

Eine weitere wichtige Beschränkung bezüglich der offenzulegenden Dokumente ist, wie in den USA, die Möglichkeit, die Einsichtnahme aufgrund von Weigerungsrechten zu verweigern.[37] Diese können sich entweder aus der Art des

---

[32] *Zuckerman,* Rn. 15.37.

[33] Siehe dazu ausführlich unten E. II.

[34] GE Capital Corporate Finance Group v Bankers Trust Co. [1995] 1 WLR 172, 176 f. (CA); *Niehr,* 75.

[35] *Matthews/Malek,* Rn. 11.01.

[36] *M. Stürner,* ZVglRWiss 2000, 310, 314 f.

[37] *Sime,* in: Blackstone's civil practice, Rn. 50.50.

Dokuments oder dessen Inhalt ergeben.[38] Möchte der Adressat einer Offenlegungsverpflichtung für bestimmte Dokumente ein solches Recht geltend machen und deshalb die Einsichtnahme in dieses durch andere Parteien verweigern, so müssen die fraglichen Dokumente im Rahmen der *disclosure* dennoch angegeben werden und mit der Begründung für die Verweigerung der Einsichtnahme versehen werden, wie sich aus CPR 31.19(3) ergibt.[39]

d) Specific disclosure

Wenn die durch die *standard disclosure* erlangten Informationen aus Sicht des Gerichts nicht ausreichend sind, kann es gemäß CPR 31.12(1) noch spezifischere Offenlegung anordnen. Es können dann besondere Nachforschungen und Offenlegungen von den Parteien verlangt werden. Dieses Mittel ist aber auf Ausnahmefälle beschränkt, in denen Zweifel daran bestehen, dass die erforderlichen Nachforschungen stattgefunden haben und alle erforderlichen Angaben gemacht wurden.[40] Für manche Sondersituationen gelten zudem spezifische Bestimmungen. So sind beispielsweise in Verfahren mit Personenschäden üblicherweise die Kranken- und Krankenhausakten von der *disclosure* erfasst.[41]

3. *Disclosure* vor Klageerhebung

Auch in England bestehen Möglichkeiten, vor Klageerhebung schon die Vorlage von Dokumenten für einen möglichen Zivilprozess zu erwirken. Schon vor Einführung der CPR kannte das englische *common law* Möglichkeiten der Informationsbeschaffung vor Klageerhebung zum Zweck der Sicherung von Beweismitteln, die bis heute bestehen. Anders als im US-Recht kann die Vorlage vor Klageerhebung in England aber nicht nur zum Zweck der Beweissicherung geschehen, sondern auch schon als erforschende *investigative disclosure* mit dem Zweck, durch die Aufklärung des Sachverhaltes eine Klage zu verhindern.[42]

a) Norwich Pharmacal order

Ein Mittel der Informationsbeschaffung vor Klageerhebung ist die sogenannte *Norwich Pharmacal order*.[43] Diese nach dem gleichnamigen Verfahren aus dem Jahre 1973 benannte Anordnung ermöglicht es dem Antragsteller insbesondere,

---

[38] Siehe dazu ausführlich unten E. II. 2.

[39] *Sime,* Rn. 31.37.

[40] *Zuckerman,* Rn. 15.58.

[41] *Sime,* in: Blackstone's civil practice, Rn. 50.6.

[42] *Dodson,* 6 J. Comp. L. 2011, 51, 52 ff.

[43] Norwich Pharmacal Co v Customs and Excise Commissioners [1974] A.C. 133 ff. (HL).

die Identität eines möglichen Anspruchsgegners einer Rechtsverletzung herauszufinden, indem ein für Rechtsverletzung nicht verantwortlicher Dritter zur Herausgabe dieser Information verpflichtet wird. Dabei ist es nicht erforderlich, dass es sich um strafbares Verhalten handelt, sondern es kann jegliche deliktische Handlung genügen.[44] Sie kann sich allerdings nur gegen Personen richten, die in irgendeiner Weise in die Rechtsverletzung (ohne eigenes Verschulden) verwickelt waren oder diese zumindest ermöglicht oder erleichtert haben.[45] Ist die betroffene Person eine juristische Person, kann die Verpflichtung auch auf deren Angestellte und Vertreter durchgreifen.[46]

Um eine *Norwich Pharmacal order* zu erwirken, muss der Antragssteller zunächst darlegen, dass eine Rechtsverletzung vorliegt oder dies zumindest möglicherweise der Fall ist und dass er seine rechtlichen Möglichkeiten gegenüber dem Schädiger feststellen möchte.[47] Dass der Einsatz rechtlicher Mittel gegenüber dem Schädiger bereits vorgesehen ist, muss nicht feststehen, auch wenn dies regelmäßig der Fall ist.[48] Darüber hinaus muss dargelegt werden, dass die Anordnung erforderlich ist, um ein Verfahren gegen den tatsächlichen Schädiger zu ermöglichen und es keine andere angemessene Möglichkeit gibt, dessen Identität zu erfahren.[49]

Eine *Norwich Pharmacal order* ermöglicht keine Verpflichtung des Adressaten zur vollständigen *disclosure*. Dieser kann aber dazu verpflichtet werden, sämtliche Informationen über den fraglichen Sachverhalt („*full information*") zur Verfügung zu stellen.[50] Dies ist nicht ausschließlich auf die zur Feststellung der Identität eines Schädigers erforderlichen Informationen beschränkt.[51] Möglich ist auch die Anordnung der Herausgabe von Informationen und Dokumenten, die für den Antragsteller erforderlich sind, um eine Entscheidung über die Durchsetzung möglicher Ansprüche gegen den Schädiger zu fällen.[52] Bei der Entscheidung darüber, ob und wie weit eine solche Anordnung erlassen wird, haben die Gerichte

---

[44] P. v T. Ltd. [1997] 1 W.L.R. 1309, 1318 f. (Ch).

[45] *Matthews/Malek,* Rn. 3.17.

[46] Harrington v Polytechnic of North London and Others [1984] 1 W.L.R. 1293, 1299 f. (CA).

[47] *Matthews/Malek,* Rn. 3.06.

[48] Rugby Football Union v Viagogo Ltd [2012] UKSC 55, Rn. 15; Ashworth Hospital Authority v MGN Ltd [2002] 1 W.L.R. 2033, 2049 (HL); British Steel Corp v Granada Television Ltd [1981] A.C. 1096, 1174 (HL).

[49] *Matthews/Malek,* Rn. 3.09.

[50] Norwich Pharmacal Co v Customs and Excise Commissioners [1974] A.C. 133, 175 (HL).

[51] *J. Lang,* 204.

[52] R. (on the application of Mohamed) v Secretary of State for Foreign and Commonwealth Affairs [2009] 1 W.L.R. 2579, 2630 f. (QB); P. v T. Ltd. [1997] 1 W.L.R. 1309, 1318 f. (Ch).

im Einzelfall sehr weiten Entscheidungsspielraum. Das Gericht muss darüber entscheiden, ob die Anordnung erforderlich und angemessen ist.[53] Die Kriterien für diese Entscheidung sind unter anderem:

- wie überzeugend die Darlegung des Antragstellers ist,

- das hohe öffentliche Interesse, die Rechtsdurchsetzung zu ermöglichen,

- ein möglicher Abschreckungseffekt,

- ob andere Beschaffungsmöglichkeiten bestehen,

- ob der Betroffene wusste oder hätte wissen müssen, dass er an einer Rechtsverletzung mitwirkt,

- ob auch unschuldige Personen betroffen sind und wenn ja, ob sie Nachteile zu befürchten haben,

- der Grad der Geheimhaltung der Informationen,

- der Schutz der Privatsphäre der Betroffenen nach Art. 8 EMRK und personenbezogener Daten

- und der Schutz journalistischer Quellen unter Art. 10 EMRK.[54]

b) Search order – „Anton Piller order"

Mit der *search order* besteht ein weiteres, von der Anhängigkeit eines Verfahrens unabhängiges, prozessuales Mittel der Informationsbeschaffung, welches zudem wie die *disclosure* unabhängig von materiellen Ansprüchen ist.[55] Die *search order* – nach dem gleichnamigen Verfahren in dem diese zum ersten Mal anerkannt wurde auch weiterhin als *Anton Piller order* bekannt –, die durch die Rechtsprechung zunächst für Verletzungen des Urheberrechts und gewerblicher Schutzrechte entwickelt wurde, ist mittlerweile nicht mehr auf diese Bereiche beschränkt.[56] Sie ist in CPR 25.1(h) i.V.m. sec. 7 *Civil Procedure Act 1997* nunmehr gesetzlich geregelt. Danach kann das Gericht den Adressaten der Anordnung dazu verpflichten, eine Durchsuchung von Geschäfts- und Privaträumen sowie bei Dokumenten die Mitnahme und die Anfertigung von Kopien zu dulden.[57] Das Besondere an dieser Art der Informationsbeschaffung ist dabei, dass die Ent-

---

[53] Rugby Football Union v Viagogo Ltd [2012] UKSC 55, Rn. 16; Ashworth Hospital Authority v MGN Ltd [2002] 1 W.L.R. 2033, 2049 (HL).

[54] Rugby Football Union v Viagogo Ltd [2012] UKSC 55, Rn. 17.

[55] *Amschewitz,* 121.

[56] Emmanuel v. Emmanuel [1982] 1 W.L.R. 669, 669 ff. (EWHC Fam); *J. Lang,* Aufklärungspflicht, S. 199; *Schlosser,* JZ 1991, 599, 601.

[57] *Davies/Caddick/Harbottle,* in: Copinger and Skone James on copyright, Ch. 21 Rn. 210.

scheidung über ihre Anordnung vor Gericht unter Ausschluss der Öffentlichkeit (*in camera*) und des zu verpflichtenden Adressaten stattfindet.[58]

Die Voraussetzungen für die Anordnung einer *Anton Piller order* sind, dass

– ein deutlicher Anscheinsbeweis für das Bestehen eines zivilrechtlichen Anspruchs vorliegt,

– deutliche Beweise dafür vorliegen, dass die Beweismittel sich im Besitz des Antragsgegners befinden,

– eine ernstliche Gefahr besteht, dass erhebliche Beweismittel verschwinden oder zerstört werden,

– der durch die Sicherungsmaßnahmen zu erwartende Schaden den Betroffenen und sein Unternehmen nicht unangemessen belastend und mit Blick auf das Ziel der Maßnahme nicht unverhältnismäßig ist.[59]

Aufgrund des extremen Eingriffscharakters der Anordnung einer solchen Duldung ist dieses Mittel aber nur in Ausnahmefällen gerechtfertigt.[60] Dennoch machen die Gerichte teilweise sehr ausgedehnt von der Möglichkeit einer solchen Anordnung Gebrauch.[61] Nur wenn eine Aufbewahrungsanordnung nicht ausreicht, weil der Verlust der Beweismittel konkret zu befürchten ist und somit die Rechtsdurchsetzung verhindert würde, ist eine *search order* gerechtfertigt.[62] Werden diese engen Grenzen eingehalten, ist die Anordnung einer *search order* ein zulässiger Eingriff in Art. 8 EMRK.[63]

Lässt der Adressat einer *search order* nicht zu, dass sein Grundstück zum Zweck der Durchsuchung betreten wird[64] oder verweigert er die angeordnete Offenlegung von (elektronischen) Dokumenten[65], so kann dies als Missachtung des Gerichts gewertet und dementsprechend sanktioniert werden.

c) Pre-action disclosure

Über die Beschaffung zu Sicherungszwecken hinaus ist, anders als in den USA, seit Einführung der CPR auch eine investigative *disclosure,* also mit dem Ziel der Erforschung des Sachverhaltes, unter gewissen Umständen vor Klageer-

---

[58] *Amschewitz,* 121; *J. Lang,* 199; *Götting,* GRUR Int. 1988, 729.

[59] Anton Piller KG v Manufacturing Processes Ltd [1976] Ch. 55, 62 (CA).

[60] Anton Piller KG v Manufacturing Processes Ltd [1976] Ch. 55, 58 (CA).

[61] *Amschewitz,* 121; *Niehr,* 74.

[62] Lock International Plc. v Beswick and Others [1989] 1 W.L.R. 1268, 1281 (Ch); *Matthews/Malek,* Rn. 2.22.

[63] Chappelle v United Kingdom [1989] F.S.R. 617, 637 ff. (ECHR).

[64] Chanel Ltd v 3 Pears Wholesale Cash & Carry Co [1979] F.S.R. 393, 394 (Ch).

[65] LTE Scientific Ltd v Thomas [2005] EWHC 7 (QB), Rn. 85 ff.; Daltel Europe Ltd v Makki [2005] EWHC 749 (Ch), Rn. 60 ff.

hebung zulässig.[66] Zwar ist auch in England die *disclosure* nach Klageerhebung der Regelfall des Dokumentenaustauschs, allerdings ist seit Einführung der CPR auch schon ein Dokumentenaustausch vor Klageerhebung vorgesehen. War eine Verpflichtung zur *disclosure* vor Einführung der CPR – um Missbrauch durch Ausforschung der Gegenseite zu verhindern – nur ausnahmsweise in Verfahren wegen Körperverletzung zulässig[67], ist dies nun durch section 33(2) des Senior Courts Act 1981 und section 52 des County Courts Act 1984 i.V.m. CPR 31.16(1) unabhängig von der Art des Verfahrens möglich.

Der Anwendungsbereich dieser sogenannten *pre-action disclosure* ist aber eng begrenzt. Nach CPR 31.16(3) kann auf Antrag hin eine *disclosure* vor Klageerhebung angeordnet werden, wenn Antragsteller und Antragsgegner in einem eventuellen zukünftigen Verfahren in der Sache wahrscheinlich als Parteien beteiligt sein würden, auch wenn der Wortlaut zunächst vermuten lassen könnte, dass es erforderlich sei, dass ein folgender Zivilprozess wahrscheinlich ist. Das Wort „*likely*" bezieht sich an dieser Stelle aber lediglich darauf, dass es wahrscheinlich sein muss, dass der Antragsteller und der Antragsgegner die Parteien wären, falls es in dieser Sache zu einem Prozess kommen würde, wie sich aus dem Woolf Report ergibt, dessen Ergebnisse in den CPR umgesetzt wurden.[68] Die Formulierung „*likely*" ist dem Sinn und Zweck der Vorschrift nach weit zu verstehen.[69] Eine zu hohe Hürde würde der Tatsache nicht gerecht, dass hier gerade eine Einschätzung in einem frühen Stadium eines Rechtsstreits getroffen werden muss und ist zudem nicht erforderlich, da das Gericht die Verpflichtung anordnet und dabei die Beweise und den Sachverhalt im Einzelfall berücksichtigen kann.[70] So entspricht es dem Zweck der *disclosure* vor der Klageerhebung, wenn schon die Möglichkeit eines späteren Verfahrens ausreicht, da diese dazu gedacht ist, festzustellen, ob überhaupt ein Klagegrund besteht.[71] Es ist nicht erforderlich, dass schon vor der *pre-action disclosure* genug Beweise vorliegen, um vertretbar Klage zu erheben.[72]

Die zweite Voraussetzung ist, dass die Dokumente, deren Offenlegung gefordert wird, von der *standard disclosure* zwischen Antragsteller und Antragsgegner erfasst würden, wenn in der Sache bereits Klage erhoben worden wäre.[73] Die *pre-action disclosure* darf daher, anders als im Verfahren nach Klageerhebung, auch

---

[66] *Dodson,* 6 J. Comp. L. 2011, 51, 54.

[67] *Brandt,* 61.

[68] Black v. Sumitomo Corpn [2002] 1 WLR 1562, 1584 (CA).

[69] Black v. Sumitomo Corpn [2002] 1 WLR 1562, 1584 f. (CA).

[70] Black v. Sumitomo Corpn [2002] 1 WLR 1562, 1584 f. (CA).

[71] *Zuckerman,* Rn. 15.116.

[72] Smith v Secretary of State for Energy and Climate Change [2014] 1 W.L.R. 2283, 2286 (CA), Rn. 27 ff.

[73] Bermuda International Securities Ltd v KPMG [2001] C.P. Rep. 73 (CA), Rn. 26.

auf Anordnung des Gerichts nicht über das hinausgehen, was im Rahmen der *standard disclosure* zulässig wäre.

Zuletzt muss auch zumindest die Aussicht darauf bestehen, dass die Anordnung der *pre-action disclosure* die Wahrscheinlichkeit einer außergerichtlichen Einigung erhöhen oder Kosten verringern kann.[74] Diese Voraussetzung geht nahtlos in die Ermessensentscheidung über.[75] Auch hier ist daher die Hürde zunächst niedrig anzulegen, da die gleichen Erwägungen auch in der Ermessensentscheidung des Gerichts zu berücksichtigen sind und dessen Entscheidungsspielraum nicht zu sehr verengt werden soll.[76] Da aber in nahezu jedem Fall die *disclosure* dazu geeignet ist, zumindest in einem gewissen Maß die Vergleichsbereitschaft zu erhöhen und möglicherweise Kosten zu sparen, muss dieser Effekt über das übliche Maß hinausgehen, damit eine *pre-action disclosure* angeordnet werden kann.[77]

Nur wenn diese Voraussetzungen vorliegen, darf das Gericht die *disclosure* vor Klageerhebung überhaupt anordnen und trifft darüber dann eine Ermessensentscheidung, wobei es einen sehr weiten Ermessensspielraum hat.[78] In dieser Ermessensentscheidung sind dann verschiedene Kriterien zu berücksichtigen, unter anderem die bisher gezeigte Kooperationsbereitschaft der Parteien, wie überzeugend das bisherige Vorbringen des Antragstellers ist[79], ob es andere Möglichkeiten gibt, die fraglichen Dokumente zu erhalten[80], die Art und Bedeutung der fraglichen Dokumente, wie eng und konkret das Ersuchen begrenzt ist und ob auch ohne die *pre-action disclosure* schon Klage erhoben werden könnte.[81] Tendenziell darf die *pre-action disclosure* aber nicht zum Regelfall werden, sondern muss ihren Ausnahmecharakter behalten.[82]

---

[74] Black v. Sumitomo Corpn [2002] 1 WLR 1562, 1586 (CA).

[75] First Gulf Bank v Wachovia Bank National Association [2005] EWHC 2827 (Comm), Rn. 23; *Matthews/Malek,* Rn. 3.40.

[76] Mitsui & Co Ltd v Nexen Petroleum UK Ltd [2005] EWHC 625 (Ch), Rn. 27.

[77] Black v. Sumitomo Corpn [2002] 1 WLR 1562, 1586 f. (CA).

[78] Smith v Secretary of State for Energy and Climate Change [2014] 1 W.L.R. 2283, 2288 f. (CA); Black v. Sumitomo Corpn [2002] 1 WLR 1562, 1573 (CA); *Matthews/Malek,* Rn. 3.36.

[79] Smith v Secretary of State for Energy and Climate Change [2014] 1 W.L.R. 2283, 2293 ff. (CA); Snowstar Shipping Co Ltd v Graig Shipping Plc [2003] EWHC 1367 (Comm), Rn. 37.

[80] Hays Specialist Recruitment (Holdings) Ltd v Ions [2008] EWHC 745 (Ch), Rn. 49 f.

[81] XL London Market Ltd v Zenith Syndicate Management Ltd [2004] EWHC 1182 (Comm), Rn. 24; Snowstar Shipping Co Ltd v Graig Shipping Plc [2003] EWHC 1367 (Comm), Rn. 37; *Matthews/Malek,* Rn. 3.41.

[82] *Matthews/Malek,* Rn. 3.41.

d) Vorprozessualer Informationsaustausch
aufgrund von pre-action protocols

Praktisch findet ein Austausch von Dokumenten in England oft auch ohne eine besondere Anordnung des Gerichts schon vor Beginn des Verfahrens statt. Der Austausch erfolgt dann aufgrund der *pre-action protocols,* die als *practice direction* ausgestaltet sind und daher keinen Gesetzesrang haben. *Pre-action protocols* gibt es mittlerweile für zahlreiche Bereiche, wie zum Beispiel *personal injury, resolution of clinical disputes, construction and engineering, defamation* und viele andere und sie sehen vor allem den schriftlichen Informationsaustausch vor.[83] Auch dort, wo keine *pre-action protocols* bestehen, sollen die Parteien nach den Verhaltensregeln in den *practice directions*[84] möglichst viele Informationen bereits vor Klageerhebung austauschen[85], sie sind dann aber bezüglich des Umfangs flexibler.[86]

Zweck der *pre-action protocols* und der Verhaltensregeln ist es, den Austausch zwischen den Parteien zu fördern, damit diese ihre eigene Position sowie die des Gegenübers besser einschätzen und soweit möglich ohne einen Prozess oder mit einem alternativen Streitbeilegungsverfahren ihren Konflikt beilegen können.[87]

Aber auch wenn die Dokumentenvorlage in diesem Fall nicht ausdrücklich gesetzlich vorgeschrieben ist, geschieht diese nicht gänzlich freiwillig und ohne jeden Zwang.[88] Die Einhaltung dessen, was in den *pre-action protocols* empfohlen wird, setzen die Gerichte im Regelfall von den Parteien voraus.[89] Wenn Parteien signifikant von diesen Empfehlungen abweichen, kann dies zu Sanktionen des Gerichts, insbesondere der Auferlegung von Kosten, führen.[90] In der Praxis kommt es allerdings nur selten zu solchen Sanktionen.[91] Jedenfalls haben mögliche Parteien beim Informationsaustausch mehr Einflussmöglichkeiten darauf, welche Dokumente sie herausgeben und können die Rechte und Interessen Dritter beachten. Soweit sie beim Informationsaustausch also insgesamt den Willen zur Kooperation zeigen[92], haben sie kaum Sanktionen zu befürchten, auch wenn sie aus datenschutzrechtlichen Erwägungen gewisse Informationen zurückhalten.

---

[83] *Brandt,* 57.
[84] Practice Direction – Pre-action Conduct and Protocols.
[85] Practice Direction – Pre-action Conduct and Protocols para. 2.
[86] *Brandt,* 57 f.
[87] Practice Direction – Pre-action Conduct and Protocols para. 3.
[88] *Zuckerman,* Rn. 15.174.
[89] Practice Direction – Pre-action Conduct and Protocols para. 3; *Gibbons,* 21 C.J.Q. 2002, 254, 256.
[90] *Gibbons,* 21 C.J.Q. 2002, 254, 256.
[91] *Brandt,* 60 f.
[92] *Brandt,* 61.

4. Verpflichtung Dritter zur *disclosure*

Im Regelfall richtet sich die *disclosure* im englischen Zivilprozess an die Parteien eines Zivilverfahrens. Wie im US-Recht kann aber auf Antrag einer Partei auch die Verpflichtung zur *disclosure* während eines Verfahrens gegenüber Personen angeordnet werden, die nicht selbst am Prozess teilnehmen, wie sich aus sec. 34 (2) des Supreme Court *Act 1981* und sec. 53 des *County Courts Act 1984* ergibt.[93]

Dafür ist erforderlich, dass es zumindest gut möglich ist, dass sich die Dokumente, deren Offenlegung verlangt wird, aus Sicht des Antragstellers günstig auf den Prozessverlauf auswirken werden und diese Offenlegung für einen fairen Verfahrensverlauf notwendig oder geeignet ist, Kosten zu sparen. Diese Voraussetzung müssen sämtliche Dokumente im Einzelnen erfüllen, um von der Anordnung erfasst sein zu können.[94] Hierbei handelt es sich, wie bei CPR 31.16, um Voraussetzungen, die erfüllt sein müssen, damit das Gericht eine Anordnung erlassen kann, es behält aber auch wenn diese vorliegen, einen Ermessensspielraum darüber, ob es tatsächlich die *disclosure* gegenüber Dritten anordnet.[95] Zwar deutet der Wortlaut „[...] *likely to support the case* [...]" an dieser Stelle auf eine höhere Schwelle hin, tatsächlich ist aber auch hier nicht erforderlich, dass das Vorliegen überwiegend wahrscheinlich ist. Stattdessen ist *„likely"* systematisch einheitlich auszulegen und daher wie in CPR 31.16 als gut möglich, aber nicht im Sinne einer überwiegenden Wahrscheinlichkeit zu verstehen.[96] Dafür spricht, neben dem gemeinsamen entstehungsgeschichtlichen Hintergrund[97], auch der einheitliche Zweck der beiden Vorschriften, die Verpflichtung zur *disclosure* über die Anwendung auf die Parteien innerhalb eines laufenden Zivilprozesses auszudehnen.[98] Die andere Voraussetzung ist, dass die *disclosure* aus Sicht des Gerichts erforderlich sein muss, entweder für einen fairen Verfahrensablauf oder um die Verfahrenskosten zu senken. Dabei ist zu beachten, dass die *disclosure* gegenüber Dritten die Ausnahme und nicht den Regelfall ergeben soll.[99]

Die Darlegung dieser Voraussetzungen muss zudem gemäß CPR 31.17(2) auf Beweise gestützt werden, wobei eine Erklärung der Richtigkeit des dargelegten Sachverhalts (*„statement of truth"*) genügt.[100] Dabei müssen dem Gericht aber

---

[93] *Matthews/Malek,* Rn. 4.58.

[94] *Matthews/Malek,* Rn. 4.63.

[95] Frankson v Secretary of State for the Home Department [2003] 1 W.L.R. 1952, 1957 (CA); Mitchell v News Group Newspapers Ltd [2014] EWHC 1885 (QB), Rn. 14 f.

[96] Three Rivers DC v Bank of England [2003] 1 W.L.R. 210, 225 f. (CA).

[97] Three Rivers DC v Bank of England [2003] 1 W.L.R. 210, 225 f. (CA).

[98] *Zuckerman,* Rn. 15.140.

[99] Frankson v Secretary of State for the Home Department [2003] 1 W.L.R. 1952, 1956 (CA); White Book – Civil Procedure, Section A, Rn. 31.17.4.

[100] *Matthews/Malek,* Rn. 4.66.

die erforderlichen Informationen zur Verfügung gestellt werden, um die Erforderlichkeit zu beurteilen.[101]

5. Sanktionsmöglichkeiten

Wie im US-Zivilprozessrecht stehen dem Gericht auch im englischen *disclosure*-Verfahren nach den CPR direkte Sanktionsmittel in Form des Ausschlusses von Beweismitteln oder Parteivorbringen und indirekte, von der Auferlegung von Kosten bis zu einem Strafverfahren wegen Missachtung des Gerichts (*contempt of court*), zur Auswahl.[102] Es sind daher für die Parteien, insbesondere mit dem Ausschluss von Beweismitteln oder sogar von Parteivorbringen, was zu erheblichen Nachteilen bis zum Prozessverlust führen kann, auch im englischen Zivilprozess erhebliche Sanktionen möglich, wenn sie nicht entsprechend an der Offenlegung mitwirken. Auch gegenüber Dritten kann durch die Strafverfolgung wegen Missachtung des Gerichts, wie in den USA, ein erheblicher Druck zur Mitwirkung erzeugt werden.

6. Zwischenergebnis

Insgesamt entspricht die Herangehensweise der *disclosure* als Mittel der Informationsbeschaffung für Zivilverfahren zum Zweck der Wahrheitsfindung in England von der Herangehensweise und der systematischen Ausgestaltung weitgehend derer der *discovery*. In beiden Rechtsordnungen wird ein prozessualer Ansatz einer eigenständigen Verfahrensphase zur Informationsbeschaffung gewählt und darin eine allgemeine prozessuale Aufklärungspflicht vorgesehen. Allerdings wird die *disclosure* in England immer durch das Gericht angeordnet und die Verpflichtung entsteht nicht automatisch.[103] Die gestufte Offenlegung durch die Aufteilung in Auflistung und Einsichtnahme unterscheidet sich für die hier zugrunde gelegte Situation der Offenlegung von elektronisch gespeicherten Dokumenten in der praktischen Umsetzung kaum von der Praxis in den USA. Auch in England erfolgen *disclosure* und *inspection* regelmäßig zeitlich zusammen, da mit der Auflistung der Dokumente auch elektronische Kopien davon zur Verfügung gestellt werden.[104] Zwar könnte in Verfahren in England eine geringere Menge an Daten direkt übermittelt werden, da diese zunächst nur aufgelistet werden und dann nur gezielt nach Bedarf von der Gegenpartei im Rahmen der *disclosure* abgerufen werden, während in US-Verfahren die im Rahmen der *discovery*-Ersuchen angeforderten Dokumente und Datensammlungen direkt übermittelt werden. Praktisch erfolgen beide Schritte aber auch in England regelmäßig zeitgleich. Der direkte Zugriff auf die Systeme der Gegenseite ist in England

---

[101] *Zuckerman*, Rn. 15.140.
[102] *Osthaus*, 105 ff.
[103] Siehe dazu unten ausführlich G. III.
[104] Siehe oben D. II. 2. c).

unter den engen Voraussetzungen für eine *search order* zulässig und dadurch, wie in den USA, auf Ausnahmefälle, in denen der Beweisverlust droht, beschränkt.[105] Für die Vorlage von Dokumenten vor Klageerhebung sind in England sogar teilweise weitergehende Mittel vorgesehen. So findet auch, wie in den USA, im Regelfall die Offenlegung von Dokumenten erst nach Klageerhebung statt. Insbesondere die regelmäßig stattfindende Offenlegung im Rahmen der *pre-action protocols* im englischen Recht verlagert aber einen großen Teil des Dokumentenaustauschs vor die Klageerhebung, der allerdings praktisch kaum sanktionsbewehrt ist und daher Spielraum für die Berücksichtigung entgegenstehender Interessen lässt.[106] Darüber hinaus kann im englischen Recht aber schon der Umstand, dass ein zukünftiges Verfahren möglich ist und die Vorlage vor Klageerhebung eine Verringerung der zu erwartenden Kosten bringen könnte, ausreichen, um die Anordnung der Vorlage der von einem hypothetischen Verfahren erfassten Dokumente zu begründen.[107] Ein drohender Verlust der Beweismittel, wie in den USA, ist nicht zwingend erforderlich. Auch kann in England in vergleichbarer Weise die Verpflichtung zur Offenlegung an am Verfahren nicht beteiligte Dritte gerichtet sein, wobei für diesen Fall, wie in den USA, die Anordnung des Gerichts nach vorheriger Interessenabwägung erforderlich ist.[108]

Es ist daher festzuhalten, dass die deutlichen Parallelen zur US-*discovery* im englischen Zivilprozess zeigen, dass deren Herangehensweise einer allgemeinen prozessualen Offenlegungspflicht für Dokumente mit Bezug zu einem Zivilverfahren auch innerhalb der EU existiert. Die Unterschiede zwischen beiden sind in einer genaueren Betrachtung des Umfangs der Vorlagepflichten und deren Grenzen zu suchen.[109] Die Herangehensweise in Form einer allgemeinen prozessualen Aufklärungspflicht könnte daher allenfalls dann gegen die Vereinbarkeit mit dem Unionsrecht sprechen, wenn die umfassende Heranziehung der Gegenpartei oder Dritter zur Informationsbeschaffung in England ein Ausnahmefall innerhalb der EU wäre und andere Mitgliedsstaaten sonst ausschließlich in engen Ausnahmefällen eine solche Mitwirkungspflicht vorsähen.

III. Mittel der Informationsbeschaffung für den deutschen Zivilprozess

Während die Ähnlichkeiten zwischen amerikanischem und englischem Recht sich schon aus der historischen Entwicklung erklären, weist die deutsche Rechtsordnung keine vergleichbare Verbindung auf. Anders als in den USA und Eng-

---

[105] Siehe oben D. II. 3. b).
[106] Siehe oben D. II. 3. d).
[107] Siehe oben D. II. 3. c).
[108] Siehe oben D. II. 4.
[109] Siehe dazu unten ab E. I.

land gibt es im Zivilverfahren in Deutschland keine dem Hauptverfahren vorge-
schaltete und von diesem getrennte Verfahrensphase der Beweisermittlung. Auch
eine ausdrücklich normierte allgemeine prozessuale Verpflichtung zur Sachverhaltsaufklärung, wie in den USA und England, gibt es im deutschen Zivilprozessrecht nicht.[110] Die erheblich von den bisher gezeigten Systemen der Informationsbeschaffung für den Zivilprozess abweichende Herangehensweise in Deutschland wurde schon während der Geltung der Vorgängervorschrift im bis Mai 2018
geltenden Bundesdatenschutzgesetz als Argument gegen die Erforderlichkeit der
Datenübermittlung angeführt.[111] Die Beweisbeschaffung sei in diesem Punkt im
angloamerikanischen Rechtskreis gänzlich anders geregelt als in Kontinental-
europa.[112] Es gäbe keine mit der *pretrial discovery* vergleichbaren rechtlichen
Instrumente im deutschen Zivilprozessrecht.[113] Letzteres kann aber jedenfalls
nicht schon daraus gefolgert werden, dass keine ausdrücklich geregelte allgemeine prozessuale Aufklärungspflicht besteht, sondern es sind solche Regelungs-
mechanismen heranzuziehen, die funktional mit denen der *discovery* und der *disclosure* vergleichbar sind.[114] Dabei wird in Deutschland, anders als in den USA
und England, teilweise versucht, das hinter der Informationsbeschaffung stehende
Ziel der Rechtsdurchsetzung stattdessen durch eine Verlagerung der Darlegungs-
oder Beweislast zu erreichen. Darüber hinaus bestehen aber sowohl materielle
Informationsansprüche als auch prozessuale Mittel, um die Mitwirkung der Gegenseite – auch in Form der Vorlage von Dokumenten – zu erreichen. Durch
diese Vielfalt an unterschiedlichen Mitteln, die insgesamt die eine der *discovery*
und *disclosure* vergleichbare Funktion erfüllen, sind die funktional äquivalenten
Regelungen in Deutschland erheblich komplexer zu bestimmen.

1. Funktion

Die Funktion rechtlicher Mittel zur Informationsbeschaffung folgt dem zugrundeliegenden Informationsbedürfnis. Die Sachverhaltsermittlung durch Beweiserhebung im Zivilprozess geschieht nicht zum Selbstzweck des Erkenntnis-
gewinns.[115] Vielmehr ergibt sich das Informationsbedürfnis der Parteien daraus,
dass sie durch die Darlegungs- und Beweislast dazu gezwungen sind, Behauptungen aufzustellen und Beweismittel beizubringen, um den Prozessverlust abzuwenden.[116] Schon die Klageschrift muss gemäß § 253 Abs. 2 Nr. 2 ZPO den

---

[110] *R. Stürner,* ZZP 1985, 237, 239.
[111] *Deutlmoser/Filip,* in: Hoeren/Sieber/Holznagel, Teil 16.6 Rn. 4; *Kurtz,* in: Bor-
ges/Meents, § 16 Rn. 2; *Lux/Glienke,* RIW 2010, 603, 605.
[112] *Hladjk,* in: Abel/Behling, Kap. 5 Rn. 214; *Patzak/Higard/Wybitul,* CRi 2011,
13, 15.
[113] *O. Forster/Almughrabi,* 36 Hastings Int'l & Comp. L. Rev. 2013, 111, 117.
[114] *Kischel,* § 1 Rn. 15.
[115] *Leipold,* in: Stein/Jonas, 22. Aufl., § 138 Rn. 26.
[116] *Kapoor,* 68; *Kischel,* § 1 Rn. 15.

Grund für den erhobenen Anspruch enthalten, also den Lebenssachverhalt, auf den der Klageantrag gestützt werden soll.[117] Die Parteien müssen dann solche Tatsachen behaupten, die für das konkrete Verfahren erheblich sind, da sie die Schlüssigkeit eines Klageanspruchs beeinflussen, und es kann auch nur über diese gegebenenfalls Beweis erhoben werden.[118] Die Schlüssigkeit einer Klage ist danach zu beurteilen, ob die vorgebrachten Tatsachen, ihre Richtigkeit unterstellt, die durch die Klage geltend gemachten Rechte zu begründen scheinen.[119]

Die aufgrund des Justizgewährungsanspruchs auch für den Fall der Beweislosigkeit (non liquet) erforderliche Entscheidung des Gerichts ergeht in diesem Fall zu Lasten desjenigen, der die objektive Beweislast trägt.[120] Dieser objektiven Risikozuweisung folgt im Zivilprozess auch die abstrakte Behauptungslast (Darlegungslast), schlüssige Tatsachenbehauptungen zur Begründung ihres Prozessziels aufzustellen[121] und das Erfordernis, hinsichtlich der erheblichen Tatsachen gegebenenfalls Beweise beizubringen (Beweisführungslast oder subjektive Beweislast)[122]. Oft trägt dabei aber nicht die Partei die Darlegungs- und Beweislast, welche den Zugang zur jeweiligen Information hat, sodass in zahlreichen Situationen das Bedürfnis besteht, Zugang zu Dokumenten der Gegenseite oder Dritter zu erlangen.[123] Die Behauptung der für den Anspruch erforderlichen Tatsachen stellt Parteien dabei regelmäßig vor geringere Schwierigkeiten als deren Beweis, kann aber dann auch schon problematisch sein, wenn für die Schlüssigkeit des Vortrags wichtige Informationen gänzlich fehlen.[124]

Die Risikozuweisung durch die Beweislast geht aus den Wertungen der einschlägigen Vorschriften des materiellen Rechts hervor.[125] Diese enthalten eine gesetzliche Risikoverteilung mit Rechtsnormcharakter.[126] Daraus, dass für die Anwendung einer Rechtsnorm das Gericht vom Vorliegen der jeweiligen Tatbe-

---

[117] Siehe nur *Foerste*, in: Musielak/Voit, ZPO, § 253 Rn. 25.

[118] BGH, Urt. v. 11.4.2000 – X ZR 19/98, NJW 2000, 2812, 2813; BGH, Urt. v. 22.11.1996 – V ZR 196/95, NJW-RR 1997, 270, 270; *Dölling*, NJW 2013, 3121, 3123.

[119] BGH, Urt. v. 23.6.2016 – III ZR 308/15, NJW 2016, 3024, 3026; BGH, Urt. v. 6.12.2012 – III ZR 66/12, NJW-RR 2013, 296, 296; BGH, Urt. v. 23.4.1991 – X ZR 77/89, NJW 2707, 2709; BGH, Urt. v. 12.7.1984 – VII ZR 123/8, NJW 1984, 2888, 2889; *Bacher*, in: BeckOK ZPO, § 253 Rn. 22.

[120] *Laumen*, in: Handbuch der Beweislast, Kap. 9 Rn. 1; *Prütting*, in: MüKoZPO, § 286 Rn. 93.

[121] BGH, Urt. v. 8.6.1988 – IVb ZR 51/87, NJW 1989, 161, 162; *Foerste*, in: Musielak/Voit, ZPO, § 286 Rn. 33; *Laumen*, in: Handbuch der Beweislast, Kap. 9 Rn. 66; *Rosenberg/Schwab/Gottwald*, § 115 Rn. 38.

[122] *Ahrens*, Kap. 9 Rn. 22.

[123] *Brandt*, 131.

[124] Vgl. *Roth*, in: Stein/Jonas, 22. Aufl., § 286 Rn. 50.

[125] *Prütting*, 175 f.

[126] BGH, Urt. v. 10.3.2010 – IV ZR 264/08, MDR 2010, 874; *Greger*, in: Zöller, Vorb § 284 Rn. 17; *Laumen*, in: Handbuch der Beweislast, Kap. 9 Rn. 20.

standsmerkmale überzeugt sein muss, folgt, dass jede Partei die für sie günstigen Tatsachenbehaupten aufstellen und gegebenenfalls beweisen muss, welche die abstrakten Voraussetzungen eines für sie günstigen Rechtssatzes erfüllen (subjektive Behauptungslast).[127] Ist der Nachweis eines Tatbestandes nicht erbracht (aber auch nicht widerlegt), wird dessen Unwahrheit fingiert.[128] Kann eine bestrittene Tatsache nicht bewiesen werden, trägt demnach in der Regel derjenige, für den deren Vorliegen günstig gewesen wäre, das Risiko einer für ihn negativen Entscheidung.[129] Diese Grundregel hat, nach heute ganz herrschender Meinung, Gesetzeskraft.[130] Mit ihr lässt sich durch Auslegung einer Norm des materiellen Rechts und die Aufteilung in rechtsbegründende, rechtsvernichtende, rechtshemmende und rechtshindernde Tatbestandsmerkmale eine zugehörige Beweislastregel aufstellen.[131] Es bestehen aber gesetzliche und richterrechtliche Abweichungen von dieser Grundregel.[132]

2. Verschiedene Mittel zur Behebung der Informationsnot

Die Möglichkeit des Beweisantritts einer Partei ist zwangsläufig auf die Informationen und Dokumente beschränkt, die sich in ihrem Zugriff befinden oder von denen sie zumindest Kenntnis hat.[133] Für eine Beweiserhebung durch das Gericht müssen bestimmte Tatsachen, für die der Beweis erbracht werden soll und das jeweilige Beweismittel angegeben werden.[134] Für eine Partei im Zivilprozess bedeutet dies, dass ihr, um einen materiell berechtigten Anspruch durchzusetzen oder einen unberechtigten abzuwehren, zunächst die für sie günstigen Tatsachen bekannt sein müssen, damit sie diese im Rahmen ihrer Behauptungen darlegen kann und sie dann, soweit sie die Beweisführungslast trifft, für diese auch die erforderlichen Beweismittel beibringen können muss.[135] Das Fehlen von Informationen, die für die Behauptung schlüssiger Tatsachen oder die Beweisführung notwendig sind, kann insbesondere in Situationen, in denen sich das fragliche Verhalten außerhalb des Wahrnehmungsbereichs einer Partei abspielt, dazu

---

[127] Siehe nur BGH, Urt. v. 18.5.2005 – VIII ZR 368/03, NJW 2005, 2395, 2396; *Rosenberg/Schwab/Gottwald*, § 116 Rn. 7.

[128] *Ahrens*, 190 f.; *Prütting*, in: MüKoZPO, § 286 Rn. 106.

[129] *Prütting*, in: MüKoZPO, § 286 Rn. 94.

[130] Siehe zur ständigen Rechtsprechung nur BGH, Urt. v. 13.11.1998 – V ZR 386-97; *Prütting*, in: Handbuch der Beweislast, Kap. 11 Rn. 24.

[131] BGH, Urt. v. 5.12.2012 – VIII ZR 74/12, NJW 2013, 1299, 1300; BGH, Urt. v. 14.1.1991 – II ZR 190/89, NJW 1991, 1052, 1053; *Greger*, in: Zöller, § Vorb 284 Rn. 17a; *Prütting*, in: MüKoZPO, § 286 Rn. 111; *Ahrens*, Kap. 9 Rn. 36.

[132] *Rosenberg/Schwab/Gottwald*, § 116 Rn. 10.

[133] *Rosenberg/Schwab/Gottwald*, § 110 Rn. 2.

[134] BGH, Urt. v. 1.12.1993 – VIII ZR 243/92, NJW-RR 1994, 377, 378; *Greger*, in: Zöller, Vorb § 284 Rn. 4; *Thole*, in: Stein/Jonas, § 284 Rn. 31; *Ahrens*, 266; *Braun*, 748.

[135] *Osthaus*, 40.

führen, dass die risikobelastete Partei ihr zustehende Rechte nicht durchsetzen kann.[136]

Wird die Risikoverteilung in einer Fallkonstellation für ungeeignet erachtet, gerechte Ergebnisse hervorzubringen, bestehen verschiedene Möglichkeiten, dies zu beheben. In den USA und England besteht die allgemeine prozessuale Aufklärungspflicht insbesondere auch zu dem Zweck, eine gleichwertige Informationsverteilung zwischen den Parteien herzustellen und ein etwaiges Informationsgefälle auszugleichen. In Deutschland wird diese Funktion zum einen durch direkte Mittel wie materielle Informationsansprüche und prozessuale Vorlagepflichten, zum anderen aber auch durch indirekte, wie die Verschiebung der Darlegungs- und Beweislast, erfüllt. Letztere verschaffen der Partei in Informationsnot nicht direkt die erforderliche Information, sondern führen stattdessen dazu, dass an diesen Informationen kein Bedürfnis derart mehr besteht, dass sie für die erfolgreiche Prozessführung notwendig sind.[137] Auch wenn eine Änderung der Verteilung von Darlegungs- und Beweislast nicht direkt zu einer Vorlageverpflichtung einer Partei führt, wird dadurch indirekt eine zuvor nicht beweisbelastete Partei durch das Risiko einer negativen Entscheidung zur Mitwirkung an der Sachverhaltsaufklärung veranlasst.[138] Der zu befürchtende negative Prozessausgang ist für die Parteien eines Zivilprozesses die wesentliche Motivation zur Sachverhaltsaufklärung beizutragen.[139]

3. Gesetzliche Umkehr der Beweis- und Darlegungslast

Der deutsche Gesetzgeber hat in zahlreichen Situationen die Beweislast gesetzlich geregelt und dadurch auf den Anspruchsgegner verschoben. Dies geschieht nur zum Teil durch ausdrückliche Beweislastregelungen. So wird die Beweislast zum Beispiel in §§ 179 Abs. 1, 182, 280 Abs. 1 S. 2, 345, 363, 476, 543 IV 2, 630h Abs. 2 S. 1, 2336 Abs. 3 BGB oder spezialgesetzlich in § 22 AGG und § 6 UmweltHG ausdrücklich dem Anspruchsgegner auferlegt.[140] Häufiger wird jedoch durch den Satzbau in Form eines Regel-Ausnahme-Schemas deutlich gemacht, dass der Anspruchsgegner die Beweislast zu tragen hat.[141] Auch Tatsachenvermutungen (wie zum Beispiel die §§ 685 II, 1117 III, 1253 II, 2270 II BGB) oder widerlegliche Vermutungen (unter anderem in §§ 891, 1006, 1362 I 1, 2365 BGB) verschieben die Beweislast, sobald die Vermutung nachgewiesen

---

[136] *Adloff,* 243.

[137] *Kischel,* § 1 Rn. 15.

[138] *Kapoor,* 104; *Koch,* 35.

[139] *R. Stürner,* FS Stoll, 691, 695.

[140] *Prütting,* in: Handbuch der Beweislast, Kap. 25 Rn. 22 ff.; *Rosenberg/Schwab/Gottwald,* § 116 Rn. 11.

[141] *Ahrens,* Kap. 9 Rn. 39.

ist, wobei die für die Geltung der Vermutung erforderlichen Tatsachen meist erheblich leichter zu beweisen sind.[142]

Zwischen den gesetzlichen Beweislastnormen ist keine Verbindung derart festzustellen, dass sich daraus Rückschlüsse auf allgemeine hinter den einzelnen Regelungen stehende Wertungen ziehen lassen könnten, sondern die Begründung der Beweislasttragung lässt sich nur für einzelne Normen klären.[143] Hinter den gesetzlich geregelten Abweichungen von der Grundregel der Beweislast stehen verschiedene rechtspolitische Erwägungen, wobei eine gesetzliche Beweislastregel häufig nicht nur einem einzelnen Grund zugeordnet werden kann.[144] Solche Erwägungen, die eine Beweislastverschiebung auf den Anspruchsgegner begründen, können unter anderem die Wahrung des Status quo, die Wahrscheinlichkeit einer Tatsachenbehauptung, die Beweisnähe, die Gefahren und Verantwortungsbereiche der Parteien, der Grundsatz der Waffengleichheit und materielle Wertungen wie der Schutz des Rechtsverkehrs, eine Gefahrerhöhung durch den Anspruchsgegner und grobe Pflichtverletzungen sein.[145] Aus diesen Erwägungen ergibt sich aber keine allgemeingültige Regel für die Beweislastverteilung, sondern es handelt sich lediglich um verschiedene Prinzipien, die hinter einer konkreten Regelung stehen können.[146]

4. Ausweitungen durch die Rechtsprechung

Werden die gesetzlichen Regelungen der Beweislast durch diese Vorschriften oder die Grundregel in einer Konstellation für ungerecht erachtet, nutzt die Rechtsprechung häufig Beweiserleichterungen und die sogenannte sekundäre Darlegungslast, um der beweisbelasteten Partei die Beweisführung zu erleichtern, obwohl keine materiellen Informationsansprüche oder gesetzliche Beweiserleichterungen bestehen. Die Verschiebung der konkreten Darlegungslast oder die Annahme von Beweiserleichterungen sind streng von einer deutlich seltener vorkommenden tatsächlichen Umkehr der objektiven Beweislast zu trennen.[147]

a) Beweislastumkehr und Beweiserleichterungen

Um eine Umkehr der Beweislast handelt es sich nur in den Konstellationen, in denen die Rechtsprechung eine von den gesetzlichen Regelungen abweichende

---

[142] *Rosenberg/Schwab/Gottwald*, § 116 Rn. 11 f.

[143] *Ahrens*, Kap. 9 Rn. 79.

[144] *Ahrens*, Kap. 9 Rn. 77.

[145] *Ahrens*, Kap. 9 Rn. 80–105; *Prütting*, in: Handbuch der Beweislast, Kap. 11 Rn. 28 ff.

[146] *Prütting*, in: Handbuch der Beweislast, Kap. 11 Rn. 42.

[147] *Prütting*, in: Handbuch der Beweislast, Kap. 25 Rn. 7.

Verteilung des objektiven Beweisrisikos vorsieht.[148] Dabei handelt es sich nicht um eine bloße Beweiserleichterung, sondern um eine Änderung der materiellen Risikozuweisung.[149] Davon zu unterscheiden ist auch die Umkehr der konkreten Beweisführungslast, die sich ergibt, wenn die beweisbelastete Partei einen Beweis für erhebliche Tatsachen erbracht hat, sodass die Gegenseite die richterliche Überzeugung erschüttern muss, um eine aus ihrer Sicht ungünstige Entscheidung des Gerichts zu verhindern.[150] Wird im Wege der richterlichen Rechtsfortbildung eine Abweichung von der gesetzlichen Beweislastregelung vorgesehen, so verschiebt dies abstrakt das Risiko der Nichterweislichkeit und damit des Prozessverlusts.[151] Aufgrund des Rechtsnormcharakters der objektiven Beweislast ist deren Verteilung eine Frage des materiellen Rechts und daher durch den Gesetzgeber zu regeln; sie muss vor Prozessbeginn abstrakt und generell feststehen.[152] Eine Abweichung von den gesetzlichen Vorgaben durch die Rechtsprechung kann daher nur dort zulässig sein, wo eine abstrakte Modifizierung der Grundregel dringend geboten ist.[153] Sie darf nicht aufgrund von Billigkeitserwägungen im Einzelfall erfolgen.[154] Eine Umkehr der objektiven Beweislast ist nur zulässig, wenn die Voraussetzungen einer richterlichen Rechtsfortbildung vorliegen.

Ein bekanntes Beispiel für eine solche gewohnheitsrechtliche Umkehr der objektiven Beweislast ist die von der Rechtsprechung zu Lasten von Produzenten von Industrieprodukten anerkannte Beweislastumkehr bezüglich der haftungsbegründenden Kausalität und des Verschuldens, wenn ein Fehler an einem seiner Produkte feststeht.[155] Eine vergleichbare Umkehr hat der BGH insbesondere auch in zahlreichen Fällen bezüglich der haftungsbegründenden Kausalität im Arzthaftungsrecht angenommen, wenn ein grober Behandlungsfehler nachgewiesen wurde und dieser grundsätzlich geeignet war, die entstandene Verletzung zu verursachen. Diese Beweislastregel wurde, zusammen mit weiteren Beweislastregeln im Arzthaftungsrecht, mit dem Patientenrechtegesetz im Jahr 2013 in

---

[148] *Prütting,* in: MüKoZPO, § 286 Rn. 123.

[149] BGH, Urt. v. 27.4.2004 – VI ZR 34/03, NJW 2004, 2011, 2012 f.

[150] *Musielak,* FS BGH, 193, 210 f.

[151] *Gottwald,* BB 1979, 1780, 1784; *Krapfl,* 21.

[152] BGH, Urt. v. 11.3.2014 – X ZR 150/11, NJW 2014, 2075, 2076; *Greger,* in: Zöller, Vorb § 284 Rn. 22; *Laumen,* in: Handbuch der Beweislast, Kap. 9 Rn. 20 f.; *Prütting,* in: Handbuch der Beweislast, Kap. 25 Rn. 1.

[153] BGH, Urt. v. 10.3.2010 – IV ZR 264/08, MDR 2010, 874; *Laumen,* in: Handbuch der Beweislast, Kap. 9 Rn. 22; *Prütting,* in: MüKoZPO, § 286 Rn. 123; *Saenger,* in: Saenger, ZPO, § 286 Rn. 66.

[154] BGH, Urt. v. 11.3.2014 – X ZR 150/11, NJW 2014, 2075, 2076; BGH, Urt. v. 10.3.2010 – IV ZR 264/08, MDR 2010, 874; BGH, Urt. v. 27.4.2004 – VI ZR 34/03, NJW 2004, 2011, 2012 f.; *Greger,* in: Zöller, Vorb § 284 Rn. 17; *Laumen,* in: Handbuch der Beweislast, Kap. 9 Rn. 22; *Ahrens,* Kap. 9 Rn. 150.

[155] *Prütting,* in: Handbuch der Beweislast, Kap. 25 Rn. 13.

§ 630h BGB vom Gesetzgeber übernommen.[156] Es bleiben aber zumindest dort, wo kein Behandlungsvertrag besteht und daher die deliktische Haftung nach § 823 Abs. 1 BGB weiterhin volle Bedeutung behält, die durch die Rechtsprechung entwickelten Beweislastregeln relevant.[157] Dies wurde unter anderem auf grobe Berufspflichtverletzungen in anderen Bereichen, wie für Schwimmmeister, die Säuglingspflege und Geburtshilfe sowie Apotheker, nicht aber auf Anwälte, ausgeweitet.[158]

Nicht um eine Umkehr der Beweislast, sondern lediglich um eine Beweiserleichterung im Rahmen der Beweiswürdigung handelt es sich auch beim Anscheinsbeweis.[159] Dieser gewohnheitsrechtlich anerkannte Nachweis, insbesondere von Kausalverläufen und schuldhaftem Verhalten, durch Erfahrungssätze bei typischen Geschehensabläufen auf Grundlage eines feststehenden Sachverhalts und allgemeiner Lebenserfahrung erleichtert der beweisbelasteten Partei die Beweisführung in Konstellationen, in denen ein anspruchsbegründender Ablauf sehr wahrscheinlich ist.[160] Die Informations- und Beweisnot bezüglich einer aus Sicht der beweisbelasteten Partei nicht beweisbaren Tatsache wird dann dadurch behoben, dass nur die Tatsachen die für den typischen Geschehensablauf sprechen bewiesen werden müssen.

Unklar ist, welche Folgen das Verhalten der nicht beweisbelasteten Partei hat, wenn die Partei die Beweisführung der beweisbelasteten Partei erschwert oder unmöglich macht. Diese sogenannte Beweisvereitelung kann nach dem BGH zu „Beweiserleichterungen bis zur Umkehr der Beweislast" führen.[161] Unterschiedliche Formulierungen in der Rechtsprechung begründen aber erhebliche Zweifel daran, ob hier tatsächlich eine Umkehr der objektiven Beweislast angenommen wird, was dogmatisch nicht mit der Gesetzeskraft der Beweislast vereinbar wäre, da dann die objektive Beweislast nach Ermessen des Gerichts im Einzelfall verteilt würde, die Beweisführungslast wechseln soll oder dies, wie wohl überwiegend angenommen wird, im Rahmen der freien Beweiswürdigung zu berücksichtigen ist.[162]

Im Ergebnis ist aufgrund der materiellen Wirkung der objektiven Beweislast das Mittel ihrer Umkehr zur Behebung der Informationsnot des Anspruchstellers im Wege der richterlichen Rechtsfortbildung auf enge Ausnahmefälle begrenzt.

---

[156] *Ahrens,* Kap. 10 Rn. 67.

[157] *Prütting,* in: Handbuch der Beweislast, Kap. 25 Rn. 22 f.

[158] *Prütting,* in: Handbuch der Beweislast, Kap. 25 Rn. 35.

[159] Siehe nur *Prütting,* in: MüKoZPO, § 286 Rn. 51 ff. m.w.N.

[160] BGH, Urt. v. 5.10.2004 – XI ZR 210/03, NJW 2004, 3623; *Greger,* in: Zöller, Vorb § 284 Rn. 29 ff.

[161] Siehe nur BGH, Urt. v. 23.10.2008 – VII ZR 64/07, MDR 2009, 80.

[162] *Prütting,* in: Handbuch der Beweislast, Kap. 16 Rn. 42 ff.; *Gomille,* 84 ff.; *Rosenberg/Schwab/Gottwald,* § 116 Rn. 18.

Überall dort, wo mildere Mittel, wie die Verschiebung der Darlegungs- und Beweisführungslast oder ein Anscheinsbeweis, zu einem gerechten Ausgleich führen können, besteht keine Notwendigkeit für eine solche Rechtsfortbildung.[163] Dass mit dem Patientenrechtegesetz gerade eine eng auf den Bereich des Arzthaftungsrechts beschränkte Regelung getroffen wurde, spricht dafür, dass der Gesetzgeber keine generelle Umkehr der Beweislast für jegliche grobe Berufspflichtverletzung wollte, sondern es im Regelfall bei der Beweislast des Anspruchsstellers verbleiben soll. Das Informationsungleichgewicht der Parteien wird konsequenterweise dort, wo es für ungerecht erachtet wird, meist auf anderem Wege ausgeglichen.

b) Sekundäre Darlegungslast

Während eine Umkehr der materiellen Beweislast durch die Rechtsprechung nur unter den soeben genannten strengen Voraussetzungen zulässig ist, kann eine Umkehr der Darlegungslast auch aus Billigkeitserwägungen erfolgen. Der erforderliche Grad an Substantiierung des Tatsachenvortrags ist abhängig davon, wie substantiiert die Gegenseite vorträgt.[164] Dabei ist im Regelfall das einfache Bestreiten der nicht darlegungsbelasteten Partei ausreichend, wenn die beweisbelastete Partei nur pauschale Behauptungen vorgetragen hat.[165] Die Rechtsprechung hat aber die Reichweite der Erklärungslast der nicht beweisbelasteten Partei unter dem Stichwort der sekundären Darlegungslast ausgeweitet. Danach ist nach ganz herrschender Meinung in Rechtsprechung und Literatur auch die zunächst nicht darlegungs- und beweisbelastete Partei verpflichtet, substantiiert vorzutragen, wenn es der zunächst darlegungsbelasteten Partei entweder nicht möglich oder nicht zumutbar ist, Einzelheiten der behaupteten Tatsachen darzulegen, der bestreitenden Partei aber die für das Verfahren wesentlichen Tatsachen bekannt sind und es ihr zumutbar ist, zu diesen nähere Angaben zu machen.[166] Gestützt wird dies entweder auf den Grundsatz von Treu und Glauben oder die allgemeine Prozessförderungspflicht der Parteien.[167] Eine derart abgestufte Verteilung der Darlegungslast ist verfassungsrechtlich geboten, wenn ansonsten die Durchset-

---

[163] *Foerste,* in: Musielak/Voit, ZPO, § 286 Rn. 37; *Prütting,* in: Handbuch der Beweislast, Kap. 25 Rn. 9; *Laumen,* NJW 2002, 3739, 3743.

[164] BGH, Urt. v. 19.5.2011 – VII ZR 24/08, NJW 2011, 3291, 3292; BGH, Urt. v. 3.2.1999 – VIII ZR 14–98, NJW 1999, 1404, 1405; *Prütting,* in: Handbuch der Beweislast, Kap. 22 Rn. 1.

[165] BGH, Beschl. v. 25.3.2014 – VI ZR 271/13, MDR 2014, 674; BGH, Urt. v. 11.7.1995 – X ZR 42/93, NJW 1995, 3311, 3312; *Greger,* in: Zöller, § 138 Rn. 8a; *Kern,* in: Stein/Jonas, § 138 Rn. 30; *Stadler,* in: Musielak/Voit, ZPO, § 138 Rn. 10.

[166] BGH, Urt. v. 3.6.2014 – VI ZR 394/13, NJW 2014, 2797, 2798; BGH, Urt. v. 10.12.2013 – VI ZR 534/12, NJW-RR 2014, 614, 615; BGH, Urt. v. 3.2.1999 – VIII ZR 14/98, NJW 1999, 1404, 1405 f.; BGH, Urt. v. 11.6.1990 – II ZR 159/89 NJW 1990, 3151, 3152; *Greger,* in: Zöller, Vorb § 284 Rn. 34.

[167] *Koch,* 147.

zung grundrechtlich geschützter Positionen praktisch unmöglich wäre.[168] Kommt eine Partei dieser sekundären Darlegungslast nicht nach, indem sie substantiiert zum fraglichen Sachverhalt vorträgt, wird der von der beweisbelasteten Partei vorgetragene pauschale Sachverhalt gemäß § 138 Abs. 3 ZPO als wahr fingiert.[169]

Eine sekundäre Darlegungslast der nicht beweisbelasteten Partei erfordert zunächst, dass die beweisbelastete Partei keinerlei andere Möglichkeit – wie zum Beispiel einen materiellen Informationsanspruch – hat, an die erforderlichen Informationen zu gelangen, während die Tatsache, dass ihr die Beschaffung wesentlich schwerer fällt, nicht ausreicht.[170] Nur in diesem Fall genügt eine pauschale Behauptung der beweisbelasteten Partei, um eine sekundäre Darlegungslast der Gegenseite auszulösen. Dieser pauschale Vortrag muss zudem zumindest „hinreichende Anhaltspunkte"[171], eine „gewisse Wahrscheinlichkeit"[172] oder „schlüssige Indizien"[173] dafür enthalten, dass die Behauptungen zutreffend sind. Dadurch ergibt sich hier eine Wahrscheinlichkeitsprüfung, die eigentlich erst bei der Beweiswürdigung erfolgen soll.[174] Im Rahmen der Feststellung der Zumutbarkeit der Mitteilung ihrer Kenntnisse können die schutzwürdigen Interessen der nicht beweisbelasteten Partei mit dem Informationsinteresse abgewogen werden.[175] Besteht ein berechtigtes Interesse an der Geheimhaltung erheblicher Informationen, kann eine sekundäre Darlegungslast trotz bestehender Informationsnot der beweisbelasteten Partei unzumutbar sein.[176]

Liegen diese Voraussetzungen vor, obliegt es dem Prozessgegner der behauptenden Partei, Tatsachen darzulegen, die der ursprünglichen Behauptung widersprechen.[177] Die Rechtsprechung hat dies in verschiedenen Konstellationen angenommen und nicht auf bestimmte Rechtsbereiche begrenzt.[178] Dies spricht dafür, dass das Regel-Ausnahme-Verhältnis bei der Mitwirkung der Parteien im Zivilprozess bezüglich der sekundären Darlegungslast umgekehrt ist, sodass die Par-

---

[168] BVerfG, Beschl. v. 22.8.2013 – 1 BvR 1067/12, NJW 2013, 3630, 3632 f.; BVerfG, Beschl. v. 6.10.1999 – 1 BvR 2110/93, NJW 2000, 1483, 1484.

[169] BGH, Urt. v. 13.6.2012 – I ZR 87/11, NJW 2012, 3774, 3775; BGH, Urt. v. 9.11.1995 – III ZR 226/94, NJW 1996, 315, 317; *Greger*, in: Zöller, Vorb § 284 Rn. 34c; *Prütting*, in: Handbuch der Beweislast, Kap. 22 Rn. 2 und 36; *Saenger*, in: Saenger, ZPO, § 286 Rn. 93.

[170] BGH, Urt. v. 17.10.1996 – IX ZR 293/95, MDR 1997, 193, 194; *Kern*, in: Stein/Jonas, § 138 Rn. 31; *Prütting*, in: Handbuch der Beweislast, Kap. 22 Rn. 30.

[171] BGH, Beschl. v. 8.12.2011 – IV ZR 5/10, BeckRS 2012, 4158, Rn. 16.

[172] BGH, Urt. v. 13.6.2012 – I ZR 87/11, NJW 2012, 3774, 3775.

[173] BGH, Urt. v. 17.12.2014 – IV ZR 90/13, NJW 2015, 947, 948.

[174] *Beckhaus*, 144.

[175] *Prütting*, in: Handbuch der Beweislast, Kap. 22 Rn. 34.

[176] BGH, Urt. v. 12.11.1991 – KZR 18/90 NJW 1992, 1817, 1819; *Koch*, 148.

[177] BGH, Urt. v. 17.1.2008 – III ZR 239/06, NJW 2008, 982, 984.

[178] *Greger*, in: Zöller, Vorb § 284 Rn. 34d.

teien zur Mitwirkung angehalten sind, soweit dies für den Prozessgegner notwendig und ihnen dies zumutbar ist.[179] Es handelt sich aber nicht um eine allgemeine Aufklärungspflicht, da sie nur unter den dargestellten Voraussetzungen wirkt und die Beweislast und Beweisführungslast nicht ändert.[180] Besteht eine sekundäre Darlegungslast, genügt kein pauschales Bestreiten der nichtbeweisbelasteten Partei, sondern es müssen konkrete Angaben über Einzelheiten des Geschehens dargelegt werden.[181] Die sekundäre Darlegungslast ist aber nur auf die Mitteilung von Informationen im Rahmen des substantiierten Vortrags und nicht die Vorlage von Urkunden und sonstigen Unterlagen und Beweismitteln gerichtet.[182]

Im Ergebnis können demzufolge auch pauschale Behauptungen der nicht beweisbelasteten Partei die Last auferlegen, substantiiert die pauschalen Behauptungen der Gegenseite zu bestreiten. Zwar verschiebt dies nicht die Beweislast, allerdings kann es in Situationen, in denen die beweisbelastete Partei sich in Informationsnot befindet, dazu führen, dass sie Informationen erhält, die ihr wiederum bei der substantiierten Behauptung ihres Klagebegehrens nützen. Insbesondere können auch Dokumente und sonstige mögliche Beweismittel erwähnt werden, die dann im Wege des Beweisantritts oder der amtswegigen Beweisaufnahme bezeichnet und so in den Prozess einbezogen werden können.

5. Materielle Informationsansprüche

Auch wenn die Verschiebung von Beweislast und Darlegungslast einen erheblichen Teil der Situationen abdecken, in denen ein Informationsungleichgewicht ausgeglichen werden soll, bestehen darüber hinaus auch Mittel, direkt Informationen durch Mitwirkung der Gegenseite oder Dritter zu erlangen. Anders als in den USA und England wird in Deutschland traditionell die Verpflichtung zur Herausgabe von Dokumenten und anderen möglichen Beweismitteln und Informationen als ein primär durch das materielle Recht zu regelndes Problem betrachtet.[183] Hierbei könnte es sich zunächst um einen vornehmlich dogmatischen Unterschied handeln, da die materiellen Verpflichtungen dieselbe Funktion des Ausgleichs eines Informationsgefälles erfüllen wie eine prozessuale Aufklärungspflicht.[184] Dies ist aber nicht der Fall, da auch das materielle deutsche Zivilrecht

---

[179] BGH, Urt. v. 14.11.2006 – X ZR 34/05, NJW-RR 2007, 488, 489; *Greger,* in: Zöller, Vorb § 284 Rn. 34d.

[180] *Prütting,* in: Handbuch der Beweislast, Kap. 22 Rn. 30.

[181] BGH, Urt. v. 2.11.1995 – IX ZR 15/95, NJW 1996, 522, 523.

[182] BGH, Urt. v. 22.7.2014 – KZR 27/13, NJW 2014, 3089, 3090; BGH, Urt. v. 26.6.2007 – XI ZR 277/05, NJW 2007, 2989, 2991; *Greger,* in: Zöller, Vorb § 284 Rn. 34; *Prütting,* in: Handbuch der Beweislast, Kap. 22 Rn. 33.

[183] BGH, Urt. v. 11.6.1990 – II ZR 159/89, NJW 1990, 3151, 3151.

[184] *Hay/Schlosser,* 3 f.

keine allgemeine Aufklärungspflicht kennt.[185] In bestimmten Situationen bestehen aber materielle Mitwirkungspflichten, welche die gleiche Funktion wie eine prozessuale Aufklärungspflicht erfüllen, indem sie die Geltendmachung eines Hauptanspruchs vorbereiten oder ermöglichen. Diese ausdrücklich vom Gesetzgeber vorgesehenen Ansprüche wurden zudem durch die Rechtsprechung ergänzt und erweitert.

a) Inhalt der materiellen Informationsansprüche

Anders als bei einer allgemeinen prozessualen Vorlagepflicht wie in den USA und England, die die Vorlage aller mit dem konkreten Fall hinreichend verbundenen Dokumente vorsieht, variiert der Inhalt der verschiedenen Ansprüche in Deutschland. Sie sehen entweder die Übermittlung von Informationen durch einfache Auskunft oder Rechnungslegung oder die Bereitstellung durch Vorlage, Duldung einer Besichtigung oder Einsichtnahme zum Gegenstand.[186] Der genaue Inhalt der Informationspflichten in der konkreten Konstellation ist entweder ausdrücklich geregelt oder ergibt sich aus dem Sinn und Zweck eines Anspruchs.[187]

aa) Auskunft und Rechnungslegung

Auskunftsansprüche im weiteren Sinne sind unter den materiellen Informationsansprüchen zur Beseitigung von Informationsdefiziten die häufigsten. Eine Auskunft ist die Mitteilung von Tatsachen auf Aufforderung hin.[188] Sie ist im Regelfall schriftlich zu erteilen, wenn nicht aufgrund der Umstände eine mündliche Mitteilung ausreicht.[189] Die Auskunft muss die für eine sinn- und sachgemäße Beantwortung der Anfrage erforderlichen und zumutbaren Tatsachen enthalten, wobei sich der Umfang im Einzelfall nach dem Zweck der Auskunft und den übrigen Umständen sowie dem Grundsatz von Treu und Glauben richtet. Der konkrete Inhalt der Auskunft ist daher je nach Anspruch unterschiedlich.[190] Die Vorlage von Dokumenten ist davon nicht automatisch erfasst und kann lediglich im Einzelfall gefordert sein, wenn eine sachgerechte Beantwortung nur durch eine Vorlage zu erreichen oder diese zur Überprüfung der gemachten Angaben erforderlich ist.[191] Somit behält der zur Auskunft Verpflichtete die Kontrolle über seine Unterlagen und kann gezielt darauf achten, dass nur genau die Informationen, die zur Beantwortung erforderlich sind, mitgeteilt werden.

---

[185] *Gottwald,* Die Aufklärungspflicht im Rechtsvergleich, 19, 32; *Hay/Schlosser,* 3 f.
[186] *Osterloh-Konrad,* 5; *Winkler von Mohrenfels,* 30.
[187] *Gernhuber,* 568.
[188] *Haeffs,* 59 f.; *Lorenz,* JuS 1995, 569; *Lüke,* JuS 1986, 2, 3.
[189] *Krüger,* in: MüKoBGB, § 260 Rn. 42; *Köhler,* NJW 1992, 1477, 1481.
[190] *Lüke,* JuS 1986, 2, 3.
[191] BGH, Urt. v. 2.11.1960 – V ZR 124/59, NJW 1961, 602, 604; *Krüger,* in: MüKo BGB, § 260 Rn. 42; *Haeffs,* 61.

Bei der Rechnungslegung handelt es sich um einen speziellen Fall der Auskunft über Geschäftsführungsmaßnahmen in einem bestimmten Zeitraum.[192] Die vom Gesetzgeber gleichbedeutend verwendeten Begriffe Rechnungslegung und Rechenschaft haben keine unterschiedlichen Anspruchsinhalte zur Folge.[193] Rechenschaft erfordert nach der allgemeinen Vorschrift in § 259 BGB, von der die wenigen spezielleren Inhaltsregelungen kaum abweichen, eine geordnete Zusammenstellung von Einnahmen und Ausgaben.

bb) Vorlage und Besichtigung

Statt einer Auskunft kann auch die Vorlage von Urkunden, die Duldung der Einsichtnahme in Unterlagen oder die Besichtigung einer Sache geschuldet sein. In diesen Fällen erhält der Berechtigte nicht die vom Verpflichteten erstellten Angaben, sondern kann und muss sich selbst direkt durch direkte sinnliche Wahrnehmung informieren.[194] In den gesetzlichen Regelungen ist mal von der Vorlegung, mal von der Vorlage und teilweise von der Gestattung der Einsichtnahme die Rede. Eine Vorlage ist eine Handlung, durch die das Vorlageobjekt dem Berechtigten so zugänglich gemacht wird, dass dieser sie unmittelbar sinnlich wahrnehmen kann.[195] Dies wird im Regelfall durch die Bereithaltung der Originalurkunde zur Einsichtnahme am Aufbewahrungsort erfüllt, ausnahmsweise kann aber auch die Aushändigung für einen gewissen Zeitraum erforderlich sein.[196] Die derartige Gestattung der Einsichtnahme ist eine passive Duldungspflicht.[197] Vorlagepflichten bezüglich Urkunden und sonstigen Unterlagen gab es traditionell vor allem dort, wo Buchführungspflichten bestehen oder eine solche Dokumentation zumindest üblich ist, wie im Handels- und Gesellschaftsrecht.[198] In jüngerer Zeit wurden insbesondere im Immaterialgüterrecht und in § 33g GWB über die Auskunft hinaus auch Vorlageverpflichtungen eingefügt.

b) Ansprüche innerhalb rechtlicher Sonderverbindungen

Ursprünglich bestanden Informationsansprüche zunächst nahezu ausschließlich innerhalb rechtlicher Sonderverbindungen. Die Verteilung der gesetzlichen Infor-

---

[192] *Gernhuber,* 568; *Osterloh-Konrad,* 26 m.w.N.

[193] *Krüger,* in: MüKoBGB, § 259 Rn. 21; *Osterloh-Konrad,* 22 f.; a.A. *Winkler von Mohrenfels,* 114.

[194] *Haeffs,* 77; *R. Stürner,* 341.

[195] RG, Urt. v. 26.11.1903 – VI 140/03 , RGZ, 56, 66; *Walther Hadding,* in: Soergel/Hadding, § 809 Rn. 7; *Marburger,* in: Staudinger, § 809 Rn. 9; *Stadler,* in: Jauernig, §§ 809–811 Rn. 5.

[196] OLG Köln, Beschl. v. 21.9.1995 – 18 W 33/95, NJW-RR 1996, 382, 382; *Marburger,* in: Staudinger, § 810 Rn. 4.

[197] *Habersack,* in: MüKoBGB, § 809 Rn. 19 und § 810 Rn. 13.

[198] *R. Stürner,* 287.

mationsansprüche folgt dabei keiner übergeordneten Systematik, da sie Teilbereichsregelungen für bestimmte Situationen sind, in denen typischerweise ein Informationsgefälle besteht.[199] Auch wenn diesen Vorschriften keine zusammenhängende Systematik zugrunde liegt, sondern sie vielmehr historisch zufällige Ähnlichkeiten aufweisen, lassen sich diese in Fallgruppen zusammenfassen und systematisieren.[200] Dabei werden weitgehend einheitlich die Gruppen der Informationsansprüche bei der Wahrnehmung von Drittinteressen, aufgrund eines rechtswidrigen Eingriffs, zur Klärung des Inhalts eines begründeten Anspruchs und solche zur Sicherung des Leistungsinteresses unterschieden.[201] Sie bezwecken zum Großteil die Sicherung und Durchsetzung vermögensrechtlicher (Haupt-) Ansprüche.[202] In ganz seltenen Ausnahmefällen bestehen höchstpersönliche Auskunftsansprüche (so zum Beispiel im Familienrecht in § 1686 S. 1 BGB).[203]

aa) Wahrnehmung von Drittinteressen

Für die Wahrnehmung von Drittinteressen stellt die Verpflichtung des Beauftragten in § 666 BGB, dem Auftraggeber die „erforderlichen Nachrichten" zu geben und auf Verlangen Auskunft zu erteilen und Rechenschaft abzulegen, die „Mustervorschrift" dar, auf die andere Vorschriften entweder direkt verweisen oder zumindest ihrem Vorbild nachempfunden sind.[204] Der jeweils Verpflichtete muss dann unaufgefordert die erforderlichen Nachrichten an den Anspruchsinhaber weitergeben. Dies sind sämtliche Informationen über die jeweiligen Umstände, die dieser benötigt, um eine sachgerechte Entscheidung über die Ausübung seiner mit der Interessenwahrnehmung zusammenhängenden Rechte und Pflichten auszuüben.[205] Dies kann auch Informationen über Rechtsverhältnisse mit Dritten betreffen.[206] Auf Verlangen besteht darüber hinaus die Verpflichtung, Auskunft über den Stand des Geschäfts zu geben und Rechenschaft abzulegen. Der Inhalt der Informationspflicht bestimmt sich nach §§ 259, 260 BGB, wenn nicht die Verpflichtung besonders gesetzlich ausgestaltet ist.[207]

Direktverweise auf § 666 BGB finden sich einerseits für den Geschäftsführer im Rahmen einer Geschäftsbesorgung (in § 675 Abs. 1 BGB) und den Geschäfts-

---

[199] *Adloff*, 394.

[200] *R. Stürner*, 287.

[201] Eine derartige Kategorisierung der gesetzlichen Informationsansprüche findet sich bei *R. Stürner*, 287 dem folgend: *Adloff*, 394; *Beckhaus*, 7; *Haeffs*, 95 ff.; *Koch*, 131; *J. Lang*, 50; *Lorenz*, JuS 1995, 569; *Lüke*, JuS 1986, 2, 4.

[202] *Lorenz*, JuS 1995, 569.

[203] *Haeffs*, 55 f.

[204] *Lorenz*, JuS 1995, 569, 570; *Lüke* JuS 1986, 4; *R. Stürner*, 287; *Winkler von Mohrenfels*, 31 f.

[205] *Schäfer*, in: MüKoBGB, § 666 Rn. 5.

[206] *Schäfer*, in: MüKoBGB, § 666 Rn. 5.

[207] *Krüger*, in: MüKoBGB, § 260 Rn. 8.

führer ohne Auftrag (in § 681 S. 2 BGB), aber auch für den Vorstand eines Vereins (in § 27 Abs. 3 BGB) und einer Stiftung (§ 86 S. 1 BGB). Im Erbrecht wird für die Erben im Falle der Geschäftsführung vor der Ausschlagung (§ 1959 Abs. 1 BGB) sowie der Nachlassverwaltung oder Nachlassinsolvenz (in § 1978 Abs. 1 BGB) und für den Testamentsvollstrecker gegenüber dem Erben (in § 2218 Abs. 1 BGB) auf die Vorschriften über das Auftragsverhältnis und damit auch die Auskunfts- und Rechnungslegungspflichten verwiesen. Der Nacherbe hat gegenüber dem Vorerben lediglich einen einfachen Anspruch auf Auskunft über den Bestand der Erbschaft (§ 2127 BGB). Auch für Gesellschafter einer Gesellschaft bürgerlichen Rechts verweist § 713 BGB auf § 666 BGB. Einen Anspruch auf Rechenschaft über beendete und Auskunft über noch schwebende Geschäfte haben ausgeschiedene Gesellschafter einer Gesellschaft bürgerlichen Rechts (nach § 740 Abs. 2 BGB), einer OHG (nach § 105 Abs. 3 HGB) oder einer KG (nach § 161 Abs. 2 i.V.m. § 105 Abs. 3 HGB).

Teils sehr ähnliche Anspruchskonstellationen finden sich auch dort, wo statt eines Verweises auf § 666 BGB der Inhalt der Auskunfts- und Rechenschaftspflicht enger auf die jeweiligen Situationen beschränkt wird. Eine Verpflichtung zur Rechnungslegung trifft neben den Eltern gegenüber ihrem Kind nach Ende der Vermögenssorge (§ 1698 Abs. 1 BGB) auch den Verwalter gegenüber den Wohnungseigentümern (§ 28 Abs. 4 WEG), den Zwangsverwalter nach Beendigung der Verwaltung gegenüber Gläubiger und Schuldner (§ 154 S. 2 ZVG) und den Insolvenzverwalter gegenüber der Gläubigerversammlung (§ 66 InsO). Einfache Auskunftsansprüche bezüglich der Geschäftsführung bestehen zudem unter Ehegatten (§ 1435 S. 2 BGB), für den Unternehmer bei der Geschäftsvermittlung durch den Handelsvertreter (§ 86 Abs. 2 HGB), Kommittenten gegen den Kommissionär (§ 384 Abs. 2 HGB) und Aktionäre gegenüber dem Vorstand einer Aktiengesellschaft zur Beurteilung des Gegenstandes von Tagesordnungspunkten in der Hauptversammlung (§ 131 Abs. 1 S. 1 AktG). Die Gesellschafter einer GmbH können von den Geschäftsführern nicht nur Auskunft über den Stand der Geschäfte, sondern darüber hinaus auch Einsicht in sämtliche schriftlichen und auch elektronischen Geschäftsunterlagen verlangen (§ 51a GmbHG).[208] Ein entsprechendes Einsichtsrecht steht auch den Gesellschaftern einer OHG zu (§ 118 Abs. 1 HGB).

bb) Rechtswidrige Eingriffe

Auch durch rechtswidrige Eingriffe in einen anderen Rechtskreis kann ein Rechtsverhältnis entstehen, aus dem sich ein Informationsanspruch ergibt. In dieser Konstellation ist die Informationsnot des Betroffenen typischerweise noch größer, als bei der Wahrnehmung fremder Interessen.[209] Daher gibt es für den

---

[208] *W. Zöllner/Noack,* in: Baumbach/Hueck, GmbHG, § 51a Rn. 21.
[209] *Lorenz,* JuS 1995, 569, 570.

Geschäftsherrn gegen den bewusst unberechtigten Geschäftsführer, durch Verweis über § 687 Abs. 2 i.V.m. § 681 BGB auf 666 BGB, ebenfalls eine Auskunfts- und Rechenschaftspflicht.[210] Einfache Auskunftsansprüche besitzen Erben gegenüber dem Erbschaftsbesitzer über den Verbleib der Erbschaftsgegenstände (§ 2027 Abs. 1 BGB) und denjenigen, der ohne Erbschaftsbesitzer zu sein, eine Sache aus dem Nachlass in Besitz genommen hat (§ 2027 Abs. 2) sowie gegenüber dem Besitzer eines unrichtigen Erbscheins (§ 2362 Abs. 2 BGB).[211]

Praktisch besonders bedeutend sind die spezialgesetzlichen Ansprüche des Immaterialgüterrechts. Dort finden sich in nahezu identisch gestalteten, zur Umsetzung von Art. 8 Enforcement-Richtlinie geschaffenen oder angepassten, Vorschriften (in § 101 Abs. 1 UrhG, § 140b Abs. 1 PatG, § 19 Abs. 1 MarkenG, § 24b Abs. 1 GebrMG, § 46 Abs. 1 DesignG, § 37 Abs. 1 SortSchG und § 9 Abs. 2 HalblSchG i.V.m. § 24b Abs. 1 GebrMG) Ansprüche gegen denjenigen, der ein solches Recht in gewerblichem Ausmaß verletzt hat. Sie sind darauf gerichtet, dem Rechteinhaber Auskunft über Herkunft und Vertriebsweg der rechtsverletzenden Objekte zu geben. Der Anspruch richtet sich dann zum einen auf die Angabe von Namen und Anschriften von Herstellern, Lieferanten, Nutzern der Dienstleitungen, gewerbliche Abnehmer und Verkaufsstellen. Zum anderen müssen Angaben zu Mengen und Preisen der hergestellten, ausgelieferten, erhaltenen oder bestellten Objekte gemacht werden.

cc) Klärung des Inhalts eines bestehenden Anspruchs

In einigen Situationen, in denen das Bestehen eines Anspruchs oder einer Einwendung feststeht und lediglich der jeweilige Inhalt fraglich ist, bestehen Auskunfts- oder Vorlageansprüche. So hat derjenige, der einen Anspruch „in Ansehung einer Sache" hat, zudem einen Anspruch auf Besichtigung oder Vorlage dieser Sache nach § 809 Alt. 1 BGB. Solch ein Hauptanspruch kann entweder ein Herausgabeanspruch bezüglich der Sache oder ein Anspruch, der von deren Bestand oder der Beschaffenheit abhängt, sein.[212] Wer einen Hauptanspruch auf die Herausgabe einer Mehrheit von Sachen hat, hat dazu nach § 260 Abs. 1 Alt. 1 BGB einen selbständigen Anspruch auf Aufstellung eines Bestandsverzeichnisses.[213]

Über diese allgemeinen Ansprüche hinaus gibt es verschiedene speziellere Regelungen zur Klärung des Inhalts bestehender Hauptansprüche. In diesen wird oft nicht nur ein Auskunftsanspruch bezüglich des Inhalts des Hauptanspruchs ge-

---

[210] *R. Stürner,* 289.

[211] *Koch,* 132.

[212] *Habersack,* in: MüKoBGB, § 809 Rn. 5.

[213] *Lorenz,* in: BeckOK BGB, § 260 Rn. 1; *Beckhaus,* 10; *R. Stürner,* 290; a.A. noch *Lorenz,* JuS 1995, 569.

währt, sondern darüber hinaus auch die Einsichtnahme in Unterlagen oder Belege. Solche Ansprüche finden sich im Familienrecht, wo Ehegatten im Fall des Zugewinnausgleichs (§ 1379 Abs. 1 BGB) und Verwandte in gerader Linie zur Klärung von Unterhaltsansprüchen (§ 1605 Abs. 1 BGB) Auskunft über ihr Vermögen schulden und auf Anfrage auch Belege darüber vorzulegen haben. Erben sind gegenüber Pflichtteilsberechtigten (§ 2314 Abs. 1 BGB) und Miterben untereinander über ausgleichungspflichtige Zuwendungen (§ 2057 S. 1 BGB) lediglich zu einfacher Auskunft verpflichtet. Autoren können von ihrem Verleger (§ 24 VerlG) Rechnungslegung und Einsicht in die Geschäftsbücher, Handelsvertreter (§ 87c HGB) Abrechnung ihrer Provision und Mitteilung der dafür wesentlichen Umstände sowie einen Buchauszug verlangen, was bei Zweifeln an der Richtigkeit oder Vollständigkeit des Buchauszuges auch die Einsichtnahme in die Geschäftsbücher umfassen kann.[214]

dd) Sicherung und Durchsetzung vermögensrechtlicher Ansprüche

Die Informationsansprüche zur Sicherung und Durchsetzung vermögensrechtlicher Ansprüche setzen ebenfalls ein bestehendes Rechtsverhältnis zwischen dem Berechtigten und dem zur Information Verpflichteten voraus. Der Zessionar kann die zur Geltendmachung der abgetretenen Forderung erforderlichen Auskünfte und die zum Beweis dieser Forderung dienenden Urkunden verlangen (§ 402 BGB), ebenso wie der Vollstreckungsgläubiger vom Schuldner (§ 836 Abs. 3 ZPO). Ein einfaches Auskunftsrecht hat der Vorkaufsberechtigte gegenüber dem Verkäufer über Inhalt und Abschluss des Kaufvertrages mit einem Dritten (§ 469 Abs. 1 S. 1 BGB) und der Arbeitgeber gegen den Arbeitnehmer (§ 6 Abs. 2 EFZG), wenn dessen Forderung auf Schadensersatz wegen Verdienstausfalles gegenüber einem Dritten auf den Arbeitgeber übergeht, auf die zur Geltendmachung dieser Forderung erforderlichen Angaben.

c) Gewohnheitsrechtlich aus § 242 BGB

Die Rechtsprechung zeigt seit Jahrzehnten die Tendenz, bestehende Informationsansprüche weit auszulegen und deren Anwendungsbereich durch entsprechende Anwendung auszudehnen.[215] So ist in allen zuvor aufgeführten Gruppen zu beobachten, dass der Auslegung zugängliche Tatbestandsmerkmale sehr weit ausgelegt werden, um dem Anspruchsteller die benötigten Informationen zuzugestehen.[216] Über die gesetzlich geregelten Auskunftsansprüche und deren weite und entsprechende Anwendung hinaus, besteht zudem ein allgemeiner Aus-

---

[214] *Hopt,* in: Baumbach/Hopt, HGB, § 87c Rn. 25.

[215] *Peters,* FS Gottwald, 399, 405.

[216] *Beckhaus,* S. 36 ff. m.w. N.

kunftsanspruch, der aus dem Grundsatz von Treu und Glauben aus § 242 BGB hergeleitet wird und, wie teilweise vertreten, gewohnheitsrechtlich[217], zumindest aber durch die ständige Rechtsprechung des BGH anerkannt ist.[218] Der Informationsanspruch aus § 242 BGB ist aber kein allgemeiner Auskunftsanspruch in dem Sinne, dass in jeder Situation ein solches Recht besteht, sondern nur dann, wenn die von der Rechtsprechung entwickelten Voraussetzungen erfüllt sind.[219] Danach besteht eine Auskunftspflicht innerhalb jedes Rechtsverhältnisses, welches seinem Wesen nach eine Situation beschreibt, in der der Berechtigte in entschuldbarer Weise darüber im Ungewissen ist, ob und in welchem Umfang ein Recht für ihn besteht und er sich die zur Vorbereitung und Durchsetzung etwaiger Ansprüche erforderlichen Informationen nicht in zumutbarer Weise selbst beschaffen kann, der Verpflichtete diese aber unschwer, also ohne unbillige Belastung, zur Verfügung stellen kann.[220]

Erste Voraussetzung für den allgemeinen Informationsanspruch aus § 242 BGB ist, wie für die bisher besprochenen gesetzlichen Informationsansprüche, ein bestehendes Rechtsverhältnis zwischen dem Berechtigten und dem Verpflichteten, welches üblicherweise als rechtliche Sonderbeziehung bezeichnet wird.[221] Die bloße Gegebenheit, dass eine Partei Informationen hat, die für die andere Partei von Bedeutung sein können, reicht nicht aus, einen solchen Anspruch zu begründen.[222] Weiter muss der Berechtigte unverschuldet im Ungewissen über den Umfang seiner Rechte sein. Er darf daher seine Unkenntnis nicht zu vertreten haben, wobei allerdings großzügige Maßstäbe anzulegen sind.[223] Darin, dass keine andere zumutbare Möglichkeit der Informationsbeschaffung bestehen darf, zeigt sich die Subsidiarität des Anspruchs aus § 242 BGB und sein Charakter als Auffanganspruch.[224] Erforderlich ist aber lediglich, dass keine andere gleichwertige Informationsmöglichkeit besteht.[225] Zuletzt muss der Verpflichtete die Auskunft unschwer, das heißt ohne unbillige Belastungen, erteilen können. Dies führt im Ergebnis zu einer Überprüfung der Zumutbarkeit der Auskunftserteilung als anspruchsbegründende Voraussetzung, in der das Informationsinteresse der einen Partei und die entgegenstehenden berechtigten Interessen der anderen Partei im

---

[217] *Bittner*, in: Staudinger, § 260 Rn. 19; *Krüger*, in: MüKoBGB, § 260 Rn. 12; *Haeffs*, 153; *Lorenz*, JuS 1995, 569; a. A. *Osterloh-Konrad*, 185.

[218] BGH, Urt. v. 20.1.2015 – VI ZR 137/14, NJW 2015, 1525, 1526 und BGH, Urt. v. 1.7.2014 – VI ZR 345/13, NJW 2014, 2651, 2651 f. jeweils mit Verweis auf die ständige Rechtsprechung seit BGH, Urt. v. 28.10.1953 – II ZR 149/52, NJW 1954, 70, 71.

[219] *W. Forster*, in: Soergel/Ekkenga, § 260 Rn. 23; *Brandt*, 91; *Hök*, MDR 1995, 773; *J. Lang*, 55.

[220] BGH, Urt. v. 20.1.2015 – VI ZR 137/14, NJW 2015, 1525, 1526.

[221] Siehe nur BGH, Urt. v. 8.11.2007 – I ZR 172/05, NJW 2008, 1001, 1002.

[222] *Krüger*, in: MüKoBGB, § 260 Rn. 13.

[223] BGH, Urt. v. 28.11.1989 – VI ZR 63/89, NJW 1990, 1358; *Beckhaus*, 45.

[224] *Koch*, 142; *R. Stürner*, 336; *Winkler von Mohrenfels*, 57.

[225] *R. Stürner*, 337.

Einzelfall abzuwägen sind.[226] Bei dieser Beurteilung spielt zunächst die Art des zugrundeliegenden Rechtsverhältnisses eine wichtige Rolle.[227] Auf Seiten des Auskunftsverpflichteten können insbesondere Geschäftsgeheimnisse und Eingriffe in die Privatsphäre die Zumutbarkeit der Auskunft beeinflussen. Die Abwägung aller Interessen wird im Einzelfall aber nur selten einen vollständigen Ausschluss der Auskunft aufgrund von Unzumutbarkeit zur Folge haben, da die Möglichkeit besteht, eine Form der Auskunft zu wählen, die eine vertretbare Belastung für den Verpflichteten darstellt, indem zum Beispiel eine zur Verschwiegenheit verpflichtete dritte Person als Mittelsperson einbezogen wird.[228] Die Zumutbarkeit ist daher letztlich weniger dafür entscheidend, ob dem Grunde nach ein Anspruch besteht, sondern beeinflusst vor allem Inhalt und Umfang des Auskunftsanspruchs.[229]

d) Informationsansprüche ohne rechtliche Sonderverbindung

Die vorstehend aufgeführten Informationsansprüche haben gemeinsam, dass sie nicht, wie in den USA und England, die Vorlagepflicht nur von der vorherigen Klageerhebung, sondern vom Bestehen einer materiellrechtlichen Sonderverbindung zwischen dem Berechtigten und dem Anspruchsgegner des Informationsanspruchs abhängig machen.[230] Diese rechtliche Verbindung besteht entweder durch das Rechtsverhältnis, welches der Wahrnehmung von Drittinteressen zugrunde liegt, einen deliktischen Eingriff in ein fremdes Recht oder den Anspruch dessen Inhalt geklärt oder dessen Erfüllung gesichert werden soll. Häufig besteht die Informationsnot aber darin, dass schon die Informationen fehlen, um eine rechtliche Sonderbeziehung nachzuweisen.[231] Innerhalb bestehender vertraglicher Beziehungen ist daher darüber hinaus anerkannt, dass Auskünfte nicht nur in Bezug auf den Inhalt und Umfang eines feststehenden Anspruchs, sondern auch schon für die Anspruchsbegründung verlangt werden können, wenn das Bestehen des Anspruchs zumindest überwiegend wahrscheinlich ist.[232] Es genügt dann schon der begründete Verdacht, dass ein Anspruch besteht.[233] Diese Ausweitung gilt zumindest innerhalb von Dauerschuldverhältnissen.[234] Auch außerhalb ver-

---

[226] *Bittner*, in: Staudinger, § 260 Rn. 21; *Krüger*, in: MüKoBGB, § 260 Rn. 45; *Beckhaus*, 48; *Osterloh-Konrad*, 226; *R. Stürner*, 337.

[227] *Krüger*, in: MüKoBGB, § 260 Rn. 20.

[228] BGH, Urt. v. 11.5.2000 – IX ZR 262/98, NJW 2000, 3777, 3779 f.; *Beckhaus*, 48; *Osterloh-Konrad*, 227.

[229] *Osterloh-Konrad*, 227.

[230] *Beckhaus*, 8; *R. Stürner*, 291.

[231] *Kapoor*, 81; *Koch*, 145; *J. Lang*, 60; *Winkler von Mohrenfels*, 215.

[232] BGH, Urt. v. 17.7.2002 – VIII ZR 64/01, NJW 2002, 3771, 3771; *Bittner*, in: Staudinger, § 260 Rn. 19a; *Krüger*, in: MüKoBGB, § 260 Rn. 16.

[233] BGH, Urt. v. 17.7.2002 – VIII ZR 64/01, NJW 2002, 3771, 3771.

[234] BGH, Urt. v. 1.8.2013 – VII ZR 268/11, NJW 2014, 155, 155.

traglicher Beziehungen wird nicht durchgehend streng an dem Erfordernis des Nachweises eines Anspruchs festgehalten, sondern teilweise schon dessen überwiegende Wahrscheinlichkeit für ausreichend erachtet. So reicht in verschiedenen erbrechtlichen Konstellationen ein einfaches Überwiegen der Wahrscheinlichkeit, dass ein Anspruch besteht, aus, wenn zumindest gewisse Anhaltspunkte dafür vorliegen.[235] Zwar stellen diese Ausnahmefälle keine generelle Ausweitung materiellrechtlicher Informationspflichten dar.[236] Dennoch sprechen sie aber dafür, dass die Anforderungen für einen Informationsanspruch aus Treu und Glauben in gewissen Situationen abzusenken sind.[237]

Mittlerweile sind zudem zahlreiche Informationsansprüche gesetzlich geregelt, in denen keine nachgewiesene rechtliche Sonderbeziehung, sondern lediglich die Wahrscheinlichkeit einer Rechtsverletzung gefordert wird. Dies sind, neben dem Anspruch desjenigen, der sich Gewissheit über das Bestehen von Ansprüchen an einer Sache verschaffen möchte, gegenüber dem Besitzer aus § 809 Alt. 2 BGB und dem Anspruch auf Urkundenvorlage aus § 810 BGB, die in Umsetzung des Art. 6 Enforcement-Richtlinie eingeführten Vorschriften des Immaterialgüterrechts und seit neustem der Hilfsanspruch zum Kartellschadensersatzanspruch in § 33g GWB.

aa) Vorlage oder Besichtigung nach § 809 2. Alt. BGB

Nach § 809 2. Alt. BGB kann derjenige die Vorlage oder die Duldung der Besichtigung einer Sache verlangen, der sich Gewissheit darüber verschaffen möchte, ob er einen Anspruch hat, der entweder auf die Herausgabe derselben gerichtet ist oder sich aus der Beschaffenheit der Sache ergibt.[238] Eine strikte Trennung zwischen der Duldung der Besichtigung und der Einsichtnahme ist meist entbehrlich, da diese alternativ geschuldet werden und die jeweiligen Ansprüche sich auf die Handlung richten, die zur Erfüllung des Gläubigerinteresses erforderlich ist.[239] Dazu muss der Anspruchsteller ein ernsthaftes Interesse an der Besichtigung haben, was der Fall ist, wenn diese für die Prüfung des Hauptanspruchs ausschlaggebend ist, ein rechtliches Interesse wie bei § 809 1. Alt. BGB ist aber nicht erforderlich.[240] Es ist, anders als bei § 809 1. Alt. BGB, nach dem Wortlaut der Norm auch ausdrücklich nicht erforderlich, dass ein Anspruch be-

---

[235] BGH, Urt. v. 15.3.1972 – IV ZR 131/70, NJW 1972, 907, 908; BGH, Urt. v. 2.6.1993 – IV ZR 259/92, NJW 1993, 2737, 2737; BGH, Urt. v. 8.7.1985 – II ZR 150/84, NJW 1986, 127, 128; BGH, Urt. v. 26.2.1986 – IVa ZR 87/84, NJW 1986, 1755, 1755 f.; *Haeffs,* 133 ff.

[236] *Beckhaus,* 66; *Haeffs,* 138.

[237] *Haeffs,* 138.

[238] BGH, Urt. v. 2.5.2002 – I ZR 45/01, GRUR 2002, 1046, 1047 – Faxkarte; *Habersack,* in: MüKoBGB, § 809 Rn. 5.

[239] *Habersack,* in: MüKoBGB, § 809 Rn. 10.

[240] *Marburger,* in: Staudinger, § 809 Rn. 8; *C. Schreiber,* JR 2008, 1, 2.

reits nachgewiesen ist, da gerade durch die Besichtigung erst Gewissheit darüber erlangt werden soll.[241] Es muss aber zumindest eine gewisse Wahrscheinlichkeit vorliegen, dass ein Anspruch besteht, da ansonsten die Besichtigung grenzenlos gegenüber jeglichem Dritten geltend gemacht werden könnte.[242]

bb) Urkundenvorlage nach § 810 BGB

Die Parallelvorschrift in § 810 BGB ermöglicht die Verpflichtung zur Ermöglichung der Einsichtnahme in Urkunden, ebenfalls ohne den Nachweis einer bestehenden rechtlichen Sonderverbindung zwischen Anspruchsteller und Anspruchsgegner. Die Vorlageverpflichtung aus § 810 BGB besteht schon dem Wortlaut nach ausdrücklich nur für Urkunden, sodass elektronisch gespeicherte Dokumente gerade nicht erfasst sind.[243] Voraussetzung für den Anspruch ist, dass die Urkunde entweder im Interesse des Anspruchsstellers errichtet wurde (1. Var.), in dieser ein Rechtsverhältnis mit einem anderen beurkundet ist (2. Var.) oder Verhandlungen über ein Rechtsgeschäft enthalten sind (3. Var.). Zusammengenommen ergibt sich aus diesen drei Fallgruppen, dass der Anspruchsteller an einem Rechtsverhältnis beteiligt sein muss, zu dem die Urkunde eine Beziehung aufweist.[244] Besteht eine solche Beziehung, ist auch die analoge Anwendung der Vorschrift möglich.[245] Erforderlich ist zudem ein rechtliches Interesse an der Einsichtnahme, welches besteht, wenn diese für die Förderung, Erhaltung oder Verteidigung einer rechtlich geschützten Position erforderlich ist.[246]

cc) Spezialgesetzliche Vorschriften – insbesondere in Umsetzung der Enforcement-Richtlinie

Die praktische Bedeutung dieser beiden allgemeinen Vorschriften wurde durch die Einführung der speziellen Vorschriften des Immaterialgüterrechts stark eingeschränkt[247], auch wenn diese die Anwendung von § 809 und § 810 BGB nicht ausschließen[248]. Dort finden sich für den Bereich des gewerblichen Rechtsschutzes, des Urheberrechts und weiterer Immaterialgüterrechte zunächst in Umsetzung von Art. 6 der Enforcement-Richtlinie Ansprüche auf Urkundenvorlage und zur Besichtigung von Sachen, soweit mit hinreichender Wahrscheinlichkeit von einer Verletzung eines geschützten Rechts durch den Adressaten des Informa-

---

[241] BGH, Urt. v. 2.5.2002 – I ZR 45/01, GRUR 2002, 1046, 1047 – Faxkarte.
[242] BGH, Urt. v. 2.5.2002 – I ZR 45/01, GRUR 2002, 1046, 1048 – Faxkarte.
[243] *Habersack*, in: MüKoBGB, § 810 Rn. 3; *Stadler*, in: Jauernig, §§ 809–811 Rn. 9.
[244] *Marburger*, in: Staudinger, § 810 Rn. 12.
[245] *Marburger*, in: Staudinger, § 810 Rn. 12.
[246] BGH, Urt. v. 8.4.1981 – VIII ZR 98/80, NJW 1981, 1733, 1733.
[247] *Amschewitz*, 348; *Koch*, 135.
[248] *Habersack*, in: MüKoBGB, § 809 Rn. 2.

tionsanspruchs ausgegangen werden kann und die Besichtigung zur Begründung des Hauptanspruchs des Verletzten erforderlich ist (in § 101a Abs. 1 UrhG, § 140c Abs. 1 PatG, § 19a Abs. 1 MarkenG, § 24c GebrMG Abs. 1, § 9 Abs. 2 Halbl-SchG, § 46a Abs. 1 DesignG und § 37c Abs. 1 SortSchG). Wenn dazu hinreichend wahrscheinlich ist, dass die Rechtsverletzung in gewerblichem Ausmaß begangen wurde, kann auch die Vorlage von Bank-, Finanz- oder Handelsunterlagen verlangt werden. Die Wahrscheinlichkeit genügt allerdings nur bezüglich der Rechtsverletzung, die anderen Voraussetzungen müssen bewiesen oder im einstweiligen Rechtsschutz jedenfalls glaubhaft gemacht werden.[249]

Über diesen Anspruch gegen den mutmaßlichen Verletzer selbst hinaus, besteht ein Anspruch auch gegen Dritte, ohne eine rechtliche Sonderverbindung, wenn diese in gewerblichem Ausmaß rechtsverletzendes Material in ihrem Besitz gehabt, rechtsverletzende Dienstleistungen in Anspruch genommen oder selbst Dienstleistungen erbracht haben, die für rechtsverletzende Tätigkeiten genutzt wurden in den Regelungen, die Art. 8 der Enforcement-Richtlinie umsetzen (§ 140b Abs. 2 S. 1 PatG, § 46 Abs. 2 S. 1 DesignG, § 24b Abs. 2 S. 1 GebrMG, § 19 Abs. 2 S. 1 MarkenG, § 101 Abs. 2 S. 1 UrhG, § 37b Abs. 2 S. 1 SortSchG, § 9 Abs. 2 HalblSchG i.V.m. § 24b Abs. 2 S. 1 GebrMG,).[250] Dafür ist erforderlich, dass der Anspruchsteller entweder bereits gegen den Verletzer in der Hauptsache Klage erhoben hat, oder aber eine offensichtliche Rechtsverletzung vorliegt.

Ebenfalls keine besondere Rechtsbeziehung verlangen § 84a Abs. 1 und 2 AMG, § 35 GenTG sowie § 8 UmweltHG, die Auskunftsansprüche für Geschädigte gegenüber einem potentiell Verantwortlichen vorsehen, wenn Tatsachen vorliegen, die die Annahme begründen, dass ein Schaden durch die jeweilige Gefahrenquelle verursacht wurde.[251]

dd) Vorlage von Beweismitteln nach § 33g GWB

Die Ausweitungstendenz bestätigt auch der im Jahr 2017 in Umsetzung der Kartellschadensersatzrichtlinie neueingeführte Informations- und Auskunftsanspruch in §§ 33g Abs. 1 GWB, der vor Einleitung eines Rechtsstreits oder von Vergleichsverhandlungen bezüglich des Kartellschadensersatzanspruchs in der Hauptsache geltend gemacht werden.[252] Er ist ebenfalls nicht davon abhängig, dass zwischen Anspruchsteller und Anspruchsgegner eine rechtliche Sonderverbindung nachgewiesen wird, sondern lediglich vom Besitz erheblicher Beweismittel. So kann jemand, der einen Anspruch auf Schadensersatz aufgrund eines

---

[249] *Eckhartt*, in: BeckOK MarkenG, § 19a Rn. 6.
[250] *Beckhaus*, 14.
[251] *Beckhaus*, 14.
[252] Regierungsentwurf, BT-Drucks. 18/10207, S. 62.

Kartellverstoßes glaubhaft macht, vom Besitzer von Beweismitteln deren Herausgabe und die Erteilung von Auskünften (nach § 33g Abs. 10 GWB) verlangen, wenn diese zur Erhebung des Schadensersatzanspruchs erforderlich sind. Herausgabe bedeutet dem Begriff nach die unmittelbare Verschaffung der Sachherrschaft, der Anspruch umfasst hier aber dennoch regelmäßig nur die Überlassung von (elektronischen) Kopien oder Auskünfte (als milderes Mittel) über den Inhalt und nicht die Überlassung der Originaldokumente, solange dies dem Informationsbedürfnis des Anspruchstellers entspricht und dieser nicht ein besonderes Interesse an der Überlassung hat.[253] Aus Art. 5 Abs. 8 der Kartellschadensersatzrichtlinie folgt, dass eine umfassende Offenlegung von erforderlichen Dokumenten bezweckt ist und die Mitgliedstaaten nur weitere Offenlegungen statuieren können und keine Einschränkungen des Umfangs.[254] Erforderlich zum Nachweis des Kartellverstoßes oder der Kartellbetroffenheit des Anspruchsstellers kann danach insbesondere E-Mail Korrespondenz zwischen Mitarbeitern der betroffenen Unternehmen sein.[255] Der Anspruch richtet sich nicht nur gegen den potentiellen Anspruchsgegner des Schadensersatzanspruchs, sondern auch gegen Dritte, die im Besitz solcher Beweismittel sind.[256] Ein Anspruch entsprechenden Inhalts wird auch dem in Anspruch genommenen Kartellanten in Abs. 2 zugestanden.

Der Herausgabeanspruch in § 33g GWB hat einen weiten Anwendungsbereich, da er jede auch kartellrechtlich begründete und zumindest angedrohte Schadensersatzforderung § 33g Abs. 1 i.V.m. § 33 a Abs. 1 GWB ausreichen lässt.[257] In dieser Situation besteht, anders als bei den oben gezeigten materiellen Informationsansprüchen, ein Vorlageanspruch auch in einer Konstellation, in der nicht die Verletzung eines absoluten Rechts, sondern lediglich ein Vermögensschaden hinreichend wahrscheinlich ist.[258] Der Anspruchsteller muss lediglich einen Anspruch „glaubhaft machen"[259] und die Beweismittel zudem so genau bezeichnen, wie dies auf Grundlage der mit zumutbarem Aufwand zugänglichen Tatsachen möglich ist und kann dann vom Anspruchsgegner und von Dritten die Herausgabe verlangen.[260]

Begrenzt wird der Anspruchsumfang durch den Ausschluss der Herausgabe wegen Unverhältnismäßigkeit unter Berücksichtigung der berechtigten Interessen der Beteiligten in § 33g Abs. 3 GWB (unter anderem die Grundlage des Antrags

---

[253] Regierungsentwurf, BT-Drucks. 18/10207, S. 62; *A. Bach/Wolf,* NZKart 2017, 285, 286; *Klumpe/Thiede,* NZKart 2017, 332, 336.

[254] *A. Bach/Wolf,* NZKart 2017, 285, 287.

[255] *A. Bach/Wolf,* NZKart 2017, 285, 287.

[256] *A. Bach/Wolf,* NZKart 2017, 285, 287.

[257] *Hellmann/Steinbrück,* NZKart 2017, 164, 169.

[258] *Podszun/Kreifels,* GWR 2017, 67, 71.

[259] Siehe dazu unten: E. III. 1. b) aa).

[260] Siehe dazu unten: E. III. 1. d) aa).

in zugänglichen Informationen und Beweismitteln, Kosten der Herausgabe und Verbot der Ausforschung von Tatsachen, die nicht für den geltend gemachten Anspruch erheblich sind).[261]

e) Durchsetzung der Informationsansprüche

Die Durchsetzung der materiellen Informationsansprüche kann auf verschiedenen Wegen verfolgt werden. Da es sich bei den materiellen Informationsansprüchen um eigenständige Ansprüche handelt, können diese entweder unabhängig vom Hauptanspruch in einer Leistungsklage, ohne dass es darauf ankommt, ob später überhaupt die Durchsetzung des Hauptanspruchs verfolgt wird, innerhalb des Verfahrens zur Durchsetzung des Hauptanspruchs im Rahmen einer Stufenklage (§ 254 ZPO), in einem selbständigen Beweisverfahren nach §§ 485 ff. ZPO und bei Vorlageansprüchen zudem durch eine prozessuale Vorlageverpflichtung nach §§ 422 ff. ZPO geltend gemacht werden.[262]

In der Praxis bietet sich aus Gründen der Prozessökonomie die Durchsetzung im Rahmen einer Stufenklage oder im einstweiligen Rechtschutz an. Durch eine Stufenklage können sämtliche vorbereitende Informationsansprüche, auch einfache Auskunftsansprüche, mit dem Hauptanspruch verbunden werden.[263] Wichtigster Vorteil dieser Verbindung gegenüber der eigenständigen Leistungsklage ist, dass die Verjährung des Hauptanspruchs nach § 209 Abs. 1 BGB gehindert wird.[264] Zudem ist die Verbindung prozessökonomisch sinnvoll und geeignet den Parteien Verfahrenskosten zu ersparen.[265] Auf die Möglichkeit, die materiellen Informationsansprüche durch eine einstweilige Verfügung nach §§ 935 ff. ZPO durchzusetzen, wird für einige spezialgesetzliche Ansprüche ausdrücklich hingewiesen (§ 101 Abs. 7 UrhG, § 140c PatG), ein solches Vorgehen ist aber auch darüber hinaus anerkannt.[266]

f) Zwischenergebnis

Der Blick auf die materiellen Informationsansprüche im deutschen Zivilrecht zeigt, dass derartige Ansprüche für eine Vielzahl von Situationen gesetzlich geregelt sind, in denen ein Informationsungleichgewicht angenommen wird. Eine für

---

[261] Siehe dazu unten: E. III. 2. b).

[262] *Kapoor,* 79.

[263] *Foerste,* in: Musielak/Voit, ZPO, § 254 Rn. 2; *Greger,* in: Zöller, § 254 Rn. 1; *Lüke,* JuS 1986, 2, 6.

[264] BGH, Urt. v. 8.2.1995 – XII ZR 24/94, NJW-RR 1995, 770, 771; BGH, Urt. v. 17.6.1992 – IV ZR 183/91, NJW 1992, 2563, 2563; BGH, Urt. v. 14.5.1975 – IV ZR 19/74, NJW 1975, 1409, 1410; *Becker-Eberhard,* in: MüKoZPO, § 254 Rn. 3; *Lorenz,* JuS 1995, 569, 575.

[265] *Saenger,* in: Saenger, ZPO, § 254 Rn. 2.

[266] *Koch,* 144.

viele – vor allem schon länger gesetzlich geregelte und von der Rechtsprechung entwickelte Informationsansprüche – erforderliche nachgewiesene rechtliche Sonderverbindung wird nicht durchgehend vorausgesetzt, sondern es genügt vielfach, dass ein Hauptanspruch wahrscheinlich ist.[267] Mit § 809 2. Alt. und § 810 BGB sowie den spezialgesetzlichen Ansprüchen, insbesondere im Immaterialgüterrecht und neuerdings in § 33g GWB, enthält das deutsche materielle Recht auch einige Informationsverpflichtungen, die vom Nachweis einer rechtlichen Sonderverbindung zwischen Anspruchsgegner und Anspruchsteller unabhängig sind. Die Wahrscheinlichkeit, dass ein Anspruch aufgrund einer Rechtsverletzung besteht, ist dann ausreichend. Besteht aber eine rechtliche Sonderverbindung, ist durch die Rechtsprechung zudem, über die gesetzlich geregelten Fälle hinaus, ein weit ausgedehnter Anspruch aus Treu und Glauben anerkannt.[268] Dabei ist zu berücksichtigen, dass die bestehenden Informationsansprüche einerseits weit verbreitet in bestehenden Rechtsverhältnissen und darüber hinaus bei wahrscheinlichen Rechtsverletzungen in Bereichen existieren, die typischerweise Rechtstreitigkeiten mit Informationsungleichgewicht hervorbringen und daher ein erheblicher Teil der Situationen mit potentiell bestehender Informationsnot abgedeckt wird. Es bestehen allerdings bei den materiellen Informationspflichten teilweise deutliche Unterschiede bezüglich des Inhalts der Mitwirkungspflichten. Während die prozessualen Aufklärungspflichten in den USA und England die Vorlage auf Anfrage und teilweise sogar unaufgefordert vorsehen, sollen die materiellen Informationsansprüche in Deutschland das Informationsgefälle oft durch eine Verpflichtung zu Auskunft- oder Rechnungslegung ausgleichen.[269] Auch eine Verpflichtung zur Vorlage von physischen Unterlagen und elektronischen Dokumenten ist aber, wenn auch seltener, in verschiedenen Situationen gesetzlich vorgesehen und kommt insbesondere dort vor, wo typischerweise Geschäftsunterlagen geführt werden. Sehr weitgehend sind auch in diesem Punkt die Vorlagepflichten im Immaterialgüterrecht und der Informationsanspruch des § 33g GWB.

6. Prozessuale Informationsmittel

Auch wenn die Informationsbeschaffung und der Ausgleich von Informationsdefiziten in Deutschland als eine vornehmlich durch das materielle Recht zu lösende Problematik gesehen wird, bestehen darüber hinaus auch prozessuale Möglichkeiten, Parteien und Dritte innerhalb eines Prozesses zur direkten Mitwirkung bei der Informationsbeschaffung zu veranlassen. Nach ständiger Rechtsprechung des BGH besteht allerdings ausdrücklich auch keine ungeschriebene allgemeine prozessuale Aufklärungspflicht der nicht darlegungs- und beweisbelasteten Par-

---

[267] Siehe oben D. III. 5. d).
[268] Siehe oben D. III. 5. c).
[269] Siehe oben D. III. 5. a).

tei.[270] Schon die große Anzahl von im materiellen Recht geregelten Auskunftsansprüchen für bestimmte Fallkonstellationen, die vom Gesetzgeber zur Lösung eines bestehenden Informationsgefälles für notwendig erachtet wurden, und der Umstand, dass diese keine allgemein gültigen Gemeinsamkeiten bezüglich ihrer Voraussetzungen aufweisen, sprechen dafür, dass der Gesetzgeber keine solche allgemeine prozessuale Aufklärungspflicht annimmt.[271] Auf eine tiefergehende Betrachtung dieser Fragestellung wird hier verzichtet, da dies den Umfang dieser Untersuchung überschreiten würde und die Position der ständigen Rechtsprechung hierzu eindeutig ist.[272] Auch die aus der Pflicht zur subjektiven Wahrheit und Vollständigkeit in § 138 Abs. 1 ZPO, im Zusammenspiel mit der Erklärungspflicht in § 138 Abs. 2 ZPO, folgende Erklärungslast ist von einer allgemeinen Aufklärungslast der nicht beweisbelasteten Partei zu unterscheiden.[273] Es ist lediglich möglich, durch eigenen Tatsachenvortrag die Gegenpartei in die Lage zu bringen, dass sie selbst (substantiierte) Behauptungen aufstellen muss, um nicht das Risiko des Prozessverlusts zu tragen und so indirekt auch die Vorlage dazugehöriger Beweismittel zu veranlassen. Auch wenn keine allgemeine prozessuale Aufklärungspflicht besteht, ist die direkte Anordnung der Vorlage von Dokumenten in Form von Urkunden und Augenscheinsobjekten dem deutschen Zivilprozessrecht aber nicht fremd. So kann die Verpflichtung zur Vorlage von Urkunden und Augenscheinsobjekten von Amts wegen und im Wege des Beweisantritts durch die Parteien erreicht werden.[274] Die Voraussetzungen dafür unterscheiden sich zudem abhängig davon, ob es sich um die Vorlage von Urkunden oder Augenscheinsobjekten handelt.

a) Einordnung elektronisch gespeicherter Dokumente

Die Einordnung elektronisch gespeicherter Dokumente in die Systematik der Beweismittel der ZPO war zeitweise unklar, wobei teilweise angenommen wurde, dass elektronische Dokumente Urkunden im Sinne des § 415 ZPO seien. Aus §§ 371 Abs. 1 S. 2 und 371a Abs. 1 S. 1 ZPO lässt sich nunmehr aber eindeutig entnehmen, dass es sich bei elektronischen Dokumenten um Augenscheinsobjekte handelt.[275] Nach § 371 Abs. 1 S. 2 ZPO kann der Beweisantritt durch Vorlegung oder Übermittlung einer Datei stattfinden. § 371a Abs. 1 S. 1 ZPO erklärt für solche elektronischen Dokumente, die mit einer qualifizierten Signatur versehen sind, die Vorschriften über die Beweiskraft von Urkunden entsprechend für

---

[270] BGH, Beschl. v. 26.10.2006 – III ZB 2/06, NJW 2007, 155, 156; BGH, Urt. v. 11.6.1990 – II ZR 159/89, NJW 1990, 3151, 3152.

[271] *Haeffs,* 32; *Osterloh-Konrad,* 11.

[272] Siehe zum Stand der Diskussion *Kern,* in: Stein/Jonas, § 138 Rn. 47 ff. m.w.N.

[273] BGH, Urt. v. 11.6.1990 – II ZR 159/89, NJW 1990, 3151, 3151 f.

[274] Siehe dazu sogleich unten ab D. III. 6. b).

[275] *Berger,* in: Stein/Jonas, § 371 Rn. 19.

anwendbar. Im Umkehrschluss daraus und aus der systematischen Stellung beider Vorschriften in „Titel 6. Beweis durch Augenschein" ergibt sich, dass der Gesetzgeber elektronische Dokumente als Augenscheinobjekte einordnet. Dies steht auch im Einklang damit, dass elektronische Dokumente gerade nicht die für eine Urkunde erforderliche Lesbarkeit ohne Zuhilfenahme technischer Hilfsmittel aufweisen.[276] Eine Urkunde ist nur eine durch Schriftzeichen verkörperte Gedankenerklärung.[277] Aus dieser ausdrücklichen Einordnung folgt auch, dass Augenscheinobjekte von den Urkunden insofern gleichgestellten „sonstigen Unterlagen" in § 142 Abs. 1 S. 1 ZPO abzugrenzen sind und daher die amtswegige Vorlage von elektronischen Dokumenten ausschließlich in den Regelungsbereich des § 144 ZPO fällt.[278] Für elektronische Dokumente sind deshalb im Zivilprozess die Vorschriften über den Beweis durch Augenschein einschlägig (nur für solche mit qualifizierter Signatur dann gegebenenfalls die über den Urkundenbeweis entsprechend).[279] Auch wenn hier die Situation der *e-discovery,* also die Vorlage elektronisch gespeicherter Dokumente, Gegenstand der Untersuchung ist, zeigen aber dennoch auch die rechtlichen Möglichkeiten der Verpflichtung zur Urkundenvorlage, inwiefern die deutsche Rechtsordnung inhaltlich vergleichbare Vorlagepflichten vorsieht.

b) Anordnung von Amts wegen nach §§ 142, 144 ZPO

Nach § 142 Abs. 1 ZPO kann das Gericht die Vorlage von Urkunden und sonstigen Unterlagen durch Parteien und Dritte anordnen, auch wenn kein materieller Anspruch auf deren Vorlage besteht, wenn sich eine Partei auf diese bezogen hat.[280] Die Vorlage von Dateien und anderen Augenscheinobjekten innerhalb einer bestimmten Frist kann das Gericht gemäß § 144 Abs. 1 S. 2 ZPO sowohl den Parteien als auch Dritten aufgeben, wenn sich diese in deren Besitz (oder bei elektronischen Dokumenten in deren Verfügungsgewalt[281]) befinden. Auch die amtswegige Anordnung einer Vorlage von Augenscheinobjekten kann unabhängig von materiellen Ansprüchen ergehen.[282] Eine Anordnung nach §§ 142 oder 144 ZPO kann sowohl ergehen, um Unklarheiten und Widersprüche im bestehenden Prozessstoff aufzuklären, als auch darauf gerichtet sein, Beweismittel zur

---

[276] *Krafka,* in: BeckOK ZPO, § 415 Rn. 4; *K. Schreiber,* in: MüKoZPO, § 415 Rn. 7.

[277] BGH, Urt. v. 28.11.1975 – V ZR 127/74, NJW 1976, 294, 294; *Geimer,* in: Zöller, Vorb § 415 Rn. 2; *Rosenberg/Schwab/Gottwald,* § 120 Rn. 1.

[278] *Althammer,* in: Stein/Jonas, § 142 Rn. 15.

[279] *Rosenberg/Schwab/Gottwald,* § 120 Rn. 4.

[280] BGH, Urt. v. 26.6.2007 – XI ZR 277/05, NJW 2007, 2989, 2991 f.; *Greger,* in: Zöller, § 142 Rn. 2.

[281] D. III. 6. c) bb) (1).

[282] KG Berlin, Beschl. v. 21.10.2005 – 7 W 46/05, NJW-RR 2006, 241, 241; *Fritsche,* in: MüKoZPO, § 144 Rn. 26; im Ergebnis wohl auch: *Althammer,* in: Stein/Jonas, § 144 Rn. 17; *Kapoor,* 295.

Aufklärung eines streitigen Sachverhalts bereitzustellen.[283] Insoweit weicht der Gesetzgeber vom Beibringungsgrundsatz ab, indem die Beweisaufnahme von Amts wegen durch das Gericht ermöglicht wird.[284] Die beweisbelastete Partei kann, wenn sie selbst keinen Zugriff auf die erforderlichen Beweismittel hat und ihr keine direkteren Mittel der Informationsbeschaffung zur Verfügung stehen, indem sie eine Urkunde bezeichnet, auf diese Bezug nehmen und auf diesem Wege die Anordnung ihrer Vorlage durch das Gericht anregen.[285]

aa) Anordnung gegenüber der nicht beweisbelasteten Partei

Die gerichtliche Anordnung ist eine weitreichende Möglichkeit des Gerichts, auch unabhängig von den oben gezeigten materiellen Informationsansprüchen, die Vorlage von Urkunden und Augenscheinsobjekten zu veranlassen. Umstritten ist aber, ob amtswegige Anordnungen der Vorlage von Urkunden und Augenscheinsobjekten zu bestrittenen Behauptungen nach § 142 Abs. 1 oder § 144 Abs. 1 ZPO auch gegenüber der nicht beweisbelasteten Partei nach pflichtgemäßem Ermessen ergehen können, solange die allgemeine Voraussetzung der Erheblichkeit für einen substantiierten Vortrag der Parteien (und im Falle des § 142 Abs. 1 ZPO die Bezugnahme einer Partei) erfüllt sind.[286] In der Anordnung einer Vorlage durch die nicht beweisbelastete Partei, ohne dass diese darauf Bezug genommen hat oder ein materiellrechtlicher Anspruch gegen sie besteht, wird teilweise ein nicht hinnehmbarer Widerspruch zur Wertung der parteibetriebenen Vorlageanordnung nach §§ 421 ff. ZPO gesehen. Daher solle diese nur dann angeordnet werden können, wenn die Voraussetzungen der §§ 421 ff. ZPO ebenfalls vorliegen.[287] Teilweise wird die sachlich gleiche Einschränkung auch durch eine erforderliche Berücksichtigung der Wertung der §§ 422, 423 ZPO im Rahmen der Ermessensausübung des Gerichts gefordert.[288] Würde man diese ungeschriebene Voraussetzung stellen, könnte die amtswegige Anordnung der Vorlage

---

[283] BGH, Urt. v. 11.7.2000 – X ZR 126/98, NJW 2000, 3488, 3490; BGH, Beschl. v. 26. 10. 2006 – III ZB 2/06, NJW 2007, 155, 155; *Althammer*, in: Stein/Jonas, § 142 Rn. 1; *Greger*, in: Zöller, § 142 Rn. 1; *Stadler*, in: Musielak/Voit, ZPO, § 142 Rn. 1; a. A. *Gruber/Kießling*, ZZP 2003, 305, 311 ff.

[284] *Stadler*, in: Musielak/Voit, ZPO, § 142 Rn. 1; *Saenger*, ZZP 2008, 139, 146 ff.

[285] *Zekoll/Bolt*, NJW 2002, 3129.

[286] Urt. v. 17.7.2014 – III ZR 514/13, DNotZ 2014, 837, 838; BGH, Beschl. v. 15.6.2010 – XI ZR 318/09, WM 2010, 1448, 1451; BGH, Urt. v. 26.6.2007 – XI ZR 277/05, NJW 2007, 2989, 2991; OLG Frankfurt a. M., Urt. v. 31.1.2014 – 1 U 284/11, WM 2014, 1089, 1091; *Kopp*, NJOZ 2017, 330, 332; *Stackmann*, NJW 2007, 3521, 3525; *Zekoll/Bolt*, NJW 2002, 3129.

[287] OLG Frankfurt a. M., Urt. v. 18.10.2006 – 1 U 19/06, BeckRS 2007, 01566; *Fritsche*, in: MüKoZPO, § 144 Rn. 25; *Gerken*, in: Wieczorek/Schütze, § 142 Rn. 13; *Hartmann*, in: Baumbach/Lauterbach/Albers/Hartmann, ZPO, § 142 Rn. 6; *Leipold*, in: Stein/Jonas, 22. Aufl., § 144 Rn. 22; *Drenckhahn*, 120 ff.

[288] *Kapoor*, 246 ff.; *S. Lang*, 188 ff.

von Urkunden und Augenscheinsobjekten nur ergehen, wenn ein materieller Anspruch auf die Vorlage besteht oder die Partei selbst Bezug darauf genommen hat. Dies würde den Anwendungsbereich der §§ 142, 144 ZPO weitgehend auf das Maß vor der Reform des Zivilprozessrechts aus dem Jahr 2002 beschränken.[289] Begründet wird dies damit, dass ansonsten eine weitreichende Ausweitung der Möglichkeiten der Vorlage durch die Parteien durch die Reform erfolgt wäre, die aber mit dem Willen des Gesetzgebers, die richterlichen Befugnisse behutsam zu erweitern, ohne Klarstellung in der Gesetzesbegründung nicht zu vereinbaren sei. Dass die Anordnung der Vorlage durch die Parteien und Dritte unterschiedlich zu beurteilen seien, ergebe sich zudem schon aus §§ 142 Abs. 2 S. 1 und § 144 Abs. 1 S. 1 ZPO, wonach nur Dritte die Vorlage aufgrund von Unzumutbarkeit oder bestehender Zeugnisverweigerungsrechte verweigern können.[290] Auch der Verhandlungsgrundsatz[291] und die vom historischen Gesetzgeber festgestellte Unzumutbarkeit einer über die §§ 422, 423 hinausgehenden Vorlage[292] werden zur Begründung dieser Einschränkung angeführt.

Diese einschränkende Auslegung ist aber mit dem Wortlaut der §§ 142 Abs. 1 und 144 Abs. 1 ZPO, die (außer der Bezugnahme bei § 142 ZPO) gerade keine weiteren Voraussetzungen an die Anordnung stellen, nicht vereinbar.[293] Auch besteht kein Wertungswiderspruch zu den Voraussetzungen für den Beweisantritt einer Partei nach §§ 422, 423 ZPO, da diese erhebliche Unterschiede zur amtswegigen Anordnung der Vorlage aufweist. Durch die §§ 422, 423 ZPO wird eine verbindliche Vorlagepflicht begründet, während eine Anordnung nach § 142 Abs. 1 ZPO auf einer Ermessensentscheidung des Gerichts beruht, sodass die unterschiedlichen Anforderungen sachgemäß sind.[294] Soweit das Gericht sein pflichtgemäßes Ermessen ausüben muss, um die Vorlage anzuordnen, können und müssen darin auch die schützenswerten Interessen des Adressaten berücksichtigt werden.[295] Auch die möglichen Folgen sind unterschiedlich, da für die Nichtbefolgung einer Anordnung nach §§ 142, 144 ZPO nur die Berücksichtigung im Rahmen der freien Beweiswürdigung und nicht die Anerkennung der Richtigkeit einer beigebrachten Abschrift vorgesehen ist.[296] Der Gesetzgeber ging zudem davon aus, dass die Bezugnahme durch den Beweispflichtigen gerade in Situationen möglich ist, in denen kein materiellrechtlicher Anspruch be-

---

[289] *Hamelmann*, 62.

[290] *Leipold*, FS Gerhardt, 563, 583.

[291] *S. Lang*, 188 ff.

[292] *Kapoor*, 246.

[293] BGH, Urt. v. 26.6.2007 – XI ZR 277/05, NJW 2007, 2989, 2991 f.; *Stadler*, in: Musielak/Voit, ZPO, § 142 Rn. 7.

[294] BGH, Urt. v. 26.6.2007 – XI ZR 277/05, NJW 2007, 2989, 2991 f.

[295] BGH, Urt. v. 26.6.2007 – XI ZR 277/05, NJW 2007, 2989, 2992.

[296] BGH, Urt. v. 26.6.2007 – XI ZR 277/05, NJW 2007, 2989, 2992.

steht.[297] Dies entspricht auch seiner ausdrücklich geäußerten Intention, durch die Änderung des § 142 Abs. 1 ZPO die Vorlagepflichten der Parteien behutsam auszuweiten.[298] Eine darüber hinausgehende, uferlose Möglichkeit der Sachverhaltsaufklärung wurde aus zivilprozessualer Sicht nicht geschaffen, da die weiterhin bestehende Darlegungs- und Substantiierungslast dies verhindern.[299] Auch würde eine einschränkende Auslegung bei § 142 ZPO dazu führen, dass die Vorlagepflicht von Dritten und der beweisbelasteten Partei unterschiedlichen Voraussetzungen unterliegen würden, wofür sich im Wortlaut der Vorschrift kein Anknüpfungspunkt findet.[300] Für die Anordnung gegenüber Dritten ist in § 429 S. 2 ZPO ausdrücklich bestimmt, dass § 142 ZPO nicht durch § 429 S. 1 ZPO berührt wird, sodass für die Anordnung gegenüber Dritten eindeutig kein materieller Anspruch erforderlich ist, was auch vom Gesetzgeber so vorgesehen war.[301] Dass diese Regelung vom Verhandlungsgrundsatz abweicht, spricht auch nicht gegen dieses Verständnis, weil dieser keine absolute Geltung hat und der Gesetzgeber auch an anderen Stellen solche Abweichungen vornimmt.[302] Im Ergebnis bestehen daher für die Vorlageanordnung von Amts wegen, über die Substantiierung des Tatsachenvortrages und die Bezugnahme hinaus, keine Voraussetzungen und die der Anordnung einer Vorlage entgegenstehenden Interessen sind nur im Rahmen der gerichtlichen Ermessensausübung über die Anordnung zu berücksichtigen.[303] Es besteht daher weitgehend die Möglichkeit zur gerichtlichen Anordnung der Vorlage von Urkunden und Augenscheinsobjekten und dabei auch von elektronisch gespeicherten Dokumenten.

bb) Ermessensentscheidung

Liegen die genannten Voraussetzungen vor, trifft das Gericht eine Ermessensentscheidung darüber, ob eine Vorlage angeordnet wird oder nicht.[304] Dabei kann es den Erkenntniswert der Vorlageobjekte, die Verhältnismäßigkeit der Anordnung und berechtigte Belange des Geheimnis- und Persönlichkeitsschutzes berücksichtigen.[305] Gebunden ist das Gericht nur dann, wenn die Parteien einen Antrag auf Anordnung der Vorlage zum Beweisantritt stellen.[306] Auch im Rah-

---

[297] BGH, Urt. v. 26.6.2007 – XI ZR 277/05, NJW 2007, 2989, 2991.

[298] Rechtsausschuss, BT-Drucks. 14/6036, S. 120.

[299] Rechtsausschuss, BT-Drucks. 14/6036, S. 120 f.

[300] *Wagner,* JZ 2007, 706, 710.

[301] Regierungsentwurf, BT-Drucks. 14/4722, S. 92; *Wagner,* JZ 2007, 706, 710.

[302] *Beckhaus,* 105.

[303] Siehe dazu unten ab E. III. 1. c) bb).

[304] *Fritsche,* in: MüKoZPO, § 144 Rn. 3; *Greger,* in: Zöller, § 142 Rn. 8; *Hartmann,* in: Baumbach/Lauterbach/Albers/Hartmann, ZPO, § 142 Rn. 5; *Althammer,* FS Geimer, 15.

[305] BGH, Urt. v. 16.3.2017 – I ZR 205/15, NJW 2017, 3304, 3306.

[306] Siehe dazu sogleich unten D. III. 6. c).

men der Ermessensabwägung ist nicht bindend die Wertung der §§ 422, 423 ZPO
heranzuziehen, da sonst die gezeigte Funktion der §§ 142, 144 ZPO und die dahinterstehende Entscheidung des Gesetzgebers wiederum unterlaufen würde.[307]
Dies würde gerade dem klaren Willen des Gesetzgebers zuwiderlaufen, der ausdrücklich dem Gericht die Möglichkeit geben wollte, die Interessen des Beweisführers und des Prozessgegners im Rahmen seines Ermessens flexibel auszuta-
rieren.[308] Die Einschätzungsprärogative des Gesetzgebers, beim Ausgleich des
Justizgewährungsanspruchs mit anderen verfassungsrechtlich geschützten Interessen, ist hier zu respektieren.

c) Beweisantritt ohne Zugriff auf Beweismittel

Für die Parteien besteht zudem die Möglichkeit, durch Beweisantritt die Gegenseite oder Dritte zur Vorlage von Urkunden und Augenscheinsobjekten zu
veranlassen, ohne dass der Entschluss zur Anordnung von einer Ermessensentscheidung des Gerichts abhängig ist. Die Beweisaufnahme ist üblicherweise der
Prozessteil, in dem die Parteien bereits bekannte Beweismittel bezeichnen und in
den Prozess einführen, allerdings besteht auch die Möglichkeit, durch die Bezeichnung von Beweismitteln deren Vorlage durch die Gegenseite zu bewir-
ken.[309] Ein Beweisantritt erfordert zunächst neben einem substantiierten Vortrag
die Bezeichnung des Beweismittels und die Angabe des Beweisthemas.[310] Hat
die beweisbelastete Partei Beweismittel in ihrem Besitz, kann sie diese unproblematisch selbst in den Prozess einbringen (Urkunden gemäß § 420 ZPO und Augenscheinsobjekte gemäß § 371 Abs. 1 ZPO). Schwieriger ist es für eine beweisbelastete Partei zu erreichen, dass Beweismittel in den Prozess eingebracht werden, die sich im Zugriff der Gegenpartei oder eines Dritten befinden. Soweit ein
Beweis angetreten wird, ist das Gericht zur Beweisaufnahme auch durch Anordnung der Vorlage, mit Ausnahme weniger Ausschlussgründe, verpflichtet.[311] Entscheidend ist daher zunächst, wann ein Beweisantritt durch Vorlageanordnung
möglich ist.

aa) Urkundenbeweis nach §§ 421 ff. ZPO

Die Voraussetzungen einer Urkundenvorlage auf Beweisantritt der beweisbelasteten Partei hin hängen davon ab, ob sich die Urkunde im Besitz des Prozessgegners oder eines Dritten befindet.

---

[307] So aber: *S. Lang,* 188 ff.; *Kapoor,* 246 ff. u. 261 f.
[308] Vgl. Rechtsausschuss, BT-Drucks. 14/6036 S. 120.
[309] *Beckhaus,* 88.
[310] *Adloff,* 202.
[311] *Thole,* in: Stein/Jonas, § 284 Rn. 40.

(1) Im Besitz des Prozessgegners

Eine Urkunde, die sich im Besitz des Prozessgegners befindet, kann nach § 421 ZPO durch den Antrag, dem Gegner deren Vorlegung aufzugeben, in den Prozess eingeführt werden. Die Formulierung „in den Händen" umfasst unmittelbaren und auch mittelbaren Besitz, wenn dem mittelbaren Besitzer die Vorlage ohne weiteres möglich ist.[312] Die Urkunde ist nach einem solchen Antrag auf Urkundenvorlage vor dem Prozessgericht vorzulegen, unabhängig davon, wo dies nach materiellem Recht geschuldet wäre.[313] Wird eine nach §§ 421 i.V.m. § 422 oder § 423 ZPO angeordnete Vorlageverpflichtung nicht erfüllt, ist nach § 427 S. 1 ZPO eine negative Beweiswürdigung durch das Gericht möglich, nicht aber eine Durchsetzung mit Zwangsmitteln. Dazu ist aber erforderlich, dass entweder der Prozessgegner selbst auf diese Urkunde Bezug genommen hat (§ 423 ZPO), oder nach materiellem Recht eine Verpflichtung zur Herausgabe oder Vorlegung gegenüber dem Antragsteller besteht (§ 422 ZPO). Die Vorschrift des § 422 ZPO führt zu keiner sachlichen Erweiterung der Vorlagepflichten der nicht beweisbelasteten Partei, da sie keine eigenständige Vorlagepflicht begründet, sondern von einer bestehenden materiellrechtlichen Verpflichtung abhängig ist.[314] Sie ermöglicht lediglich die prozessuale Durchsetzung der materiellen Informationsansprüche, indem sie den aufwendigeren Weg über eine Stufenklage oder eigenständige Leistungsklage entbehrlich macht.[315]

Auch § 423 ZPO bringt aus Sicht der beweisbelasteten Partei keine erhebliche Erweiterung der Vorlagemöglichkeiten. Zwar begründet die Bezugnahme nach § 423 ZPO einen selbständigen prozessualen Vorlageanspruch[316], praktisch führt dieser aber kaum dazu, dass die beweisbelastete Partei wichtige Zusatzinformationen oder Beweismittel erlangt, da die verpflichtete Partei selbst kontrolliert, auf welche Urkunden sie Bezug nimmt.[317] Es genügt nicht, dass lediglich auf den Inhalt einer Urkunde Bezug genommen wurde.[318]

(2) Im Besitz eines Dritten

Ist ein Dritter im Besitz einer Urkunde, kann die beweisbelastete Partei den Beweis nach § 428 ZPO nicht nur dadurch antreten, dass sie beantragt, dass ihr eine Frist zur Herbeischaffung der Urkunde gesetzt wird (Alt. 1), sondern darüber hinaus auch durch einen Antrag auf Anordnung der Vorlage durch das Gericht

---

[312] *Geimer,* in: Zöller, § 421 Rn. 1; *Siebert,* in: Saenger, ZPO, § 421 Rn. 2.
[313] *Berger,* in: Stein/Jonas, § 422 Rn. 7.
[314] *Geimer,* in: Zöller, § 422 Rn. 1.
[315] *Kapoor,* 86; *Peters,* FS Gottwald, 399, 404.
[316] *Geimer,* in: Zöller, § 423 Rn. 1.
[317] *Niehr,* 38; *Koch,* 151.
[318] *Berger,* in: Stein/Jonas, § 423 Rn. 1.

nach § 142 ZPO (Alt. 2). Dabei bringt die erste Variante keine erhebliche Ausweitung der Möglichkeiten der beweisbelasteten Partei. Danach gelten gemäß
§ 429 S. 1 ZPO die gleichen prozessualen Vorlegungspflichten wie gegenüber
dem Prozessgegner. Allerdings kann eine Verpflichtung durch Bezugnahme nach
§ 423 ZPO nur dann entstehen, wenn der Dritte selbst als Streitgehilfe oder frü-
here Partei am Prozess beteiligt ist und hat daher kaum praktische Bedeutung.[319]
Eine Verpflichtung aufgrund materieller Vorlageansprüche nach § 422 ZPO ist
zwar möglich. Zur Durchsetzung steht gegenüber Dritten dann nach § 429 2. Hs.
ZPO aber nur die Möglichkeit zur Verfügung, selbständige Klage zu erheben und
diese gegebenenfalls mit Zwangsmitteln durchzusetzen.[320]

Eine deutliche Erweiterung der Möglichkeiten, eine Vorlage von Urkunden zu
veranlassen, ergibt sich aber aus der zweiten Variante des § 428 ZPO. Danach
genügt für einen Beweisantritt der Antrag, dass gegenüber dem Dritten die Vorlage der Urkunde nach § 142 Abs. 1 ZPO durch das Gericht angeordnet wird. Ein
materiellrechtlicher Anspruch auf Vorlage der Urkunde ist in diesem Fall nicht
erforderlich.[321] Das Ermessen des Gerichts im Rahmen des § 142 Abs. 1 ZPO ist
in diesem Fall so weit reduziert, dass eine Anordnung bindend ist, wenn das Gericht davon überzeugt ist, dass die Urkunde im Besitz des Dritten ist und zum
Beweis einer für den konkreten Fall erheblichen Tatsache geeignet ist und dem
Dritten die Vorlage zumutbar ist sowie diesem kein Zeugnisverweigerungsrecht
zusteht.[322]

bb) Augenscheinsbeweis nach §§ 371 ff. ZPO

Weniger eindeutig sind die Voraussetzungen beim Antritt des Beweises durch
Augenschein, der auch elektronisch gespeicherte Dokumente erfasst. Nach § 371
Abs. 1 S. 2 ZPO wird der Beweis durch elektronische Dokumente entweder durch
Vorlegung oder Übermittlung der Datei angetreten. Ausreichend ist daher sowohl
die Vorlage eines physikalischen Datenträgers als auch die unkörperliche Übertragung der Dateien.[323] Auch die Beweisaufnahme von Augenscheinsobjekten
und elektronischen Dokumenten, auf die der Beweisführer keinen Zugriff hat,
kann durch Beweisantrag veranlasst werden.

(1) Besitz oder Verfügungsgewalt

Anderes als § 421 ZPO bei der Urkunde („in den Händen") unterscheidet
§ 371 Abs. 2 S. 1 ZPO vom Wortlaut allgemein für Augenscheinsobjekte danach,

---

[319] *Berger,* in: Stein/Jonas, § 429 Rn. 1; *Huber,* in: Musielak/Voit, ZPO, § 429 Rn. 1.
[320] *K. Schreiber,* in: MüKoZPO, § 429 Rn. 2.
[321] *Greger,* in: Zöller, § 142 Rn. 11.
[322] Regierungsentwurf, BT-Drucks. 14/4722, S. 92; *Greger,* in: Zöller, § 142 Rn. 8
und 11; *Kapoor,* 234; *Leipold,* FS Gerhardt, 563, 575.
[323] *Berger,* in: Stein/Jonas, § 371 Rn. 27 f.

ob sich diese „im Besitz" des Beweisführers befinden. Da es sich bei elektronischen Dokumenten nicht um Sachen im Sinne des § 90 BGB handelt und die tatsächliche Sachherrschaft über den physikalischen Datenträger nicht auch die darauf gespeicherten Daten erfasst[324], kann für diese nicht der Besitzbegriff des bürgerlichen Rechts angelegt werden.[325] Da das Ziel der Beweisaufnahme die Aufklärung des Sachverhalts ist[326], muss es das Ziel des § 371 ZPO sein, für den Prozess erhebliche Informationen aus der Augenscheinnahme zu ziehen. Während diese Möglichkeit bei physikalischen Augenscheinsobjekten mit der tatsächlichen Sachherrschaft einhergeht, kann sie bei elektronischen Dokumenten davon unabhängig sein.[327] Daher ist stattdessen darauf abzustellen, wer technisch die Weitergabe der Daten veranlassen und somit den Erkenntnisgewinn ermöglichen kann.[328] Somit kommt es darauf an, wer in diesem Sinne die Verfügungsgewalt über die Dateien hat.[329]

(2) Gegenüber dem Prozessgegner

Gemäß § 371 Abs. 2 S. 1 ZPO kann bei Augenscheinsobjekten, über die die beweisführende Partei keine Verfügungsgewalt hat, der Beweis durch den Antrag an das Gericht, entweder eine Frist zu dessen Herbeischaffung zu setzen oder die Einsichtnahme des Augenscheins nach § 144 ZPO anzuordnen, angetreten werden. Wird eine Fristsetzung nach § 371 Abs. 2 S. 1 Alt. 1 ZPO beantragt, benötigt der Beweisführer auch hierfür einen materiellen Anspruch (§ 422 ZPO), wenn nicht der Prozessgegner selbst sich auf das Beweismittel bezogen hat (§ 432 ZPO).

Die Voraussetzungen der zweiten Variante des § 371 Abs. 2 S. 1 ZPO sind schwieriger zu bestimmen. Danach kann ein Beweis auch dadurch angetreten werden, dass eine Anordnung der Vorlage durch das Gericht gemäß § 144 ZPO beantragt wird. Hier stellt sich, wie auch bei der Anordnung von Amts wegen, die Frage, ob dies bedeutet, dass eine Vorlage durch das Gericht auch dann angeordnet werden kann, wenn die beweisführende Partei weder einen materiellen Anspruch darauf gegen die Gegenpartei hat, noch letztere sich auf das fragliche Beweismittel bezogen hat. Der Grund für die Schwierigkeiten bei der Bestimmung der Voraussetzungen eines Beweisantritts nach § 371 Abs. 2 S. 1 Alt. 2 ZPO ist die nicht eindeutige Verweisung in § 371 Abs. 2 S. 2 ZPO auf eine

---

[324] *Berger,* NJW 2005, 1016, 1017.

[325] *Berger,* in: Stein/Jonas, § 371 Rn. 21.

[326] *Greger,* in: Zöller, Vorb. § 284 Rn. 1.

[327] *Berger,* in: Stein/Jonas, § 371 Rn. 21; *Berger,* NJW 2005, 1016, 1017.

[328] *Berger,* in: Stein/Jonas, § 371 Rn. 22.

[329] *Greger,* in: Zöller, § 371 Rn. 3a; *Hartmann,* in: Baumbach/Lauterbach/Albers/ Hartmann, ZPO, § 371 Rn. 7; *Zimmermann,* in: MüKoZPO, § 371 Rn. 14; *Berger,* NJW 2005, 1016, 1017.

„entsprechende" Geltung der §§ 422–432 ZPO. Dies könnte so zu verstehen sein, dass die §§ 422 und 423 ZPO auch auf Augenscheinsobjekte anwendbar sind und deren Anordnung zum Beweisantritt dem Beweisgegner (parallel zum Urkundenbeweis) nur dann aufgegeben werden kann, wenn dieser sich darauf bezogen hat oder der Beweisführer einen materiellrechtlichen Anspruch darauf hat.[330] Dies würde allerdings die Möglichkeit der Vorlage von Augenscheinsobjekten gegenüber der vor der Reform des Zivilprozessrechts von 2002 bestehenden Rechtslage einschränken und damit die Intention des Gesetzgebers, diese zu erweitern, konterkarieren.[331] Mit Verweis auf den Willen des Gesetzgebers wird daher vertreten, dass, wie bei der gerichtlichen Anordnung, auch beim Beweisantritt nach §§ 371 Abs. 2 S. 1 Alt. 2, 144 Abs. 1 ZPO weder ein materieller Anspruch noch eine vorangegangene Bezugnahme der Gegenpartei erforderlich ist.[332] Für die §§ 422 und 423 ZPO fehle es an der in §§ 371 Abs. 2 S. 2 ZPO erwähnten Entsprechung.[333] In den Gesetzesmaterialien wird aber nur für die Anordnung gegenüber Dritten ausdrücklich erwähnt, dass diese ohne materiellen Vorlageanspruch möglich sein soll.[334] Auch widerspricht es der Intention des Gesetzgebers bei Beschluss des Formvorschriftenanpassungsgesetzes, dass elektronische Dokumente bezüglich des Beweisantritts und der Vorlagepflicht wie Augenscheinsgegenstände behandelt werden, da sie insofern ausnahmsweise den Urkunden entsprechend behandelt werden sollten.[335] Anders als für die Anordnung von Amts wegen sollte daher die Möglichkeit des Beweisantritts durch die Änderungen des ZPO-Reformgesetzes nicht erweitert werden. Um systematische Widersprüche so weit wie möglich zu vermeiden und dem Willen des Gesetzgebers zu entsprechen, ist daher, aufgrund der Ähnlichkeit zu den Urkunden, nur für den Beweisantritt mit elektronischen Dokumenten, die sich in der Verfügungsgewalt des Prozessgegners befinden, ein materieller Vorlageanspruch oder die Bezugnahme nach §§ 422, 423 ZPO zu fordern.[336] Für Augenscheinsgegenstände, die keine elektronischen Dokumente sind, ist für den Beweisantritt nach §§ 371 Abs. 2 S. 1 Alt. 2, 144 Abs. 1 ZPO lediglich ein Antrag an das Gericht erforderlich. Ist das Gericht davon überzeugt, dass der Dritte im Besitz des Gegenstandes ist und die Augenscheinnahme geeignet erscheint, die Tatsache zu beweisen, hat es keinen Ermessensspielraum, sondern muss die Beweisaufnahme anordnen, soweit die allgemeinen Voraussetzungen des Beweisantritts erfüllt

---

[330] *Berger,* in: Stein/Jonas, § 371 Rn. 7; *Fritsche,* in: MüKoZPO, § 144 Rn. 25.

[331] Rechtsausschuss, BT-Drucks. 14/6036, S. 120; *Kapoor,* 266.

[332] *I. Bach,* in: BeckOK ZPO, § 371 Rn. 8.1; *Huber,* in: Musielak/Voit, ZPO, § 371 Rn. 14; *Zimmermann,* in: MüKoZPO, § 371 Rn. 16; *Ahrens,* Kap. 22 Rn. 54; *Beckhaus,* 124.

[333] *Zimmermann,* in: MüKoZPO, § 371 Rn. 16.

[334] *Berger,* in: Stein/Jonas, § 371 Rn. 8.

[335] Regierungsentwurf, BT-Drucks. 14/4987, S. 23; *Kapoor,* 267.

[336] *Kapoor,* 270 ff.; dem folgend *Greger,* in: Zöller, § 371 Rn. 4a.

sind, die Vorlage dem Beweisgegner zumutbar ist und kein Zeugnisverweigerungsrecht besteht.[337]

(3) Bei Dritten

Wenn eine am Prozess nicht beteiligte Person Augenscheinsgegenstände in ihrem Besitz oder die Verfügungsgewalt über elektronische Dokumente hat, kann
die Beweisaufnahme in beiden Fällen gemäß § 371 Abs. 2 S. 1 ZPO angetreten
werden. Die Problematik der Auslegung des § 371 Abs. 2 S. 2 ZPO stellt sich in
dieser Konstellation nicht, da der Verweis auf die §§ 422–432 ZPO auch § 428
ZPO einschließt, der wiederum in seiner zweiten Variante ausdrücklich auf die
Möglichkeit einer Anordnung nach § 144 ZPO verweist und somit den ausdrücklichen Willen des Gesetzgebers für den Fall des Besitzes eines Dritten umsetzt,
dass ihm gegenüber eine Anordnung auch ohne materiellen Anspruch ergehen
kann.[338] Die Verpflichtung besteht allerdings nur, soweit die Vorlage oder Duldung der Augenscheinnahme dem Dritten zumutbar ist und dieser nicht aus einem persönlichen (nach § 383 ZPO) oder sachlichen Grund (nach § 384 ZPO)
zur Zeugnisverweigerung berechtigt ist.

Sind die Voraussetzungen erfüllt, hat das Gericht auch hier kein Ermessen.[339]
Die Anordnung hat bei Vorliegen der Voraussetzungen zu ergehen und begründet
eine prozessuale Verpflichtung des Dritten, die fraglichen Augenscheinsobjekte
vorzulegen oder zu übermitteln.[340] Da die Gefahr negativer Auswirkungen auf
den Prozessausgang nicht geeignet ist, einen Dritten zur Mitwirkung zu veranlassen, ist § 371 Abs. 3 ZPO nicht auf die Vereitelung der Beweisaufnahme durch
Dritte anwendbar. Die Verpflichtung zur Vorlage oder Übermittlung von Dateien
durch Dritte kann aber durch Zwangsmittel (Ordnungsgeld oder Ordnungshaft)
nach §§ 371, Abs. 2 S. 1 Alt. 2, 144 Abs. 2 S. 2, 390 ZPO durchgesetzt werden.

d) Selbstständiges Beweisverfahren §§ 485 ff. ZPO

Auch in Deutschland besteht zudem die Möglichkeit, die Vorlage mancher
Beweismittel durch den (potentiellen) Anspruchsgegner oder Dritte im Rahmen
eines selbständigen Beweisverfahrens vor Klageerhebung und ohne einen nachgewiesenen oder glaubhaft gemachten materiellen Informationsanspruch zu erwirken. Insbesondere aufgrund der fehlenden Möglichkeit der zwangsweisen
Durchsetzung wird vor allem bei potentiellen Verletzungen von Immaterialgüterrechten ein selbständiges Beweisverfahren mit dem Beweismittel des gericht-

---

[337] Regierungsentwurf, BT-Drucks. 14/4722, S. 90 f.; *Huber*, in: Musielak/Voit, ZPO,
§ 371 Rn. 14.

[338] Regierungsentwurf, BT-Drucks. 14/4722, S. 90 f.; *Kapoor*, 272 f.

[339] *Ahrens*, Kap. 22 Rn. 54.

[340] *Berger*, in: Stein/Jonas, § 371 Rn. 14.

lichen Sachverständigengutachtens regelmäßig zusammen mit einer auf die Duldung dieser Begutachtung gerichteten einstweiligen Verfügung beantragt und angeordnet, was als „Düsseldorfer Praxis" oder „Düsseldorfer Modell" bekannt ist.[341]

aa) Beweissicherung

Nach § 485 Abs. 1 ZPO kann während oder außerhalb eines Verfahrens auf Antrag einer Partei die Anordnung der Einnahme des Augenscheins (sowie die Vernehmung von Zeugen oder die Begutachtung durch einen Sachverständigen, nicht aber von Urkunden) angeordnet werden. Dafür ist aber erforderlich, dass entweder beide Parteien zustimmen oder die Gefahr besteht, dass die fraglichen Beweismittel verloren gehen oder ihre Benutzung erschwert wird. Eine selbstständige Beweisaufnahme unter Zustimmung der Gegenseite gemäß § 485 Abs. 1 Alt. 1 ZPO ist schon von ihrer Anlage her nicht geeignet eine Vorlage von Beweismitteln herbeizuführen, die über die freiwillige Mitwirkung der nicht beweisbelasteten Partei hinausgeht.

Anders ist dies im Fall der Anordnung aufgrund drohenden Verlusts oder der erschwerten Benutzung nach § 485 Abs. 1 Alt. 2 ZPO. Die darin enthaltene Möglichkeit, eine Beweiserhebung ohne Zustimmung des Gegners außerhalb eines Hauptsacheverfahrens anzuordnen, schafft eine weitergehende Möglichkeit der Veranlassung der Vorlage von Beweismaterial, da hier keine Erheblichkeits- oder Schlüssigkeitsprüfung stattfindet, sodass hier eine weniger enge Bindung des Beweisthemas an den Hauptanspruch besteht.[342] Allerdings ist eine Vorlage von Dateien im Rahmen des selbstständigen Beweisverfahrens ohne Zustimmung des Gegners nur anzuordnen, wenn das Risiko des Verlusts oder der erschwerten Benutzung glaubhaftgemacht wurde und ein Rechtsschutzinteresse an der Sicherung der Beweise besteht, sodass die Regelung nur begrenzt Anwendung findet. Die antragstellende Partei muss zudem nach § 487 ZPO im Antrag das Beweisthema und die Beweismittel bezeichnen. Es sind konkrete Tatsachen anzugeben, über die Beweis erhoben werden soll, damit diese nachher in der gerichtlichen Anordnung, verbunden mit den Beweismitteln, bezeichnet werden können, § 490 Abs. 2 ZPO. Auf die Erfolgsaussichten des Hauptverfahrens kommt es hingegen nicht an, da ansonsten eine vorweggenommene Beweiswürdigung stattfinden würde.[343] Das erforderliche Rechtsschutzinteresse besteht dann, wenn ein Verfahren entweder bereits anhängig ist oder möglicherweise zu erwarten ist, wobei die Person des potentiellen Verfahrensgegners nicht bekannt zu sein braucht.[344]

---

[341] *Kuta,* 32 ff.

[342] BGH, Beschl. v. 20.10.2009 – VI ZB 53/08, MDR 2010, 39, 41; BGH Beschl. v. 4.11.1999 – VII ZB 19/99, NJW 2000, 960, 961; *J. Lang,* 43; *S. Lang,* 19; *Beckhaus,* 132.

[343] *Berger,* in: Stein/Jonas, § 485 Rn. 10.

[344] *Herget,* in: Zöller, § 485 Rn. 1.

Für die Fälle nach § 485 Abs. 1, 2. Alt ZPO folgt es ansonsten bereits aus dem Verlust- oder Verschlechterungsrisiko und dem Zweck der Beweissicherung und entfällt nur in Ausnahmefällen, zum Beispiel wenn die Beweiserhebung erkennbar nutzlos wäre.[345] Soweit es vom Vorliegen dieser Voraussetzungen überzeugt ist, hat das Gericht kein Ermessen, sondern muss die Anordnung vornehmen.[346]

Elektronisch gespeicherte Dokumente spielen in der obergerichtlichen Praxis hierzu anscheinend bisher keine bedeutende Rolle. Dabei sind verschiedene Konstellationen denkbar, in denen solche Daten oder zumindest deren Aussagewert verlorengehen können. So kann es schon ausreichen, dass ein Interesse daran besteht, Daten zu ändern, um etwa Softwaremängel zu beheben.[347] Insbesondere nur temporär gespeicherte Daten sind regelmäßig vom Verlust bedroht.[348]

bb) Rechtliches Interesse an Sachverständigengutachten

Ohne die Gefahr, dass das Beweismittel verloren geht oder seine Benutzung erschwert wird, ist in einem selbständigen Beweisverfahren ohne Zustimmung des Vorlagepflichtigen nur die Einholung eines Sachverständigengutachtens in den Fällen des § 485 Abs. 2 ZPO möglich. Beweisthema kann in dieser Konstellation ausschließlich der Zustand einer Person oder Sache (auch deren Wert) sowie die Ursache eines Personenschadens, Sachschadens oder Sachmangels oder der Aufwand für deren Beseitigung sein. Darüber hinaus ist dann aber ausdrücklich ein rechtliches Interesse an der Feststellung erforderlich (und nicht nur ein allgemeines Rechtschutzbedürfnis). Ein solches rechtliches Interesse ist nach § 485 Abs. 2 S. 2 ZPO ausdrücklich dann anzunehmen, wenn die Feststellung der Vermeidung eines Rechtsstreits dienen kann. Soweit die erforderliche Unsicherheit über das Beweisthema besteht, ist das rechtliche Interesse weit zu verstehen und fehlt nur dann, wenn zwischen Antragsteller und Antragsgegner keine Sonderverbindung besteht und weder ein möglicher Prozessgegner noch ein Anspruch ersichtlich sind.[349]

cc) Anordnungen der Vorlage nach §§ 142, 144 ZPO
und §§ 371 Abs. 2 i.V.m. 144 ZPO

Problematisch ist auch im selbständigen Beweisverfahren die Frage, ob eine Partei gegen ihren Willen zur Mitwirkung durch die Vorlage oder Übermittlung

---

[345] *Kratz,* in: BeckOK ZPO, § 485 Rn. 26; *Kuta,* § 63 f.

[346] *Berger,* in: Stein/Jonas, § 485 Rn. 2; *Hartmann,* in: Baumbach/Lauterbach/Albers/Hartmann, ZPO, § 485 Rn. 4.

[347] *Müller,* in: Auer-Reinsdorff/Conrad, § 44 Rn. 65.

[348] *Huber,* in: Musielak/Voit, ZPO, § 485 Rn. 10.

[349] BGH, Beschl. v. 16. 9. 2004 – III ZB 33/04, NJW 2004, 3488, 3488; *Herget,* in: Zöller, § 485 Rn. 7a; *Kuta,* 65 f.

von Dateien verpflichtet werden kann. In § 492 ZPO wird für die Beweiserhebung auf die „überhaupt geltenden" Vorschriften zur Beweiserhebung für die jeweiligen Beweismittel verwiesen. Teilweise wird angenommen, dass auch eine gerichtliche Anordnung von Amts wegen nach §§ 142, 144 ZPO ergehen kann.[350] Dafür, dass die Verweisung in § 492 ZPO auf die für die Beweismittel allgemein geltenden Vorschriften die §§ 142, 144 ZPO nicht erfasst, spricht allerdings, dass diese systematisch nicht im zweiten Buch der ZPO über die Beweisaufnahme, sondern im ersten Buch bei den allgemeinen Vorschriften für den Zivilprozess stehen und dort im dritten Abschnitt des ersten Teils enthalten sind, was für eine Geltung ausschließlich in mündlichen Verfahren spricht.[351] Eine „mündliche Verhandlung" findet im selbständigen Beweisverfahren aber selbst dann, wenn ein Termin anberaumt wird, nicht statt, da die Beteiligten nicht über einen Rechtsstreit gemäß § 128 ZPO verhandeln.[352] Auch der Sinn und Zweck der Anordnung von Amts wegen steht der Anwendung entgegen. Die Vorlage auf Anordnung von Amts wegen kann neben der Information des Gerichts auch zur Beweiserhebung erfolgen, sie soll aber eine beweisbelastete Partei gerade nicht von ihrer Darlegungslast befreien und ist daher an deren vorherigen schlüssigen Vortrag gebunden.[353] Für eine Anordnung von Amts wegen nach §§ 142, 144 ZPO wäre daher die Schlüssigkeit des Tatsachenvortrags der beweisbelasteten Partei und die Erheblichkeit etwaiger Beweismittel für das Verfahren erforderlich, die im selbstständigen Beweisverfahren gerade nicht zu prüfen sind und auch überhaupt nicht geprüft werden können.[354] Im Ergebnis ist daher eine gerichtliche Anordnung der Vorlage nach §§ 142, 144 ZPO ohne Antrag einer Partei im selbstständigen Beweisverfahren nicht möglich.[355] Auch die Argumentationslinie in der jüngsten Entscheidung des BGH[356] zu dieser Frage führt, obwohl die Anwendbarkeit dort ausdrücklich offengelassen wurde, zu diesem Schluss.[357]

Über den Verweis auf die Vorschriften zur Beweiserhebung bezüglich Augenscheinsobjekten und damit die §§ 371 ff. ZPO wird aber wiederum für den Fall,

---

[350] OLG Düsseldorf, Beschl. v. 30.1.2014 – 5 W 84/13, MDR 2014, 926, 926; KG Berlin, Beschl. v. 21.10.2005 – 7 W 46/05, NJW-RR 2006, 241, 241; *Schlosser,* FS Sonnenberger, 135, 150; *Berger,* in: Stein/Jonas, § 492 Rn. 11; OLG Frankfurt a. M., Beschl. v. 6.2.2003 – 12 W 12/03, BeckRS 2013, 18862.

[351] KG Berlin, Beschl. v. 10.4.2013 – 9 W 94/12, NJW 2014, 85, 85; *Willer,* NJW 2014, 22, 23.

[352] KG Berlin, Beschl. v. 10.4.2013 – 9 W 94/12, NJW 2014, 85, 86.

[353] KG Berlin, Beschl. v. 10.4.2013 – 9 W 94/12, NJW 2014, 85, 86.

[354] BGH, Beschl. v. 29.11.2016 – VI ZB 23/16; NJOZ 2017, 1055, 1056 f.

[355] OLG Karlsruhe, Beschl. v. 12.8.2013 – 6 W 56/13, GRUR-Prax 2014, 184, 184; *Herget,* in: Zöller, § 492 Rn. 1; *Huber,* in: Musielak/Voit, ZPO, § 492 Rn. 1; auch wenn dies dort ausdrücklich offen gelassen wurde mit starker Tendenz auch BGH, Beschl. v. 29.11.2016 – VI ZB 23/16, NJOZ 2017, 1055, 1056 f.; KG Berlin, Beschl. v. 10.4. 2013 – 9 W 94/12, NJW 2014, 85, 86.

[356] BGH, Beschl. v. 29.11.2016 – VI ZB 23/16, NJOZ 2017, 1055, 1055 ff.

[357] *Meller-Hannich,* MDR 2017, 752.

dass eine Partei den Beweis im selbständigen Beweisverfahren mit Augenscheins-objekten beantragt, über die sie nicht verfügt, auf die Anordnung gegenüber dem Antragsgegner oder Dritten nach § 144 ZPO verwiesen.[358] Es handelt sich dann aber nicht um eine Anordnung von Amts wegen und es sind gemäß § 487 ZPO unter anderem das Beweisthema und das Beweismittel hinreichend genau zu be-zeichnen. Zudem gilt dann das oben zum Beweisantritt nach §§ 371, 144 ZPO gesagte, mit dem Unterschied, dass kein schlüssiger Sachverhalt und keine Er-heblichkeit der Beweiserhebung erforderlich ist.

dd) Wirkung der Anordnung

Zwar kann die Anordnung nicht mit Zwangsmitteln durchgesetzt werden, die selbständige Beweiserhebung steht aber gemäß § 493 Abs. 1 ZPO der Beweisauf-nahme gleich, soweit sich eine Partei auf die darin behandelten Tatsachen beruft und nach § 492 Abs. 1 ZPO gelten die Vorschriften über die Beweisaufnahme entsprechend, sodass für Augenscheinsobjekte die §§ 371 ff. ZPO anzuwenden sind[359]. Daraus ergibt sich, dass auch das Unterlassen der Mitwirkung bei der selbstständigen Beweiserhebung, wie in der Beweisaufnahme, das Risiko der negativen Beweiswürdigung gemäß § 371 Abs. 3 ZPO im Rahmen eines etwaig anschließenden Verfahrens zur Folge hat.

e) Zwischenergebnis

Auch unabhängig von materiellen Informationsansprüchen bestehen innerhalb eines Zivilprozesses Möglichkeiten, die Parteien und Dritte zur Vorlage von Do-kumenten und Augenscheinsobjekten zu veranlassen. Zwar ist die Möglichkeit der beweisbelasteten Partei, die Vorlage vom Prozessgegner durch einen Beweis-antritt zu veranlassen, bezüglich Urkunden und elektronischen Dokumenten stark beschränkt, da der Prozessgegner selbst sich zuvor auf diese bezogen haben muss, wenn der Beweisführer keinen materiellen Anspruch auf die Vorlage hat.[360] In Bezug auf sonstige Augenscheinsgegenstände oder Urkunden und elek-tronische Dokumente, die sich im Besitz oder der Verfügungsgewalt von Dritten befinden, ist ein Beweisantritt aber auch ohne materiellen Anspruch oder die Be-zugnahme der Gegenseite durch einen bloßen Antrag auf Anordnung möglich.[361] Die Parteien haben dadurch die Möglichkeit, die Vorlage im Rahmen der Be-weisaufnahme zu beantragen, soweit sie substantiiert vortragen und die Beweis-mittel hinreichend genau bezeichnen können.[362] Noch weiter ist es dem Gericht

---

[358] *Willer,* NJW 2014, 22, 23.
[359] *Berger,* in: Stein/Jonas, § 492 Rn. 11; *Herget,* in: Zöller, § 492 Rn. 1; *Beckhaus,* 132.
[360] Siehe oben D. III. 6. c) aa) (1).
[361] Siehe oben ab D. III. 6. c) aa) (2).
[362] Dazu ausführlich unten E. III. 1. c) bb).

möglich, von Amts wegen nach pflichtgemäßem Ermessen, die Vorlage von Urkunden sowie elektronischen Dokumenten und sonstigen Augenscheinsobjekten durch die Prozessparteien und Dritte anzuordnen.[363] Dafür ist lediglich ein substantiierter Tatsachenvortrag und die vorherige Bezugnahme einer Partei – auch der beweisbelasteten – erforderlich und kein materieller Vorlageanspruch.[364] Im selbständigen Beweisverfahren ist eine Vorlageverpflichtung in engen Grenzen und vor allem zur Beweissicherung auch ohne materiellen Anspruch und schon vor Klageerhebung möglich.[365]

7. Zwischenergebnis zu den Mitteln der Informationsbeschaffung in Deutschland

Die Auswertung der Rechtslage in Deutschland zeigt, dass auch hier vielfältige Mitwirkungsverpflichtungen als Mittel der Informationsbeschaffung aus Urkunden und elektronisch gespeicherter Dokumente oder sonstiger Augenscheinsobjekte bestehen. Zwar ist die Herangehensweise an die Lösung des Problems des Informationsgefälles (potentieller) Parteien eines Rechtsstreits anders als in den USA und England, da in Deutschland keine allgemeine Aufklärungspflicht besteht und zum Teil versucht wird, die Beseitigung der Informationsnot durch eine Verschiebung der Beweislast oder der Darlegungslast zu erreichen.[366] Schon darin zeigt sich aber, dass die Überwindung bestehender Informationsungleichgewichte auch in Deutschland in zahlreichen Situationen für notwendig erachtet wird. Darüber hinaus ist auch in Deutschland wie in den USA und England anerkannt, dass die direkte Mitwirkung nichtbeweisbelasteter Parteien und Dritter zu diesem Zweck erforderlich sein kann. Dies kommt zum einen in den zahlreichen gesetzlich geregelten materiellen Informationsansprüchen und zum anderen in den von materiellen Informationsansprüchen unabhängigen prozessualen Möglichkeiten, die Gegenseite zur Mitwirkung zu veranlassen, zum Ausdruck. Die bestehenden Regelungen im deutschen Recht belegen, dass auch hier kein absoluter Grundsatz besteht, wonach Parteien nicht direkt durch die Vorlage von Dokumenten an einer für sie ungünstigen Sachverhaltsermittlung mitwirken müssen.[367] Auch ein Regel-Ausnahme-Verhältnis derart, dass die nicht risikobelastete Partei nur in wenigen eng begrenzten Ausnahmefällen zur Mitwirkung verpflich-

---

[363] Siehe oben D. III. 6. b).

[364] Siehe zu den Voraussetzungen weitergehend unten ab E. III. 1. c) bb).

[365] D. III. 6. d).

[366] Siehe oben ab D. III. 2.

[367] So unter anderem auch *Greger*, in: Zöller, Vorb § 284 Rn. 34d; *Adloff*, 462 f.; *Dunz*, NJW 1956, 769, 770; *Lorenz*, ZZP 1998, 35, 42; *Osterloh-Konrad*, 108; *Peters*, § 103 ff.; *Saenger*, ZZP 2008, 139, 146; *R. Stürner*, FS Stoll, 691, 700; *Wagner*, JZ 2007, 706, 711; *Waterstraat*, ZZP 2005, 459, 476; *Zekoll/Bolt*, NJW 2002, 3129, 3130.

tet ist, besteht insgesamt im deutschen Zivilrecht zumindest heute nicht mehr.[368] Die bestehenden Mittel zur Informationsbeschaffung für Zivilprozesse in Deutschland weisen nach, dass eine Verpflichtung der Prozessparteien und Dritter auf Auskunft über Tatsachen oder, wenn auch seltener, die Vorlage von Dokumenten, auch im deutschen Recht nicht systemfremd sind. Stattdessen spricht die Vielzahl an Möglichkeiten zur Informationsbeschaffung und Vorlageverpflichtung eindeutig dafür, dass dem Bedürfnis einer Partei, sich bezüglich solcher Sachverhalte zu informieren, von denen sie keine Kenntnis hat, die aber für die Durchsetzung ihrer Rechte von Bedeutung sind, auch in Deutschland Vorrang vor den Interessen der Parteien und von Dritten, die den Zugriff auf diese haben, eingeräumt werden kann.

IV. Ergebnis

Die Ergebnisse in diesem Teil sprechen nicht nur aufgrund der bestehenden prozessualen Aufklärungspflicht in England, sondern auch durch die selbst in Deutschland bestehenden weit verbreiteten Möglichkeiten der Informationsbeschaffung und Vorlagepflichten dafür, dass nicht schon die Herangehensweise einer allgemeinen prozessualen Aufklärungspflicht einen Unterschied bewirkt, der dazu führt, dass die *e-discovery* mit dem Verständnis der zum Zweck der Rechtsdurchsetzung erforderlichen Datenverarbeitung unvereinbar ist. Selbst in Deutschland gehen die Situationen, in denen die Mitwirkung der Parteien und Dritter für den Zivilprozess erforderlich sein kann, im Ergebnis weit über enge Ausnahmesituationen hinaus. Dies spricht für ein Verständnis der notwendigen Informationsbeschaffung auch innerhalb der EU, nachdem auch eine allgemeine prozessuale Aufklärungspflicht mit dem Unionsrecht vereinbar und die Offenlegung zu diesem Zweck somit auch erforderlich im Sinne des Art. 49 Abs. 1 lit. e DS-GVO sein kann. Der unterschiedliche Ansatz der Regelungssysteme führt aber zu einer Ausgangsposition mit umgekehrten Vorzeichen.[369] Während in den USA und England regelmäßig alle relevanten[370] elektronisch (und analog) gespeicherten Informationen offenzulegen sind und auf Anfrage Einsicht darin zu gewähren ist, wenn nicht ein Ausnahmetatbestand dem entgegensteht, ist nach deutschem Recht nicht ohne Weiteres eine Offenlegung vorgesehen, sondern nur in den aufgezeigten Situationen. Für die genauere Beurteilung des Umfangs der *e-discovery* ist daher entscheidend, wie sich die unterschiedliche Herangehensweise und die konkrete Ausgestaltung auf das Maß der geforderten Datenverarbeitung auswirken.

---

[368] Im Egebnis so auch *Beckhaus,* 256.
[369] Vgl. auch *Brandt,* 141.
[370] Siehe zum erforderlichen Bezug der Dokumente zum Verfahren ausführlich unten E. I. 1. b) und E. II. 1. c).

E. Umfang und Grenzen der Dokumentenvorlage

Für die Beurteilung der *e-discovery* aus datenschutzrechtlicher Perspektive kommt es entscheidend darauf an, ob durch die Ausgestaltung der Vorlagepflicht der *discovery* tatsächlich die Datenübermittlung in einem Umfang gefordert ist, der nicht mehr mit den Grundprinzipien des Datenschutzrechts vereinbar ist. Hierzu wird angemahnt, das europäische Datenschutzrecht verstehe die erforderliche Relevanz für ein konkretes Verfahren im Hinblick auf funktional äquivalente Regelungen in Mitgliedsstaaten direkt und objektiv, während nach US-Recht ausreichend sei, dass die Daten nur irgendwie zu prozessrelevanten Informationen führen könnten.[1] Die US-*discovery* sei prinzipiell grenzenlos.[2] Gegen die Vereinbarkeit spreche, dass exzessive *discovery* ohne spätere Verwendung der Daten üblich sei.[3] Auch sei das Verständnis relevanter Dokumente im US-Recht sehr weit.[4]

Ob aber der Umfang der Datenverarbeitung zum Zweck der Verwendung im Zivilprozess in Deutschland und England tatsächlich für ein so enges Verständnis des „erforderlichen" Maßes spricht und die *discovery* zudem so grenzenlos ist, dass sie nicht mehr von Art. 49 Abs. 1 lit. e DS-GVO erfasst sein kann, ist durchaus fraglich. Dies hängt davon ab, wie weit der Umfang der *e-discovery* bezüglich solcher Dokumente, die auch europäischem Datenschutzrecht unterliegen, überhaupt reicht. Dafür kommt es zum einen darauf an, wie eng die geforderte inhaltliche Bindung an das konkrete Verfahren ist, die die Dokumente mindestens aufweisen müssen, damit eine Vorlagepflicht bestehen kann. Zum anderen sind die Beschränkungen zu beachten, die eine Vorlage von Dokumenten auch dann ausschließen, wenn diese die erforderliche inhaltlich Bindung an den Sachverhalt des Verfahrens aufweisen. Je höher die inhaltlichen Anforderungen an die Bindung an den zugrundeliegenden Sachverhalt und je enger die Beschränkungen der Vorlagemöglichkeiten sind, desto eher liegt die Verarbeitung im Rahmen dessen, was zur Erreichung des legitimen Ziels der Sachverhaltsaufklärung im Zivilverfahren erforderlich ist.

I. Umfang und Grenzen der *e-discovery*

Der Umfang und die Grenzen der *e-discovery* ergeben sich zum einen aus den Voraussetzungen für die Verpflichtung zur Offenlegung, wonach nur solche Do-

---

[1] *Deutlmoser/Filip,* in: Hoeren/Sieber/Holznagel, Teil 16.6 Rn. 18.
[2] *von dem Busche,* in: Plath, BDSG-alt, 2. Aufl., § 4c Rn. 14.
[3] *Lux/Glienke,* RIW 2010, 603, 605; im Ergebnis wohl auch *Posdziech,* 141.
[4] *Geercken/Holden/Rath/Surguy/Stretton,* CRi 2010, 65.

kumente erfasst sind, die „relevant" für das Klagebegehren oder die Verteidigung dagegen sind und deren Vorlage verhältnismäßig ist.[5] Zum anderen wird die *discovery* wiederum durch Weigerungsrechte für gewisse Situationen und Arten von Informationen und Dokumenten eingeschränkt.

1. Inhaltlicher Bezug zum Verfahren

Aus inhaltlicher Sicht sind von der Verpflichtung zur *discovery* zunächst nur solche Dokumente erfasst, die „relevant" sind für das Klagebegehren oder die Einwände dagegen. Es ist daher zum einen entscheidend, wie eng der Bezug durch die erforderliche Relevanz an den zugrundeliegenden Sachverhalt ist, und zum anderen darüber hinaus auch, wie genau dieser zuvor bestimmt werden muss. War bis zu einer Gesetzesänderung im Jahr 2000 noch ausreichend, dass Informationen für den Streitgegenstand relevant waren, ist nun ausdrücklich Relevanz für die geltend gemachten Ansprüche erforderlich.[6] Vor dieser Änderung war die nötige Relevanz nur dann nicht gegeben, wenn die verlangte Information in keinem Zusammenhang zum streitgegenständlichen Sachverhalt stand.[7] Auch wenn hierzu schon Ende der 1970er Jahre Reformen angeregt worden waren, blieb dieses sehr weit gefasste Relevanzkriterium bis zur Änderung im Jahr 2000 bestehen.[8] Die Änderung begrenzt nun den Umfang der *discovery,* indem der Fokus der Parteien auf die Klagebegehren gelenkt wird.[9] Anstoß dafür waren Bedenken bezüglich der Kosten und möglichen Verzögerungen in der *discovery*-Phase, die mit übermäßig weiten Auskunftsverlangen einhergingen.[10] Die Möglichkeit des Gerichts, bei Vorliegen eines guten Grundes durch Anordnung zum vor 2000 geltenden weiteren Standard zurückzukehren und die Relevanz für den Streitgegenstand ausreichen zu lassen, wurde mit einer weiteren Reform im Jahr 2015 gestrichen.[11]

Da die Relevanz nur festgestellt werden kann, indem der Bezug zu den Ansprüchen und Erwiderungen der Parteien geprüft wird, kommt es zunächst darauf an, wie ausführlich und detailliert diese zuvor durch die Schriftsätze der Parteien festgelegt werden müssen.[12] Erfüllt die Klageschrift die geforderten Anforderun-

---

[5] Vgl. auch *The Sedona Conference,* International Principles on Discovery, Disclosure & Data Protection in Civil Litigation (Transitional Edition), 14.

[6] *Advisory Committee on Civil Rules* on Rule 26(b) – 2000 Amendment.

[7] Oppenheimer Fund, Inc. v. Sanders, 437 U.S. 340, 351 (1978); San Diego Unified Port District v. National Union Fire Insurance Company of Pittsburg, PA, 2017 WL 3877731 (S.D. Cal. 2017); *Junker,* Discovery, 118.

[8] Zu den Reformvorschlägen siehe: *Junker,* Discovery, 118.

[9] *Advisory Committee on Civil Rules* on Rule 26(b) – 2000 Amendment.

[10] *Advisory Committee on Civil Rules* on Rule 26(b) – 2000 Amendment.

[11] *Advisory Committee on Civil Rules* on Rule 26(b) – 2015 Amendment.

[12] Vgl. *Timke,* 168.

gen nicht, kann der Beklagte einen Antrag auf Abweisung der Klage noch vor Beginn der *pretrial*-Phase stellen, FRCP 12(b)(6), und es findet keine *discovery* statt, wenn diesem stattgegeben wird. Werden geringe inhaltliche Anforderungen an die Schriftsätze (insbesondere die Klageschrift) gestellt, sodass auch weitläufige und vage Angaben ausreichen, so ist es in der Praxis zum einen regelmäßig einfacher möglich, in die *pretrial*-Phase zu gelangen, und zum anderen leichter, *discovery*-Ersuchen zu stellen, die das Relevanzerfordernis erfüllen. Höhere Anforderungen an die Schriftsätze verringern somit auch den in der Folge zulässigen Umfang der *discovery*.[13]

a) Inhaltliche Anforderungen an die Schriftsätze

Ausreichend für die Klageerhebung ist ein *„short and plain statement of the claim showing that the pleader is entitled to relief"*, FRCP 8(a)(2). Die Klageschrift muss also lediglich den Klageantrag und eine kurze Stellungnahme zum Sachverhalt enthalten, die darlegt, dass dem Anspruchsteller das Klagebegehren zusteht. Die gleichen Voraussetzungen werden an die Klageerwiderung (*defenses*) in FRCP 8(b)(1) gestellt. Höhere Anforderungen in Form von Einzelheiten zu den Umständen des Sachverhalts bestehen nur in ausdrücklich geregelten Ausnahmefällen, wie für Schadensersatz aufgrund Betrugs oder Irrtums in FRCP 9(b).[14] Diese gesetzliche Regelung hat seit Einführung der FRCP im Jahre 1938 Bestand. Seitdem stellt sich auch die Frage, was genau unter diesen Voraussetzungen zu verstehen ist, wann also hinreichend begründet ist, dass dem Kläger der geltend gemachte Anspruch zusteht.

aa) Hintergrund

Der Supreme Court hat zu dieser Frage, nachdem er über Jahrzehnte hinweg, unbeeindruckt von Änderungsversuchen in unteren Instanzen, nahezu unverändert sehr niedrige Anforderungen an die Klageschrift gestellt hatte, in zwei bedeutenden und viel diskutierten Entscheidungen (in den Jahren 2007 und 2009) die Anforderungen weiterentwickelt.[15] Um diese aktuelle Entwicklung der Rechtsprechung des Supreme Courts zu den Anforderungen an die Schriftsätze richtig einordnen zu können und zu verstehen, wie diese zu bewerten ist, ist ein Blick auf die Entstehung der entsprechenden Vorschriften und deren Auslegung erforderlich. Grund dafür, die heute geltenden gesetzlichen Regelungen zu den Schriftsätzen in den FRCP einzuführen, war die Unzufriedenheit mit der bis da-

---

[13] *Steinman,* 62 Stan. L. Rev. 2010, 1293, 1294 f.; *Junker,* Discovery, 103.

[14] Leatherman v. Tarrant County Narcotics Intelligence and Coordination Unit, 507 U.S. 163, 168 (1993).

[15] Ashcroft v. Iqbal, 556 U.S. 662, 662 ff. (2009); Bell Atlantic Corp. v. Twombly, 550 U.S. 544, 544 ff. (2007).

hin geltenden Rechtslage.[16] Schon vor Inkrafttreten der FRCP wurden die inhaltlichen Anforderungen an die Schriftsätze im US-Zivilprozessrecht mehrfach geändert.[17] Während im *common law* ursprünglich kaum Angaben über den Sachverhalt in Form von Tatsachen oder Beweismitteln gemacht werden mussten, weil
diese erst im Rahmen der *discovery* ermittelt wurden, wurde mit der Einführung
des sogenannten *code pleading* im 19. Jahrhundert die Aufklärung des Sachverhalts zum Zweck der Schriftsätze.[18] Danach sollten die Parteien zwar die Tatsachen vorbringen, auf die sie ihre Ansprüche oder Verteidigung stützten, durften
aber noch keinerlei Schlussfolgerungen daraus ziehen oder Beweise angeben.[19]
Diese Unterscheidung war schwer zu treffen und die Zulässigkeit der Schriftsätze
daher oft unklar.[20] Zudem wurde kritisiert, dass es, aufgrund der strengen Anforderungen an die Schriftsätze, zu sehr auf die Fähigkeiten der beteiligten Anwälte
ankam.[21] Daher wurden mit der Einführung der FRCP im Jahre 1938 die Anforderungen an die Schriftsätze gesenkt.[22] Die Abkehr vom sogenannten *fact
pleading* hin zu reinem *notice pleading* führte dazu, dass nur noch sehr geringe
inhaltliche Anforderungen an die Schriftsätze gestellt wurden.[23] Dass diese Regelung nach ihrer Einführung sehr weit verstanden wurde, hat der Supreme
Court zuerst im Jahre 1947 in der Entscheidung im Fall *Hickmann v. Taylor* deutlich gemacht.[24] Darin erläuterten die Richter, dass, anders als vor Einführung der
FRCP, die Formulierung des Sachverhalts und die abschließende Bestimmung der
Tatsachen nach dem neu gefassten FRCP 26 nicht mehr schon in den Schriftsätzen stattfindet, sondern erst in der darauf folgenden *discovery*-Phase.[25] In der
Entscheidung zu *Conley v. Gibson* im Jahr 1957 wies der Supreme Court dann
ausdrücklich darauf hin, dass eine detaillierte Angabe von Tatsachen nicht erforderlich sei, sondern lediglich eine kurze Mitteilung der geltend gemachten Ansprüche und deren Begründung.[26] Ein Klagebegehren sollte danach nur dann aufgrund der mangelnden Darstellung des Klagebegehrens abzulehnen sein, wenn
keine Zweifel daran bestehen, dass der Kläger keine Tatsachen beweisen kann,
die seine Ansprüche begründen würden.[27] Dieses sehr großzügige Verständnis

---

[16] *Dodson,* 158 U. Pa. L. Rev. 2010, 441, 447.
[17] Siehe dazu *Campbell,* 114 Penn St. L. Rev. 2010, 1191, 1191 und die Darstellung
der Unterschiede bei *Dodson,* 109 Mich. L. Rev. 2010, 53, 54 ff.
[18] *Junker,* Discovery, 99 ff.
[19] *Junker,* Discovery, 100.
[20] *Dodson,* 109 Mich. L. Rev. 2010, 53, 57; *Junker,* Discovery, 100.
[21] Conley v. Gibson, 355 U.S. 41, 47 (1957).
[22] *Steinman,* 69 Vand. L. Rev. 2016, 333, 338.
[23] *Adler,* 111; *Lorenz,* ZZP 1998, 35, 45.
[24] Hickmann v. Taylor, 329 U.S. 495, 495 ff. (1947).
[25] Hickmann v. Taylor, 329 U.S. 495, 500 f. (1947).
[26] Conley v. Gibson, 355 U.S. 41, 47 (1957).
[27] Conley v. Gibson, 355 U.S. 41, 45 f. (1957).

der Anforderungen an die Schriftsätze ermöglichte auch den bewussten Einsatz der Klageerhebung zur Gewinnung von Beweismaterialien, die sogenannten *fishing expeditions*.[28] Solange bei der Klageerhebung kaum Tatsachen zur Begründung der Ansprüche angegeben werden müssen, besteht die Möglichkeit, erst durch die anschließende *discovery* die Informationen zu erlangen, auf die die ursprüngliche oder eine andere Klage gestützt wird. Diese Grundsätze wurden allerdings in den Jahren 2007 und 2009 durch den Supreme Court in zwei der meistzitierten Entscheidungen seiner Geschichte weiterentwickelt.[29]

bb) Rechtsprechungsänderung im Jahr 2007

Obwohl FRCP 8 in diesen Punkt nicht geändert wurde und die Anforderungen der Entscheidung in *Conley v. Gibson* Bestand hatte, zeigen sich in den unteren Instanzen seit Jahrzehnten Tendenzen hin zu erhöhten Anforderungen an den Tatsachenvortrag der Klägerpartei, was zumindest zum Teil Anlass für die Änderung der Rechtsprechung des Supreme Courts gewesen sein könnte.[30] Dieser wich im Jahr 2007 in der Entscheidung im Fall *Bell Atlantic Corp. v. Twombly* ausdrücklich von der Formulierung in *Conley v. Gibson* (dass es für eine Abweisung erforderlich sei, dass der Kläger zweifelsfrei keine Tatsachen vorbringen könne, die sein Klagebegehren begründen würden) ab und stellt stattdessen fest, dass zumindest genug Tatsachen vorgebracht werden müssen, um die Begründetheit der Ansprüche plausibel und nicht nur vorstellbar erscheinen zu lassen.[31] Die Formulierung der Entscheidung in *Conley v. Gibson* sei missverständlich, wenn sie wörtlich verstanden werde und müsse stattdessen im Kontext der Entscheidung verstanden werden.[32]

Was im Detail unter diesem Plausibilitätserfordernis zu verstehen ist, wurde durch diese Entscheidung aber nicht genauer bestimmt, sodass in der Folge eine heftige Diskussion in der Rechtswissenschaft darum entstand.[33] Daraufhin ging der Supreme Court im Jahr 2009 im Fall *Ashcroft v. Iqbal* erneut auf die im Fall *Bell Atlantic Corp. v. Twombly* entwickelten Anforderungen an die Schriftsätze ein und bestätigte und erläuterte diese.[34] Auch nach dieser Folgeentscheidung des Supreme Courts zu den Anforderungen an die Klageschrift wurde viel Kritik geäußert und die Deutungen gehen teilweise weit auseinander. Vielfach wird dar-

---

[28] *Osthaus,* 85.

[29] *Steinman,* 69 Vand. L. Rev. 2016, 333, 390.

[30] *Miller,* 60 Duke L.J. 2010, 1, 12.

[31] Bell Atlantic Corp. v. Twombly, 550 U.S. 544, 563 und 570 (2007).

[32] Bell Atlantic Corp. v. Twombly, 550 U.S. 544, 562 f. (2007).

[33] Siehe zu der Diskussion nach Bell Atlantic Corp. v. Twombly und vor Ashcroft v. Iqbal *Bone,* 94 Iowa Law Review 2009, 873, 879 ff.; *Steinman,* 62 Stan. L. Rev. 2010, 1293, 1305 f.

[34] Ashcroft v. Iqbal, 556 U.S. 662–700 (2009).

aus geschlossen, dass mit diesen Entscheidungen die Praxis des *notice pleadings* überholt sei.[35] Zwar sei aus den Entscheidungen sicherlich keine Rückkehr zum strengen *fact pleading* aus der Zeit vor Einführung der FRCP abzulesen.[36] Es wird aber weitgehend von einem neuen höheren Standard für die Klageschrift ausgegangen und von *plausibility pleading*[37], *plain pleading*[38] oder *new pleading*[39] gesprochen. Die neuen Anforderungen werden dabei aus rechtspolitischen Erwägungen insbesondere mit dem Argument kritisiert, dass durch die neuen Anforderungen teilweise auch potentielle Kläger mit berechtigten Anliegen an der Geltendmachung ihrer Rechte gehindert werden.[40] Dadurch würden über den Umweg des Prozessrechts materielle Rechte beschnitten, indem der Zugang zum Rechtsschutz erschwert werde.[41] Ohne diese vom Umfang kaum noch überschaubare und vorrangig rechtspolitische Diskussion tiefergehend darzustellen, sind hier die Anforderungen für die Klageschrift nach den Entscheidungen des Supreme Courts in der Entscheidung in *Bell Atlantic Corp. v. Twombly* und *Ashcroft v. Iqbal* zu berücksichtigen, soweit diese abstrakt bestimmt werden können.

cc) Plausibilitätserfordernis

Aus den Entscheidungen in *Bell Atlantic Corp. v. Twombly* und *Ashcroft v. Iqbal* ergibt sich, dass der Supreme Court nun höhere Anforderungen an die nach FRCP 8(a)(2) geforderte Begründung der Klageansprüche stellt.[42] Die Intention des Supreme Courts hinter dieser Weiterentwicklung war, dass man der Ansicht war, dass unberechtigte Klagen nicht zuverlässig durch richterliches Eingreifen in der *discovery*-Phase aussortiert werden könnten und daher schon bei der Klageschrift angesetzt werden müsse, um Schutz vor unberechtigten, hohen *discovery*-

---

[35] *Miller,* 60 Duke L.J. 2010, 1, 19; *Reardon,* 85 N.Y.U. L. Rev. 2010, 2170, 2175; *A. B. Spencer,* 108 Mich. L. Rev. 2009, 1, 36.

[36] *Cavanagh,* 63 S. C. L. Rev. 2011, 97, 121; *Clermont,* 45 Wake Forest L. Rev. 2010, 1337, 1340.

[37] *Brennan-Marquez,* 26 Regent U. L. Rev. 2014, 167; *Reardon,* 85 N.Y.U. L. Rev. 2010, 2170; *Reinert,* 162 U. Pa. L. Rev. 2014, 1767, 1768; *A. B. Spencer,* 49 B.C. L. Rev. 2008, 431.

[38] *Steinman,* 62 Stan. L. Rev. 2010, 1293.

[39] *Bone,* 85 Notre Dame L. Rev. 2010, 849; *Dodson,* 109 Mich. L. Rev. 2010, 53.

[40] *Bone,* 85 Notre Dame L. Rev. 2010, 849, 867 *A. B. Spencer,* 108 Mich. L. Rev. 2009, 1, 23; dem entgegentretend *Hartnett,* 158 U. Pa. L. Rev. 2010, 473, 474; *Maxeiner,* 114 Penn St. L. Rev. 2010, 1257, 1270; *Miller,* 60 Duke L.J. 2010, 1, 43 *Reardon,* 85 N.Y.U. L. Rev. 2010, 2170, 2208; *Steinman,* 62 Stan. L. Rev. 2010, 1293, 1297.

[41] *Miller,* 60 Duke L.J. 2010, 1, 15.

[42] *Bone,* 85 Notre Dame L. Rev. 2010, 849, 867; *Dodson,* 109 Mich. L. Rev. 2010, 53, 60; *Cavanagh,* 63 S. C. L. Rev. 2011, 97, 120 u. 139; *Gambol,* 79 Fordham L. Rev. 2010–2011, 2173, 2181; *Miller,* 60 Duke L.J. 2010, 1, 19 f.; *Owen,* 36 N. C. Cent. L. Rev. 2013, 104, 129; *Rachlinski,* 114 Penn St. L. Rev. 2010, 1247; *Reinert,* 162 U. Pa. L. Rev. 2014, 1767, 1774; *Miller,* 60 Duke L.J. 2010, 1, 19 f.

Kosten zu bieten.[43] Durch die höheren Anforderungen werden Klagen, die materiell unbegründet sind, früher aussortiert.[44] Die erste erhebliche Hürde wird somit vor den Beginn des *discovery*-Verfahrens verlegt.[45] Dass dies in der gerichtlichen Praxis tatsächlich der Fall ist, zeigte sich schon unmittelbar nach der Entscheidung in *Bell Atlantic Corp. v. Twombly*.[46] Die vom Supreme Court aufgestellten Grundsätze gelten allgemein für US-Zivilprozesse vor Bundesgerichten und nicht, wie teilweise in der Zeit zwischen den beiden Entscheidungen vertreten wurde, nur in Kartellverfahren.[47]

Nach der Rechtsprechung des Supreme Courts muss die Beschreibung des Sachverhaltes weiterhin keine detaillierten Tatsachenbehauptungen enthalten, für die Begründung des Anspruchs sind aber mehr als bloße rechtliche Schlussfolgerungen (*labels and conlusions*) oder die formelhafte Wiederholung der Tatbestandsmerkmale einer Anspruchsnorm notwendig.[48] Es müssen Tatsachen vorgebracht werden, die, ihre Richtigkeit unterstellt, das Klagebegehren zumindest plausibel erscheinen lassen.[49] Die bloße Behauptung des Bestehens eines Anspruchs, ohne dass die Tatsachen, die zu dieser Schlussfolgerung führen, genannt werden, reicht nicht aus.[50] Daraus ergibt sich eine zweistufige Prüfung der inhaltlichen Anforderungen an eine Klageschrift.[51] Zunächst sind gedanklich alle rechtlichen Schlussfolgerungen (*conclusory allegations*) auszufiltern und danach ist zu prüfen, ob die verbleibenden Tatsachenbehauptungen (*factual allegations*), ihren Nachweis unterstellt, das Bestehen des Anspruchs zumindest plausibel erscheinen lassen.

Dabei ist für die Beurteilung der Zulässigkeit einer Klage von den Gerichten zu unterstellen, dass die in der Klageschrift vorgebrachten Tatsachen der Wahrheit entsprechen, diese Vermutung gilt aber gerade nicht für rechtliche Behauptungen und Schlussfolgerungen.[52] Die rechtliche Schlussfolgerung, auf der das Klagebegehren beruht, muss sich daher auf die vorgebrachten Tatsachenbehauptungen stützen, die ihrerseits dann aber als wahr vermutet werden. So wurde in der Entscheidung in *Bell Atlantic Corp. v. Twombly* die Behauptung, dass zwischen mehreren Telekommunikationsunternehmen eine Kartellabsprache in ir-

---

[43] Ashcroft v. Iqbal, 556 U.S. 662, 682 (2009) mit Verweis auf Bell Atlantic Corp. v. Twombly, 550 U.S. 544, 559 (2007).

[44] *Bone,* 85 Notre Dame L. Rev. 2010, 849, 867; *Miller,* 60 Duke L.J. 2010, 1; *Pardo,* 51 B. C. L. Rev. 2010, 1451, 1487; *Reardon,* 85 N.Y.U. L. Rev. 2010, 2170, 2179.

[45] *Miller,* 60 Duke L.J. 2010, 1, 17 f.

[46] *Cavanagh,* 63 S. C. L. Rev. 2011, 97, 99.

[47] Ashcroft v. Iqbal, 556 U.S. 662, 684 (2009).

[48] Bell Atlantic Corp. v. Twombly, 550 U.S. 544, 555 (2007).

[49] Ashcroft v. Iqbal, 556 U.S. 662, 678 (2009).

[50] Ashcroft v. Iqbal, 556 U.S. 662, 678 (2009).

[51] Ashcroft v. Iqbal, 556 U.S. 662, 678 (2009).

[52] Ashcroft v. Iqbal, 556 U.S. 662, 678 f. (2009).

gendeiner Form getroffen wurde, als bloße juristische Schlussfolgerung eingeordnet, da dies lediglich die Voraussetzung des einschlägigen § 1 Sherman Act wiedergebe.[53] Die notwendige Unterscheidung zwischen rechtlichen Schlussfolgerungen und Tatsachen wird als im Einzelfall schwer zu treffen und kaum abstrakt trennscharf vorzunehmen kritisiert.[54] Dies bewegte schon in der Entscheidung in *Ashcroft v. Iqbal* vier der neun Richter des Supreme Courts dazu, von der Mehrheitsentscheidung bezüglich der Einordnung der Behauptungen als bloße rechtliche Schlussfolgerungen abzuweichen. Die Tatsachenbehauptungen müssten nicht wie im dort vorliegenden Fall geschehen einzeln, sondern im Kontext bewertet werden und die Annahme bloßer rechtlicher Schlussfolgerungen sei daher im konkreten Fall nicht zutreffend gewesen.[55] Die Kategorie der reinen juristischen Schlussfolgerungen ohne Tatsachenkern wird von den Tatsachengerichten teilweise sehr weit ausgelegt, sodass es seit der Entscheidung in *Ashcroft v. Iqbal* häufiger vorkommt, dass Behauptungen mit dieser Begründung unberücksichtigt gelassen werden.[56]

Schwierigkeiten bereitet auch die Beurteilung, wann ein Tatsachenvortrag im zweiten Prüfungsschritt ausreichend ist, um den Anspruch zumindest plausibel erscheinen zu lassen. Die Tatsachen müssen nach Aussage des Supreme Courts ausreichen, damit die Behauptungen keine bloßen Spekulationen sind.[57] Es wird einerseits mehr verlangt als die bloße Möglichkeit oder Vorstellbarkeit, aber andererseits ist nicht erforderlich, dass das Zutreffen der Behauptung schon wahrscheinlich ist.[58] Es genügt nicht, dass die vorgebrachten Tatsachen dem Bestehen des geltend gemachten Anspruchs nicht entgegenstehen, da dadurch noch nicht, wie in FRCP 8(a)(2) gefordert, dargelegt ist, dass ein Anspruch besteht.[59] Aber es werden auch nicht die erhöhten Anforderungen (*hightened pleading*) der FRCP 9(b) gestellt, die einen detaillierten Vortrag zu den Umständen des Einzelfalles erfordern.[60] Die dargelegten Tatsachen müssen nur vernünftigerweise den Schluss zulassen, dass der geltend gemachte Anspruch besteht.[61] Dafür müssen auch weiterhin nicht zwangsläufig Behauptungen aufgestellt werden, die sämt-

---

[53] Bell Atlantic Corp. v. Twombly, 550 U.S. 544, 555 (2007).

[54] *Miller/A. B. Spencer,* in: Federal Practice & Procedure, § 1216; *Bone,* 85 Notre Dame L. Rev. 2010, 849, 859; *Cavanagh,* 63 S. C. L. Rev. 2011, 97, 121; *Dodson,* 109 Mich. L. Rev. 2010, 53, 60; *Steinman,* 62 Stan. L. Rev. 2010, 1293, 1344 ff.; *Miller,* 60 Duke L.J. 2010, 1, 24.

[55] Ashcroft v. Iqbal, 556 U.S. 662, 697 ff. (2009).

[56] *Miller,* 60 Duke L.J. 2010, 1, 25 m.w.N.

[57] Bell Atlantic Corp. v. Twombly, 550 U.S. 544, 555 (2007).

[58] Ashcroft v. Iqbal, 556 U.S. 662, 678 (2009); *Cavanagh,* 63 S. C. L. Rev. 2011, 97, 112; *Dodson,* 109 Mich. L. Rev. 2010, 53, 61.

[59] Bell Atlantic Corp. v. Twombly, 550 U.S. 544, 557; Ashcroft v. Iqbal, 556 U.S. 662, 679 (2009).

[60] Bell Atlantic Corp. v. Twombly, 550 U.S. 544, 547 (2007); *Gomille,* 103.

[61] Bell Atlantic Corp. v. Twombly, 550 U.S. 544, 556.

liche einzelnen Tatbestandsmerkmale der einschlägigen Vorschriften genau und bestimmt ausfüllen.[62] Jedenfalls müssen nicht alle Elemente enthalten sein, die einen Anscheinsbeweis begründen würden, da dies die Anforderungen an die Beweisführung und nicht schon an die Klageerhebung sind.[63] Erforderlich ist aber, dass die Klage entweder direkte Tatsachenbehauptungen zu den für den Klageanspruch erforderlichen materiellen Merkmalen enthält, oder aber Behauptungen, aus denen vernünftigerweise der Rückschluss gezogen werden kann, dass bis zur Hauptverhandlung, also nach der *discovery*-Phase, Beweise für diese Merkmale vorliegen können.[64]

Eine solche plausible Begründung des Klageanspruch fehlt, wenn die Behauptungen so vage sind, dass sie, ihren späteren Nachweis unterstellt, nicht dazu führen würden, dass der Anspruch begründet wäre, weil die fraglichen Geschehnisse auch durch rechtmäßiges Verhalten zu erklären sind und dieses im konkreten Fall wahrscheinlicher erscheint.[65] In der Entscheidung *Bell Atlantic Corp. v. Twombly* wurde die Behauptung, dass mehrere Telekommunikationsunternehmen sich gleich verhalten hatten, nicht als ausreichend plausible Begründung für eine kartellrechtswidrige Absprache erachtet, da dies ebenso gut durch rechtmäßiges marktübliches Verhalten aus unabhängigen wirtschaftlichen Motiven erklärbar sei und keinerlei über die Nennung der Tatbestandsvoraussetzungen des einschlägigen *§ 1 Sherman Act* hinausgehende Behauptung zu einer Absprache aufgestellt wurde, welche aber für einen Verstoß erforderlich wäre.[66] Auch sollte in *Ashcroft v. Iqbal* die Behauptung einer diskriminierenden Behandlung durch den FBI Direktor und den *Attorney General* nicht genügen, da die überproportionale Verhaftung von muslimisch arabischen Männern im Zuge der Ermittlungen bezüglich des Anschlags auf das World Trade Center am 11.9.2001 nicht ohne weiteres auf diskriminierende Motive hinwiesen, sondern aufgrund des Hintergrunds der zu diesem Zeitpunkt bereits identifizierten Attentäter aller Wahrscheinlichkeit auch durch regulär zulässige Ermittlungsarbeit erklärbar gewesen sei.[67]

Die Behauptungen der Klägerpartei sind aber nicht auf ihre Wahrscheinlichkeit zu überprüfen, da diese Beurteilung, wie in Deutschland, der Beweiswürdigung vorbehalten ist.[68] Beweise für die in der Klageschrift aufgestellten Behauptungen sind erst recht nicht erforderlich.[69] Solange der Vortrag ausreichend

---

[62] *Miller/A. B. Spencer,* in: Federal Practice & Procedure, § 1216 m.w.N.

[63] Swierkiewicz v. Sorema N. A., 534 U.S. 506, 510 f. (2002).

[64] Phillips v. County of Allegheny, 515 F.3d 224, 234 f. (3d Cir. 2008); *Miller/A. B. Spencer,* in: Federal Practice & Procedure, § 1216 Fn. 25.

[65] Robbins v. Oklahoma, 519 F.3d 1242, 1247 (10th Cir. 2008).

[66] Bell Atlantic Corp. v. Twombly, 550 U.S. 544, 556 f. (2007).

[67] Ashcroft v. Iqbal, 556 U.S. 662, 681 f. (2009).

[68] Bell Atlantic Corp. v. Twombly, 550 U.S. 544, 556 (2007); *Steinman,* 69 Vand. L. Rev. 2016, 333, 352.

[69] *Steinman,* 62 Stan. L. Rev. 2010, 1293, 1328 f.

substantiierte Behauptungen enthält, dass ein Bestehen des Anspruchs durch diese plausibel begründet sein kann, sind diese als wahr zu unterstellen, auch wenn deren Beweisbarkeit sehr fraglich ist und es daher unwahrscheinlich ist, dass dem Anspruch im weiteren Verlauf stattgegeben wird.[70] Die Beurteilung der Plausibilität ist unter Berücksichtigung des spezifischen Kontexts des Falles und Einsatz der richterlichen Erfahrung und des *„common sense"* zu treffen.[71] Dabei sind die Umstände des Einzelfalles (beispielsweise wie in *Bell Atlantic Corp. v. Twombly* ein Kartellverfahren, welche erfahrungsgemäß einen hohen Aufwand in der *discovery*-Phase erfordern) erheblich dafür, wie genau der Tatsachenvortrag ausfallen muss.[72] Es ist insbesondere zu beachten, dass der Supreme Court mit dieser Entwicklung die hohen Kosten der *discovery*-Phase eindämmen wollte.[73] Hohe potentielle Kosten können daher dazu führen, dass für die Plausibilität des Tatsachenvortrags im Einzelfall höhere Maßstäbe anzusetzen sind.[74] Indem die Plausibilität unter Berücksichtigung des *„common sense"* und der juristischen Erfahrung des Gerichts festzustellen ist, erhalten die Tatsachengerichte zudem erweiterten Entscheidungsspielraum bei der Abweisung einer Klage.[75]

b) Relevanz für das Verfahren

Die Relevanz für die in der Klage geltend gemachten Ansprüche oder die Verteidigung dagegen ist die Grundvoraussetzung für die *discovery*-Vorlagepflicht. Die Auslegung des Wortes *„relevant"* ist deshalb von entscheidender Bedeutung für den Umfang der *discovery*.[76] Auch wenn das Erfordernis dadurch, dass Bezugspunkt nunmehr ein Klageanspruch oder die Verteidigung dagegen (*claim or defense*) und nicht allgemein der Verfahrensgegenstand (*subject matter*) ist, enger auf den dem konkreten Verfahren zugrundeliegenden Sachverhalt bezogen ist als vor der Änderung der FRCP im Jahr 2000, ist Relevanz im Sinne der FRCP nicht mit der Beweiserheblichkeit der deutschen ZPO gleichzusetzen.[77] Relevanz ist in einem weiten Sinne allgemein und untechnisch zu verstehen und nicht als rechtliche Erheblichkeit.[78] Es ist in der *discovery* im *pretrial*-Verfahren auch erheblich weiter zu verstehen, als bezüglich der zulässigen Beweismittel in der späteren

---

[70] Bell Atlantic Corp. v. Twombly, 550 U.S. 544, 556 (2007) mit Verweis auf Scheuer v. Rhodes, 416 U.S. 232, 236 (1974); *Steinman,* 69 Vand. L. Rev. 2016, 333, 352.

[71] Ashcroft v. Iqbal, 556 U.S. 662, 663 f. (2009).

[72] *Cavanagh,* 63 S. C. L. Rev. 2011, 97, 124 f.

[73] Bell Atlantic Corp. v. Twombly, 550 U.S. 544, 558 f. (2007).

[74] *Cavanagh,* 63 S. C. L. Rev. 2011, 97, 127 f.

[75] *Miller,* 60 Duke L.J. 2010, 1, 22.

[76] So wird *„relevant"* als das wichtigste Wort im Rahmen der *discovery* bezeichnet, siehe E.E.O.C. v. University of Pennsylvania, 850 F.2d 969, 979 (3d Cir. 1988); *Marcus,* in: Federal Practice & Procedure, § 2008.

[77] *Gomille,* 135.

[78] *Marcus,* in: Federal Practice & Procedure, § 2008.

Hauptverhandlung.[79] Dieses Verständnis entspricht dem Zweck der *discovery,* der gerade in der Informationsbeschaffung liegt und nicht bloß darin, Beweismittel für bereits bekannte Tatsachen zu erlangen.[80] Zudem ist es auch Funktion der *discovery,* die sachlichen Streitfragen herauszustellen, sodass der zugrundeliegende Sachverhalt zu Beginn der *discovery* noch nicht abschließend bestimmt ist und daher keine enge Begrenzung auf streitige Fragen stattfinden kann.[81] Relevant können danach auch Informationen sein, die nicht direkt mit dem Sachverhalt im konkreten Verfahren zusammenhängen, sondern vergleichbare Fälle betreffen, aber Organisationsstrukturen oder Dateisysteme aufzeigen, sodass auf diesem Wege verwertbare Informationen erlangt werden können oder solche, die die Glaubwürdigkeit eines potentiellen Zeugen in Frage stellen.[82] Soweit kein Einfluss auf die Ansprüche oder Erwiderungen ersichtlich ist, ist die *discovery* aber ausgeschlossen.[83] Das Kriterium der Relevanz ist bewusst vage gehalten und eine abstrakte Bestimmung relevanter Informationen losgelöst vom Einzelfall praktisch kaum möglich.[84] Die Beurteilung hängt in hohem Maße von den Umständen des Einzelfalles ab.[85] Dass im Zweifelsfall von der hinreichenden Relevanz auszugehen ist, ergibt sich daraus, dass der Vorlagegegner die Beweislast für ihr Fehlen trägt.[86] Es ist allerdings auch nicht der Zweck der *discovery,* Informationen für neue Ansprüche oder Erwiderungen zu erhalten.[87] Dies mag noch den hinreichenden Bezug zum Streitgegenstand im Sinne der bis ins Jahr 2000 bestehenden Regelung erfüllt haben, der nunmehr geltende Standard erfasst dies aber nicht.[88] Diese Begrenzung könnte auch den Missbrauch von Auskunftsverlangen in der *discovery*-Phase zu sogenannten *„fishing-expeditions"* in Zukunft verhindern.[89] Aufgrund des sehr weiten und unpräzisen Verständnisses der Relevanz ist dieses Kriterium vor allem mit dem immer wichtiger werdenden

---

[79] In re Bard IVC Filters Products Liability Litigation, 317 F.R.D. 562, 566 (D. Ariz. 2016); *Gensler,* Rule26 – The meaning of relevance; *Haydock/Herr,* § 3.01; *Marcus,* in: Federal Practice & Procedure, § 2008 Fn. 3.

[80] *Böhm,* 406; *Gomille,* 136.

[81] *Marcus,* in: Federal Practice & Procedure, § 2008 Fn. 5.

[82] *Advisory Committee on Civil Rules* on Rule 26(b) – 2000 Amendment.

[83] *Marcus,* in: Federal Practice & Procedure, § 2008 Fn. 39.

[84] Heathman v. U.S. Dist. Court for Cent. Dist. of California, 503 F.2d 1032, 1033 (9th Cir. 1974).

[85] *Advisory Committee on Civil Rules* on Rule 26(b) – 2000 Amendment; *Marcus,* in: Federal Practice & Procedure, § 2008.

[86] McLeod, Alexander, Powel & Apffel, P.C. v. Quarles, 894 F.2d 1482, 1485 (5th Cir. 1990); Carr v. State Farm Mut. Auto Ins. Co., 312 F.R.D. 459, 463 (N.D. Tex. 2015); *Marcus,* in: Federal Practice & Procedure, § 2008 Fn. 31.50.

[87] Bell Atlantic Corp. v. Twombly, 550 U.S. 544, 560 (2007).

[88] *Advisory Committee on Civil Rules* on Rule 26(b) – 2000 Amendment; Bell Atlantic Corp. v. Twombly, 550 U.S. 544, 570 (2007); McPeak, U. Kan. L. Rev. 64 (2015–2016), 235, 271.

[89] *Adler,* 141; McPeak, U. Kan. L. Rev. 64 (2015–2016), 235, 271.

Faktor der Verhältnismäßigkeit (*proportionality*) im Zusammenhang zu betrachten, um den zulässigen Umfang der *discovery* zu bestimmen.

c) Verhältnismäßigkeit

Gemäß FRCP 26(b)(1) ist die *discovery* nur so weit zulässig, wie sie auch verhältnismäßig (*proportional*) ist. Dieses Verhältnismäßigkeitserfordernis besteht der Sache nach seit 1983, ist aber wiederholt umformuliert worden, um die Instanzgerichte dazu zu animieren, dem größere Beachtung zu schenken, da es in der Praxis lange Zeit ignoriert wurde.[90] Seitdem hat die Bedeutung und Beachtung der Verhältnismäßigkeit der *discovery* durch die Gerichte erheblich zugenommen.[91] Zuletzt wurde das Verhältnismäßigkeitserfordernis im Jahr 2015 in die Regelung in FRCP 26(b)(1) verschoben, die den allgemeinen Umfang des *discovery* regelt, nachdem es vorher in FRCP 26(b)(2)(c) unter den möglichen Begrenzungen der *discovery* durch das Gericht gestanden hatte. Hierdurch sollte die Bedeutung der Verhältnismäßigkeit verdeutlicht werden, um übermäßige *discovery* einzudämmen.[92] Die Verhältnismäßigkeit der *discovery* ist zwingend erforderlich und bindet die Gerichte. Dies ergibt sich daraus, dass dieses Erfordernis vor 2015 in FRCP 26(b)(2)(c) zu finden war und dort als einer der Gründe aufgezählt war, die dazu führen, dass das Gericht die *discovery* einschränken muss (*„must limit"*)[93] und das *Advisory Commitee* diese Verpflichtung des Gerichts ausdrücklich nicht ändern wollte.[94] Auch weiterhin muss das Gericht gemäß FRCP 26(b)(2)(C) auf Antrag oder von Amts wegen die Häufigkeit oder das Ausmaß der *discovery* durch Anordnung einschränken, wenn es feststellt, dass die geforderte *discovery* nicht vom Umfang in FRCP 26(b)(1) erfasst, unangemessen gehäuft, doppelt oder aus anderen Quellen einfacher oder günstiger möglich ist, oder eine Partei schon ausreichend Gelegenheit hatte, die Informationen im Rahmen des Verfahrens zu erhalten. Der pauschale Einwand, dass ein *discovery*-Verlangen über den zulässigen Rahmen hinausgeht, ist allerdings nicht ausreichend, sondern es bedarf vielmehr der möglichst genauen Angabe, warum die Informationen nicht mehr vom verhältnismäßigen Umfang erfasst sind.[95]

Für die *discovery* von elektronisch gespeicherten Informationen sieht FRCP 26(b)(2)(B) darüber hinaus noch einen speziellen Ausschlussgrund vor. Danach braucht eine Partei Informationen nicht offenzulegen, wenn sie nachweist, dass

---

[90] *Steinman,* 69 Vand. L. Rev. 2016, 333, 28 ff.; *Marcus,* in: Federal Practice & Procedure, § 2008 Fn. 31.50. m.w. N.

[91] *Marcus,* in: Federal Practice & Procedure, § 2008.1 Fn. 15 m.w. N.

[92] Advisory Committee on Civil Rules on Rule 26(b) – 2015 Amendment; *Crump,* 23 George Mason Law Review 2015–2016, 1093, 1094.

[93] *Moore,* 31 T. M. Cooley L. Rev. 2014, 403, 414.

[94] *Advisory Committee on Civil Rules* on Rule 26(b)(2)(c) – 2015 Amendment.

[95] *Advisory Committee on Civil Rules* on Rule 26(b)(1) – 2015 Amendment; *Gensler,* Rule 26 – No boilerplate proportionality objections.

der Zugriff darauf unangemessene Belastungen oder Kosten verursachen würde. Ist dies erwiesen, kann die Herausgabe der Informationen nur ausnahmsweise durch das Gericht angeordnet werden, wenn die ersuchende Partei ihrerseits dafür einen wichtigen Grund darlegt. Die Vorschrift schränkt folglich nur die *discovery* von solchen Informationen ein, die nicht ohne weiteres zugänglich sind, ansonsten gelten dieselben Regelungen wie für analog verfügbare Informationen.[96] Dies führt im Ergebnis zu einer zweistufigen Prüfung der Zulässigkeit der *discovery* von elektronisch gespeicherten Informationen, bei der zunächst zu prüfen ist, ob die Informationen nicht mit zumutbarem Aufwand zugänglich und verfügbar sind und dann, ob ihre Offenlegung gegebenenfalls unverhältnismäßig ist, da deren Aufwand den Nutzen für das Verfahren überwiegen würde.[97]

aa) Nicht zumutbar zugänglich

Die Entscheidung darüber, wann Informationen nicht zumutbar zugänglich sind, wurde bewusst technikneutral gefasst und an die Unzumutbarkeit des für die Offenlegung erforderlichen Aufwands oder der Kosten geknüpft.[98] Die tatsächliche Zugangsmöglichkeit hängt im Einzelfall stark von der Art der Speicherung und dem gewählten Speichermedium ab.[99] Um die Vorlagepflicht abzuwenden, muss eine Partei, die sich in diesem Sinne auf Unzumutbarkeit beruft, die Informationen nach Kategorie oder Art bestimmen und diese, soweit möglich, so genau beschreiben, dass die Gegenpartei abschätzen kann, inwiefern diese dennoch abgerufen werden könnten und welcher Aufwand oder welche Kosten dabei entstehen würden.[100] Wenn eine Partei nachgewiesen hat, dass ihr der Zugriff auf die Informationen nicht zumutbar möglich ist, ist es wiederum an der ersuchenden Partei, einen wichtigen Grund darzulegen, weshalb die *discovery* dennoch ausnahmsweise möglich sein soll, FRCP 26(b)(2). Das *Advisory Committee* nennt in seinem Kommentar zur Einführung der Vorschrift Beispiele für Faktoren, die bei der Entscheidung, ob ausnahmsweise die *discovery* dennoch erforderlich ist, zu beachten sein können.[101] Aufgeführt sind dort: die Genauigkeit der Anfrage, die Qualität der Informationen, welche aus anderen Quellen und unter geringerem Aufwand erlangt werden können, ob es die Partei versäumt hat, relevante Informationen aus einfacher zugänglichen, nicht mehr existierenden, Quellen früher offen zu legen und die Wahrscheinlichkeit Informationen zu erlangen, die nicht auf anderem Wege zugänglich sind. In derselben Aufzählung sind auch die

---

[96] *Gensler,* Rule 26 – Cost-shifting.

[97] *Allman,* 14 Rich. J. L. & Tech. 2008, 1, 1.

[98] Advisory Committee on Civil Rules on Rule 26(b)(2) – 2006 Amendment.

[99] Best Buy Stores, L.P. v. Developers Diversified Realty Corp., 247 F.R.D. 567, 570 (D.Minn. 2007); Zubulake v. UBS Warburg LLC, 217 F.R.D. 309, 318 (S.D.N.Y. 2003).

[100] Advisory Committee on Civil Rules on Rule 26(b)(2) – 2006 Amendment.

[101] Advisory Committee on Civil Rules on Rule 26(b)(2) – 2006 Amendment.

Bedeutung des Klagegegenstandes, die Ressourcen der Parteien und Vorhersagen über die Bedeutung und den Nutzen der möglicherweise aufzufindenden Informationen als beachtenswert genannt. Insbesondere Backup-Speichermedien, von denen die Dateien zunächst wieder hergestellt werden müssen, bevor diese wieder ausgegeben werden können, sowie gelöschte Informationen und solche auf beschädigten Datenträgern, können als in diesem Sinne nicht zumutbar zugänglich einzustufen sein.[102] Das Gericht kann die *discovery* gemäß FRCP 26(b)(2) ausdrücklich auch nur unter besonderen Bedingungen zulassen. Dies beinhaltet insbesondere die Möglichkeit, der ersuchenden Partei die Kosten der *discovery* ganz oder teilweise aufzuerlegen.[103] Eine tiefergehende Auseinandersetzung mit Aufwand und Kosten technischer Zugangsmöglichkeiten zu elektronisch gespeicherten Informationen ist für die vorliegende Untersuchung nicht angezeigt.[104] Für die Beurteilung des Eingriffs in Persönlichkeitsrechte ist es unerheblich, wie technisch aufwendig der Zugriff darauf ist. Es ist aber festzuhalten, dass technische Hindernisse den Gesamtumfang der von der *discovery* erfassten Informationen einschränken, wobei der zumutbare Aufwand unter anderem von der Bedeutung der Informationen abhängt.

bb) Aufwand überwiegt Nutzen für das Verfahren

Auch wenn der Zugang in zumutbarer Weise möglich ist, kann dennoch die *discovery* unverhältnismäßig sein, FRCP 26(b)(1). Für die Beurteilung der Verhältnismäßigkeit sind insbesondere die Bedeutung des Verfahrensgegenstandes, der Streitwert, die Zugriffsmöglichkeiten der Parteien, ihre Ressourcen, die Bedeutung der *discovery* für die Aufklärung des Sachverhalts und die Frage, ob ihr Aufwand oder ihre Kosten ihren wahrscheinlichen Nutzen überwiegen, ausschlaggebend. Die genannten Faktoren sind aber lediglich Anhaltspunkte für die freie Entscheidung des Gerichts, über die Verhältnismäßigkeit des Umfangs der *discovery* und verpflichten dieses nicht dazu ausdrücklich und ausführlich jeden einzelnen Gesichtspunkt zu behandeln.[105] In der gerichtlichen Praxis wird häufig nicht detailliert auf die verschiedenen Abwägungsfaktoren eingegangen, sondern stattdessen eine Begrenzung der *discovery* mit dem Überbegriff der Unverhältnismäßigkeit begründet.[106] Anders als für die Frage nach Aufwand und Kosten des zumutbaren Zugangs in FRCP 26(b)(2), kommt es hierfür nicht nur auf die Abwägung finanzieller Faktoren an. Über die in der Praxis mit großem Abstand am häufigsten ausschlaggebenden finanziellen Erwägungen hinaus sind auch andere,

---

[102] Zubulake v. UBS Warburg LLC, 217 F.R.D. 309, 320 (S.D.N.Y. 2003); *Wolfe,* 43 Cap. U. L. Rev. 2015, 153, 181.

[103] Zubulake v. UBS Warburg LLC, 217 F.R.D. 309, 318 f. (S.D.N.Y. 2003).

[104] Siehe dazu *Allman,* 14 Rich. J. L. & Tech. 2008, 1, 9 ff.

[105] Cooper Tire & Rubber Co., 568 F.3d 1180, 1194 (10th Cir. 2009).

[106] *Crump,* 23 George Mason Law Review 2015–2016, 1093, 1102 m.w.N.

nicht wirtschaftliche Faktoren zu beachten.[107] Ein Überwiegen nicht wirtschaftlich berechenbarer Faktoren, wie verfassungsmäßig garantierter individueller Rechte, ist aber aufgrund der fehlenden Quantifizierbarkeit schwerer festzustellen, als sich gegenüberstehende Kosten.[108]

Bei der Beurteilung der Verhältnismäßigkeit lässt der Gesetzgeber den Gerichten im Einzelfall erheblichen Entscheidungsspielraum.[109] Je nach Situation können auch solche Belastungen, die keinen wirtschaftlichen Hintergrund haben, in den Vordergrund treten, wenn nämlich die Daten so unkompliziert verfügbar sind, dass weder erheblicher Aufwand noch Kosten durch die Offenlegung verursacht würden (wie zum Beispiel Aktivitätsprotokolle und Nachrichten von Accounts in sozialen Netzwerken).[110] Dieser weite Ermessensspielraum und die nicht abschließende Aufzählung von Faktoren, die bei der Entscheidung über die Verhältnismäßigkeit berücksichtigt werden können, ermöglichen es den Gerichten, auch Eingriffe in die Privatsphäre von betroffenen Personen zu berücksichtigen.[111] So wurde die Herausgabe von Nutzernamen und Passwörtern für die Social-Media-Accounts eines Unternehmens unter Hinweis auf Datenschutz und Vertraulichkeit abgewiesen, auch wenn damit möglicherweise für Verfahren erhebliche Informationen hätten erlangt werden können.[112] Ein anderes Gericht lehnte zumindest die Herausgabe der Zugangsinformationen zu einem solchen Account einer Privatperson ab und begründete dies damit, dass auch eine Befragung aller Personen mit der eine Partei Kontakt gehabt habe, zu weit ginge, ohne dabei aber ausdrücklich die Privatsphäre der Klägerin anzusprechen.[113]

d) Berücksichtigung entgegenstehender Verpflichtungen aus anderen Rechtsordnungen

Entgegenstehende Vorschriften anderer Rechtsordnungen schließen die Anwendung der *discovery* nach den FRCP aus Sicht der US-Gerichte nicht aus, da ansonsten die US-Gesetze durch andere Rechtsordnungen unterlaufen werden könnten.[114] Dennoch zeigen US-Gerichte durchaus die Bereitschaft dazu, entge-

---

[107] Advisory Committee on Civil Rules on Rule 26(b)(1) – 2015 Amendment; *Carroll,* 32 Campbell L. Rev. 2010, 455, 459; *McPeak,* 64 U. Kan. L. Rev. 2015–2016, 235, 289 ff.

[108] *Carroll,* 32 Campbell L. Rev. 2010, 455, 465.

[109] Crawford-El v. Britton, 523 U.S. 574, 598 ff. (1998).

[110] *Moore,* 31 T. M. Cooley L. Rev. 2014, 403, 419.

[111] *Moore,* 31 T. M. Cooley L. Rev. 2014, 403, 419.

[112] Nola Spice Designs, LLC v. Haydel Enterprises, Inc., 2013 WL 3974535, 1 f., (E.D. La. 2013).

[113] Holter v. Wells Fargo & Co., 281 F.R.D. 340, 344 (D. Minn. 2011).

[114] Societe Nationale Industrielle Aerospatiale v. U.S. Dist. Court for S. Dist. of Iowa, 482 U.S. 522, 544 (1987); Societe Internationale Pour Participations Industrielles Et Commerciales, S. A. v. Rogers, 357 U.S. 197, 205 (1958); *Haydock/Herr,* § 38.08.

genstehende rechtliche Verpflichtungen der Adressaten von *discovery*-Ersuchen zu berücksichtigen. Darunter können auch datenschutzrechtliche Übermittlungs-verbote fallen.[115] Die Verweigerung der Offenlegung, aufgrund eines dadurch verwirklichten Verstoßes gegen eine andere Rechtsordnung, führt nicht zwangs-läufig zu Sanktionen, insbesondere nicht automatisch zum Prozessverlust.[116] Der Adressat einer Offenlegungsverpflichtung kann mit dem Antrag auf Erlass einer *protective order* geltend machen, dass deren Erfüllung für ihn im konkreten Fall aufgrund entgegenstehender rechtlicher Verpflichtungen einer anderen Rechts-ordnung unverhältnismäßig belastend wirken.[117] Die Darlegungs- und Beweislast für einen Verstoß gegen die andere Rechtsordnung trägt dabei die Partei, die eine Vorlagepflicht nach den FRCP abwenden möchte.[118] Erforderlich ist, dass dem Gericht substantiiert dargelegt wird, dass die Vorlage im konkreten Fall einen Verstoß gegen Vorschriften einer anderen Rechtsordnung bedeuten würde. Ein pauschaler Hinweis auf einen Verstoß ohne Nennung der einschlägigen Paragra-phen und deren Anwendung auf den konkreten Sachverhalt genügt nicht.[119]

Es kommt dann darauf an, ob das Gericht im konkreten Fall die *discovery* nach den FRCP trotz entgegenstehender Verpflichtungen einer anderen Rechtsordnung für anwendbar erachtet, was nahezu ausnahmslos der Fall ist, und in welchem Umfang es im Einzelfall die *discovery* trotz entgegenstehender Vorschriften einer anderen Rechtsordnung vorsieht. Dabei werden die Fragen nach der Anwendbar-keit der *discovery* gemäß FRCP und nach dem unter Berücksichtigung der Partei-interessen und der Souveränitätsinteressen der beteiligten Länder zumutbaren Umfang von der Rechtsprechung nicht klar getrennt.

aa) Interessenabwägung zur Anwendbarkeit der *discovery*

Ist ein Verstoß hinreichend dargelegt, trifft das Gericht im Einzelfall eine Ent-scheidung darüber, ob die allgemeinen Regeln über die *discovery* nach FRCP anwendbar sind oder die informationssuchende Partei ausnahmsweise auf den Rechtshilfeweg über die HBÜ zu verweisen ist. Darin muss das US-Gericht auf-

---

[115] AG Volkswagen v. Valdez, 897 S.W. 2d 458, 461 f. (Tex. App. 1995); Salerno v. Lecia, Inc., 1999 WL 299306, 3 (W.D.N.Y. 1999).

[116] Societe Internationale Pour Participations Industrielles Et Commerciales, S. A. v. Rogers, 357 U.S. 197, 209 ff. (1958).

[117] *Bareiß*, 125.

[118] In re Automotive Refinishing Paint Antitrust Litigation, 358 F.3d 288, 305 (3d Cir. 2004); United States v. Vetco, Inc., 691 F.2d 1281, 1289 (9th Cir. 1981). Trueposi-tion, Inc. v. LM Ericsson Telephone Co., 2012 WL 707012, 3 (E.D. Pa. 2012); Colum-bia Pictures, Inc. v. Bunnell, 245 F.R.D. 443, 452 (C.D. Cal. 2007); In re Vitamins Anti-trust Litigation, 120 F. Supp. 2d 45, 51 f. (D.D.C. 2000).

[119] EnQuip Techs. Grp., Inc. v. Tycon Technoglass, S.R.L., 2010 WL 53151, 17 f. (Ohio Ct. App. 2010); AccessData Corp. v. ALSTE Techs. GmbH, 2010 WL 318477, S. 1 (D. Utah 2010).

grund des Rücksichtnahmegebots im Völkerrecht (*comity*) eine Abwägung der Souveräntitätsinteressen der betroffenen Staaten anstellen und entscheiden, ob die Verpflichtung zur *discovery* nach FRCP und ohne den Rechtshilfeweg geboten ist.[120] Diese Entscheidung kann nicht abstrakt getroffen werden, sondern ist im Einzelfall unter Abwägung der genauen Umstände, der hoheitlichen Interessen der betroffenen Staaten und der Wahrscheinlichkeit, dass ein Rechtshilfeersuchen aufgrund der HBÜ erfolgsversprechend ist, zu beurteilen.[121] Innerhalb dieser Abwägung, ob und wie weit von den Parteien *discovery* nach FRCP ohne Einbeziehung der HBÜ verlangt werden kann, sind insbesondere fünf Faktoren zu berücksichtigen:

– die Bedeutung der Dokumente oder Informationen für das Verfahren,

– die Genauigkeit des Ersuchens,

– ob die Informationen aus den USA stammen,

– die Verfügbarkeit anderer Möglichkeiten, die ersuchten Informationen zu erlangen und

– das Ausmaß der Beeinträchtigung wichtiger Interessen der USA und des anderen Staates, die durch die Vorlage oder den Verzicht auf eben diese zu erwarten sind.[122]

Darüber hinaus kann auch berücksichtigt werden, ob durch die Erfüllung der *discovery*-Verpflichtungen für die Betroffenen unzumutbare Härten entstehen sowie ob die Verpflichteten nach Treu und Glauben gehandelt und mit dem US-Gericht und dem Prozessgegner kooperiert haben.[123] Dabei muss das US-Gericht die Umstände des Einzelfalles berücksichtigen, um genau zu bestimmen, was angemessen ist.[124] In Fällen mit solchem Auslandsbezug ist nach den Vorgaben des Supreme Courts ausdrücklich besonders darauf zu achten, dass die *discovery* nicht missbräuchlich eingesetzt wird.[125] Zu berücksichtigen ist insbesondere nicht nur das Interesse der betroffenen Partei, sondern auch das hoheitliche Interesse des betroffenen Staates daran, seine Bürger vor Eingriffen durch die *dis-*

---

[120] Societe Nationale Industrielle Aerospatiale v. U.S. Dist. Court for S. Dist. of Iowa, 482 U.S. 522, 543 (1987).

[121] Societe Nationale Industrielle Aerospatiale v. U.S. Dist. Court for S. Dist. of Iowa, 482 U.S. 522, 544 (1987).

[122] Societe Nationale Industrielle Aerospatiale v. U.S. Dist. Court for S. Dist. of Iowa, 482 U.S. 522, 543 (1987).

[123] Lantheus Med. Imaging, Inc. v. Zurich Am. Ins. Co., 841 F. Supp. 2d 769, 795 (S.D.N.Y. 2012); Milliken & Co. v. Bank of China, 758 F. Supp. 2d 238, 246 (S.D.N.Y. 2010).

[124] Societe Nationale Industrielle Aerospatiale v. U.S. Dist. Court for S. Dist. of Iowa, 482 U.S. 522, 546 (1987).

[125] Societe Nationale Industrielle Aerospatiale v. U.S. Dist. Court for S. Dist. of Iowa, 482 U.S. 522, 546 (1987); In re Automotive Refinishing Paint Litig., 229 F.R.D. 482, 495 f. (E.D. Pa. 2005).

covery zu schützen.[126] Im Rahmen der Interessenabwägung wird aber von den US-Gerichten allgemeinen hoheitlichen Interessen des anderen Staates kaum Gewicht zugemessen, wenn keine spezifischen Geheimhaltungsinteressen bezüglich der jeweiligen Dokumente dargelegt werden.[127]

Seit dem Grundsatzurteil des Supreme Courts in der *Aerospatiale*-Entscheidung wird diese Abwägung von den unteren Gerichten vorgenommen, indem sie sich weitgehend, aber nicht ausschließlich, auf die fünf genannten Faktoren beziehen und ganz überwiegend den Interessen der USA an der Durchführung der *discovery* Vorrang gegenüber den entgegenstehenden Interessen der anderen Staaten eingeräumt und daher die Anwendbarkeit der FRCP anstatt der HBÜ angenommen.[128] Insbesondere dann, wenn, wie in Deutschland, ein Vorbehalt gegen die Dokumentenvorlage für die pretrial *discovery* nach Art. 23 HBÜ erklärt wurde, wird ein vollständiger Ausschluss der Vorlagepflicht regelmäßig nicht in Frage kommen, da in der Abwägung zu berücksichtigen ist, wie wahrscheinlich ein Ersuchen auf dem Rechtshilfeweg Erfolg haben wird.[129] Der Verweis auf den Rechtshilfeweg würde hier aber gänzlich ins Leere gehen. Für die Anwendbarkeit und gegen einen vollständigen Ausschluss der *discovery* spricht aus Sicht der US-Gerichte zudem, dass die Offenlegung der Dokumente durch eine *protective order* begleitet werden kann und daher ein Ausschluss der *discovery* aus ihrer Sicht nicht erforderlich ist, um berechtigte Interessen zu berücksichtigen.[130]

bb) Umfangsbeschränkungen

Anstatt die *discovery* nach den FRCP aufgrund eines überwiegenden Interesses des betroffen Verfahrensbeteiligten oder des anderen Staates vollständig auszuschließen, können die US-Gerichte die Offenlegung auf ein Maß beschränken, welches die Interessen der Betroffenen berücksichtigt.[131] Die *discovery* wird dann nicht vollständig unanwendbar, sie kann aber durch eine *protective order* für bestimmte Dokumente oder Dokumentenkategorien ausgeschlossen werden.[132]

---

[126] In re Vitamins Antitrust Litigation, 120 F. Supp. 2d 45, 53 (D.D.C. 2000).

[127] Siehe zum Beispiel In re Automotive Refinishing Paint Antitrust Litigation, 358 F.3d 288, 304 (3d Cir. 2004); Rich v. KIS California, Inc., 121 F.R.D. 254, 258 (M.D.N.C. 1988); *Born/Rutledge,* 1054.

[128] Siehe zum Beispiel Knight Capital Partners Corp. v. Henkel Ag & Company, KGaA, 290 F.Supp.3d 681, 690 f. (E.D. Mich. 2017); Wultz v. Bank of China Ltd., 298 F.R.D. 91, 101 f. (S.D.N.Y. 2014); Chevron Corp. v. Donziger, 296 F.R.D. 168, 204 ff. (S.D.N.Y. 2013); Pershing Pac. W., LLC v. MarineMax, Inc., 2013 WL 941617, 6 ff. (S.D. Cal. 2013); *Smith,* 47 Suffolk U. L. Rev. 2014, 601, 615.

[129] Societe Nationale Industrielle Aerospatiale v. U.S. Dist. Court for S. Dist. of Iowa, 482 U.S. 522, 543 f. (1987).

[130] BrightEdge Techs., Inc. v. Searchmetrics GmbH, 2017 WL 5171227, 2 (N.D. Cal. 2017) = ZD 2018, 76, Rn. 10.

[131] *Born/Rutledge,* 1054 f.

[132] *Marcus,* in: Federal Practice & Procedure, § 2037.

Nach FRCP 26(c)(1)(D) kann die Offenlegungsverpflichtung so beschränkt werden, dass diese entweder nur oder ausdrücklich nicht bezüglich bestimmter Dokumente besteht. Eine solche Begrenzung ist zum Beispiel bezüglich gewisser
Zeiträume oder Themenfelder möglich.[133] So lassen die Gerichte weitgehend *discovery*-Ersuchen nach FRCP auch bezüglich Daten zu, die entgegenstehenden
gesetzlichen Regelungen eines anderen Staates unterliegen (wie zum Beispiel
dem europäischen Datenschutzrecht), sie tendieren dann aber dazu, diese dem
Umfang nach einzuschränken und zu weite und ausschweifende Anfragen abzulehnen.[134] Insbesondere kann bezüglich solcher Dateien, die aus einem Drittstaat
für ein US-Verfahren beschafft werden müssen, ein über das allgemeine Relevanzerfordernis hinausgehender engerer Bezug zum Verfahren gefordert werden.
Wenn die Dokumente nicht danach unmittelbar relevant und für den Ausgang des
Verfahrens erheblich sind, kann dies die Vorlagepflicht ausschließen.[135] So wird
dann teilweise gefordert, dass die Dokumente unmittelbar relevant im Sinne einer
rechtlichen Erheblichkeit *„directly relevant and material"* sind.[136] Zum Teil wird
geprüft, ob die Dokumente *„relevant and vital"* für das Verfahren sind.[137] Dasselbe gilt, wenn den Informationen nur eine geringe Bedeutung zugemessen wird
oder diese Bedeutung jedenfalls nicht ausreichend dargelegt wurde.[138] Macht ein
Adressat einen drohenden Verstoß gegen eine andere Rechtsordnung hinreichend
geltend, kann die Vorlagepflicht dann verneint werden, wenn der Vorlageersu-
chende nicht seinerseits darlegt, dass die Dokumente bedeutend sind und sein Ersuchen spezifisch gefasst ist und es für ihn keine Möglichkeit gibt, die Informationen auf anderem Wege zu erlangen.[139] Die *discovery* kann zu diesem Zweck
auch in mehrere aufeinander aufbauende Phasen unterteilt werden, sodass die
Relevanz und die Schutzwürdigkeit von Dokumenten schrittweise geprüft und in
Ausgleich gebracht werden können.[140] Wenn aber Dokumente von unmittelbarer
Bedeutung für den Ausgang eines Verfahrens sind, spricht dies im Rahmen der

---

[133] *Marcus,* in: Federal Practice & Procedure, § 2040 Fn. 2; *Haydock/Herr,*
§ 7.03(D).

[134] In re Automotive Refinishing Paint Litig., 229 F.R.D. 482, 496 (E.D. Pa. 2005);
Bodner v. Paribas, 202 F.R.D. 370, 375 f. (E.D.N.Y. 2000); Doster v. Schenk, 141 F.R.D.
50, 55 (M.D.N.C. 1991); In re Perrier Bottled Water Litig., 138 F.R.D. 348, 354 f.
(D. Conn. 1991); *Abdollahi,* 40 N.C.J. Int'l L. & Com. Reg. 2015, 771, 789; *Born/Rut-
ledge,* 1054.

[135] Richmark Corp. v. Timber Falling Consultants, 959 F.2d 1468, 1475 (9th Cir.
1992).

[136] *American Law Institute,* Comment on § 422; *Born/Rutledge,* 1019.

[137] In re Activision Blizzard, Inc., 86 A.3d 531, 545 (Del. Ch. 2014).

[138] Volkswagen, A.G. v. Valdez, 909 S.W.2d 900, 903 (Tex. 1995); In re Baycol Products Litigation, 2003 WL 22023449, S. 6 6 (D. Minn. 2003).

[139] In re Baycol Products Litigation, 2003 WL 22023449, S. 6 (D. Minn. 2003).

[140] Crawford-El v. Britton, 523 U.S. 574, 598 f. (1998); *The Sedona Conference,* International Principles on Discovery, Disclosure & Data Protection in Civil Litigation
(Transitional Edition), 17.

Abwägung für die Verpflichtung zur Vorlage nach den FRCP, auch wenn die Vorschriften der anderen Rechtsordnung dem entgegenstehen.[141] Das Gericht kann auch anordnen, dass die *discovery*-Ersuchen enger auf spezifische Dokumente zu richten sind.[142] Ersuchen, die spezifisch darauf zugeschnitten sind („*specifically tailored*") erhebliche Dokumente hervorzubringen, sind dann tendenziell zulässig.[143]

Da keiner der in der *comity*-Abwägung zu berücksichtigenden Faktoren absolute Geltung hat, sondern eine Gesamtabwägung vorzunehmen ist, muss nicht zwangsläufig eine unmittelbare Relevanz im Sinne einer rechtlichen Erheblichkeit der ersuchten Dokumente vorliegen, die Vorlagepflicht besteht aber umso eher, je enger der Bezug ist. Danach dürften im Regelfall solche Dokumente, die selbst keine direkten Auswirkungen auf die die Klageansprüche oder Verteidigungen ausfüllenden Tatsachen haben, sondern lediglich zu möglichem weiteren Beweismaterial führen können, nicht mehr vom verhältnismäßigen Umfang der *discovery* erfasst sein, wenn sie entgegenstehendem Recht eines anderen Staates unterliegen. Häufiger und weiter als eine solche Umfangsbeschränkung ordnen die Gerichte aber flankierende Maßnahmen an, wie die Geheimhaltung oder besonders enge Aufsicht über die *discovery* durch das Gericht.[144] Auf diese Möglichkeiten wird an den entsprechenden Stellen in der weiteren Untersuchung eingegangen.[145]

e) Zwischenergebnis

Aus den Anforderungen an die Schriftsätze ergibt sich der äußere Rahmen der in der *discovery* möglichen Vorlageverpflichtung und der Bezugspunkt für die Feststellung, ob Dokumente für das Verfahren relevant sind. Wie gezeigt, bestehen mittlerweile erhebliche Anforderungen an den erforderlichen Tatsachenvortrag. Indem ein Tatsachenvortrag verlangt wird, der plausibel die geltend gemachten Ansprüche begründet, wird über die Benachrichtigungsfunktion der Klageschrift hinaus der Sachverhalt, der der Klage zugrunde liegt, vor Beginn der *discovery* bestimmt. Auch wenn der Tatsachenvortrag noch nicht zwingend alle Merkmale der Anspruchsnorm ausfüllen muss, sondern erst während der *discovery* der Sachverhalt genau festgestellt wird, müssen Behauptungen aufgestellt werden, die den Anspruch begründen und deren Nachweis nach der *discovery* in der Hauptverhandlung gelingen kann.[146] Dadurch besteht eine erhebliche Hürde

---

[141] White v. Kenneth Warren & Son, Ltd., 203 F.R.D. 369, 375 (N.D. Ill. 2001).

[142] Societe Nationale Industrielle Aerospatiale v. U.S. Dist. Court for S. Dist. of Iowa, 482 U.S. 522, 545 (1987).

[143] Devon Robotics v. DeViedma, 2010 WL 3985877, S. 4 (E.D. Pa. 2010).

[144] Bodner v. Paribas, 202 F.R.D. 370, 376 (E.D.N.Y. 2000).

[145] Siehe unten zur Geheimhaltung F. I. 3. und bezüglich der Aufsicht durch das Gericht G. III.

[146] Siehe oben E. I. 1. a) cc).

gegen Missbrauch und es können keine Klagen ohne einen an Tatsachen anknüpfenden Anlass erhoben werden. Weite *fishing expeditions* zu Dokumenten, die keine Relevanz zu dem zugrundeliegenden Sachverhalt aufweisen, sind gerade nicht vorgesehen.[147] Die *discovery* soll die Details des Sachverhalts hervorbringen und nicht den Klagegrund an sich.[148] Der so aufgestellte Sachverhalt erlaubt im weiteren Verlauf eine genauere Bestimmung, ob eine Information für diesen relevant ist. Dadurch ist enger als vor der Rechtsprechungsänderung in den Jahren 2007 und 2009 begrenzt, für welchen Tatsachenvortrag die Auskunftsverlangen noch relevant sein müssen. Dies wird auch nur geringfügig dadurch beeinträchtigt, dass diese Anforderung nur für das Klagebegehren gilt[149], denn auch die Verteidigungen dagegen begründen *discovery*-Pflichten nur soweit, als die Dokumente relevant für die Verteidigung gegen ein Klagebegehren sind. Das Klagebegehren setzt somit schon vorher den Tatsachenrahmen, für den die Relevanz bestehen muss, und hierfür gelten die neuen erhöhten Anforderungen.

Die Vorlagepflicht im Rahmen der *discovery* setzt dann die tatsächliche Relevanz der Dokumente für das Klagebegehren voraus und besteht zudem nur, soweit die Vorlage verhältnismäßig ist, insbesondere im Hinblick auf den Aufwand und die Kosten der Offenlegung und den zu erwartenden Nutzen für das Verfahren. Dadurch wird ein erheblicher sachlicher Bezug zu dem einem konkreten Verfahren zugrundeliegenden Sachverhalt geschaffen. Durch den Tatsachenvortrag der klagenden Partei, die ihren Klageanspruch plausibel begründen muss, ist der Bezugspunkt für die Vorlagepflicht so bestimmt, dass die Relevanz konkret festgestellt werden kann. Die Einschränkung durch das Verhältnismäßigkeitserfordernis bezieht sich vor allem auf quantitative Erwägungen, wie den tatsächlichen und finanziellen Aufwand. Es können aber auch sonstige Interessen, wie die Privatsphäre betroffener Personen und ein daraus entstehendes Haftungsrisiko, Beachtung finden.[150] Dabei können bei Vorlageersuchen, die sich auf Dokumente beziehen, die entgegenstehenden Vorschriften eines anderen Staates unterliegen, eine engere Relevanz für das Verfahren gefordert und nur enger begrenzte Vorlageersuchen zugelassen werden.[151] Insgesamt ist ein Trend hin zu enger gefassten *discovery*-Ersuchen zu erkennen.[152]

2. Begrenzung durch Weigerungsrechte – *privileges*

Neben der Relevanz und Verhältnismäßigkeit der Vorlage ist zudem erforderlich, dass die Dokumente nicht durch ein als *privilege* bezeichnetes Weigerungs-

---

[147] Siehe oben E. I. 1. a) cc).
[148] Bell Atlantic Corp. v. Twombly, 550 U.S. 544, 560 (2007).
[149] *Clermont,* 45 Wake Forest L. Rev. 2010, 1337, 1359; *Gomille,* 109 ff.
[150] Siehe oben E. I. 1. c) bb) und E. I. 1. d).
[151] Siehe oben E. I. 1. d).
[152] *Moskowitz,* 78 U. Colo. L. Rev. 2007, 817, 826.

recht geschützt sind. Diese Weigerungsrechte verfolgen vergleichbare Zwecke, wie die Zeugnisverweigerungsrechte im deutschen Zivilprozessrecht, sind aber allgemeiner anwendbar, da im US-Zivilprozess nicht nur Zeugen zur Aussage verpflichtet sind.[153] Besteht eine solche Privilegierung zu Gunsten des Informationsschuldners, so kann sich dieser darauf berufen und an das zuständige Gericht einen Antrag auf eine *protective order* nach FRCP 26(c)(1) stellen. Er muss dabei die Art der fraglichen Dokumente so beschreiben, dass die Gegenpartei seine Behauptung nachvollziehen kann, ohne dabei privilegierte Informationen preiszugeben. Das Gericht kann dann das fragliche *discovery*-Ersuchen entweder teilweise oder vollumfänglich unterbinden oder die jeweiligen Umstände einer zulässigen *discovery* näher bestimmen. Dabei reicht die bloße Behauptung im Konfliktfall nicht aus, den Betroffenen trifft vielmehr nach FRCP 26(b)(5) die Beweislast, dass die verlangten Dokumente von einem Weigerungsrecht erfasst sind.[154] Allgemein lässt sich festhalten, dass für den Schutz durch ein Weigerungsrecht gilt, dass eine Situation bestehen muss, in der ein solches Recht anerkannt ist, der Betroffene sich darauf substantiiert berufen und gegebenenfalls auch nachweisen muss und kein Verzicht auf das Recht erklärt worden sein darf, wobei letzteres durch das Gericht fingiert wird, wenn sich der Betroffene nicht auf sein Weigerungsrecht beruft.[155]

Die Weigerungsrechte sind auf Bundesebene weder in den *Federal Rules of Civil Procedure* noch in den *Federal Rules of Evidence* ausdrücklich gesetzlich geregelt, was darauf gründet, dass das Erreichen des im US-Recht überragend wichtigen Ziels der Wahrheitsfindung nicht durch festgeschriebene Ausnahmen von der *discovery* gefährdet werden soll, sondern stattdessen das Gericht im Einzelfall, nach eigenem Ermessen, den schutzwürdigen Interessen des Betroffenen zu Geltung verhelfen kann.[156] Die Existenz der Weigerungsrechte wird in FRCP 26(b)(1) vorausgesetzt, da dort ausdrücklich nur bezüglich *„nonprivileged matter"* die *discovery* zugelassen wird. Viele US-Bundesstaaten gehen einen anderen Weg und haben in ihren Gesetzen zum Beweisrecht ausdrückliche Regelungen über einzelne Weigerungsrechte getroffen.[157] Es gelten aber dieselben Regelungen für die Weigerungsrechte in der *discovery*-Phase wie später in der Hauptverhandlung, wie sich aus FRE 1101(c) ergibt.[158] Das US-Bundesrecht und somit *common law* bezüglich der Weigerungsrechte im *discovery*-Verfahren ist anwendbar, wenn die materiellen Rechte der Parteien sich aus dem Bundesrecht ergeben.[159]

---

[153] *Adler,* 144; *Junker,* Discovery, 124.
[154] *Adler,* 145.
[155] *Junker,* Discovery, 126 m.w.N.
[156] *Stadler,* 129.
[157] *Kutz,* 42 Val. U. L. Rev. 2007, 291, 317 ff.
[158] *Marcus,* in: Federal Practice & Procedure, § 2016.
[159] *Hill,* 9 Nw. J. Tech. & Intell. Prop. 2011, 565, 566.

a) Kommunikation innerhalb von Vertrauensverhältnissen

Absolute Weigerungsrechte ergeben sich vor allem daraus, dass in gewissen Beziehungen vertrauliche Kommunikation unbedingt möglich sein muss. Dabei ist die Bedeutung der fraglichen Information für das Verfahren unbeachtlich.[160] Das älteste Weigerungsrecht ist hierbei das *Attorney-client Privilege,* welches die vollständige und ehrliche Kommunikation zwischen einem Anwalt und seinem Mandanten ermöglichen soll.[161] Geschützt wird dadurch der Mandant als Betroffener.[162] Soweit die Kommunikationsinhalte unter das Weigerungsrecht fallen, gilt dieses absolut.[163] Nur in ganz wenigen Ausnahmesituationen werden in der Rechtsprechung davon Rückausnahmen gemacht.[164] Äußerungen sind geschützt, soweit sie vorrangig zum Zweck der Ermöglichung von Rechtsberatung getätigt worden sind.[165] Die Voraussetzungen dafür sind, dass erstens der Betroffene ein Mandant war oder rechtliche Beratung suchte, zweitens die Person, mit der die Kommunikation stattfand, ein zugelassener Rechtsanwalt oder bei einem solchen angestellt war und in Zusammenhang mit der Anwaltstätigkeit stand und die Kommunikation Tatsachen betrifft, von denen der Mandant ohne Anwesenheit von Dritten berichtete, um entweder eine Rechtsmeinung, Rechtsberatung oder Unterstützung in einem Gerichtsverfahren zu erhalten und dies nicht zum Zwecke der Begehung von Straftaten oder unerlaubten Handlungen geschah.[166] Erfasst ist auch die Kommunikation zwischen einem Justiziar und einem Mitarbeiter seines Unternehmens, soweit sie sich inhaltlich auf einen Sachverhalt bezieht, zu dem das Unternehmen rechtliche Beratung sucht.[167] Darüber hinaus muss sich der Betroffene auf das Weigerungsrecht berufen und darf nicht darauf verzichtet haben.[168] Ausdrücklich anerkannt hat der Supreme Court darüber hinaus ein ähnliches Recht für die Kommunikation zwischen Psychotherapeuten und Klienten sowie staatlich anerkannter Sozialarbeiter im Rahmen einer psychotherapeutischen Behandlung.[169] Ähnliche Weigerungsrechte bestehen auch im Verhältnis zwischen Arzt und Patienten, zwischen Eheleuten, für die Kommuni-

---

[160] *Stadler,* 131.

[161] Swidler & Berlin v. U.S., 524 U.S. 399, 403 (1998); *Greenberg,* 80 B.U. L. Rev. 2000, 939, 944.

[162] In re Vargas, 723 F.2d 1461, 1466 (10th Circuit 1983); *Schack,* 50.

[163] *The Sedona Conference,* Sedona Conf. J. 2015, 101, 110.

[164] Zu den drei wesentlichen Ausnahmen siehe *Greenberg,* 80 B.U. L. Rev. 2000, 939, 946.

[165] In Re Vioxx Products Liability Litigation, 501 F. Supp. 2d 789, 798 (E.D. La. 2007); *The Sedona Conference,* Sedona Conf. J. 2015, 101, 110.

[166] United States v. Jones, 696 F.2d 1069, 1072 (4th Circuit 1982); United States v. United Shoe Mach. Corp., 89 F. Supp. 357, 358 f. (D. Mass. 1950).

[167] *The Sedona Conference,* Sedona Conf. J. 2015, 101, 111.

[168] United States v. Jones, 696 F.2d 1069, 1072 (4th Circuit 1982); United States v. United Shoe Mach. Corp., 89 F. Supp. 357, 358 f. (D. Mass. 1950).

[169] Jaffee v. Redmond, 518 U.S. 1, 9 und 15 (1996).

kation mit Priestern sowie in ähnlichen Beziehungsverhältnissen.[170] Ein Weigerungsrecht für Journalisten ist in mehreren Bundesstaaten gesetzlich geregelt, auf Bundesebene aber nicht anerkannt.[171] Darüber hinaus kann ein Weigerungsrecht in vergleichbaren Konstellationen vertraulicher Kommunikation angenommen werden, die Rechtsprechung ist aber in diesem Punkt sehr zurückhaltend.[172]

b) Right to privacy

Betrachtet man die oben aufgeführten anerkannten Fallgruppen von geschützter Kommunikation, so stellt sich die Frage, inwiefern abseits dieser besonderen Vertrauensverhältnisse der Privatsphäre von in Gerichtsverfahren beteiligten Personen Schutz gewährt wird. Auch in den USA ist ein Recht auf Schutz der Privatsphäre – *„Right to privacy"* – verfassungsrechtlich und durch das *common law* anerkannt und einfachgesetzlich geregelt.[173] Zwar enthält die US-Verfassung nicht ausdrücklich ein solches Recht auf Privatsphäre und auch der Supreme Court hat ein umfassendes einheitliches Recht auf Privatsphäre oder informationelle Selbstbestimmung bisher nicht anerkannt.[174] Ein partielles verfassungsrechtlich geschütztes *Right to privacy* wird aber in verschiedenen Situationen implizit aus unterschiedlichen Verfassungszusätzen hergeleitet.[175] Im *common law* sind insbesondere deliktsrechtliche *privacy torts* für die Fälle des Eindringens in die Privatsphäre, der Veröffentlichung höchstpersönlicher Angelegenheiten, der wirtschaftlichen Nutzung des Namens oder Abbilds anderer und deren öffentliche Darstellung in falschem Licht anerkannt.[176] Dazu bestehen eine Vielzahl spezifischer Regelungen, die für bestimmte Wirtschaftsbereiche, Gefahrensituationen und Datenkategorien einfachgesetzlich die Verarbeitung personenbezogener Daten regeln.[177] Die Anerkennung eines Schutzes der Privatsphäre hängt dabei allgemein davon ab, ob der Betroffene eine berechtigte Privatheitserwartung (*reasonable expectation of privacy*) hatte, was erfordert, dass dieser sich nicht nur subjektiv darauf verlassen hat, sondern dies auch objektiv begründet ist.[178] Erfasst ist davon unter anderem auch die informationelle Selbstbestimmung (*information privacy*), die aber eher vage und nicht als abgrenzbares verfassungs-

---

[170] *Adler,* 144; *Haydock/Herr,* § 11.03.
[171] *Coester-Waltjen,* 389.
[172] *Marcus,* in: Federal Practice & Procedure, § 2020.
[173] Die Entwicklung geht zurück auf den Aufsatz von *Warren/Brandeis,* Harv. L. Rev. 1890, 192, 193 ff.; *Klar/Kühling,* AöR 2016, 165, 176 f.
[174] *Klar/Kühling,* AöR 2016, 165, 176 f.; *McPeak,* 64 U. Kan. L. Rev. 2015–2016, 235, 258.
[175] Roe v. Wade 410 U.S. 113, 152 (1973); Griswold v. Connecticut 381 U.S. 479, 482 (1965); *Haydock/Herr,* § 13.03; *Klar/Kühling,* AöR 2016, 165, 177; *Posdziech,* 14.
[176] *Determann,* NVwZ 2016, 561, 564; *Prosser,* 48 Cal. L. Rev. 1960, 383, 383 ff.
[177] *Determann,* NVwZ 2016, 561, 564 m.w.N.
[178] Katz v. United States, 389 U.S. 347, 360 f. (1967).

rechtlich anerkanntes Recht definiert ist.[179] Schon die Fülle an spezifischen Regelungen zeigt aber, dass die (informationelle) Privatsphäre als schützenswertes Gut auch im US-Recht anerkannt ist.[180]

Ein absolutes Weigerungsrecht, welches die Verwendung von Informationen mit Bezug zur Privatsphäre in einem Zivilprozess ausschließt, folgt aus diesem *right to privacy* aber nicht. Ein solches besteht weder als ausdrückliche gesetzliche Regelung noch ist es durch die Rechtsprechung anerkannt.[181] Auf bundesstaatlicher Ebene nahm das oberste Gericht in Kalifornien zumindest für sensible private Daten ein (nicht absolutes) Weigerungsrecht an, obwohl es die aufgezählten *privileges* im *California Evidence Code* für abschließend hielt und ein solches dort gerade nicht enthalten ist.[182] Dabei ergebe sich aus dem Umstand, dass die kalifornische Verfassung ein unveräußerliches Recht auf Privatsphäre enthält, zumindest die Verpflichtung ein Mindestmaß an Schutz für private vertrauliche Informationen (im konkreten Fall ging es um Bankinformationen) zu gewährleisten.[183] Daraus ergibt sich aber gerade auch kein absolutes Weigerungsrecht. Im Ergebnis wird ganz überwiegend angenommen, dass die Privatsphäre der Betroffenen durch die Anordnung einer *protective order* ausreichend berücksichtigt werden kann und ein absolutes Weigerungsrecht nicht erforderlich ist.[184] Darin wird dann vor allem die Beschränkung des Umfangs der *discovery* oder die Geheimhaltung über die erlangten Informationen angeordnet.[185]

c) Sonstige Weigerungsrechte

Ein wichtiger durch den fünften Zusatz zur US-Verfassung garantierter Weigerungsgrund folgt aus dem Grundsatz, dass sich niemand durch eigenes Zutun der Gefahr strafrechtlicher Verfolgung aussetzen muss (*privilege against self incrimination*). Davon erfasst sind nicht nur Informationen, die für sich alleine schon strafrechtliche Konsequenzen nach sich ziehen können, sondern auch solche, die zu einer Beweiskette in einem Strafverfahren beitragen können.[186] Das Recht,

---

[179] *McPeak,* 64 U. Kan. L. Rev. 2015–2016, 235, 259 ff.

[180] *McPeak,* 64 U. Kan. L. Rev. 2015–2016, 235, 261.

[181] *McPeak,* 64 U. Kan. L. Rev. 2015–2016, 235, 270; *Posdziech,* 30; davon ausgehend wohl auch *Haydock/Herr,* § 13.03.

[182] Valley Bank of Nevada v. Superior Court, 15 Cal.3d 652, 656 (Supreme Court of California 1975).

[183] Valley Bank of Nevada v. Superior Court, 15 Cal.3d 652, 656 (Cal. 1975).

[184] Seattle Times Co. v. Rhinehart, 467 U.S. 20, 35 (1984); *McPeak,* 64 U. Kan. L. Rev. 2015–2016, 235, 270 ff.; *Posdziech,* 30; Kahn v. Superior Court, 188 Cal. App. 3d 752, 766 (Cal. Ct. App. 1987); Board of Trustees v. Superior Court, 119 Cal. App. 3d 516, 532 (Cal. Ct. App. 1981); Williams v. Superior Court, 3 Cal. 5th 531, 552 (Cal. 2017); Romano v. Steelcase Inc., 907 N.Y.S.2d 650, 654 (N.Y. Sup. Ct. 2010) m.w. N.

[185] Siehe zur Umfangsbeschränkung oben ab E. I. 1. c) und E. I. 1. d) bb) und zur Geheimhaltung unten ab F. I. 3.

[186] Hoffman vs. United States, 341 U.S. 479, 486, 71 (1951).

sich nicht selbst belasten zu müssen, gilt für alle natürlichen Personen, unabhängig davon ob sie als Partei oder Dritte in dem Verfahren beteiligt sind.[187] Nicht ausreichend ist allerdings das Risiko zivilrechtlicher Haftung oder sonstiger Sanktionen.[188] Für den Zivilprozess kann es aber, anders als im Strafprozess, vom Gericht zu Lasten einer Partei gewertet werden, wenn diese sich auf das Weigerungsrecht beruft und daraus nachteilige Schlüsse gezogen werden können.[189]

Von besonderer praktischer Bedeutung ist zudem der Schutz von Staats-, Betriebs- und Unternehmensgeheimnissen. Dieser wird durch die US-amerikanische Rechtsordnung anerkannt, was unter anderem darin Ausdruck findet, dass § 5 des *Uniform Trade Secrets Acts* die Gerichte der Bundesstaaten verpflichtet, solche Betriebsgeheimnisse durch angemessene Maßnahmen zu schützen, allerdings gewähren diese aber keinen absoluten Schutz vor *discovery*.[190] Darüber hinaus ist, obwohl keine bundesgesetzlichen Regelungen über die Existenz von Weigerungsrechten existieren, die Möglichkeit, Betriebsgeheimnisse (*trade secrets*) von der *discovery* auszunehmen, neben anderen vertraulichen Forschungsergebnissen, Entwicklungen oder geschäftlicher Informationen, ausdrücklich als möglicher Inhalt einer *protective order* nach FRCP 26(c)(1)(G) genannt. Statt eines absoluten Schutzes, wie bei wenigen anerkannten Weigerungsrechten, die auf einer besonderen Vertrauensbeziehung zwischen den Kommunikationsteilnehmern beruhen, muss die (Un-)Zulässigkeit der *discovery* aufgrund betroffener Betriebs- und Geschäftsgeheimnisse aber im Einzelfall durch Abwägung das Geheimhaltungsinteresse und das Offenlegungsinteresse festgestellt werden.[191] Dass es sich bei geforderten Informationen um Betriebs- oder Geschäftsgeheimnisse handelt und dass deren Offenlegung für die Betroffenen einen Schaden zur Folge hätte, ist durch das betroffene Unternehmen nachzuweisen,[192] wobei gegebenenfalls mögliche Wettbewerbsnachteile nicht ausreichen, sondern ein konkret zu erwartender Nachteil für dessen Geschäft dargelegt werden muss[193]. Hat ein betroffenes Unternehmen diese durchaus erhebliche Hürde zum Nachweis der Schutzwürdigkeit von Informationen genommen, so muss die Partei, welche die Offenlegung fordert, darlegen, weshalb die fraglichen Informationen relevant und notwendig für

---

[187] McCarthy v. Arndstein, 266 U.S. 30, 34, (1924); *Junker,* Discovery, 127 m.w.N.

[188] *Coester-Waltjen,* 392 m.w.N.

[189] *Osthaus,* 92.

[190] *Junker,* Discovery, 130; *Stadler,* 130.

[191] *McKown,* 10 Santa Clara High Tech. L.J. 1994, 35, 36.

[192] American Standard Inc. v. Pfizer Inc. 828 F.2d 734 (Fed. Cir. 1987); Ohio Valley Environmental Coalition v. Elk Run Coal Co., Inc. 291 F.R.D. 114, 118 (S.D.W.Va. 2013).

[193] Uniroyal Chemical Co. Inc. v. Syngenta Crop Protection, 224 F.R.D. 53, 57 (D. Conn. 2004); U.S. v. IBM Corp., 67 F.R.D. 40, 46 (S.D. N.Y.1975).

das konkrete Verfahren sind.[194] Es ist dann ein engerer Bezug zu dem konkreten Verfahren zu erwarten, als dies bei nicht privilegierten Informationen der Fall ist. Das Gericht muss dann im Einzelfall die entgegenstehenden Interessen abwägen und soll dabei das konkrete Missbrauchsrisiko und die Frage, ob die Parteien in gutem Glauben handeln, ebenso berücksichtigen, wie mögliche Schutzmaßnahmen gegen Missbrauch der Informationen und ob es alternative Wege gibt, an die geforderten Informationen zu kommen.[195] Dabei gilt aber, dass, wenn Relevanz und Erforderlichkeit für das Verfahren dargelegt sind, regelmäßig dem *discovery*-Ersuchen stattzugeben ist.[196] Somit ergibt sich für vertrauliche Unternehmensinterna eine Schutzmöglichkeit vor missbräuchlicher *discovery*, sobald aber Informationen tatsächlich in einem laufenden Verfahren zur Vorbereitung auf einen Prozess erforderlich sind, wiegt das Offenlegungsinteresse regelmäßig so schwer, dass zumindest eine vollständige Weigerung ausscheidet und auch hier stattdessen ebenfalls nur Schutzmaßnahmen gegen Missbrauch angeordnet werden.

d) Work-product rule

Von den Weigerungsrechten zum Schutz des Betroffenen zu unterscheiden, ist die praktisch sehr relevante sogenannte *work-product rule,* eine Ausprägung des *adversary systems,* welche eine andere und weitergehende Schutzrichtung hat.[197] Sie schützt, anders als das *attorney-client-privilege,* nicht den Mandanten, sondern die Prozessvorbereitung der Parteien als solche.[198] Diese in FRCP 26(b)(3) enthaltene Regel nimmt solche Dokumente und Gegenstände von der *discovery* aus, die von einer Partei in Vorbereitung auf ein Verfahren angefertigt wurden. Dies umfasst Dokumente, die entweder für die Partei oder von der Partei selbst oder durch einen Vertreter erstellt wurden. Um zu begründen, dass ein Dokument in Vorbereitung eines Verfahrens erstellt wurde, ist erforderlich, dass der Rechtsstreit unmittelbar bevorstand.[199] Die entfernte Möglichkeit eines solchen Verfahrens ist nicht ausreichend.[200] Zu beachten ist aber, dass die *work-product rule* lediglich vor der Herausgabe der jeweiligen Dokumente schützt, aber nicht jeglicher Inhalt dieser Dokumente als solcher geschützt ist, sodass deren Ersteller über ihren Inhalt befragt werden kann.[201] Aus der *work-product rule* ergibt sich daher keine inhaltliche Beschränkung der *discovery*.

---

[194] Ohio Valley Environmental Coalition v. Elk Run Coal Co., Inc. 291 F.R.D. 114, 118 (S.D.W.Va. 2013).

[195] *Stadler,* 142.

[196] Empire of Carolina, Inc. v. Mackle, 108 F.R.D. 323, 326 (S.D. Fla. 1985).

[197] U.S. v. Nobles, 422 U.S. 225, 238 (1975); Hickmann v. Taylor, 329 U.S. 495, 508 (1947).

[198] *Osthaus,* 91; *Schack,* 50.

[199] *The Sedona Conference,* Sedona Conf. J. 2015, 101, 113.

[200] Fox v. California Sierra Financial Services, 120 F.R.D. 520, 524 (N.D. Cal. 1988).

[201] *Junker,* Discovery, 133.

e) Zwischenergebnis

Durch die Möglichkeit, Weigerungsrechte bezüglich privilegierter Informationen aus besonders vertraulichen Kommunikationsbeziehungen, selbstbelastender Informationen und Betriebsgeheimnissen geltend zu machen, werden, wenn auch nur in geringem Ausmaß, Inhalte und Dokumente aus diesen sensiblen Bereichen von der *discovery* ausgenommen. Dadurch wird nur ein relativ kleiner Teil vom Gesamtumfang der *discovery* geschützt, es handelt sich aber um Kategorien von Daten, die besonders sensible personenbezogene Informationen enthalten können. Auch wenn somit der Umfang nur geringfügig quantitativ eingeschränkt wird, fällt der Effekt auf die qualitative Intensität des Eingriffs deutlicher ins Gewicht. Keine inhaltlichen Auswirkungen hat der Ausschluss der Dokumente mit Bezug zur Verfahrensvorbereitung (*work-product*) von der *discovery* auf den Gesamtumfang der von der *discovery* betroffenen personenbezogenen Daten. Da es hierbei nicht auf die Art der Informationen in den Dokumenten ankommt, sondern auf deren Funktion bei der Prozessvorbereitung, ist ein Ausschluss personenbezogener Daten auf diesem Wege allenfalls zufällige Folge und bietet demzufolge auch keinen verlässlichen Schutz für aus dem Inhalt der Dokumente herrührende Geheimhaltungsinteressen. Dass die vorzulegenden Dokumente einen Bezug zur Privatsphäre von Personen haben, führt alleine nicht zu einem absoluten Weigerungsrecht, sondern das anerkannte *right to privacy* und insbesondere die davon erfasste *information privacy* können vor allem im Rahmen einer *protective order* berücksichtigt werden.

3. Ergebnis zu Umfang und Grenzen der *discovery*

Die Verpflichtung zur Offenlegung elektronisch gespeicherter Dokumente im Rahmen der *e-discovery* im US-Recht ist weit, aber keineswegs grenzenlos. Insgesamt sind abstrakte Aussagen zum Umfang der *discovery* vorsichtig zu behandeln, da das jeweilige Gericht einen bewusst großen Entscheidungsspielraum bei dessen Festlegung im Einzelfall hat. Auch im US-Recht ist aber eine Klageerhebung ohne Begründung durch Tatsachenvortrag nicht möglich, sodass ein Prozess auch nicht in die *discovery*-Phase gelangen kann, ohne dass überhaupt ein sachlicher Anlass für eine Klage besteht.[202] Dies wird durch die Erforderlichkeit eines durch Tatsachenvortrag plausibel begründeten Klageanspruchs sichergestellt. Dadurch besteht zudem ein konkreter Bezugspunkt dafür, die Relevanz von Dokumenten für ein Verfahren festzustellen. Der vom US-Gesetzgeber gewählte Grundsatz, dass die relevanten Informationen zu einem Verfahren möglichst umfassend unter den Parteien ausgetauscht werden sollen, damit nicht ein Informationsübergewicht über dessen Ausgang entscheidet, wird in mehrfacher Hinsicht qualitativ und quantitativ wieder eingeschränkt. Für die Rechtspraxis in

---

[202] So aber *Posdziech,* 39 f.

den USA haben die quantitativen Grenzen die größere Bedeutung, da die Kosten und der Aufwand der *discovery* als größtes Problem in diesem Zusammenhang gesehen werden. Die wichtigste Einschränkung im Hinblick auf die Gesamtmenge erfasster Daten ist das Erfordernis der Verhältnismäßigkeit aus FRCP 26(b)(1) und die Befreiung von unter Berücksichtigung von Kosten und Aufwand unzumutbarer *discovery*.[203] Das Relevanzkriterium wird im Zusammenspiel mit der erforderlichen Verhältnismäßigkeit tendenziell erheblich enger verstanden, wenn sich die Vorlagepflicht auf Dokumente bezieht, deren Offenlegung einer anderen Rechtsordnung widerspricht. Die Vorlagepflicht kann daher auch insbesondere bezüglich solcher Dokumente, die europäischem Datenschutzrecht unterliegen, auf das unmittelbar für die geltend gemachten Klageansprüche erhebliche Maß beschränkt werden.[204] Die bestehenden Weigerungsrechte haben, ebenso wie die Berücksichtigung der Privatsphäre betroffener Personen als Faktor der Verhältnismäßigkeitsabwägung im Rahmen von FRCP 26(b)(1), zur Folge, dass zumindest gewisse sensible Bereiche ausgespart sind und somit auch aus qualitativer Sicht die *discovery* begrenzt ist.

Für die Beurteilung der Vereinbarkeit der *e-discovery* mit den Grundprinzipien des EU-Datenschutzrechts ist weiter entscheidend, ob in England und Deutschland der erforderliche Bezug zum Verfahren so deutlich enger und direkter ist und ob zudem datenschutzrechtlichen Interessen bei der Begrenzung der Vorlage von Dokumenten eine derart größere Rolle spielen, dass sich daraus innerhalb der EU ein grundlegend anderes Verständnis des Umfangs der für einen Zivilprozess erforderlichen Datenverarbeitung ergibt, als dies im Rahmen der US-amerikanischen *e-discovery* der Fall ist.

II. Umfang und Grenzen der englischen *disclosure*

Nur weil das englische Recht mit der *disclosure* ebenfalls eine allgemeine prozessuale Aufklärungspflicht kennt, ist der Umfang der Dokumentenvorlage nicht schon deshalb zwangsläufig mit dem der US-amerikanischen *discovery* identisch. Entscheidend ist, ob die inhaltlichen Anforderungen für die Vorlageverpflichtung und deren Begrenzung aufgrund entgegenstehender Interessen vergleichbar sind.

1. Inhaltliche Anforderungen an die *standard disclosure*

Der Umfang der *standard disclosure* ergibt sich aus den Fallgruppen in CPR 31.6.[205] Der Bezugspunkt für diese ist der zugrundeliegende Sachverhalt, der sich wie in den USA aus der Klageschrift und -erwiderung ergibt.[206] Daher ist

---

[203] Siehe oben E. I. 1. c).
[204] Siehe oben E. I. 1. d).
[205] Siehe dazu schon oben D. II. 2. a).
[206] Harrods Ltd v Times Newspaper Ltd [2006] EWCA Civ 294 (CA), Rn. 12.

auch hier zunächst erheblich, wie genau der Sachverhalt des Verfahrens vor der Offenlegung von Dokumenten feststehen muss.

a) Eingrenzung des Bezugspunkts durch Schriftsätze

Da die Verpflichtung zur Offenlegung nur solche Dokumente erfasst, die sich positiv oder negativ auf den in den Schriftsätzen (*Statements of case*) geschilderten Sachverhalt auswirken (und solche Dokumente, welche die Partei im Prozess verwenden möchte), geben diese den äußeren Rahmen der möglicherweise anzugebenen Dokumente vor.[207] Die Offenlegung darf nicht über den Streitgegenstand hinausgehen, der sich aus ihnen ergibt.[208] Insofern wirken sich auch in England die inhaltlichen Anforderungen an die Schriftsätze indirekt auf den Umfang der Offenlegung aus.[209] Die wichtigsten Schriftsätze der Parteien sind die Klageschrift (*claim*) und die Klageerwiderung (*defence*). Im Hinblick auf die hier fragliche Offenlegung von Dokumenten begrenzen sie die Streitsache, indem sie den Kern der streitigen Situation herausstellen.[210] Dabei kommt es vor allem auf die Anforderungen an die Klageschrift an, die den Streitgegenstand ursprünglich festlegt.

Das Verfahren wird dadurch eingeleitet, dass ein Gericht auf Antrag des Klägers ein sogenanntes *claim form* ausfertigt, CPR 7.2(1). Diese Klageschrift wird regelmäßig in Form eines standardisierten Formulars eingereicht, wenn die Klage nicht lediglich bezüglich der Auslegung eines Dokuments oder der Rechtsanwendung streitig ist und daher das alternative Verfahren nach CPR 8 einschlägig ist.[211] Die Tatsachengrundlage der Klage (*particulars of claim*) sind dem Beklagten nach CPR 7.4 entweder mit der Klageschrift oder binnen 14 Tagen nach deren Zustellung mitzuteilen. Diese Sachverhaltsdarstellung der Klage ist die inhaltliche Anforderung an die Klageschrift. Danach muss eine knappe aber präzise Darstellung der Tatsachen, auf die sich der Kläger beruft, gemacht werden, CPR 16.4(1)(a). Die übrigen Bestimmungen darüber, was darin enthalten sein muss, stellen keine allgemeinen Anforderungen an die Bestimmtheit und die Konkretheit der Sachverhaltsbeschreibung. Sie betreffen lediglich Angaben für bestimmte Verfahren, insbesondere solche, in denen Schadensersatz oder sonstige Geldzahlungen verlangt werden, in denen gewisse Einzelangaben – wie zum Beispiel eine Zinsvereinbarung – erforderlich sind. Die Ausführungen zum Sachverhalt sollen nicht unverhältnismäßig lang sein und beachten, dass Ergän-

---

[207] White Book – Civil Procedure, Section A, Rn. 31.6.2.

[208] Paddick v Associated Newspapers Ltd, [2003] EWHC 2991 (QB), Rn. 11; *Sime,* in: Blackstone's civil practice, Rn. 50.5; *Niehr,* 64.

[209] Im Ergebnis so auch *Weiß,* RIW 2014, 340, 341.

[210] *Andrews,* Rn. 6.04.

[211] *Grainger/Fealy/M. Spencer,* 52.

zungen im weiteren Verfahrensverlauf vorgenommen werden können.[212] Jedenfalls sind an dieser Stelle keine Beweise oder rechtlichen Subsumtionen erforderlich.[213] Die Darstellung muss aber alle Fakten enthalten, die erforderlich sind, um den Klagegrund nachzuvollziehen.[214] Es müssen daher die rechtserheblichen Tatsachen dargelegt werden, also solche, die, ihre Richtigkeit unterstellt, den geltend gemachten (oder einen möglichen anderen) Anspruch begründen würden.[215] Dies entspricht weitgehend dem Erfordernis der Schlüssigkeit im deutschen Zivilprozess und stellt daher höhere Anforderungen an den Tatsachenvortrag der Klageschrift als in den USA, was indirekt wiederum den inhaltlichen Bezug der offenzulegenden Dokumente an den Sachverhalt erhöht.[216]

b) In control of the party

Die Offenlegung ist, wie in den USA, auf solche Dokumente beschränkt, welche die jeweilige Partei in ihrer Kontrolle hat oder hatte, CPR 31.8(1). Das ist nach CPR 31.8(2) der Fall, wenn sie entweder physisch im Besitz des Dokuments ist oder war, ein *right to possession* hat oder hatte sowie wenn sie ein Recht darauf hat oder hatte, das Dokument einzusehen oder zu vervielfältigen. Unter physischem Besitz ist dabei das gleiche zu verstehen, was vor Einführung der CPR unter *„possession or custody"* fiel und nach den bis dahin einschlägigen *Rules of the Supreme Court* Voraussetzung für die Offenlegungsverpflichtung war.[217] Dies erfasst daher weiterhin sowohl die auf ein Besitzrecht gestützte tatsächliche Sachherrschaft als auch die bloße faktische Gewalt über Dokumente.[218] Kontrolle in diesem Sinne ist weit zu verstehen und nicht ausschließlich auf das Vorliegen einer der drei aufgeführten Fallgruppen beschränkt, sodass ein Gericht auch feststellen kann, dass sich ein Dokument unter der Kontrolle einer Partei befindet, selbst wenn sie aus rechtlicher Sicht kein Recht zum Besitz daran hält, solange sie tatsächlich Zugriff darauf hat.[219] Danach kann beispielsweise ein Mehrheitseigner einer Gesellschaft die Dokumente der Gesellschaft und eine Muttergesellschaft die Dokumente ihrer Tochtergesellschaften in ihrer Kontrolle haben.[220] Auch Dokumente, die bei ihren Erfüllungsgehilfen oder Stellvertretern liegen, werden der Kontrolle einer Partei zugerechnet, nicht aber deren eigene

---

[212] *Andrews,* Rn. 6.11.

[213] *Andrews,* Rn. 6.14.

[214] White Book – Civil Procedure, Section A, Rn. 16.4.1.

[215] *Zuckerman,* Rn. 7.19.

[216] Vgl. auch *Dodson,* 158 U. Pa. L. Rev. 2010, 441, 454.

[217] White Book – Civil Procedure, Section A, Rn. 31.8.1; *Osthaus,* 100.

[218] Siehe zur Rechtslage vor Einführung der CRP *J. Lang,* 186; *Schaaff,* 42.

[219] North Shore Ventures Ltd v Anstead Holdings Inc [2012] EWCA Civ 11 (CA), Rn. 40; *Zuckerman,* Rn. 15.32.

[220] Zur Kontrolle der Muttergesellschaft: Lonrho Ltd v Shell Petroleum Co Ltd (No.1), [1980] Q.B. 358, 362 (CA); *Sime,* in: Blackstone's civil practice, Rn. 50.18.

Dokumente.[221] Unternehmen können durch ihre Eigentümerverhältnisse so eng verbunden sein, dass sie gemeinsame Geschäfte betreiben und eine Differenzierung bezüglich des Zugriffs auf Dokumente, die mit diesen in Verbindung stehen, unbillig wäre.[222] Der Mehrheitseigner einer Aktiengesellschaft kann die faktische Kontrolle über Dokumente eines Unternehmens halten.[223] Auf die Rechtmäßigkeit der Kontrolle kommt es nicht an.[224] Insgesamt ist bei Dokumenten, die nicht unmittelbar bei den zur Offenlegung verpflichteten Unternehmen liegen, eine materielle und keine formelle Beurteilung der Kontrolle einer Partei über die fraglichen Dokumente anzustellen, die sowohl rechtliche als auch tatsächliche Erwägungen über die Beziehung zwischen den Unternehmen einbezieht.[225]

c) Bezugserfordernis

Findet wie üblich die *standard disclosure* statt, so richtet sich der Umfang der anzugebenden Dokumente nach CPR 31.6. Danach muss jede Partei sämtliche Dokumente angeben, auf die sie sich beruft und solche, die sich entweder für das eigene Begehren nachteilig oder das Begehren einer anderen Partei vor- oder nachteilig auswirken. Darüber hinaus sind Dokumente anzugeben, soweit dies ausdrücklich in den einschlägigen *practice directions* vorgesehen ist. Mit Einführung der CPR wurde eine Abkehr von der sehr weitgehenden Verpflichtung zur Offenlegung unter der alten Rechtslage (vor 1999) unternommen. Bis dahin wurde die Frage, ob Dokumente offenzulegen sind, durch den sogenannten *Peruvian Guano test* entschieden, nachdem es ausreichte, dass ein Dokument möglicherweise irgendwie direkt oder indirekt zur Aufdeckung relevanter Informationen führen konnte.[226] Um die ausufernden Kosten der (bis zur Reform im Jahr 1999 so bezeichneten) *discovery* einzudämmen, wurden an dessen Stelle die Fallgruppen des CPR 31.6 eingeführt und zudem die Verpflichtung zur Offenlegung von Dokumenten an eine Verhältnismäßigkeitsabwägung zwischen dem vermeintlichen Nutzen der Dokumente für das Verfahren sowie Aufwand und Kosten ihrer Offenlegung geknüpft.[227] Seitdem sind nur solche Dokumente von der Offenlegungsverpflichtung erfasst, die unmittelbar für den konkreten Prozess von Bedeutung sind und nicht mehr sämtliche Dokumente offenzulegen, die irgend-

---

[221] White Book – Civil Procedure, Section A, Rn. 31.8.2.

[222] *Zuckerman,* Rn. 15.33.

[223] In the Matter of Tecnion Investments Limited [1985] B.C.L.C. 434 (CA); *Sime,* in: Blackstone's civil practice, Rn. 50.18.

[224] White Book – Civil Procedure, Section A, Rn. 31.8.2.

[225] *Zuckerman,* Rn. 15.34.

[226] Compagnie Financiere et Commerciale du Pacifique v Peruvian Guano Co [1882] 11 Q.B.D. 55, 63; *Zuckerman,* Rn. 15.48; *Higgins,* 16 Int'l J. Evidence & Proof 2012, 298, 309.

[227] *Zuckerman,* Rn. 15.48.

wie – wenn auch nur indirekt – die Sachverhaltsaufklärung fördern können.[228] Die Offenlegung nach diesen Fallgruppen kann aber im Einzelfall auch Tatsachen behandeln, die über die Inhalte des streitigen Sachverhaltes hinausgehen und nicht mit der Frage nach der Relevanz für die Streitigkeit gleichgesetzt werden, auch wenn dies in der Praxis eine gängige Umschreibung ist.[229] Dokumente, die lediglich zu für den Fall entscheidenden Dokumenten führen können, selber aber nicht unter die Fallgruppen fallen, können gemäß CPR 31.5(7)(d) nur ausnahmsweise auf Entscheidung des Gerichts hin erfasst werden, was in der Praxis nur selten vorkommt.[230] Wann sich eine Partei im Sinne von CPR 31.6 auf ein Dokument stützt, ist nicht ausdrücklich definiert, dies ist aber wohl dann anzunehmen, wenn sie die Dokumente zumindest im Verfahren vor Gericht verwenden möchte.[231] Dass diese auch förmlich als Beweismittel eingesetzt werden sollen, ist nicht erforderlich.[232]

Während aufgrund der Verwendungsabsicht einer Partei nur solche Dokumente offengelegt werden, die unmittelbar für den später folgenden Prozess erforderlich sind, ist für die Frage des Umfangs der Offenlegungsverpflichtung vor allem der weitergehende Fall relevant, dass auch Dokumente offenzulegen sind, die dem Begehren der Gegenpartei nützen oder einer Partei schaden. Im englischen Zivilprozess ist wie in den USA nicht erforderlich, dass die Dokumente unmittelbar rechtlich erheblich für einen geltend gemachten Anspruch sind, sondern es genügen jegliche tatsächlichen negativen Auswirkungen.[233] Nicht ausreichend ist aber, dass ein Dokument, welches selbst keine Auswirkungen auf den Sachverhalt hat, Untersuchungen veranlassen kann, die wiederum dazu führen können, dass andere Dokumente gefunden werden, die sich negativ auf das Begehren auswirken.[234] Die negativen Auswirkungen ergeben sich regelmäßig aus einer nachteiligen Verschiebung der Faktenlage, aber auch die Tatsache, dass die Glaubwürdigkeit einer Partei, durch ein Dokument in Frage gestellt wurde, reicht aus, wenn die Aussage der Partei selbst entscheidend war, da die CPR insofern keine Einschränkungen enthalten.[235] Wenn Dokumente aber ausschließlich negative Auswirkungen haben können, indem sie die Glaubwürdigkeit eines Zeugen beeinträchtigen, ohne sonst irgendeinen sachlichen Bezug zum fraglichen Sachver-

---

[228] Three Rivers DC v Bank of England (No 4) [2003] 1 W.L.R. 210, 223 (CA); *Sime,* in: Blackstone's civil practice, Rn. 50.14; *M. Stürner,* ZVglRWiss 2000, 310, 323.

[229] Shah v. HSBC Private Bank (UK) Ltd [2011] EWCA Civ 1154 (CA), Rn. 25; *Andrews,* Rn. 11.24; *Sime,* in: Blackstone's civil practice, Rn. 50.05.

[230] *Sime,* in: Blackstone's civil practice, Rn. 50.14.

[231] White Book – Civil Procedure, Section A, Rn. 31.6.1.

[232] *Matthews/Malek,* Rn. 5.26.

[233] *Matthews/Malek,* Rn. 5.27.

[234] White Book – Civil Procedure, Section A, Rn. 31.6.2.

[235] Hedrich v Standard Bank London Ltd [2008] EWCA Civ 905 (CA), Rn. 14.

halt zu haben, sind diese nicht von der *disclosure* erfasst.[236] Dies ergibt sich schon daraus, dass es ansonsten praktisch unmöglich wäre, die Verpflichtung zur Angabe aller Dokumente, welche die Glaubwürdigkeit beeinträchtigen könnten, zu erfüllen.[237]

Für die Offenlegung nach englischem Recht ist daher wie bei der US-*discovery* nicht eine enge rechtliche Erheblichkeit derart erforderlich, dass die Dokumente die Schlüssigkeit der Klage beeinflussen, sondern tatsächliche Auswirkungen auf das Verfahren sind ausreichend.

d) Nachforschungspflicht und Verhältnismäßigkeit

Seit Einführung der CPR ist zudem auch der Umfang der im Rahmen der *disclosure* offenzulegenden Dokumente, wie in den USA davon abhängig, wie groß der wahrscheinliche Nutzen der *disclosure* ist und ob diese daher insgesamt verhältnismäßig ist.[238] Dies ergibt sich aus dem Maß der von den Parteien geforderten Nachforschungen beim Zusammentragen der Dokumente. Im Rahmen der *standard disclosure* ist nach CPR 31.7(1) jede Partei dazu verpflichtet, in zumutbarem Maße Nachforschungen nach Dokumenten, die unter die Verpflichtung zur Offenlegung nach CPR 31.6 fallen, anzustellen. Welcher Aufwand im jeweiligen Einzelfall zumutbar ist, wird nach CPR 31.7 insbesondere durch die Anzahl der betroffenen Dokumente, die Art und die Komplexität der Verfahrens, Art und Bedeutung der Dokumente sowie den Aufwand und die Kosten, die zu ihrer Beschaffung erforderlich sind, bestimmt. Daraus, dass die Aufzählung mit „*including*" eingeleitet wird, ergibt sich aber, dass diese nicht abschließend ist und auch andere Erwägungen das zumutbare Maß beeinflussen können. Soweit eine Partei keine Nachforschungen bezüglich einer Kategorie oder Klasse von Dokumenten angestellt hat, muss sie dies im *disclosure statement* angeben, CPR 31.7(3). Die Gegenpartei hat dann die Möglichkeit, darüber eine Entscheidung des Gerichts zu beantragen.[239]

Die Verhältnismäßigkeit ist bei der englischen *disclosure* ein rein quantitatives Merkmal, welches den Aufwand für die Parteien und den Nutzen für das Verfahren gegenüber stellt. Inhaltliche Kriterien, wie der mögliche Personenbezug oder sonstige Geheimhaltungsinteressen der Parteien oder Dritter, werden an dieser Stelle nicht berücksichtigt.

---

[236] Favor Easy Management Ltd v Wu [2011] 1 W.L.R. 1803, 1806 (CA); White Book – Civil Procedure, Section A, Rn. 31.6.2; *Sime,* in: Blackstone's civil practice, Rn. 50.5.

[237] Thorpe v Chief Constable of Greater Manchester Police [1989] 1 WLR 665, 669 (CA).

[238] *Zuckerman,* 15.50.

[239] Nichia Corp v Argos Ltd [2007] F.S.R. 38 (CA); *Sime,* Rn. 31.33.

2. Weigerungsrechte

Entgegenstehende Interessen, die den Inhalt der Dokumente betreffen, können auch im englischen *disclosure*-Verfahren in Form der Weigerungsrechte (*privileges*) die Offenlegungsverpflichtung beschränken und sich dadurch auf den Umfang der betroffenen Dokumente auswirken.[240] Sie werden, wie im amerikanischen Recht, als eng auszulegende Ausnahmetatbestände verstanden, da auch hier im Allgemeinen das Ziel ist, eine möglichst weitgehende Offenlegung aller für ein Verfahren relevanten Informationen zu erreichen.[241] Die Beweislast für das Vorliegen der Voraussetzungen eines Weigerungsrechts liegt daher auch bei demjenigen, der sich darauf beruft.[242] Auch englische Gerichte sind dabei wie in den USA nicht durch entgegenstehende Vorschriften anderer Rechtsordnungen daran gehindert, die Vorlage von Dokumenten anzuordnen.[243]

Ganz überwiegend führt auch im englischen Zivilprozess die bloße Vertraulichkeit von Dokumenten nicht zu einem solchen Weigerungsrecht.[244] Wenn keines der engen absoluten Weigerungsrechte Dokumente von der *disclosure* ausnimmt, prüft das Gericht zunächst, ob die Vorlage der Dokumente für ein faires Verfahren tatsächlich notwendig ist und dann in einem zweiten Schritt, ob der vertrauliche Inhalt der Dokumente auf anderem Wege durch eine Geheimhaltungsanordnung oder den Ausschluss der Öffentlichkeit von einer Verhandlung geschützt werden kann.[245] Die vereinbarte Vertraulichkeit von Informationen alleine gibt als solche kein absolutes Weigerungsrecht, welches sie von der Einsichtnahme ausschließt.[246] Allerdings sind diese dann nicht vollumfänglich vom Recht auf Einsichtnahme erfasst, wenn dabei ein gewisser Vertrauensbruch zu befürchten wäre, sodass dann stattdessen die Einsichtnahme davon abhängig zu machen ist, ob diese erforderlich ist, um das Verfahren angemessen zu führen.[247] Für die Anerkennung der Vertraulichkeit von Dokumenten als Begründung für die Verweigerung der Offenlegung sind aber traditionell enge Grenzen gesetzt.[248] Das Gericht ist dazu angehalten, der Wahrheitsfindung größtmögliche Durchsetzung zu verschaffen, indem es Maßnahmen (beispielsweise Anhörungen unter

---

[240] *Niehr,* 76.

[241] *J. Lang,* 206; *Niehr,* 77.

[242] West London Pipeline & Storage Ltd v Total UK Ltd [2008] EWHC 1729 (Comm), Rn. 86; *Andrews,* Rn. 11.38.

[243] The Secretary of State for Health v Servier Laboratories Limited [2013] EWCA Civ 1234 (CA), Rn. 99 ff.

[244] *Sime,* in: Blackstone's civil practice, Rn. 50.84.

[245] *Zuckerman,* Rn. 15.77.

[246] Alfred Crompton Amusement Machines Ltd. Appellants v Customs and Excise Commissioners (No. 2), [1974] A.C. 405, 429 (HL); Croft House Care Ltd v Durham CC [2010] EWHC 909 (TCC), Rn. 38; *Sime,* in: Blackstone's civil practice, Rn. 50.84.

[247] Croft House Care Ltd v Durham CC [2010] EWHC 909 (TCC), Rn. 38.

[248] Wheeler v Le Marchant [1881] 17 Ch. D. 675, 681 f.

Ausschluss der Öffentlichkeit) erwägt, die eine Einsichtnahme ohne einen spürbaren Vertrauensbruch ermöglichen. Das Gericht muss dabei abwägen, ob die Vertraulichkeit gewahrt bleiben kann und trotzdem die für den Prozess erforderlichen Informationen, beispielsweise aus anderen Quellen, zur Verfügung stehen.[249]

a) Legal professional privilege

Wie das amerikanische, sieht auch das englische Zivilprozessrecht eine Privilegierung der Kommunikation zwischen Anwalt und Mandant vor. Es erfasst vertrauliche Kommunikation zwischen Anwälten und Mandanten, die zum Zwecke rechtlicher Beratung gemacht wird, wobei dies weit zu verstehen ist.[250] Das *legal professional privilege* erfasst aus personaler Sicht die Kommunikation mit Rechtsberatern, was nach *sec. 190 des Legal Services Act 2007* neben Anwälten auch sonstige Personen beinhaltet, die zur Erbringung von einer der dort aufgezählten Tätigkeiten zugelassen sind, sowie mit Justiziaren. Nicht geschützt ist aber die Beratung zu speziellen rechtlichen Fragen durch einen Nichtjuristen wie zum Beispiel Steuerberater[251], Ärzte oder Priester[252], wenn diese nicht unter die engen Grenzen des Vertraulichkeitsprivilegs fällt.[253] Auch gilt das Weigerungsrecht nicht für jede Art von Kommunikation zwischen dem Betroffenen und seinem Rechtsberater. Nicht erfasst sind allgemeine geschäftliche Ratschläge, soweit diese auch ebenso gut von einem juristischen Laien gegeben werden können.[254] Es ist auf den Zweck der Kommunikation abzustellen.[255] Um festzustellen, ob eine Beratung darunter fällt, ist daher zu fragen, inwiefern sich diese auf die Rechte, Verpflichtungen, Haftung oder Rechtsbehelfe des Mandanten bezieht.[256] Erforderlich ist ein signifikanter *„legal input"*.[257] Nur dann sind die Dokumente, welche die entsprechende Kommunikation enthalten, von der Privilegierung erfasst. Zu unterscheiden ist dabei zwischen der Rechtsberatung, die privilegiert ist, obwohl kein konkretes Verfahren angedacht oder erwägt wurde (*legal advice privilege*), und solcher, die in Zusammenhang mit einem laufenden oder möglicherweise bevorstehenden Prozess erfasst ist (*litigation privilege*).[258]

---

[249] Wallace Smith Trust Co. Ltd. v Deloitte Haskins & Sells [1997] 1 W.L.R. 257, 272; *Sime*, in: Blackstone's civil practice, Rn. 50.84.

[250] White Book – Civil Procedure, Section A, Rn. 31.3.6.

[251] R (on the application of Prudential plc and another) v Special Commissioner of Income Tax [2013] UKSC 1, Rn. 33.

[252] Wheeler v Le Marchant [1881] 17 Ch. D. 675, 681 f.

[253] *Sime*, in: Blackstone's civil practice, Rn. 50.53.

[254] Three Rivers DC v Bank of England (No 4) [2003] 1 W.L.R. 210, 228 (CA).

[255] *Zuckerman*, Rn. 16.7.

[256] Three Rivers DC v Bank of England (No 4) [2003] 1 W.L.R. 210, 228 (CA).

[257] *Andrews*, Rn. 12.10.

[258] White Book – Civil Procedure, Section A, Rn. 31.3.5; *Sime*, in: Blackstone's civil practice, Rn. 50.53.

Soweit Dokumente als Teil dieser Kommunikation vom *Legal professional privilege* erfasst sind, gilt dieses absolut und kann nicht durch andere Interessen, wie die Relevanz der Dokumente für das Verfahren, überwogen werden.[259] Die hohe praktische Bedeutung des *Legal professional privilege* ergibt sich durch die möglichen Auswirkungen der davon erfassten Informationen für den Ausgang eines Verfahrens.[260]

Im Hinblick auf die vorliegende Untersuchung wirkt sich dieser Ausschluss nur gering auf den mit der *disclosure* verbundenen Eingriff in die Privatsphäre verschiedener Personen aus. So wird durch diese Einschränkung des Umfangs der *disclosure* nicht nur die absolute Gesamtmenge der erfassten Dokumente verkleinert, sondern vor allem auch ein gewisser Bereich sensibler Informationen ausgeklammert. Dabei ist nicht nur an die Privatsphäre einer Partei selbst zu denken – in der Praxis dürfte die Anzahl an Verfahren mit umfangreicher *disclosure,* in denen eine natürliche Person als Partei auftritt, eher gering sein. Vielmehr können davon vor allem Mitarbeiter eines Unternehmens betroffen sein, welches als Partei zur *disclosure* verpflichtet ist. In einer solchen Situation wären diese dann gegebenenfalls einem Eingriff in ihre Privatsphäre ausgesetzt, ohne überhaupt selbst direkt an dem jeweiligen Verfahren beteiligt zu sein. Insofern wirkt sich die Einschränkung der *disclosure* durch das *Legal professional privilege* mittelbar auch auf die Intensität des Eingriffs aus, da Informationen aus einem zumindest tendenziell sensiblen Bereich ausgeklammert werden. Zu beachten ist aber, dass der Schutz von Persönlichkeitsrechten hier eine untergeordnete Rolle spielt und nur einen nichtbezweckten Nebeneffekt darstellt, während das vorrangig verfolgte Ziel die Wahrung des *fair trial*-Grundsatzes zwischen den Parteien ist.[261]

b) Privilege against self-incrimination

Auch im englischen Recht ist der Grundsatz, dass sich niemand selbst belasten muss, nicht gänzlich auf Strafprozesse beschränkt, sondern gilt ebenso in Zivilverfahren.[262] Dieser schon im *common law* anerkannte Grundsatz ist nunmehr in sec. 14(1) des *Civil Evidence Act* geregelt, bei dessen Auslegung auch Art. 6 EMRK zu beachten ist, der das Recht auf ein faires Verfahren garantiert.[263] Danach besteht in Zivilprozessen das Recht, die Aussage oder die Herausgabe von Dokumenten zu verweigern, wenn dadurch der Betroffene oder sein Ehepartner der Gefahr der Strafverfolgung ausgesetzt würde. Dabei muss eine Strafverfol-

---

[259] R. v Derby Magistrates' Court Ex p. B [1996] A.C. 487, 508 (HL); White Book – Civil Procedure, Section A 31.3.5.

[260] *Zuckerman,* Rn. 16.10 ff.

[261] *Zuckerman,* Rn. 16.3.

[262] *Zuckerman,* Rn. 18.1.

[263] *Sime,* in: Blackstone's civil practice, Rn. 50.51; zum *common law* Blunt v Park Lane Hotel Ltd [1942] 2 K.B. 253, 257 (CA). Dabei muss eine Strafverfol-

gung nicht mit Sicherheit zu erwarten sein. Es reicht aus, dass eine nicht völlig abwegige, abstruse oder konstruierte Wahrscheinlichkeit besteht, dass es zu strafrechtlichen Sanktionen kommt.[264] Dies erfasst auch zu erwartende Untersuchungen wegen Missachtung des Gerichts (*contempt of court*). Nicht aber die Gefahr sonstiger rechtlicher Nachteile wie zivilrechtlicher Forderungen.[265] Auch Unternehmen können sich als juristische Personen auf dieses Weigerungsrecht berufen, wobei im Einzelfall genau zwischen dem Unternehmen als solchem und dessen Angestellten zu unterscheiden ist.[266] Zu beachten ist, dass diese Privilegierung nicht automatisch eingreift, sondern vom Betroffenen geltend gemacht werden muss, da es ansonsten entfällt und die Dokumente auch erneut herausverlangt werden könnten.[267] Auch besteht nur ein Abwehrrecht gegen die Verpflichtung, Zeugnis abzulegen, während die Herausgabe von Dokumenten nicht verweigert werden kann, wenn diese unabhängig von dem Herausgabeverlangen entstanden sind. Es ist daher danach zu fragen, ob die fraglichen Dokumente unabhängig vom Willen des Betroffenen bereits bestehen oder von diesem für die *disclosure* noch erstellt werden müssten.[268]

Allerdings gilt dieses Weigerungsrecht nicht absolut, sondern kann im Einklang mit der Rechtsprechung des EGMR durch die nationalen Gesetzgeber eingeschränkt werden.[269] Hintergrund dieser Einschränkungen ist vor allem, dass sich aus der Existenz des *privilege against self-incrimination* ergibt, dass Dokumente umso wahrscheinlicher von der *disclosure* ausgenommen sind, je schwerer der Vorwurf gegen den Betroffenen ist, da in diesen Fällen die Möglichkeit einer Strafverfolgung droht.[270] Insgesamt bestehen mehr als 25 Ausnahmen, von denen manche vorsehen, dass Informationen, die prinzipiell von der *disclosure* ausgenommen sind und nur aufgrund einer gesetzlichen Ausnahmen wieder erfasst werden, nur eingeschränkt weiterverwendet werden können.[271] So hebt sec. 72 des *Senior Courts Act 1981* das Weigerungsrecht aus diesem Grund in Fällen der Verletzung immaterieller Schutzgüter auf und legt stattdessen fest, dass die Aussagen lediglich in einem potentiellen Strafverfahren nicht zulässig sind. Das gleiche bestimmen der *Theft Act 1968* in sec. 31(1) und der *Fraud Act 2006 sec. 13* für die Offenlegung von Dokumenten im Zivilprozess, die zu einem Diebstahls- oder Betrugsvorwurf führen können, sec. 237(4) des *Insolvency Acts 1986*

---

[264] Rank Film Distributors Ltd v Video Information Centre [1982] A.C. 380, 441 (HL); *Sime,* Rn. 31.40.

[265] Memory Corp Plc v Sidhu (No. 2) [2000] Ch. 645, 659 (Ch); *Sime,* in: Blackstone's civil practice, Rn. 50.51.

[266] *Sime,* in: Blackstone's civil practice, Rn. 50.51; *Zuckerman,* Rn. 18.34.

[267] *Zuckerman,* Rn. 18.2.

[268] *Andrews,* Rn. 12.37 ff.; *Zuckerman,* Rn. 18.5 ff.

[269] *Andrews,* Rn. 12.37.

[270] *Sime,* in: Blackstone's civil practice, Rn. 50.52.

[271] *Zuckerman,* Rn. 18.18 m.w.N.

für das Insolvenzverfahren und sec. 98 des *Children Acts 1989* für Sorgerechts-prozesse.[272]

Durch das *privilege against self-incrimination* wird somit nur ein verhältnis-mäßig kleiner Teil von Informationen von der Offenlegungspflicht ausgenom-men, der zwar für die jeweiligen Betroffenen von großer Bedeutung ist, da es sich um Informationen handelt, deren Bekanntwerden für sie drastische negative Konsequenzen haben kann, der Anteil von Dokumenten, die solche Informatio-nen enthalten, an der Gesamtmenge der offenzulegenden Daten, ist aber gering. Auch zeigen die Ausnahmen, dass die betroffen Personen nur vor den nega-tiven Konsequenzen der Strafverfolgung geschützt werden sollen und nicht der Inhalt der betroffenen Dokumente aufgrund des Bezuges zur Privatsphäre.

c) Schutz der Privatsphäre

Dass die Offenlegung von Dokumenten die Privatsphäre einer Person beein-trächtigen kann oder die Dokumente allgemein vertraulich sind, hebt die Ver-pflichtung zur Offenlegung im Regelfall nicht auf. Der Grundsatz ist auch im englischen Recht, dass die Vorlage von Informationen zur Verwendung in Zivil-verfahren nicht aufgrund des damit verbundenen Eingriffs in die Privatsphäre der Betroffenen abgelehnt werden kann.[273] Der Schutz personenbezogener Daten und andere Persönlichkeitsrechte sind aber durch das jeweilige Gericht so weit wie möglich zu berücksichtigen, was aber auch bedeutet, dass im Zweifel mildere Maßnahmen zum Schutz der Vertraulichkeit zu wählen sind, als der Ausschluss von Dokumenten von der *disclosure*.[274] Eine durch die Einsichtnahme erfolgende Verletzung der durch Art. 8 EMRK geschützten Privatsphäre ist nur so weit ein möglicher Grund, die Einsichtnahme zu verweigern, wie dies nicht andererseits das Recht auf ein faires Verfahren verletzt.[275] Letzteres überwiegt dabei üblicher-weise die persönlichkeitsrechtlichen Interessen der Betroffenen, das Gericht kann aber im Einzelfall auch ein Überwiegen der Persönlichkeitsinteressen feststel-len.[276]

Dafür kam es bisher auf das Zusammenspiel der Vorschriften des *Data Protec-tion Act 1998* und den Vorschriften zur *disclosure* in den CPR an. Der Data Pro-tection Act setzte die Datenschutzrichtlinie um. Zwar enthält dieser in sec. 35(1) eine Ausnahme von der Geheimhaltung personenbezogener Daten, wenn deren Offenlegung durch gesetzliche Vorschriften oder eine Anordnung des Gerichts vor-geschrieben wird. Schon diese Vorschrift war aber im Lichte von Art. 8 EMRK

---

[272] *Sime,* in: Blackstone's civil practice, Rn. 50.52; *Zuckerman,* Rn. 18.20 ff.

[273] Alfred Crompton Amusement Machines Ltd. Appellants v Customs and Excise Commissioners (No. 2), [1974] A.C. 405, 429.

[274] *Zuckerman,* Rn. 15.74 f.

[275] White Book – Civil Procedure, Section A, Rn. 31.3.36.1.

[276] *Zuckerman,* Rn. 15.89.

und Art. 7 und 8 GRCh auszulegen.[277] Dies ändert sich auch mit Geltung der Datenschutz-Grundverordnung nicht. Daher müssen im Falle einer Verpflichtung zur Offenlegung von solchen personenbezogenen Daten die Rechte der betroffenen Person mit dem entgegenstehenden Interesse an der Offenlegung, wie beispielsweise die Durchsetzung von Immaterialgüterrechten, in Ausgleich gebracht werden.[278] Soweit sich diese geschützten Interessen widersprechen, ist eine genaue Betrachtung der Interessen im Einzelfall erforderlich und unter Berücksichtigung der Rechtfertigungen für die Einschränkung der jeweiligen Rechte eine Verhältnismäßigkeitsüberprüfung anzustellen.[279] Insbesondere in medizinische Daten soll danach nur Ausnahmsweise Einsicht gewährt werden.[280] Zu den Faktoren, die die Beurteilung der Verhältnismäßigkeit einer Einsichtnahme in Dokumente trotz Beeinträchtigung der Privatsphäre einfließen, zählt neben der Möglichkeit, die Informationen auf anderem Wege zu erlangen, auch die Bedeutung der Ansprüche, die der Kläger geltend macht.[281] Auch im englischen Zivilprozess wird daher dem Recht auf Schutz der Privatsphäre und informationellen Selbstbestimmung nur im Einzelfall nach der Abwägung mit dem entgegenstehenden Informationsinteresse der Parteien Vorrang eingeräumt.

d) Sonstige Weigerungsrechte

Darüber hinaus bestehen weitere Weigerungsrechte für vertrauliche Kommunikation in besonderen Situationen. Ausgenommen sind solche Dokumente, die *without-prejudice communication* enthalten.[282] Darunter fallen ernsthafte Verhandlungen über die Beilegung eines Rechtsstreits, in denen die Parteien Zugeständnisse gemacht haben, die ausgenommen sind, um das Risiko durch Zugeständnisse abzumildern und somit die Bereitschaft zu einer außergerichtlichen Einigung zu erhöhen.[283]

Auch besteht zum Teil spezialgesetzlich anerkannter Schutz vor der *disclosure*. Die Identität von Presseinformanten ist nach sec. 10 des *Contempt of Court Act 1981* geschützt und danach von der *disclosure* ausgenommen, allerdings besteht hiervon eine Rückausnahme, wenn das Gericht davon überzeugt ist, dass diese im Interesse der Rechtspflege, der nationalen Sicherheit oder zur Abwehr von

---

[277] *Zuckerman*, Rn. 15.81 f.

[278] Rugby Football Union v Viagogo Ltd [2012] UKSC 55, Rn. 44 f.; Golden Eye (International) Ltd v Telefonica UK Ltd, [2012] EWHC 723 (Ch), Rn. 17.

[279] Rugby Football Union v Viagogo Ltd [2012] UKSC 55, Rn. 44; Golden Eye (International) Ltd v Telefonica UK Ltd, [2012] EWHC 723 (Ch), Rn. 17.

[280] Bennett Claimant v Compass Group Uk Defendants v Ireland Limited and Another, [2002] EWCA Civ 642, Rn. 44.

[281] *Zuckerman*, Rn. 15.88.

[282] Ofulue and another v Bossert [2009] 1 A.C. 990, 1020 (HL).

[283] Property Alliance Group Ltd v Royal Bank of Scotland plc [2016] 1 W.L.R. 361, 383 (Ch); *Sime*, in: Blackstone's civil practice, Rn. 50.68.

Störungen oder Verbrechen erforderlich ist. Dabei ist ein Interesse der Rechtspflege nicht rein technisch auf die Funktion des Justizsystems beschränkt, sondern erfasst allgemeiner die Wahrnehmung wichtiger Rechte und den Schutz vor ernstlichen rechtlichen Nachteilen.[284] Auch in diesem Fall ist bei Vorliegen einer der Ausnahmen eine Abwägung durch das Gericht erforderlich.[285]

Dasselbe gilt für die Schutzbedürftigkeit von sensiblen Geschäftsinformationen (*commercially sensitive information*), die anerkannt ist, aber nicht zu einem absoluten Ausschluss der Offenlegung führt. In manchen Situationen, insbesondere im Immaterialgüterrecht und dort im Patentrecht, entspricht die bloße Geheimhaltung vor der Öffentlichkeit nicht dem Interesse des Vorlagepflichtigen.[286] Stattdessen kommt es gerade auch darauf an, die Informationen vor dem Prozessgegner geheim zu halten. Das Gericht kann dann im Einzelfall neben oder an Stelle von anderen Schutzmaßnahmen auch anordnen, dass die sensiblen Dokumente nur von den Anwälten eines anderen Beteiligten oder eines Dritten (zum Beispiel eines Sachverständigen) eingesehen werden dürfen und diese die anderen Prozessbeteiligten nicht über den konkret geschützten Inhalt der Dokumente informieren dürfen.[287] Inwiefern sich die Vorgaben der EU-Richtlinie für den Schutz von Geschäftsgeheimnissen[288] hierauf noch auswirken hängt von dem zukünftigen Verhältnis des Vereinigten Königreichs zum Unionsrecht ab.

Nach CPR 31.19 kann eine Person nicht nur die Einsichtnahme, sondern auch schon die Angabe von Dokumenten mit der Begründung verweigern, dass dies dem öffentlichen Interesse widersprechen würde (*public interest immunity*), wenn das zuständige Gericht dies zulässt. Auch diese Möglichkeit des zuständigen Gerichts, Dokumente von der Offenlegungsverpflichtung auszunehmen, ist aber als enge Ausnahme vom Grundsatz, dass dem Gericht alle relevanten Informationen zur Verfügung stehen sollen, zu sehen.[289] Erfasst sind daher nicht jegliche öffentliche Belange, sondern im Wesentlichen sicherheitsrelevante Bereiche der staatlichen Verwaltung, wie in der Regierung oder der Polizei.[290] Unterschieden wird dabei zwischen solchen Dokumenten, bei denen schon aufgrund ihrer Art ein

---

[284] X Ltd. Respondents v Morgan-Grampian (Publishers) Ltd. [1991] 1 A.C. 1, 43 (HL).

[285] *Sime*, in: Blackstone's civil practice, Rn. 50.86.

[286] *Zuckerman*, Rn. 15.104.

[287] Interdigital Technology Corporation v Nokia Corporation, Nokia Siemens Networks OY [2008] EWHC 969 (Pat), Rn. 14 ff.; Warner-Lambert Co. v. Glaxo Laboratories Ltd., [1975] R.P.C. 354, 461 (CA).

[288] Richtlinie (EU) 2016/943 des Europäischen Parlaments und des Rates vom 8. Juni 2016 über den Schutz vertraulichen Know-hows und vertraulicher Geschäftsinformationen (Geschäftsgeheimnisse) vor rechtswidrigem Erwerb sowie rechtswidriger Nutzung und Offenlegung.

[289] Siehe dazu und zur Vereinbarkeit mit Art. 6 EMRK *Zuckerman*, Rn. 19.4 f. und *Andrews*, Rn. 12.111 f.

[290] *Andrews*, Rn. 12.98.

öffentliches Interesse an ihrer Geheimhaltung besteht und solchen, bei denen sich dieses erst aus dem jeweiligen Inhalt ergibt.[291] Die Seltenheit eines Ausschlusses aus diesem Grund erklärt sich auch daraus, dass regelmäßig der sachlich zuständige Minister die Forderung nach Geheimhaltung durch eine eidesstattliche Erklärung stellt, in der er versichert, dass aus seiner Sicht deren Offenlegung dem öffentlichen Interesse widersprechen würde.[292] Diese Einschätzung ist für das Gericht aber nicht bindend, sodass die Frage, ob Dokumente von der Offenlegung aufgrund von Nachteilen für die Öffentlichkeit ausgenommen sind, letztlich nach Abwägung der widerstreitenden Interessen durch das Gericht entschieden wird.[293]

e) Verzicht

Der Ausschluss von der Verpflichtung zur Offenlegung kann durch Verzicht aufgehoben werden. Dabei ist von den verschiedenen Weigerungsrechten abhängig, wer der jeweilige Berechtigte ist.[294] Der Verzicht kann entweder ausdrücklich oder implizit durch die Offenlegung privilegierter Dokumente erklärt werden.[295] Für den Fall, dass unabsichtlich die Einsichtnahme in privilegierte Dokumente ermöglicht wurde, sieht CPR 31.20 vor, dass dessen Inhalte von der Partei, die Einsicht genommen hat, nur mit Erlaubnis des Gerichts verwendet werden dürfen. Dass hier nur auf die Frage der Verwendbarkeit der Dokumente im Verfahren und nicht den sonstigen Umgang mit diesen eingegangen wird (wie zum Beispiel in Form einer Verpflichtung zur Löschung oder Vernichtung), spricht ebenfalls dafür, dass der Fokus der Weigerungsrechte auf der Einhaltung des *fair-trial*-Grundsatzes und nicht auf dem Geheimhaltungsinteresse als solchem liegt.

3. Ergebnis zu Umfang und Grenzen der *standard disclosure*

Die Offenlegungsverpflichtung im Rahmen der englischen *disclosure* ähnelt aufgrund ihrer allgemeinen Anwendbarkeit der US-*discovery,* sie ist aber aufgrund der engeren inhaltlichen Bindung weniger umfangreich.[296] So ist die inhaltliche Bindung der vorzulegenden Dokumente im englischen *disclosure*-Verfahren enger, da nur solche erfasst sind, die dem Begehren einer Partei nützen, was eine rechtliche Erheblichkeit vergleichbar mit der Schlüssigkeit nach deutschem Recht voraussetzt, während im US-Verfahren im Regelfall die Relevanz im Sinne eines untechnischen tatsächlichen Bezugs zum Klagegegenstand ausreicht.

---

[291] *Andrews,* Rn. 12.102; *Sime,* in: Blackstone's civil practice, Rn. 50.80; *Sime,* 31.70.

[292] *Zuckerman,* Rn. 19.57.

[293] *Sime,* Rn. 31.71; *Niehr,* 88.

[294] *Sime,* 31.62.

[295] *Sime,* Rn. 31.63.

[296] So im Ergebnis auch *Hladjk,* in: Abel/Behling, Kap. 5 Rn. 216.

Die Weigerungsrechte erfassen auch im englischen Recht nur eng abgegrenzte Bereiche, und wie in den USA ist ein Eingriff in die Privatsphäre im Regelfall kein Grund, die Vorlage zu verweigern. Dies gilt, obwohl anerkannt ist, dass das Grundrecht auf Schutz personenbezogener Daten aus Art. 8 EMRK und Art. 8 GRCh im Einzelfall die Offenlegung ausschließen kann. Regelmäßig überwiegt das Offenlegungsinteresse das Interesse am Schutz der Privatsphäre. Der Schutz der Privatsphäre durch das *legal professional privilege* und das *privilege against self incrimination* ist ein Nebeneffekt und zielt nicht auf den Schutz des Inhalts der Dokumente aufgrund eines Bezugs zur Privatsphäre ab, sondern auf die prozessualen Auswirkungen für den Betroffenen. Die Weigerungsrechte beruhen auch hier vornehmlich auf dem Grundsatz eines fairen Verfahrens insbesondere der Waffengleichheit der Parteien und nicht auf individuellen Geheimhaltungsinteressen der betroffenen Personen.

III. Umfang und Grenzen der deutschen Mittel zur Informationsbeschaffung

Dass der absolute Umfang an vorzulegenden Dokumenten in Deutschland insgesamt, aufgrund der umgekehrten Ausgangssituation zu der automatischen prozessualen Vorlagepflicht in den *common law*-Ländern, deutlich geringer ist, ist evident. Grund dafür ist, dass Vorlagepflichten in Deutschland nur in bestimmten, wenn auch mittlerweile weit ausgedehnten, Situationen und nur bei unter besonderen Anforderungen bestehen, die insbesondere an die prozessuale Verpflichtung der Gegenseite zur Vorlage in Deutschland gestellt werden.[297] Es stellt sich aber die Frage, ob in den Situationen, in denen eine Vorlage von Dokumenten vorgesehen ist, deren inhaltlicher Bezug zum konkreten Verfahren durchgehend so erheblich enger als im US-Recht ist, dass dies insgesamt für ein Verständnis der „erforderlichen" Datenverarbeitung spricht, mit dem die Übermittlung im Rahmen der *discovery* nicht mehr vereinbar ist. Für diese Beurteilung kommt es darauf an, wie eng der inhaltliche Bezug für die Vorlage von Dokumenten in Deutschland mindestens sein muss und wie weit die Offenlegung von danach erfassten Dokumenten in Zivilverfahren aufgrund von entgegenstehenden persönlichkeitsrechtlichen Interessen wiederum ausgeschlossen ist.

1. Erforderlicher inhaltlicher Bezug zum Sachverhalt

Aufgrund der Vielzahl unterschiedlicher Mittel im deutschen Recht, Informationen zum möglichen Einsatz in einem Zivilprozess zu erlangen und in das Verfahren einzubringen, ist der erforderliche Bezug schwieriger allgemein zu bestimmen, als dies in den USA mit der Relevanz für ein plausibel dargelegtes

---

[297] Siehe oben D. III. 6. c).

Klagebegehren der Fall ist. Dabei sind, wie im US-Recht, für den Umfang der potentiell vorzulegenden Urkunden und Augenscheinsobjekte nicht nur die Anforderungen an deren Bezug zum jeweiligen Sachverhalt und die Bezeichnung durch die Parteien, sondern auch der zunächst erforderliche Tatsachenvortrag als Bezugspunkt relevant. Wie eng eine mögliche Offenlegung auf das erforderliche Maß absolut begrenzt ist, hängt zunächst davon ab, wie detailliert beziehungsweise substantiiert der Sachvortrag der Parteien zu den entscheidungserheblichen Tatsachen und den möglicherweise vorzulegenden Dokumenten sein muss.[298] Je genauer der konkrete Sachverhalt dargelegt werden muss, desto enger ist der Bezugspunkt von vorzulegenden Urkunden und Augenscheinsobjekten definiert und je genauer die Vorlageobjekte bestimmt werden müssen, desto enger ist deren Vorlage zu den entscheidungserheblichen Tatsachen begrenzt.

a) Verbot der Ausforschung

Vorab ist zu beachten, inwiefern die Informationsmittel im deutschen Recht absolut eingeschränkt sind. Im Zusammenhang mit der Vorlage von Urkunden und Augenscheinsobjekten zum Zweck der Informationsgewinnung für einen Zivilprozess ist häufig vom Ausforschungsverbot und dem Grundsatz, dass niemand gehalten sei, dem Gegner Mittel für den Prozesssieg zu verschaffen, die dieser nicht schon von sich aus zur Verfügung hat (*nemo contra se edere tenetur*), die Rede. Für den möglichen Umfang von Vorlageinstrumenten ist entscheidend, ob eine absolute Grenze der Vorlage von Urkunden und Augenscheinsobjekten in Form eines eigenständigen allgemeinen Ausforschungsverbotes besteht oder ob es sich hierbei lediglich um verschiedene Fallgruppen unzulässiger Beweisanträge handelt, die unter einem gemeinsamen Oberbegriff zusammengefasst werden. Zu unterscheiden ist dabei zwischen einem Ausforschungsverbot im weiten Sinne, welches auch materielle Informationsansprüche begrenzt und dem engeren Verbot ausforschender Beweisanträge, welches nur die prozessuale Möglichkeit eines Beweisantrages beschränkt.[299]

aa) Der Grundsatz *nemo contra se edere tenetur*

Der BGH hat im Laufe der letzten Jahrzehnte immer wieder im Zusammenhang mit der Ablehnung prozessualer Vorlageanordnungen sowie der Grenzen der materiellen Informationsansprüche erwähnt, dass grundsätzlich die Parteien eines Zivilprozesses nicht dazu verpflichtet sind, dem Gegner das Material zu verschaffen, welches dieser zum Prozesssieg benötigt und über das dieser nicht schon von sich aus verfügt.[300] Dies wird aus dem Beibringungsgrundsatz herge-

---

[298] Vgl. *Althammer,* FS Geimer, 15, 16.
[299] *Osterloh-Konrad,* 92.
[300] BGH, Beschl. v. 26.10.2006 – III ZB 2/06, NJW 2007, 155, 156.

leitet.[301] Bei genauer Betrachtung ergibt sich daraus aber keine allgemeine Begrenzung der bestehenden Vorlageinstrumente.[302] Auch der BGH schränkt dies insofern ein, dass es nur dann gilt, wenn gerade keine materiellen Auskunfts- oder Vorlagepflichten oder eine sekundäre Darlegungslast besteht.[303] Eine gesetzliche Anknüpfung für ein generelles Verbot der Heranziehung einer nicht beweisbelasteten Prozesspartei enthält die ZPO zudem nicht.[304] Der Beibringungsgrundsatz ist als Prozessmaxime kein absoluter Grundsatz, sondern vielmehr eines von mehreren Leitmotiven, an denen das deutsche Zivilprozessrecht historisch ausgerichtet ist. Insbesondere die Wendung von einem streng liberalen hin zu einem sozialeren Prozessverständnis seit Einführung der ZPO[305] zeigt aber, dass der Beibringungsgrundsatz seinerseits durchaus durch entgegenstehende Erwägungen eingeschränkt wird. Dies belegen auch die zahlreichen neugeschaffenen materiellen und prozessualen Informationsmittel. Der Grundsatz, dass niemand dazu verpflichtet ist, seinem Prozessgegner die Beweismittel zu verschaffen, die dieser für den Prozess benötigt, ist gerade kein absolutes Prinzip im deutschen Zivilrecht.[306] Es folgt deshalb daraus auch keine übergeordnete Begrenzung der prozessualen und materiellen Vorlagemittel im Sinne eines weiten materiellen Ausforschungsverbotes.[307]

bb) Ausforschende Beweisanträge

Während daher die Heranziehung der nichtbeweisbelasteten Partei nicht schon aufgrund eines weiten Ausforschungsverbotes mit materieller Wirkung begrenzt ist, besteht aber weitgehende Einigkeit über die Unzulässigkeit sogenannter ausforschender Beweisanträge. Unzulässig ist ein Beweisantrag, der nicht zumindest mittelbar auf den Beweis von der beweisbelasteten Partei vorgetragener Tatsachen gerichtet ist, sondern erst das Aufstellen substantiierter Behauptungen ermöglichen soll.[308] Die Einigkeit, mit der ein solches Verbot auf den ersten Blick angenommen wird, täuscht aber insofern, als die Begrifflichkeiten nicht einheit-

---

[301] BGH, Beschl. v. 7.2.2008 – IX ZB 137/07, NZI 2008, 240, 241.

[302] *Brandt,* 255.

[303] BGH, Beschl. v. 7.2.2008 – IX ZB 137/07, NZI 2008, 240, 241.

[304] *Brehm,* 83.

[305] *Beckhaus,* 253.

[306] *Greger,* in: Zöller, Vorb § 284 Rn. 34d; *Beckhaus,* 256; *Dunz,* NJW 1956, 769, 770; *Lorenz,* ZZP 1998, 35, 42; *Osterloh-Konrad,* 105 ff.; *Saenger,* ZZP 2008, 139, 146; *R. Stürner,* FS Stoll, 691, 700; *Wagner,* JZ 2007, 706, 711; *Waterstraat,* ZZP 2005, 459, 476; *Zekoll/Bolt,* NJW 2002, 3129, 3130.

[307] So auch *Koch,* 136.

[308] BVerfG, Beschl. v. 24.1.2012 – 1 BvR 1819/10, WM 2012, 492, 493; BGH, Urt. v. 12.7.1984 – VII ZR 123/83, NJW 1984, 2888, 2889; *Greger,* in: Zöller, Vorb § 284 Rn. 8c; *Hartmann,* in: Baumbach/Lauterbach/Albers/Hartmann, ZPO, Einf § 284 Rn. 27.

lich verwendet werden.[309] Unter diesem oder einem ähnlichen Sammelbegriff werden unterschiedliche Konstellationen zusammengefasst. Dabei lassen sich die erfassten Fälle jedenfalls in zwei Kategorien unterteilen.[310] Die Grenze zwischen diesen ist aber fließend und nicht trennscharf. Unklar ist auch, woraus sich das Verbot ausforschender Beweisanträge ergibt, da es gerade keine unmittelbare Anknüpfung im Gesetz findet.[311] Einigkeit besteht zumindest darüber, dass ein solches Verbot nur im Anwendungsbereich des Verhandlungsgrundsatzes besteht.[312]

(1) Fehlende Bestimmtheit

Die erste unter den Sammelbegriff der verbotenen Ausforschung gefasste Fallgruppe sind Beweisanträge, die zu unbestimmt oder vage sind. Sie hängt eng mit der erforderlichen Substantiierung des Tatsachenvortrages der Parteien zusammen und überschneidet sich mit dieser.[313] Bei der Bestimmtheit von Beweisanträgen ist zwischen solchen zu unterscheiden, bei denen das Beweisthema nicht hinreichend bestimmt ist und solchen, die das Beweismittel nicht hinreichend konkretisieren.[314] Ist die unter Beweis gestellte Tatsache so ungenau bezeichnet, dass ihre Erheblichkeit nicht beurteilt werden kann, ist ein Beweisantrag unzulässig.[315] Die Unzulässigkeit von Beweisanträgen, die sich auf ein nicht hinreichend bestimmtes Beweisthema beziehen, ergibt sich aus dem nicht hinreichend substantiierten Tatsachenvortrag der Partei und nicht aus einem eigenständigen Ausforschungsverbot.[316] Darüber hinaus ist ein Beweisantrag auch dann unzulässig, wenn das Beweismittel nicht hinreichend bestimmt bezeichnet ist.[317] Auch wenn ein solches Bestimmtheitsgebot nicht ausdrücklich gesetzlich geregelt ist, folgt es aus dem Zusammenspiel der Vorschriften zur Beweiserhebung und dem Ziel eines effektiven Beweisverfahrens.[318] Es setzt zum einen voraus, dass das Gericht die Erheblichkeit des Beweises prüfen können muss.[319] Zum anderen kann über-

---

[309] *Wagner*, JZ 2007, 706, 712; zu den verschiedenen Begrifflichkeiten siehe *Chudoba*, 18 m.w.N. und *J. Lang*, 39; vgl. auch *Beckhaus*, 246 ff.; *S. Lang*, 127 ff.

[310] A.A. *Chudoba*, 60 f. der eine Dritte Gruppe unterteilt, wobei die erfassten Fälle insgesamt gleich bleiben.

[311] *Götz*, 283.

[312] *Thole*, in: Stein/Jonas, § 284 Rn. 48; *Rosenberg/Schwab/Gottwald*, § 117 Rn. 19.

[313] *Chudoba*, 30 f. u. 99; siehe dazu unten E. III. 1. c) bb).

[314] *Osterloh-Konrad*, 95.

[315] BVerfG, Beschl. v. 14. 4. 2003 – 1 BvR 1998/02, NJW 2003, 2976, 2977; BGH, Urt. v. 11.4.2000 – X ZR 19/98, NJW 2000, 2812, 2813.; BGH, Urt. v. 23.4.1991 – X ZR 77/89, NJW 1991, 2707, 2709.

[316] *Koch*, 161; *Osterloh-Konrad*, 96 f.; im Ergebnis auch *Adloff*, 247 f. und *Peters*, 63 ff.

[317] BGH, Urt. v. 1.12.1971 – VIII ZR 88/70, NJW 1972, 249, 250.

[318] *Chudoba*, 82.

[319] *Dunz*, NJW 1956, 769; *Gamp*, DRiZ 1982, 165, 170; *Lüderitz*, 8.

haupt erst eine sinnvolle Beweiserhebung stattfinden, wenn das Beweisthema eng genug konkretisiert ist, sodass die Beweiserhebung nicht grenzenlos wird.[320] Zudem muss die Gegenseite die Möglichkeit erhalten, sich gegen das Vorbringen zu verteidigen.[321] Die Unzulässigkeit unbestimmter Beweisanträge ist in diesen Fällen eine Frage des Beweisrechts.[322]

Soweit, aufgrund mangelnder Bestimmtheit des Beweisthemas oder des Beweismittels, ein Beweisantrag unzulässig ist, kann dadurch zwar im Ergebnis auch eine Ausforschung verhindert werden. Das Bestimmtheitserfordernis setzt danach aber weder ein eigenständiges Verbot ausforschender Beweisanträge voraus, noch ergibt sich daraus ein solches.[323] Hinreichend bestimmte Beweisanträge, die auf Ausforschung gerichtet sind, also darauf, Tatsachen hervorzubringen, die einen genaueren Vortrag oder die Benennung von Beweismitteln erst ermöglichen, sind nicht aufgrund dieser Zielsetzung unzulässig.[324] Vielfach wird daher diese Fallgruppe konsequenterweise auch nicht dem Komplex des Ausforschungsbeweises zugerechnet.[325]

(2) Beweisanträge „ins Blaue hinein"

Die zweite Fallgruppe sind der Rechtsprechung nach solche Beweisanträge, die hinreichend bestimmt sind, aber dennoch unzulässig sein sollen, weil die Behauptungen ohne greifbare Anhaltspunkte „aus der Luft gegriffen", „aufs Geratewohl" oder „ins Blaue hinein" aufgestellt worden sind und daher nicht deren Beweis dienen, sondern auf Ausforschung gerichtet sind.[326] Auch in diesen Fällen stellt sich die Frage, ob sich die Unzulässigkeit aus einem selbständigen Verbot ausforschender Beweisanträge ergibt. Die Feststellung einer unzulässigen Ausforschung durch die Rechtsprechung aus diesem Grunde spricht nur dort für die Existenz eines selbständigen Verbots der Ausforschung, wo sich die Unzulässigkeit der Beweisanträge nicht auch ohne ein solches ergibt.

Dass jedenfalls gewisse tatsächliche Anhaltspunkte für einen Tatsachenvortrag erforderlich sind, ergibt sich nicht schon zwangsläufig aus der Wahrheitspflicht aus § 138 Abs. 1 ZPO, da sich diese nicht auf die objektive Unwahrheit be-

---

[320] *Peters,* 54.

[321] *Chudoba,* 82 u. 74.

[322] *Osterloh-Konrad,* 96.

[323] *Osterloh-Konrad,* 96; vgl. auch *Chudoba,* 87; *Esser,* 250.

[324] *Foerste,* in: Musielak/Voit, ZPO, § 284 Rn. 17.

[325] *Greger,* in: Zöller, Vorb § 284 Rn. 8d; *Beckhaus,* 248; *Esser,* 250; *Osterloh-Konrad,* 95 f. *Peters,* 63 f. *Wagner,* JZ 2007, 706, 713.

[326] BVerfG, Beschl. v. 24.1.2012 – 1 BvR 1819/10, WM 2012, 492, 493; BVerfG, Beschl. v. 14.4.2003 – 1 BvR 1998/02, NJW 2003, 2976, 2977; BGH, Urt. v. 13.12. 2002 – V ZR 359/01, NJW-RR 2003, 491, 491; *Rosenberg/Schwab/Gottwald,* § 117 Rn. 16.

zieht.[327] Wenn eine Partei die subjektive Unwahrheit ohne Anhaltspunkte behauptet, ein solches Vorbringen und ein darauf gestützter Beweisantrag aufgrund eines Verstoßes gegen die Wahrheitspflicht aus § 138 Abs. 1 ZPO unzulässig, sodass sich dadurch kein Hinweis auf ein eigenständiges Verbot ausforschender Beweisanträge ergibt.[328] Auch die Pflicht der Parteien, Erklärungen über Tatsachen der Wahrheit gemäß abzugeben, aus § 138 Abs. 1 ZPO, lässt aber Vermutungen zu, solange die Partei selbst an die Möglichkeit ihrer Vermutung glaubt.[329] Davon sind insbesondere solche Fälle erfasst, in denen sich die Geschehnisse außerhalb des Wahrnehmungsbereichs der Partei abgespielt haben.[330] Eine nach § 138 Abs. 1 ZPO unzulässige bewusste Lüge liegt nicht schon dann vor, wenn jemand eine Behauptung aufstellt, ohne dass dafür tatsächliche Anhaltspunkte bestehen.[331] Das Fehlen jeglicher Anhaltspunkte für eine Tatsache indiziert zwar die Unwahrheit ihrer Behauptung, allerdings kann dies ohne die nachgewiesene subjektive Unwahrheit keinen Verstoß gegen § 138 Abs. 1 ZPO und die daraus folgende Ablehnung eines Beweisantrags begründen.[332] So fungiert die Ablehnung aufgrund einer Behauptung „ins Blaue hinein" als Ausschlussmöglichkeit in Fällen, in denen die (subjektive) Wahrheitswidrigkeit nicht erwiesen ist, diese aber aufgrund des Fehlens jeglicher Anhaltspunkte naheliegt.[333] Die Unzulässigkeit solcher Beweisanträge ergibt sich aber nicht aus ihrer Wahrheitswidrigkeit.

Das ausforschende Element von Beweisanträgen alleine rechtfertigt die Unzulässigkeit aller Beweisanträge „ins Blaue hinein" ebenfalls nicht, da es regelmäßig der so behauptenden Partei eben nicht darauf ankommen wird, tatsächlich neue Informationen zu erlangen, die es ihr ermöglichen, neue Behauptungen aufzustellen, sondern ihre vormals pauschale Behauptung mit Einzelheiten zu unterlegen.[334] Begründen lässt sich die Unzulässigkeit von Beweisanträgen zu Behauptungen, für die jegliche Anhaltspunkte fehlen, nur damit, dass es sich dabei nur scheinbar um hinreichend substantiierte Behauptungen handelt, tatsächlich aber willkürliche Vermutungen aufgestellt werden, die deshalb nicht hinreichend substantiiert sind, sodass ein Beweisantrag hierzu rechtsmissbräuchlich ist.[335] Die

---

[327] *Beckhaus,* 80 f.; *Osterloh-Konrad,* 97 ff.; *Peters,* 76; so aber die missverständliche Formulierung in BGH, Urt. v. 19.9.1985 – IX ZR 138/84, NJW 1986, 246, 247.
[328] *Beckhaus,* 249.
[329] BGH, Urt. v. 8.5.2012 – XI ZR 262/10, NJW 2012, 2427, 2431; *Thole,* in: Stein/ Jonas, § 284 Rn. 49; *Dölling,* NJW 2013, 3121, 3124.
[330] *Dölling,* NJW 2013, 3121, 3124.
[331] *Büttner,* ZZP 1954, 73, 83.
[332] *Lüderitz,* 23.
[333] *Osterloh-Konrad,* 98 dem folgend *Beckhaus,* 81.
[334] *Osterloh-Konrad,* 97 f.
[335] BVerfG, Beschl. v. 14.4.2003 – 1 BvR 1998/02, NJW 2003, 2976, 2977; BGH, Urt. v. 13.12.2002 – V ZR 359/01, NJW-RR 2003, 491, 491; *Thole,* in: Stein/Jonas, § 284 Rn. 48.

Frage der erforderlichen Anhaltspunkte ist daher genaugenommen keine Anforderung an einen Beweisantrag, sondern betrifft stattdessen die Substantiierung des schlüssigen Parteivortrages, auf den sich dann wiederum ein Beweisantrag bezieht.[336] Daher folgt auch die Unzulässigkeit aufgrund fehlender Anhaltspunkte für eine Vermutung einer Partei nicht aus einem eigenständigen Ausforschungsverbot, sondern aus den Anforderungen an die Substantiiertheit des Tatsachenvortrages der beweisbelasteten Partei und der Funktion des Beweisverfahrens.[337]

cc) Zwischenergebnis

Eine allgemeine Einschränkung für die Vorlage von Urkunden und Augenscheinsobjekten aus einem eigenständigen Ausforschungsverbot besteht nicht. In den unter dem Sammelbegriff des Ausforschungsverbotes gefassten Konstellationen eines nicht hinreichend bestimmten Beweisantrages und eines Beweisantrages ohne jegliche Anhaltspunkte für die unter Beweis gestellten Behauptungen folgt die Unzulässigkeit aus der mangelnden Substantiierung des Tatsachenvortrags der Parteien oder daraus, dass die zur Durchführung eines Beweisverfahrens notwendige hinreichend bestimmten Bezeichnung von Beweismitteln nicht erfolgt ist. Insbesondere beeinflusst das Verbot ausforschender Beweisanträge nicht den Umfang materieller Informationsansprüche.[338] Es existiert keine eigenständige Grenze für die Reichweite der Mitwirkung der nicht beweisbelasteten Partei oder des Adressaten eines materiellen Informationsanspruchs in Form eines absoluten Ausforschungsverbotes, welches über das Erfordernis eines hinreichend substantiierten Tatsachenvortrags und die notwendige hinreichende Konkretisierung des Beweismittels hinausgeht.

b) Bezugserfordernis

Da keine absolute Grenze durch ein eigenständiges Verbot der Ausforschung besteht, ist der Umfang der Vorlagemöglichkeiten den Anforderungen an den Tatsachenvortrag der Parteien und den vorausgesetzten Bezug der Vorlageobjekte zu diesem zu entnehmen. Dabei ist, der gezeigten Herangehensweise des Gesetzgebers und der Rechtsprechung entsprechend, zwischen der Offenlegung aufgrund materieller und prozessualer Instrumente zu unterscheiden.[339]

---

[336] *Osterloh-Konrad,* 97; im Ergebnis so auch *Adloff,* 247; *Timke,* 137; *Beckhaus,* 249.

[337] Zu den Anforderungen an einen substantiierten Tatsachenvortrag siehe unten E. III. 1. c) bb).

[338] BGH, Urt. v. 2.5.2002 – I ZR 45/01, GRUR 2002, 1046, 1048 – Faxkarte.

[339] Siehe oben D. III.

aa) Erforderlich zur Begründung von Leistungsansprüchen

Das Kriterium für den inhaltlichen Bezug solcher Dokumente, die aufgrund eines materiellen Anspruchs vorzulegen sind, ist in den verschiedenen Anspruchsgrundlagen unterschiedlich. Hier ist der Fokus insbesondere auf die relativ jungen Vorschriften im Immaterialgüterrecht zur Umsetzung von Art. 6 Enforcement-Richtlinie und den erst kürzlich hinzugefügten § 33g GWB zu legen. Diese regeln praktisch besonders relevante Bereiche, da es sich um wirtschaftlich bedeutende Situationen handelt, in denen klassischerweise ein Informationsungleichgewicht besteht. Noch wichtiger sind sie aber für die vorliegende Untersuchung, weil sie zu den materiellen Vorlagepflichten im deutschen Recht gehören, welche die geringsten Anforderungen an den inhaltlichen Bezug zum möglichen Hauptverfahren fordern. An ihnen lässt sich deshalb die äußere Grenze der erforderlichen Vorlage im Sinne des deutschen Zivilrechts ablesen. Die aufgrund dieser materiellen Auskunftsansprüche offenzulegenden Vorlageobjekte sind deutlich enger auf das zur Rechtsdurchsetzung erforderliche Maß beschränkt, als dies durch das weit auszulegende Relevanzkriterium im US-Recht der Fall ist. Eine über das zur Anspruchsbegründung erforderliche Maß hinausgehende allgemeine Ausforschung des Anspruchsgegners soll sowohl im Immaterialgüterrecht[340] als auch im Kartellrecht nicht ermöglicht werden. Im Kartellrecht ergibt sich dies ausdrücklich aus § 33g Abs. 3 S. 2 Nr. 3 GWB.

Der in Umsetzung der Kartellschadensersatzrichtlinie neu eingeführte § 33g GBW sieht einen Offenlegungsanspruch bezüglich sämtlicher Arten von Beweismitteln gegenüber dem jeweiligen Besitzer vor. Voraussetzung ist hier, dass sich die Vorlage auf „Beweismittel" bezieht, die für die Erhebung eines Schadensersatzanspruchs aufgrund eines Kartellrechtsverstoßes nach § 33 Abs. 1 GWB „erforderlich" sind. Dies setzt zunächst voraus, dass die Vorlageobjekte überhaupt potentiell geeignet wären, eine Tatsache zu beweisen, die für die Anspruchsbegründung erheblich ist.[341]

Die materiellen Vorlageansprüche sind aber nicht durchgehend an die unmittelbare Beweiserheblichkeit von Urkunden oder Augenscheinsobjekten geknüpft, wie die Ansprüche bei Verletzungen von Immaterialgüterrechten zeigen. Die auf Art. 6 Enforcement-Richtlinie beruhenden Informationsansprüche (§ 140c PatG etc.) setzen ebenfalls die Erforderlichkeit für die Begründung des Leistungsanspruchs, zu dessen potentieller Durchsetzung die Information verlangt wird, voraus. Erforderlich ist eine Vorlage nur dann, wenn derjenige, der den Anspruch geltend macht, alle übrigen Mittel ausgeschöpft hat, die notwendigen Informationen zu erlangen, und die Vorlage durch den Anspruchsteller daher die *ultima*

---

[340] Regierungsentwurf, BT-Drucks. 16/5048, S. 40.
[341] *Mäsch,* in: Berg/Mäsch, GWB, § 33g Rn. 9; *Preuß,* in: Kersting/Podszun, Kap. 10 Rn. 28.

ratio ist.[342] Zudem wird die Vorlage und Besichtigung dadurch auf das Ausmaß begrenzt, welches zur Begründung des Leistungsanspruchs benötigt wird. Dies ist insbesondere der Fall, wenn durch die auf diesem Wege erlangten Urkunden und Augenscheinsobjekte bestrittene anspruchsbegründende Tatsachen nachgewiesen werden sollen oder überhaupt erst Kenntnis von diesen erlangt werden soll.[343] Es kann dabei schon genügen, dass es zumindest in Betracht kommt, dass der Anspruchsteller auf diese Information angewiesen ist.[344] Die Vorlage oder Besichtigung ist im Immaterialgüterrecht nicht auf Beweismittel begrenzt, sondern es können auch Urkunden- oder Augenscheinsobjekte zur bloßen Gewissheitsverschaffung über den Sachverhalt dienen, solange die aus diesen zu gewinnenden Erkenntnisse zur Durchsetzung eines Anspruch benötigt werden.[345] Im Ergebnis sind daher die materiellen Auskunftsansprüche im deutschen Recht nicht durchgehend auf die Vorlage von direkten Beweismitteln für beweiserhebliche Anspruchsvoraussetzungen des Leistungsanspruchs beschränkt.

bb) Prozessuale Vorlageanordnung von Amts wegen

Wie bereits gezeigt sind für die Anordnung einer Vorlage von Urkunden und Augenscheinsobjekten von Amts wegen geringere Voraussetzungen zu stellen, als wenn die beweisbelastete Partei eine solche im Rahmen ihres Beweisantritts beantragt.[346]

(1) Bezugnahme einer Partei

Voraussetzung für die Vorlage von Urkunden und sonstigen Unterlagen nach § 142 Abs. 1 oder von Augenscheinsobjekten nach § 144 Abs. 1 ZPO ist, dass sich eine Partei auf diese bezogen hat. Für die Beweisaufnahme auf Betreiben einer Partei nach §§ 422 ff. oder § 371 ff. ZPO ergibt sich dies schon aus dem erforderlichen Beweisantritt. Aber auch die Vorlage zur Beweisaufnahme von Amts wegen ist nur nach Bezugnahme einer der Parteien zulässig. Dabei ist, anders als im Falle des Beweisantritts nach § 423 ZPO, bei einer Anordnung von Amts wegen auch ausreichend, dass sich die beweisbelastete Partei auf die Urkunde bezogen hat.[347] Während sich das Erfordernis einer Bezugnahme durch

---

[342] Regierungsentwurf, BT-Drucks. 16/5048, S. 40; *Mäsch,* in: Berg/Mäsch, GWB, § 33g Rn. 9; *Adler,* 55.

[343] *Spindler,* in: Spindler/Schuster, § 101a UrhG Rn. 3.

[344] OLG Karlsruhe Beschl. v. 16.10.2012 – 6 W 72/12, BeckRS 2013, 19312.

[345] Regierungsentwurf, BT-Drucks. 16/5048, S. 40; *Fezer,* in: Fezer, MarkenG, § 19a Rn. 25; *Ohst,* in: Wandtke/Bullinger, § 101a Rn. 14.

[346] Siehe dazu oben D. III. 6.

[347] BGH, Urt. v. 26.6.2007 – XI ZR 277/05, NJW 2007, 2989, 2991; *Hartmann,* in: Baumbach/Lauterbach/Albers/Hartmann, ZPO, § 142 Rn. 4 u. 9; *Stadler,* in: Musielak/Voit, ZPO, § 142 Rn. 4; *von Selle,* in: BeckOK ZPO, § 142 Rn. 10; *Zekoll/Bolt,* NJW 2002, 3129, 3130.

eine der Parteien für die Vorlage von Urkunden ausdrücklich aus dem Wortlaut des § 142 Abs. 1 ZPO ergibt, ist diese Voraussetzung in § 144 ZPO nicht enthalten. Wird aber auf Anordnung des Gerichts durch die Vorlage von Augenscheinsobjekten Beweis erhoben, bestehen die allgemeinen Voraussetzungen der Beweiserhebung, wonach ein Beweismittel hinreichend bestimmt sein muss, damit die Beweisaufnahme gerade nicht über ihren Zweck hinaus zur Beschaffung gänzlich neuer Informationen missbraucht wird.[348] Durch die Erweiterung der Möglichkeiten zur Anordnung der Vorlage von Beweismitteln sollte keine Amtsermittlung ermöglicht werden.[349] Auch wenn es aufgrund des eindeutig abweichenden Wortlauts befremdlich wirkt und ein Versehen des Gesetzgebers aufgrund des überschaubaren Umfangs der Vorschriften zur Vorlageanordnungen bezüglich Urkunden und Augenscheinsobjekten schwer erklärlich scheint, ist daher auch für die Anordnung nach § 144 ZPO eine vorherige Bezugnahme einer der Parteien auf das Vorlageobjekt erforderlich.[350] An diese Bezugnahme sind allerdings keine hohen Anforderungen zu stellen.[351] Sie dient lediglich dazu, eine Amtsermittlung des Gerichts ohne Anknüpfung an das Parteiverhalten auszuschließen.[352] Es genügt auch eine konkludente Bezugnahme.[353] Problematisch ist allerdings die Frage, wie genau das Vorlageobjekt bezeichnet werden muss.[354]

(2) Bezug zu entscheidungserheblichen Parteibehauptungen

Eine prozessuale Vorlageanordnung des Gerichts von Amts wegen kann nicht nur bezüglich solcher Dokumente ergehen, die unmittelbar oder mittelbar in einem laufenden Verfahren beweiserheblich sind. Die §§ 142, 144 ZPO haben sowohl eine Beweis- als auch eine Aufklärungsfunktion und lassen daher neben der Vorlage zum Zwecke der Beweiserhebung von Amts wegen auch die Vorlage zur genaueren Erfassung und Erläuterung unstreitiger Tatsachen zu.[355] Voraussetzung ist aber, dass die Vorlage mit Bezug zu entscheidungserheblichen Behauptungen der Parteien erfolgen soll. Die beweisbelastete Partei muss schlüssig dargelegt haben, dass aus der Vorlage Erkenntnisse für von ihr konkret behauptete Tatsa-

---

[348] *Kapoor,* 284.

[349] *Althammer,* in: Stein/Jonas, § 144 Rn. 5; *Timke,* 132.

[350] Im Ergebnis so auch *Althammer,* in: Stein/Jonas, § 144 Rn. 14; *Adloff,* 211; *Kapoor,* 284 f., der dies aber als erforderliche Bezeichnung des vorzulegenden Gegenstandes aus den allgemeinen Anforderungen an eine Beweiserhebung schließt; *Timke,* 132 f.; a.A. *Greger,* Deutsches Steuerrecht 2005, 479, 482; *Prütting,* in: Prütting/Gehrlein, § 144 Rn. 1.

[351] *Adloff,* 210; *Beckhaus,* 99; *Saenger,* ZZP 2008, 139, 147.

[352] *Beckhaus,* 100; *Kapoor,* 174.

[353] *Greger,* in: Zöller, § 142 Rn. 6; *Hartmann,* in: Baumbach/Lauterbach/Albers/Hartmann, ZPO, § 142 Rn. 9.

[354] Siehe dazu unten E. III. 1. d).

[355] *Althammer,* in: Stein/Jonas, § 142 Rn. 6.

chen zu erwarten sind.[356] Wenn es sich um eine Vorlage zum Zwecke einer Beweisaufnahme von Amts wegen handelt, ergibt sich schon aus der Grundstruktur des Zivilprozesses, dass diese nur bezüglich beweisbedürftiger, das heißt erheblicher und bestrittener, Tatsachenbehauptungen der Parteien stattfindet.[357] Aber auch die aufgrund der Doppelfunktion der §§ 142, 144 ZPO als Vorschriften der materiellen Prozessleitung ebenfalls mögliche Vorlageanordnung zu über die Beweisaufnahme hinausgehenden Informationszwecken kann ihrem Sinn und Zweck nach nur auf die Klärung des entscheidungserheblichen Sachverhalts abzielen.[358] Denn auch dann darf die Vorlage bezüglich Urkunden und Augenscheinsobjekten nur dann angeordnet werden, wenn diese auch geeignet sind, zur Klärung des erheblichen Sachverhalts beizutragen.[359] Insoweit ergibt sich aus dem Ermessen des Gerichts bei der Anordnung der Vorlage nach §§ 142, 144 ZPO allerdings ein weiter Spielraum, sodass faktisch die Anordnung nur dann ausgeschlossen ist, wenn sich der fehlende Bezug zum Parteivortrag, und somit die mangelnde Eignung der Vorlageobjekte zur Sachverhaltsaufklärung beizutragen, aufdrängt.

Der Umfang der möglichen prozessualen Dokumentenvorlage ist im Vergleich mit dem US-Recht insgesamt deutlich enger, da dort nicht erforderlich ist, dass die Dokumente sich direkt auf entscheidungserhebliche Tatsachen beziehen.[360] Um festzustellen, ob die Dokumentenvorlage im deutschen Recht dadurch tatsächlich durchgehend eng auf genau bestimmte, für im konkreten Verfahren ausschlaggebende und für eindeutig feststehende Tatsachenbehauptungen erhebliche Einzeldokumente begrenzt ist, sind aber auch der erforderliche Tatsachenvortrag und die geforderte Bezeichnung der Vorlageobjekte entscheidend.

c) Erforderlicher Tatsachenvortrag der Parteien als Bezugspunkt

Auch in Deutschland kommt es wie im US-Recht darauf an, wie genau die Parteien bezüglich des Sachverhalts als Bezugspunkt vortragen müssen. Der erforderliche Sachverhalt, als Bezugspunkt für die Vorlage von Dokumenten, ergibt sich im deutschen Recht aus den Tatbestandsvoraussetzungen der materiellen Informationsansprüche und dem Erfordernis eines substantiierten Parteivortrags für eine prozessuale Vorlageanordnung. Je höher die Anforderungen an den Tatsachenvortrag, desto genauer ist der Sachverhalt als Bezugspunkt bestimmt und umso enger können die erheblichen oder erforderlichen Vorlageobjekte inhaltlich an diesen gebunden sein.

---

[356] OLG Düsseldorf, Urt. v. 21.5.2014 – VI-U (Kart) 16/13, ZUM-RD 2015, 166, 177; *Greger,* in: Zöller, § 142 Rn. 7.

[357] *Schlosser,* FS Sonnenberger, 135, 147.

[358] *Prütting,* in: Prütting/Gehrlein, § 142 Rn. 7; *Timke,* 139 f.

[359] *Althammer,* in: Stein/Jonas, § 142 Rn. 10; *Timke,* 140.

[360] Siehe dazu oben ab E. I. 1. b).

aa) Anhaltspunkte für Bestehen des Leistungsanspruchs

Soweit für die materiellen Informationsansprüche eine rechtliche Sonderverbindung zur Durchsetzung eines Vorlageanspruchs nachgewiesen werden muss, stellt dies bereits hohe Anforderungen an den Vortrag der Auskunft verlangenden Partei. Die Vorlagemöglichkeiten sind dann von vorneherein eng begrenzt. Wie gezeigt, bestehen aber in einigen Situationen auch dann Informationsansprüche, die auch auf die Vorlage von Dokumenten gerichtet sind, wenn eine rechtliche Sonderverbindung nicht feststeht, insbesondere in Form der zur Umsetzung der Enforcement-Richtlinie eingeführten Vorschriften des Immaterialgüterrechts.[361] Diese materiellen Vorlageansprüche setzen lediglich voraus, dass die Vorlage erforderlich für die Begründung des Leistungsanspruchs ist und es zumindest wahrscheinlich ist, dass ein solcher Anspruch aufgrund einer Rechtsverletzung besteht. Für eine Durchsetzung im einstweiligen Rechtsschutz, die für die Fälle der Vorlageverpflichtungen in Umsetzung von Art. 6 Enforcement-Richtlinie ausdrücklich möglich ist, ist es dann ausreichend, dass die hinreichende Wahrscheinlichkeit dafür glaubhaft gemacht wird, dass eine anspruchsbegründende Rechtsverletzung vorliegt. Der Umfang dieser Informationsansprüche hängt letztlich maßgeblich davon ab, wie hoch die Hürde ist, die durch das Kriterium der hinreichenden Wahrscheinlichkeit des Bestehens des Hauptanspruchs geschaffen wird.[362]

Diese hinreichende Wahrscheinlichkeit entspricht dem „gewissen Grad der Wahrscheinlichkeit", der von der Rechtsprechung seit der sogenannten „Faxkarte"-Entscheidung für einen Anspruch nach § 809 Alt. 2. BGB gefordert wird.[363] Dies ist mit den europarechtlichen Vorgaben vereinbar, die den Grad der Wahrscheinlichkeit der Rechtsverletzung der Ausgestaltung durch die Mitgliedsstaaten überlassen und hierzu keine Vorgaben machen.[364] Erforderlich ist daher lediglich eine gewisse Wahrscheinlichkeit des Vorliegens einer Rechtsverletzung.[365] Ein erhöhter Maßstab in Form einer „erheblichen" Wahrscheinlichkeit, wie dies zuvor teilweise angenommen wurde[366], ist nicht anzulegen.[367] Dabei ist nicht nur der Unterschied zwischen den unterschiedlichen Maßstäben schwer zu

---

[361] Siehe oben D. III. 5. d).

[362] *Beckhaus,* 35.

[363] Regierungsentwurf, BT-Drucks. 16/5048, S. 40; *Ingerl/Rohnke,* in: Ingerl/Rohnke, MarkenG, § 19a Rn. 8; *Mes,* in: Mes, PatG, § 140c Rn. 10; *Ohst,* in: Wandtke/Bullinger, § 101a Rn. 10; *Adler,* 53.

[364] *Hartz,* ZUM 2005, 376, 378; *Knaak,* GRUR Int. 2004, 745, 748.

[365] BGH, Beschl. v. 18.12.2012 – X ZR 7/12, GRUR 2013, 316, 318; BGH, Urt. v. 1.8.2006 – X ZR 114/03, GRUR 2006, 962, 967 – Restschadstoffentfernung; BGH, Urt. v. 2.5.2002 – I ZR 45/01, GRUR 2002, 1046, 1048 – Faxkarte.

[366] Vgl. BGH, Urt. v. 8.1.1985 – X ZR 18/84, GRUR 1985, 512, 516 – Druckbalken.

[367] BGH, Urt. v. 1.8.2006 – X ZR 114/03 GRUR 2006, 962, 967 – Restschadstoffentfernung; BGH, Urt. v. 2.5.2002 – I ZR 45/01, GRUR 2002, 1046, 1048 – Faxkarte.

greifen, sondern insgesamt das erforderliche Maß an Wahrscheinlichkeit schwer zu konkretisieren. Der Begriff der „gewissen Wahrscheinlichkeit" ist dabei schon semantisch unklar, lässt aber darauf schließen, dass nur ein geringes Maß an Wahrscheinlichkeit erforderlich ist.[368] Für konkrete Prozentzahlen, wie 50 % erforderliche Wahrscheinlichkeit, fehlt zum einen eine begründete Herleitung und zum anderen bilden auch diese keinen in der Praxis zuverlässig überprüfbaren Maßstab.[369] Zumindest kann aber nicht schon jeglicher Verdacht für einen solchen Anspruch ausreichen, wie sich aus der Gesetzesbegründung ergibt.[370] Es dürfen allerdings auch keine übertriebenen Anforderungen an die Wahrscheinlichkeit gestellt werden, die den Anwendungsbereich der Vorschriften auf ein Minimum reduzieren würden.[371] Erforderlich ist daher keine überwiegende Wahrscheinlichkeit, sondern es genügen stattdessen konkrete Anhaltspunkte.[372] Diese Anhaltspunkte müssen dann zumindest im Sinne von § 294 ZPO glaubhaft gemacht werden.[373] Dafür müssen auch nicht zwangsläufig Beweismittel vorgelegt werden, wenn diese nicht „vernünftigerweise" vorgelegt werden können, sondern es genügt die Bezeichnung von Beweismitteln und die substantiierte Behauptung der Rechtsverletzung, wie sich aus der richtlinienkonformen Auslegung des Merkmals ergibt.[374] Insgesamt wird daher nur ein sehr geringes Maß an Wahrscheinlichkeit durch die konkreten Anhaltspunkte vorausgesetzt.

Auch ist der erforderliche Grad der Wahrscheinlichkeit der Rechtsverletzung nicht isoliert zu betrachten, sondern in einer Gesamtabwägung zwischen dem Interesse des Anspruchsstellers eine Rechtsverletzung zu beweisen und dem berechtigten Geheimhaltungsinteresse des Anspruchsgegners.[375] In diese sind, neben dem Grad der Wahrscheinlichkeit der Rechtsverletzung, auch die berechtigten Geheimhaltungsinteressen des Anspruchsgegners und inwieweit diese durch Einschaltung eines zur Verschwiegenheit verpflichteten Dritten geschützt werden können und die Frage, ob die Besichtigung zur Durchsetzung erforderlich ist oder auch auf anderem Wege die Informationen erlangt werden können, einzubeziehen.[376] Der konkret erforderliche Grad der Wahrscheinlichkeit hängt somit auch vom Vorliegen der anderen Kriterien ab.[377] Je größer die Wahrscheinlichkeit ei-

---

[368] *Kuta,* 81.

[369] So aber für eine Schwelle von 50 % *Pitz,* in: BeckOK PatG, § 140c Rn. 11.

[370] Regierungsentwurf, BT-Drucks. 16/5048, S. 40; *Ohst,* in: Wandtke/Bullinger, § 101a Rn. 10; *Adler,* 52.

[371] *Adler,* 52 f.

[372] *Ingerl/Rohnke,* in: Ingerl/Rohnke, MarkenG, § 19a Rn. 8.

[373] Regierungsentwurf, BT-Drucks. 16/5048, S. 40.

[374] *Fezer,* in: Fezer, MarkenG, § 19a Rn. 19 f.

[375] BGH, Urt. v. 2.5.2002 – I ZR 45/01, GRUR 2002, 1046, 1048 – Faxkarte.

[376] BGH, Urt. v. 2.5.2002 – I ZR 45/01, GRUR 2002, 1046, 1049 – Faxkarte.

[377] *Ingerl/Rohnke,* in: Ingerl/Rohnke, MarkenG, § 19a Rn. 7.

ner Rechtsverletzung ist, desto eher sind Einblicke in die Sphäre des Anspruchsgegners zulässig.[378]

Der neu eingefügte § 33g GWB lässt ausreichen, dass ein Schadensersatzanspruch nach § 33a Abs. 1 GWB aufgrund eines Kartellrechtsverstoßes nach § 33 Abs. 1 GWB „glaubhaft gemacht" wird. Dass § 33g GWB eine Glaubhaftmachung anstatt einer hinreichenden Wahrscheinlichkeit voraussetzt, wird teils erheblich kritisiert[379] und ist zumindest ungewöhnlich, da dadurch das abgesenkte Beweismaß des § 294 ZPO als materiellrechtliche Voraussetzung gestellt wird.[380] Das materielle Merkmal der Glaubhaftmachung in § 33g GWB ist daher unabhängig von der prozessualen Begriffsbedeutung eigenständig auszulegen.[381] Bei dieser Auslegung ist zu berücksichtigen, dass die zugrundeliegende Kartellschadensersatzrichtlinie in Artikel 5 Abs. 1 S. 1 lediglich fordert, dass der Kläger „eine substantiierte Begründung vorgelegt hat, die mit zumutbarem Aufwand zugängliche Tatsachen und Beweismittel enthält, die die Plausibilität seines Schadensersatzanspruchs ausreichend stützen". Zu fordern ist daher auch hier richtlinienkonform nur die Plausibilität des Vorliegens des Leistungsanspruchs, die je nach Situation des Einzelfalles zu bestimmen ist und auch durch glaubwürdige Anhaltspunkte erfüllt sein kann.[382]

Praktisch ist es aufgrund der Vielzahl denkbarer Situationen nicht möglich, abstrakt die erforderliche Wahrscheinlichkeit genauer zu bestimmen und objektive Kriterien hierfür aufzustellen.[383] Es verbleibt eine Einzelfallentscheidung anhand der konkreten Situation. Wie genau der Parteivortrag ausfallen muss, um eine hinreichende Wahrscheinlichkeit darzulegen, ist letztlich, wie bei jedem anspruchsbegründenden Merkmal auch, eine Frage der prozessualen Darlegungslast der Parteien. Die Anforderungen an den Parteivortrag zur Darlegung einer hinreichenden Wahrscheinlichkeit hängen daher auch mit den allgemeinen prozessualen Anforderungen an den Parteivortrag zusammen.

bb) Substantiierungslast und Schlüssigkeit des Tatsachenvortrags

Die Substantiierungslast ist die entscheidende Voraussetzung für den Tatsachenvortrag der Parteien im deutschen Zivilprozess. Ein hinreichend substantiier-

---

[378] *Adler,* 53.

[379] *Klumpe/Thiede,* NZKart 2017, 332, 336, die den Begriff als falsch bezeichnen; *Hellmann/Steinbrück,* NZKart 2017, 164, 169.

[380] *Hellmann/Steinbrück,* NZKart 2017, 164, 169.

[381] *Klumpe/Thiede,* NZKart 2017, 332, 336 mit dem Verweis auf ein entsprechendes Vorgehen des BAG bezüglich § 611a BGB a. F. in BAG, Urt. v. 5.2.2004, 8 AZR 112/03, NJW 2004, 2112, 2114; dem folgend auch *A. Bach/Wolf,* NZKart 2017, 285, 288.

[382] *A. Bach/Wolf,* NZKart 2017, 285, 289; *Hellmann/Steinbrück,* NZKart 2017, 164, 172; *Klumpe/Thiede,* NZKart 2017, 332, 336.

[383] *Beckhaus,* 334 ff.

ter Tatsachenvortrag ist notwendige Voraussetzung sowohl für eine prozessuale Vorlageanordnung als auch für die Durchsetzung eines materiellen Informationsanspruchs. Die konkrete Substantiierungslast ist daher das maßgebliche Kriterium für die Reichweite der prozessualen Möglichkeiten der Informationsgewinnung und somit für den inhaltlichen Bezug der vorzulegenden Dokumente zu dem jeweiligen Verfahren.[384] Die Schlüssigkeit und die hinreichende Substantiiertheit des Pateivortrages sind sowohl allgemeine Voraussetzungen für die Beweiserhebung als auch für konkrete förmliche Beweisanträge, wobei eine enge Verknüpfung zwischen beiden besteht.[385] Auch die materiellen Informationsansprüche werden dadurch beeinflusst, wie substantiiert bezüglich der einzelnen Tatbestandsmerkmale, wie der „hinreichenden Wahrscheinlichkeit" einer Verletzung eines Immaterialgüterrechts oder eines dem Grunde nach feststehenden Schadensersatzanspruchs wegen eines Kartellrechtsverstoßes, vorgetragen werden muss. Die Erforderlichkeit der hinreichenden Substantiierung und ihr Maß sind nicht ausdrücklich gesetzlich geregelt.[386]

(1) Schlüssiger Vortrag der rechtsfolgenrelevanten Tatsachen

Zunächst ist gemäß § 253 Abs. 2 Nr. 2 ZPO erforderlich, dass in der Klageschrift eine bestimmte Angabe des Grundes der Klage enthalten ist, damit der geltend gemachte Anspruch derart individualisiert ist, dass er von anderen unterschieden werden kann.[387] Aus der Darlegungslast folgt dann, dass die Parteien Tatsachen vortragen müssen, die die Schlüssigkeit ihres Begehrens ergeben.[388] Ausreichend ist es, wenn die rechtsfolgenrelevanten Tatsachen dargelegt werden.[389] Darüber hinausgehende Einzelheiten, welche sich nicht auf die Rechtsfolgen auswirken sind, brauchen nicht vorgetragen zu werden.[390] Diese zusätzlichen Informationen, die dazu dienen, die für die Rechtsfolgen erheblichen Tatsachen stimmig zu machen, sind im Rahmen der Beweisaufnahme durch das Gericht zu erheben, wenn dies zur Überzeugungsbildung erforderlich ist.[391] Sie müssen aber nicht schon von den Parteien vorgetragen werden, damit die Klage schlüssig ist. Daraus ergibt sich, dass die materiellen Vorschriften, welche das in der Klage geltend gemachte Recht gewähren, vorgeben, welche Tatsachen, wie genau, be-

---

[384] *Binder,* ZZP 2009, 187, 220; *Koch,* 147.

[385] *Beckhaus,* 247 f.; *Chudoba,* 30 f.

[386] *Brehm,* 54 f.; *Chudoba,* 101.

[387] *Rosenberg/Schwab/Gottwald,* § 96 Rn. 20.

[388] Siehe nur BGH, Urt. v. 6.12.2012 – III ZR 66/12, NJW-RR 2013, 296, 296, dazu auch oben D. III. 1.

[389] *Schultz,* NJW 2017, 16, 18.

[390] BGH, Urt. v. 29.2.2012 – VIII ZR 155/11, NJW 2012, 1647, 1648.

[391] BGH, Urt. v. 6.12.2012 – III ZR 66/12, NJW-RR 2013, 296, 296; *Schultz,* NJW 2017, 16, 18.

hauptet werden müssen.[392] Je weiter ein Tatbestand ist und je mehr unbestimmte Rechtsbegriffe dieser enthält, desto mehr Spielraum bleibt, einen ausreichend substantiierten Vortrag anzunehmen. Dass es sich bei der im Immaterialgüterrecht erforderlichen „hinreichenden Wahrscheinlichkeit" und der im Kartellrecht vorausgesetzten „Glaubhaftmachung" um Merkmale handelt, welche einen weiten Spielraum zulassen, zeigen schon die vorangegangen Ausführungen.[393] Dass ein Parteivortrag nicht hinreichend substantiiert und daher nicht zu berücksichtigen ist, kann sich, wie bereits angesprochen, entweder daraus ergeben, dass der Parteivortrag zu unbestimmt ist, oder dass es sich um eine Behauptung „ins Blaue hinein" handelt, für die keinerlei Anhaltspunkte vorliegen.[394]

(2) Erforderliche Bestimmtheit

Das erforderliche Maß an Substantiierung richtet sich nach dem Zweck dieses Erfordernisses und der Funktion, eine verfahrensförmige Wahrheitsfindung zu erreichen.[395] Dazu muss das Gericht die Schlüssigkeit der Behauptungen prüfen und die Gegenpartei auf diese eingehen können.[396] Die Behauptungen müssen daher zum einen so konkret sein, dass sie die Gegenpartei in die Lage versetzen, zu diesen Stellung zu nehmen.[397] Zum anderen ist eine Tatsache dann nicht ausreichend bestimmt, wenn die Angaben darüber, für eine Beurteilung der Erheblichkeit der Tatsache für die Schlüssigkeit des Vortrages durch das Gericht, nicht ausreichen.[398] Dies gilt sowohl für den Klägervortrag, als auch für die Erwiderung des Beklagten.[399] Es reicht jedenfalls nicht aus, wenn eine Partei eine rechtliche Schlussfolgerung darlegt, ohne dass sie diese mit Tatsachenangaben unterlegt.[400] Wie genau die Tatsachen durch die Behauptung des Beweisführers bestimmt sein müssen – wie hoch das Maß an Substantiierung also sein muss –

---

[392] *Musielak,* FS BGH, 193, 193 f.

[393] Siehe oben E. III. 1. c) aa).

[394] *Koch,* 160 ff.; *S. Lang,* 127; siehe auch bereits oben E. III. 1. a) bb).

[395] *R. Stürner,* 112.

[396] BGH, Urt. v. 20.9.2002 – V ZR 170/01, NJW-RR 2003, 69, 70; BGH, Urt. v. 18.5.2000 – VII ZR 69/99, NJW 2000, 2587, 2588; BGH, Urt. v. 23.4.1991 – X ZR 77/89, NJW 1991, 2707, 2709; BGH, Urt. v. 18.1.1995 – XII ZR 30/93, NJW-RR 1995, 715, 716; *Chudoba,* 103; *Peters,* 63 ff.

[397] BGH, Beschl. v. 14.6.2010 – II ZR 142/09, NJW-RR 2010, 1216, 1216; BGH, Urt. v. 20.9.2002 – V ZR 170/01, NJW-RR 2003, 69, 70; *Brose,* MDR 2008, 1315, 1318.

[398] BVerfG, Beschl. v. 14.4.2003 – 1 BvR 1998/02, NJW 2003, 2976, 2977; BGH, Urt. v. 6.12.2012 – III ZR 66/12, NJW-RR 2013, 296, 296; BGH, Urt. v. 29.2.2012 – VIII ZR 155/11, NJW 2012, 1647, 1648; BGH, Urt. v. 11.4.2000 – X ZR 19/98, NJW 2000, 2812, 2813; *Thole,* in: Stein/Jonas, § 284 Rn. 51; *Dunz,* NJW 1956, 769.

[399] *Bacher,* in: BeckOK ZPO, § 284 Rn. 37.

[400] *Brose,* MDR 2008, 1315, 1316.

hängt von der konkreten Situation des Einzelfalls ab.[401] Insbesondere die zu erwartende Kenntnis der Parteien von den behaupteten Geschehnissen wirkt sich
auf die zu erwartende Konkretisierung aus.[402] Es kommt entscheidend darauf an,
ob die fragliche Tatsache außerhalb des Wahrnehmungsbereichs der beweisfüh-
renden Partei liegt.[403] In diesen Fällen können bloße Vermutungen ausreichend
sein, da der Beweisführer keine unmittelbare Kenntnis haben kann.[404] Jedenfalls
dürfen in diesen Fällen keine unzumutbar hohen Anforderungen an die Bestimmtheit einer Tatsachenbehauptung gestellt werden.[405] Die Angabe von Einzelheiten wie den konkreten Begleitumständen kann nicht verlangt werden, wenn
eine Partei von den Vorgängen keine direkte Kenntnis haben kann.[406] Auch die
Einlassungen der Gegenpartei beeinflussen den erforderlichen Umfang der Darlegung.[407] Letzteres bedeutet nicht, dass bloßes Bestreiten der Gegenseite zu einer
Darlegung sämtlicher Einzelheiten verpflichtet, sondern lediglich, dass Ergän-
zungen erforderlich sind, wenn der Vortrag der Gegenseite die Klage unklar werden lässt und dadurch die Schlüssigkeit beeinflusst.[408] Nur wenn die Gegenseite
ihrerseits substantiiert bestreitet, kann dies daher dazu führen, dass es erforderlich wird, einen Sachverhalt aufzugliedern und zu ergänzen.[409] Ist das Vorbringen
einer Partei nicht so bestimmt, dass die Tatsachen den Tatbestand der erheblichen
materiellen Normen ausfüllen, so findet in der Folge auch keine Beweiserhebung
statt, da ein schlüssiger Tatsachenvortrag fehlt, der aber für die Erhebung von
Beweisen, die für das konkrete Verfahren erheblich sind, notwendig ist.[410]

(3) Erforderliche Anhaltspunkte bei Vermutungen

Noch schwieriger abzugrenzen ist, wann eine hinreichend bestimmte Behauptung unzulässiger Weise „ins Blaue hinein" erfolgt. Auch hierbei ist die rechtliche Begründung für die Unzulässigkeit derartiger Beweisanträge heranzuziehen,

---

[401] BGH, Urt. v. 15.1.2004 – I ZR 196/01, NJW-RR 2004, 1362, 1363; BGH, Urt. v.
13.3.1996 – VIII ZR 36/95, NJW 1996, 1826, 1827; *Thole,* in: Stein/Jonas, § 284
Rn. 52.

[402] Siehe nur BGH, Urt. v. 22.10.2014 – VIII ZR 41/14, NJW 2015, 475, 476.

[403] BGH, Urt. v. 13.3.1996 – VIII ZR 36/95, NJW 1996, 1826, 1827.

[404] *Ahrens,* 254; *Dölling,* NJW 2013, 3121, 3124.

[405] OLG München, Urt. v. 3.7.1979 – 25 U 1261/79, OLGZ 1979, 355, 356; *Thole,*
in: Stein/Jonas, § 284 Rn. 52.

[406] BGH, Urt. v. 13.3.1996 – VIII ZR 36/95, NJW 1996, 1826, 1827; *Thole,* in:
Stein/Jonas, § 284 Rn. 52.

[407] BGH, Urt. v. 3.6.2014 – VI ZR 394/13, NJW 2014, 2797, 2798; BGH, Urt. v.
15.1.2004 – I ZR 196/01, NJW-RR 2004, 1362, 1363; *Dölling,* NJW 2013, 3121, 3123.

[408] BGH, Urt. v. 23.4.1991 – X ZR 77/89, NJW 1991, 2707, 2709; *Dölling,* NJW
2013, 3121, 3123.

[409] BGH, Beschl. v. 1.6.2005 – XII ZR 275/02, NJW 2005, 2710, 2711; BGH, Urt. v.
21.1.1999 – VII ZR 398–97, NJW 1999, 1859, 1860.

[410] *Thole,* in: Stein/Jonas, § 284 Rn. 51.

sodass ein Beweisantritt nur dann unzulässig ist, wenn dieser zu einer nur schein-
bar substantiierten Behauptung geschieht und daher rechtsmissbräuchlich ist.
Dass keine unnötig hohen Anforderungen an die Substantiiertheit des Parteivortrages gerichtet werden dürfen, ergibt sich aus dem Anspruch auf rechtliches
Gehör aus Art. 103 Abs. 1 GG.[411] Danach ist es geboten, Beweisanträge zu erheblichen Tatsachen auch zu berücksichtigen.[412] Die unter Beweis gestellten
Tatsachen können auch auf dargelegten Vermutungen der Parteien beruhen.[413]
Während bezüglich solcher Tatsachen, die der beweisbelasteten Partei bekannt
sein müssen, auch eine hinreichend bestimmte Behauptung verlangt werden
kann, gilt dies bei Tatsachen, die außerhalb des Wahrnehmungsbereichs der beweisbelasteten Partei liegen, nicht. Es genügt dann, wenn der Partei Indizien für
die behaupteten Tatsachen vorlagen, sie brauchen nicht auf ihrem sicheren Wissen beruhen.[414] Bei der Annahme willkürlicher Vermutungen ist Zurückhaltung
geboten.[415] In der Praxis werden von Instanzgerichten häufig unverhältnismäßig
hohe Anforderungen an die Substantiierung gestellt[416], während der BGH nur
selten deren ablehnende Entscheidungen bestätigt.[417] Gegen zu hohe Anforderungen und streng genommen gegen die Erforderlichkeit tatsächlicher Anhaltspunkte
überhaupt spricht, dass jegliche Beurteilung des Wahrheitsgehaltes bei der Entscheidung über die Zulässigkeit einer Beweisaufnahme unzulässig ist, da dies
herauszufinden gerade erst Ziel der Beweisaufnahme sei.[418] Darauf, wie wahrscheinlich es ist, dass die dargelegten Tatsachen zutreffen, darf es bei der Zulässigkeit eines Beweisantrages gerade nicht ankommen.[419] Daher darf jedenfalls
keine vollständige Beurteilung der Wahrscheinlichkeit der Wahrheit vor der Beweiserhebung stattfinden.[420] Eine solche würde die Beweiswürdigung vorwegnehmen und darf daher nicht schon vor der Beweisaufnahme stattfinden.[421] Der
Ausschluss der Beweiserhebung, bei Fehlen jeglicher tatsächlicher Anhaltspunkte, führt im Ergebnis zu einer Plausibilitätskontrolle, die faktisch eine Wahr-
scheinlichkeitsbeurteilung mit sehr geringer Anforderungshöhe beinhaltet, die
eigentlich erst Teil der Beweisaufnahme seien darf.[422] Der erforderliche Wahr-

---

[411] BVerfG, Beschl. v. 24. Januar 2012 – 1 BvR 1819/10, WM 2012, 492, 493; BGH,
Urt. v. 6.12.2012 – III ZR 66/12, NJW-RR 2013, 296, 296.
[412] BVerfG, Beschl. v. 10.2.2009 – 1 BvR 1232/07, WM 2009, 671, 672.
[413] BGH, Beschl. v. 21.9.2011 – IV ZR 38/09, NJW 2012, 296, 297; BGH, Urt. v.
13.3.1996 – VIII ZR 36/95, NJW 1996, 1826, 1827.
[414] BGH, Beschl. v. 27.7.2016 – XII ZR 59/14, NJW-RR 2016, 1291, 1291.
[415] *Thole,* in: Stein/Jonas, § 284 Rn. 51.
[416] *Dölling,* NJW 2013, 3121.
[417] *Thole,* in: Stein/Jonas, § 284 Rn. 50; *Wach/Bücheler,* FS Geimer, 765.
[418] *Braun,* 751.
[419] BGH, Beschl. v. 27.7.2016 – XII ZR 59/14, NJW-RR 2016, 1291, 1291.
[420] BGH, Urt. v. 20.9.2002 – V ZR 170/01, NJW-RR 2003, 69, 70.
[421] *Kiethe,* MDR 2003, 1325, 1327; *Peters,* 71 ff.; *R. Stürner,* 123.
[422] *Beckhaus,* 122.

scheinlichkeitsgrad ist aber so gering, dass darin noch keine unzulässige Vorwegnahme der Beweisaufnahme zu sehen ist.[423] Die Ablehnung aufgrund fehlender Anhaltspunkte kann dennoch aus den genannten Gründen nur in ganz engen Grenzen zulässig sein. Bei der Annahme einer solchen missbräuchlichen Behauptung ist extreme Zurückhaltung geboten, da Parteien im Zivilprozess regelmäßig dazu gezwungen sind, Tatsachen zu behaupten, über die sie keine genaue Kenntnis haben, sodass dies nur angenommen werden kann, wenn überhaupt keine tatsächlichen Anhaltspunkte dargelegt werden.[424]

Besonders niedrige Anforderungen an die Darlegungslast sind im selbstständigen Beweisverfahren zu stellen, wie sich aus den darin verfolgten Zwecken der Beweissicherung und Prozessvermeidung ergibt.[425] Das erforderliche Maß an Substantiierung ist deutlich geringer, da zwar so substantiiert wie möglich vorgetragen werden muss, dabei aber auch keine überhöhten Anforderungen gestellt werden dürfen, sodass hierdurch die Möglichkeit besteht, sich auch erst die erforderlichen Kenntnisse für eine spätere Klageerhebung zu verschaffen.[426] Die Anforderung der Schlüssigkeit gilt nur für die Klage, im Rahmen eines selbstständigen Beweisverfahrens ist die Schlüssigkeit einer potentiellen späteren Leistungsklage nicht erforderlich.

d) Bezeichnung der vorzulegenden Dokumente

Neben den Anforderungen an den Parteivortrag bezüglich der Tatsachen, die die Schlüssigkeit der geltend gemachten Ansprüche betreffen, als Bezugspunkt, ist entscheidend, wie genau die Vorlageobjekte durch die Parteien bezeichnet werden müssen. Die Problematik der Bezeichnung des Vorlage- oder Besichtigungsobjekts stellt sich in vergleichbarer Weise bei der Durchsetzung materieller Informationsansprüche und bei den Anforderungen an den Vortrag der Parteien für eine prozessuale Vorlageanordnung.[427]

aa) Bezeichnung der Vorlageobjekte materieller Vorlageansprüche

Das Vorlageobjekt materieller immaterialgüterrechtlicher Informationsansprüche muss durch den Anspruchsteller bezeichnet werden (§ 101a UrhG etc.). Entscheidend ist dabei, ob der Anspruchsteller dabei so genau vortragen muss, dass schon aus seinem Vortrag heraus ein klar abgegrenztes Vorlageobjekt erkennbar

---

[423] *R. Stürner,* 123.

[424] BVerfG, Beschl. v. 14.4.2003 – 1 BvR 1998/02, NJW 2003, 2976, 2977; BGH, Urt. v. 13.12.2002 – V ZR 359/01, NJW-RR 2003, 491, 491; *Thole,* in: Stein/Jonas, § 284 Rn. 54.

[425] *K. Schreiber,* in: MüKoZPO, § 487 Rn. 4.

[426] *S. Lang,* 19.

[427] *Adler,* 59; *Beckhaus,* 177.

ist. In der Gesetzesbegründung wird gefordert, dass das Vorlageobjekt „genau bezeichnet" sein müsse, diese Formulierung findet sich allerdings nicht im Gesetzeswortlaut wieder.[428] Auch der Art. 6 Abs. 1 der Enforcement-Richtlinie, auf den in der Gesetzesbegründung zu den Umsetzungsgesetzen Bezug genommen wird, enthält in der deutschen Übersetzung nur eine „Bezeichnung", die nicht ausdrücklich „genau" sein muss. Der englischsprachige Text der Enforcement-Richtlinie ist hier mit der Formulierung „specified evidence" semantisch enger. Würde aber ausnahmslos eine exakte Bezeichnung des Vorlageobjekts anhand von Merkmalen gefordert, die dieses genau beschreiben, liefen die Ansprüche vielfach leer, da sich diese ja gerade außerhalb des Wahrnehmungsbereichs des Klägers befinden und eine derart exakte Bezeichnung dem Anspruchsteller nicht möglich ist.[429] Dies liefe dem Ziel der Enforcement-Richtlinie, die Rechtsdurchsetzung zu erleichtern, entgegen, sodass keine zu hohen Anforderungen an die Bezeichnung gestellt werden dürfen.[430] Ein eigenständiges Ausforschungsverbot schränkt die Reichweite materieller Informationsansprüche zudem gerade nicht ein.[431] Dass der Gesetzgeber mit der Umsetzung von Art. 6 Enforcement-Richtlinie aber ausdrücklich auch keine allgemeine Ausforschung im deutschen Recht einführen wollte, ist bei deren Auslegung zu berücksichtigen.[432] Auch daraus ergibt sich aber nicht, dass in allen Situationen eine „exakte" oder „genaue" Bezeichnung vorab notwendig ist. Richtigerweise ist zu fordern, dass der Kläger das Vorlage- oder Besichtigungsobjekt so genau bezeichnet, wie ihm dies nach den Umständen des Einzelfalles möglich ist.[433] Ausreichend ist, wenn anhand der Bezeichnung die erfassten Vorlage- und Besichtigungsobjekte klar identifiziert werden können.[434] Diese Identifizierung kann zum Beispiel, bei hinreichender Wahrscheinlichkeit einer Immaterialgüterrechtsverletzung im Einzelfall, anhand von abstrakten Kriterien wie Gattungsmerkmalen, Beschreibungen, dem Aufbewahrungsort, Fotodokumentationen, dem Aussteller einer Urkunde oder deren vermuteten Inhalts erfolgen.[435] Entscheidend ist die klare Möglichkeit der Abgrenzung des Anspruchsinhalts. So kann es genügen, wenn für die Besichtigung durch einen Sachverständigen gestattet wird, jeden Computer, Laptop oder Server anzuschließen, Einsicht in Inhaltsverzeichnisse zu nehmen und den Inhalt der Speichermedien auf bestimmte Merkmale zu prüfen und entsprechende Da-

---

[428] Regierungsentwurf, BT-Drucks. 16/5048, S. 40; *Dreier,* in: Dreier/Schulze, § 101a Rn. 4; *Spindler,* in: Spindler/Schuster, § 101a UrhG Rn. 3; *Wimmers,* in: Schricker/Loewenheim, § 101a Rn. 22.

[429] *Pitz,* in: BeckOK PatG, § 140c Rn. 28.

[430] *Beckhaus,* 177.

[431] *Koch,* 136; *Osterrieth,* Rn. 1052; siehe oben E. III. 1. a).

[432] Vgl. Regierungsentwurf, BT-Drucks. 16/5048, S. 40.

[433] *Czychowski,* in: Fromm/Nordemann, § 101a Rn. 10; *Pitz,* in: BeckOK PatG, § 140c Rn. 28.

[434] *Rinken,* in: Schulte, PatG, § 140c Rn. 44.

[435] *Pitz,* in: BeckOK PatG, § 140c Rn. 28; *Rinken,* in: Schulte, PatG, § 140c Rn. 44 f.

teien zu sichern.[436] Nicht von den Ansprüchen erfasst sind über die Vorlage oder Besichtigung hinausgehende Nachforschungen.[437]

Nach § 33g Abs. 1 GWB und dem diesem zugrundeliegenden Art. 5 Abs. 2 der Kartellschadensersatzrichtlinie müssen die Beweismittel so genau bezeichnet werden, wie dies auf Grundlage der mit zumutbarem Aufwand zugänglichen Tatsachen möglich ist. Auch diese Formulierung spricht gegen starre Vorgaben und stattdessen für die Abhängigkeit von der Situation des Einzelfalles mit der Identifizierbarkeit der erfassten Beweismittel als äußere Grenze. Die Anforderungen an die Bezeichnung sind unter Berücksichtigung der europarechtlichen Grundlage so auszulegen, dass auch die Angabe von Kategorien von Beweismitteln ausreichen kann.[438] Aus Erwägungsgrund 15 der Richtlinie ergibt sich, dass es nicht erforderlich ist, konkrete einzelne Beweismittel zu bestimmen.[439] Die Bezeichnung kann sich zum Beispiel auf alle Unterlagen beziehen, die für einen Kronzeugenantrag an die Kommission übergeben wurden oder inhaltliche Kriterien wie den Bezug zu einem bestimmten Kommunikationspartner oder Produkt.[440] Danach kann auch eine allgemeine Bezeichnung aller interner E-Mails mit Bezug zum Kontakt mit einem bestimmten Unternehmen ausreichend sein.[441] Dass es dabei zu einer begrenzten Ausforschung im Rahmen der für den Anspruch erheblichen Tatsachen kommt, ist, wie sich im Umkehrschluss aus dem Verbot der Ausforschung unerheblicher Tatsachen in § 33g Abs. 3 S. 2 Nr. 3 GWB ergibt, zulässig.[442] Entscheidend ist aber, dass der Anspruchsinhalt derart eindeutig ist, dass ein vollstreckungsfähiger Titel zuerkannt werden kann.[443]

bb) Voraussetzung an Bezeichnung für prozessuale Vorlage nach §§ 142, 144 ZPO

Wie gezeigt, bestehen unterschiedliche Voraussetzungen für die prozessuale Vorlage, abhängig davon, ob es sich um einen förmlichen Beweisantritt einer Partei oder eine amtswegige Vorlageanordnung handelt.[444] Im letzteren Fall ist danach außer einem substantiierten Tatsachenvortrag und der Bezugnahme einer Partei auf das Vorlageobjekt nur eine Ermessensentscheidung des Gerichts für eine prozessuale Vorlageanordnung erforderlich.[445] Die Mindestvoraussetzungen

---

[436] OLG München, Beschl. v. 11.3.2011 – 6 W 610/10, BeckRS 2011, 139370.

[437] S. *Zöllner*, GRUR-Prax 2010, 74, 75.

[438] *A. Bach/Wolf*, NZKart 2017, 285, 289; *Klumpe/Thiede*, NZKart 2017, 332, 336.

[439] *Podszun/Kreifels*, GWR 2017, 67, 68.

[440] *A. Bach/Wolf*, NZKart 2017, 285, 289.

[441] *A. Bach/Wolf*, NZKart 2017, 285, 289; *Klumpe/Thiede*, NZKart 2017, 332, 336.

[442] *Hellmann/Steinbrück*, NZKart 2017, 164, 174 mit Verweis auf Regierungsentwurf, BT-Drucks. 18/10207, S. 63.

[443] *Preuß*, in: Kersting/Podszun, Kap. 10 Rn. 36.

[444] Siehe oben ab D. III. 6. b).

[445] Siehe oben E. III. 1. b) bb).

für die prozessuale Vorlage von Dokumenten im Zivilprozess sind daher lediglich ein schlüssiger Tatsachenvortrag und die Bezugnahme einer Partei auf die Vorlageobjekte. Noch geringer sind die Anforderungen dann, wenn die Vorlageanordnung nicht der Beweisaufnahme dient, weil sie sich nicht auf zwischen den Parteien streitige Tatsachen bezieht, sondern lediglich der Information des Gerichts dient. In diesem Fall genügt bereits ein schlüssiger Tatsachenvortrag, da keine Gefahr der Ausforschung zu Lasten der nicht beweisbelasteten Partei besteht, sondern lediglich eine Amtsermittlung durch das Gericht, unabhängig vom Vortrag der Parteien, verhindert werden soll.[446] Während die für eine Vorlageanordnung von Amts wegen erforderliche Bezugnahme in der ZPO nicht weiter konkretisiert ist, ist der Beweisantritt der Parteien durch Antrag auf Vorlage von Beweisobjekten genauer normiert.

(1) Bezeichnung der Beweistatsache und Beweismittel
bei Beweisantritt durch Parteien

Die Anforderungen für den Beweisantritt der beweisbelasteten Partei, wenn sich eine Urkunde im Besitz der nicht beweisbelasteten Partei oder eines Dritten befindet, ergeben sich zwingend (trotz der Formulierung „soll enthalten") aus § 424 ZPO.[447] Sinn und Zweck dieser Anforderungen an den Beweisantrag ist es, dem Gericht die Möglichkeit zu geben, die Entscheidungserheblichkeit, Beweiserheblichkeit und Eignung des Beweismittels zu beurteilen.[448] Danach ist es erforderlich, dass die antragstellende Partei die Urkunde ihrer äußeren Merkmale (Nr. 1) und ihrem Inhalt nach bezeichnet (Nr. 3). Zudem muss sie die zu beweisenden Tatsachen bezeichnen, damit das Gericht die Erheblichkeit der Urkunde für das Verfahren beurteilen kann (Nr. 2).[449] Auch sind die Umstände darzulegen, auf die sich die Behauptung stützt, dass der Prozessgegner die fragliche Urkunde in seinem Besitz hat (Nr. 4), was aber nicht glaubhaft gemacht werden muss, sodass substantiiertes Behaupten ausreicht.[450] Substantiiertes Behaupten genügt zudem auch für die Bezugnahme des Prozessgegners nach § 423 ZPO. Lediglich ein Anspruch auf Vorlage nach § 422 ZPO ist im Sinne des § 294 ZPO glaubhaft zu machen (Nr. 5).[451]

Für den Urkundenbeweis durch den Prozessgegner ist diese Norm direkt anwendbar. Gegenüber Dritten ergibt sich die entsprechende Anwendbarkeit von § 424 Nr. 1–3 und 5 ZPO aus § 430 ZPO. In Situationen, in denen der Beweis

---

[446] *Kapoor*, 224 u. 285.
[447] *Hartmann*, in: Baumbach/Lauterbach/Albers/Hartmann, ZPO, § 424 Rn. 4; *K. Schreiber*, in: MüKoZPO, § 424 Rn. 1.
[448] *Huber*, in: Musielak/Voit, ZPO, § 424 Rn. 1.
[449] *K. Schreiber*, in: MüKoZPO, § 424 Rn. 3.
[450] *K. Schreiber*, in: MüKoZPO, § 424 Rn. 4.
[451] *K. Schreiber*, in: MüKoZPO, § 424 Rn. 5.

durch Vorlage von Augenscheinsobjekten angetreten werden soll, folgt dies aus dem Verweis in § 371 Abs. 2 S. 2 ZPO auf die §§ 422–293 ZPO. Wird § 424 ZPO entsprechend angewandt ist zu beachten, dass nicht alle dort aufgeführten Anforderungen übertragbar sind. So ist die Bezeichnung eines Vorlagegrundes nach § 424 Nr. 5 ZPO zwangsläufig nur bei einem Antrag der beweisbelasteten Partei auf Vorlage einer Urkunde oder eines elektronischen Dokuments nach §§ 422 oder 423 ZPO erforderlich. Für einen Antrag auf Beweiserhebung im selbständigen Beweisverfahren ergibt sich das Erfordernis, die Beweistatsache und das Beweismittel zu bezeichnen, aus § 487 ZPO.

(2) Anforderungen bei Anordnung von Amts wegen

Wird die Vorlage nicht auf Beweisantritt einer Partei angeordnet, sondern von Amts wegen, gelten die Anforderungen des § 424 ZPO nicht, da kein förmlicher Beweisantritt vorliegt.[452] Fraglich ist dann, wie genau diese Bezugnahme erfolgen muss.[453] Dem Wortlaut der §§ 142, 144 ZPO nach können diese durchaus auch Vorlageobjekte erfassen, die der beweisbelasteten Partei und dem Gericht zuvor nicht bekannt sind.[454] Ausdrücklich wird nur eine „Bezugnahme" gefordert und nicht wie in § 424 ZPO die Bezeichnung von Urkunde und Inhalt. Teilweise wird für eine Vorlage nach § 142 ZPO dennoch die exakte Bezeichnung einer konkreten Urkunde verlangt.[455] Nach anderer Ansicht soll es ausreichen, wenn der Inhalt der Urkunde genannt wird, wobei keine zu hohen Anforderungen an die Darlegung der darin enthaltenen Einzelheiten gestellt werden dürften.[456] Erforderlich ist auch dann aber jedenfalls die Darlegung eines schlüssigen Sachverhaltes zur Erheblichkeit der Urkunde, damit die Substantiierungspflicht der Parteien nicht unterlaufen wird.[457]

Die erforderliche Bezeichnung könnte man so eng verstehen, dass wie nach § 424 ZPO nur eine unmittelbare Bezeichnung konkreter Dokumente anhand spezifischer Merkmalen wie Aktenzeichen oder Datumsangaben, die konkret einen Vorlagegegenstand identifizieren, welcher der bezugnehmenden Partei bekannt ist, erfasst ist.[458] Ein solch enges Verständnis scheint der BGH in einer Entscheidung im Jahr 2014 anzulegen, wenn von einer „konkret zu bezeichnenden Urkunde" die Rede ist.[459] Die Vorlage wäre dann aufgrund der erforderlichen Bezeichnung auf solche Fälle beschränkt, in denen die bezugnehmende

---

[452] *Kapoor,* 182 u. 284.

[453] *Stadler,* in: Musielak/Voit, ZPO, § 142 Rn. 4.

[454] *Saenger,* ZZP 2008, 139, 148.

[455] *Althammer,* in: Stein/Jonas, § 142 Rn. 11.

[456] *Adloff,* 215; *Greger,* NJW 2002, 3049, 3050.

[457] Rechtsausschuss, BT-Drucks. 14/6036, S. 121; *Kapoor,* 176 f.

[458] *Leipold,* FS Gerhardt, 563, 570.

[459] BGH, Urt. v. 27.5.2014 – XI ZR 264/13, NJW 2014, 3312, 3313.

beweisbelastete Partei das Dokument selbst einmal gesehen hat.[460] Es bleibt aber durchaus fraglich, woraus sich dieses Erfordernis einer konkreten Bezeichnung ergeben soll, für die der BGH keine genauere Begründung gibt. Der von § 424 ZPO abweichende Wortlaut, der – zumal nicht ausdrücklich in § 144 ZPO – nur eine vorherige Bezugnahme und eben keine Bezeichnung verlangt, stützt dies gerade nicht. Vielmehr spricht diese Abweichung und die Tatsache, dass der Gesetzgeber hier eben nicht zur Vereinheitlichung der Voraussetzungen auf die Vorschriften zum Beweisantritt verwiesen hat, systematisch gegen eine identische Auslegung und lässt auch ein weitergehendes Verständnis der erforderlichen Bezugnahme zu, wonach kategorisierende Merkmale oder inhaltliche Bezüge ausreichen können. Die Begründung des BGH bezieht sich zudem gerade darauf, dass die §§ 142 ff. ZPO die Parteien nicht von deren Darlegungs- und Substantiierungslast befreien.[461] Dies entspricht dem ausdrücklichen Willen des Gesetzgebers, der im Zusammenhang mit §§ 142, 144 ZPO die Darlegungs- und Substantiierungslast als Grenze zur unzulässigen Ausforschung ansieht.[462] Um die Ausforschung zu verhindern, genügt es aber, auch bezüglich der von Amts wegen vorzulegenden Dokumente, einen hinreichend substantiierten Vortrag zu verlangen. Das Substantiierungserfordernis ist daher nicht nur für den schlüssigen Tatsachenvortrag der Parteien, sondern auch für die Bezeichnung von vorzulegenden Urkunden oder Augenscheinsobjekten das entscheidende Kriterium.[463] Der erforderliche Substantiierungsgrad hängt dann auch bei der Bezeichnung, wie bei den die Schlüssigkeit betreffenden Parteibehauptungen, von den Umständen des Einzelfalles, insbesondere den Kenntnissen der bezugnehmenden Partei, ab.[464] Anstelle einer ausdrücklichen, kann auch eine konkludente Bezugnahme einer der Parteien genügen.[465] Entscheidend ist auch hier, dass das Vorlageobjekt identifizierbar ist.[466] Dafür kann es genügen, dass inhaltliche Kriterien bestehen, nach denen Vorlageobjekte, wie Urkunden oder elektronische Dokumente, identifiziert werden können.[467] Ausreichen können durchaus auch Anhaltspunkte für die Existenz geeigneter Beweisobjekte.[468] In vielen Situationen wird die erforderliche Substantiierung letztlich auf eine Individualisierung der fraglichen Dokumente hinauslaufen, die der teilweise geforderten konkreten Bezeichnung entspricht. Liegen die erforderlichen Urkunden und Augenscheinsobjekte aber

---

[460] *Wagner,* ZZP 1995, 193, 713.
[461] BGH, Urt. v. 27.5.2014 – XI ZR 264/13, NJW 2014, 3312, 3314.
[462] Vgl. Rechtsausschuss, BT-Drucks. 14/6036, S. 121.
[463] So im Ergebnis auch *Prütting,* in: Prütting/Gehrlein, § 142 Rn. 7; *Adloff,* 216; *Beckhaus,* 100; *Wagner,* JZ 2007, 706, 713 f.
[464] *Beckhaus,* 100.
[465] OLG Stuttgart, Urt. v. 30.5.2007 – 20 U 12/06, ZIP 2007, 1210, 1216.
[466] *Greger,* in: Zöller, § 142 Rn. 6.
[467] *Adloff,* 215; *Greger,* NJW 2002, 3049, 3050.
[468] *Götz,* 227.

außerhalb des Wahrnehmungsbereichs der beweisbelasteten Partei, sind, wie bezüglich des zur Schlüssigkeit erforderlichen Tatsachenvortrages, nur geringere Anforderungen zu stellen.[469] Dafür spricht auch der der sekundären Darlegungslast zugrundeliegende Rechtsgedanke.[470] Somit können je nach Situation auch Vermutungen ausreichend sein, wenn diese unter Berücksichtigung des gesamten Parteivortrages hinreichend substantiiert sind. Durch die Anknüpfung an das von den Umständen des Einzelfalles abhängigen Substantiierungserfordernis ist daher die erforderliche Bezugnahme und somit die Grenze der Vorlagepflichten von den Umständen des Einzelfalles abhängig. Dadurch ist je nach Situation auch die Vorlage bisher (zumindest einer Partei und dem Gericht) noch unbekannter Vorlageobjekte nicht ausgeschlossen.[471]

Ein solches Verständnis steht auch nicht im Widerspruch zur Rechtsprechung des BGH. Der hat zwar die Vorlage von Aktenordnern und Datensammlungen auf pauschale Behauptungen hin abgelehnt, dies wurde aber gerade zutreffend mit der mangelnden Substantiiertheit begründet.[472] So fehlte in einem Fall ein substantiierter Vortrag dazu, welche Tatsachen sich aus den betreffenden Aktenordnern ergeben sollten, obwohl diese sogar teilweise im Besitz der bezugnehmenden Partei waren.[473] Im anderen Verfahren wurde die Vorlage des gesamten Schriftverkehrs zwischen der Klägerin mit dem Insolvenz- und dem Zwangsverwalter der Hauptschuldnerin aufgrund vager Vermutungen abgelehnt.[474] Dass pauschale Behauptungen nicht ausreichen, um die Vorlage von Datensammlungen zu veranlassen, bedeutet nicht, dass sich nicht aus einem hinreichend substantiierten Tatsachenvortrag ergeben kann, dass auch die Vorlage einer Datensammlung in Form eines Aktenordners oder einer elektronischen Datenbank angeordnet werden kann, soweit sie einen entsprechenden inhaltlichen Bezug hat. Dies gilt insbesondere für elektronisch gespeicherte Dokumente, die nicht so eindeutig wie Urkunden und physische Augenscheinsobjekte abgegrenzt werden können. Nicht ausreichend sind aber dementsprechend nicht weiter konkretisierte, pauschale und vage Behauptungen, wie der bloße Verweis auf Aktenordner, in denen sich nicht näher bezeichnete erhebliche Informationen befinden sollen.[475] Auch die Behauptung, dass Unterlagen der Lebenserfahrung nach üblicherweise vorhanden seien müssten, genügt alleine nicht.[476]

---

[469] *Stadler,* in: Musielak/Voit, ZPO, § 142 Rn. 4.

[470] *Wagner,* JZ 2007, 706, 713 f.

[471] So auch *Götz,* 227 f.

[472] Vgl. BGH, Urt. v. 27.5.2014 – XI ZR 264/13, NJW 2014, 3312, 3313; BGH, Beschl. v. 14. 6. 2007 – VII ZR 230/06, NJW-RR 2007, 1393, 1394.

[473] BGH, Beschl. v. 14.6.2007 – VII ZR 230/06, NJW-RR 2007, 1393, 1394.

[474] BGH, Urt. v. 27.5.2014 – XI ZR 264/13, NJW 2014, 3312, 3313.

[475] BGH, Beschl. v. 14.6.2007 – VII ZR 230/06, NJW-RR 2007, 1393, 1394.

[476] *Althammer,* in: Stein/Jonas, § 142 Rn. 11; *Stadler,* in: Musielak/Voit, ZPO, § 142 Rn. 4.

Indem sich auch die Anforderungen an die Bezugnahme nach demselben Substantiierungserfordernis richten, welches für den schlüssigen Parteivortrag gilt,
wird auch gerade kein unzulässiger Ausforschungsbeweis ermöglicht. Soweit die
unzulässige Ausforschung die Kehrseite des Substantiierungsgebotes ist, handelt
es sich dort, wo ein substantiierter schlüssiger Parteivortrag bezüglich der anspruchsbegründenden Tatsachen und der vorzulegenden Vorlageobjekte vorliegt,
nicht um einen Ausforschungsbeweis. Über die Anforderungen an die Substantiierung des Tatsachenvortrages ist eine unzulässige Ausforschung nur dort anzunehmen, wo die Vorlageobjekte so ungenau bezeichnet sind, dass eine Beweisaufnahme nicht möglich ist, weil das Gericht nicht überprüfen kann, ob die Vorlageobjekte überhaupt zur Klärung der fraglichen Tatsachenbehauptungen geeignet
sein können. Es kommt daher nur darauf an, ob eine Identifizierung der Vorlageobjekte anhand der Bezeichnung noch möglich ist. Diese Abgrenzung ist notwendigerweise sehr einzelfallabhängig und kaum abstrakt trennscharf vorzunehmen.
Daraus ergibt sich aber nicht, dass die Bezeichnung so genau sein muss, dass das
Vorlageobjekt schon durch die Anordnung bereits genau anhand äußerer Merkmale identifiziert ist.

Die Grenze zwischen einer zulässigen Anordnung nach §§ 142, 144 ZPO und
unzulässiger Ausforschung ist schwer zu ziehen und beide gehen ineinander
über.[477] Zwischen hinreichend konkretisierten Dokumenten und der unzulässigen
ausforschenden Suche nach völlig neuen Informationen besteht praktisch kein
trennscharf abgrenzbares Verhältnis, wie dies der oft wiederholte Hinweis auf die
unterschiedliche Zielsetzung von zulässiger Vorlage zum Zweck des Beweises
zuvor aufgestellter Behauptungen und unzulässiger Ausforschung gänzlich neuer
Informationen glauben lässt. Vielmehr stellt die erforderliche Substantiierung,
die stark von den Gegebenheiten des Einzelfalles abhängt, gerade den unscharfen
und graduellen Übergang zwischen diesen beiden Zielrichtungen dar. Je weiter
der jeweilige Tatbestand gefasst ist und je geringer die Anforderungen an die
Substantiierung aufgrund der Kenntnis der Parteien zu stellen sind, desto eher ist
es für die Parteien möglich zu diesen hinreichend substantiierten Behauptungen
aufzustellen und dazu wiederum hinreichend genau auf Beweismittel Bezug zu
nehmen. Dadurch verbleibt den Gerichten im Einzelfall erheblicher Spielraum
und auch die Aufgabe letztlich eine wertende Entscheidung bezüglich der hinreichenden Substantiierung zu treffen, was praktisch zu Lasten der Rechtssicherheit
gehen kann.[478]

e) Zwischenergebnis

Die inhaltlichen Anforderungen für die Vorlage von Dokumenten aufgrund der
materiellen und prozessualen Informationsmittel im deutschen Recht ergeben

---

[477] So auch *Saenger,* ZZP 2008, 139, 147 f.
[478] *Beckhaus,* 100.

kein eindeutiges Bild.[479] Die Problematik entsteht dadurch, dass viele unterschiedliche Regelungen bestehen, insbesondere materielle Informationsansprüche und prozessuale Vorlageanordnung durch Beweisantritt und von Amts wegen, und diese nicht konsequent aufeinander abgestimmt sind. Es zeigt sich aber, dass auch für den deutschen Zivilprozess die Vorlagemöglichkeiten nicht durchgehend eng, auf für einen detailliert dargelegten Sachverhalt unmittelbar beweiserhebliche und genau bezeichnete einzelne Urkunden oder Augenscheinsobjekte, beschränkt sind. Zwar genügt in Deutschland nicht schon jede tatsächliche Relevanz für den Klageanspruch, es kann aber ausreichen, dass Dokumente für die Erhebung oder Begründung von Leistungsansprüchen erforderlich sind oder sich zumindest auf entscheidungserhebliche Parteibehauptungen beziehen.[480] Sie brauchen nicht durchgehend direkt beweiserheblich zu sein.[481]

Der Tatsachenvortrag als Bezugspunkt für die Prüfung der Erheblichkeit ist in Deutschland enger bestimmt als der im US-Recht erforderliche plausible Anspruch. Besonders auffällig ist dies bei materiellen Vorlageansprüchen, die den Nachweis der anspruchsbegründenden Sonderverbindung fordern, wobei praktisch üblicherweise der Weg über einstweiligen Rechtsschutz gewählt wird, sodass eine Glaubhaftmachung anstatt eines Nachweises ausreichen kann. Deutlich verringert sind die Anforderungen zudem bei den Auskunftsansprüchen des Immaterialgüterrechts sowie § 809 Alt. 2 BGB und neuerdings auch § 33g GWB, die schon geringe Anhaltspunkte für eine Rechtsverletzung ausreichen lassen.[482]

Noch einmal geringer sind die Anforderungen für eine prozessuale Vorlageanordnung des Gerichts. Der wichtigste Unterschied zum US-Recht besteht dann darin, dass dort nur Plausibilität eines Klageanspruchs gefordert wird, während in Deutschland für eine Klage mit der Schlüssigkeit erforderlich ist, dass das Klagebegehren feststünde, wenn die Behauptungen bewiesen wären.[483] Dies passt zum Ziel der Klageschrift in den USA, die lediglich die Auslese offensichtlich unbegründeter Klagen aus Effizienzgründen bezweckt, während in anderen Ländern wie Deutschland auch der zugrundeliegende Sachverhalt frühzeitig eingeengt werden soll, um das dann folgende Verfahren effizient zu gestalten.[484] Die Funktion der Eingrenzung und Klärung des Verhandlungsgegenstandes fällt im US-Recht gerade erst der *discovery*-Phase zu.[485] Auch in Deutschland müssen

---

[479] Siehe dazu auch schon oben D. III.

[480] Siehe oben E. III. 1. b).

[481] Siehe oben E. III. 1. b) aa).

[482] Siehe oben E. III. 1. c) aa).

[483] *Gomille,* 101; *Timke,* 277.

[484] *Dodson,* 6 J. Comp. L. 2011, 51, 61.

[485] Weinstein v. Ehrenhaus, 119 F.R.D. 355, 357 (S.D. N.Y. 1988); *Marcus,* in: Federal Practice & Procedure, § 2001.

die Parteien für die Zulässigkeit einer prozessualen Vorlageanordnung Tatbestandsmerkmale des Hauptanspruchs weder beweisen noch glaubhaft machen, sondern lediglich substantiiert darlegen.[486] Das erforderliche Maß an Substantiierung wird dabei vor allem außerhalb des Wahrnehmungsbereichs der beweisbelasteten Partei weit herabgesetzt. Auch in Deutschland ist daher der Sachverhalt, zu dem Dokumente offenzulegen sind, nicht durchgehend eindeutig festgelegt und bestimmt. Vielmehr kann auch zu vergleichsweise weiten Vermutungen eine Vorlage angeordnet werden.

Wie gezeigt, ist die Vorlage von Dokumenten aufgrund materieller Informationsansprüche und prozessualer Mittel durch die erforderliche Substantiierung des Parteivortrages und die Bezeichnung begrenzt. Allerdings zeigt sich auch, dass die Anforderungen an die Substantiierung des Tatsachenvortrages und die Bezugnahme durch die beweisbelastete Partei in einigen Situationen weit herabgesenkt sind. Dadurch können sich durch die große Einzelfallabhängigkeit des Substantiierungserfordernisses im Grenzbereich zwischen substantiiertem Parteivortrag und unzulässiger Ausforschung erhebliche Abgrenzungsschwierigkeiten ergeben.[487] Für die hier angestellte Untersuchung genügt aber die Erkenntnis, dass die Anforderungen an die Vorlage von Urkunden und elektronischen Dokumenten als Augenscheinsobjekte nicht so eng sind, dass lediglich genau identifizierte und vorher bekannte Einzeldokumente erfasst sein können. Auch wenn die Gerichte in der Praxis allem Anschein nach sehr zurückhaltend von dieser Möglichkeit Gebrauch machen[488], steht das geltende Recht der Anordnung einer Vorlage von (elektronischen) Dokumentensammlungen nicht zwingend entgegen, wenn die Umstände des Einzelfalles dies erfordern.

Im Ergebnis zeigt die genauere Betrachtung, dass auch in Deutschland in einigen Situationen der erforderliche inhaltliche Bezug zum konkreten Verfahren weit gelockert sein kann, insbesondere dann, wenn das Geschehen und die gegebenenfalls vorzulegenden Dokumente sich außerhalb des Wahrnehmungsbereichs einer Partei befinden. Dass eine Vorlage nur bezüglich im Vorhinein genau bestimmter Vorlageobjekte und bei unmittelbar feststehendem direktem Bezug im Sinne einer Beweiserheblichkeit möglich ist, ergibt sich aus einer Gesamtschau der Informationsmittel nicht. Dies spricht dafür, dass auch in Deutschland der inhaltliche Bezug der vorzulegenden Dokumente zum Verfahren nicht zwangsläufig sehr eng ist, sondern insbesondere durch die flexiblen Anforderungen an die Substantiierung und die Möglichkeit einer Durchsetzung von materiellen Informationsansprüchen, aufgrund der glaubhaft gemachten Anhaltspunkte für eine Rechtsverletzung, zum Teil sehr weit ausgedehnt wird.

---

[486] Siehe oben E. III. 1. c) bb).
[487] Siehe oben E. III. 1. d) bb) (2).
[488] *Althammer,* FS Geimer, 15.

2. Einschränkung der Mitwirkung
aufgrund entgegenstehender Interessen

Die gezeigten Mittel der Informationsbeschaffung für den Zivilprozess werden innerhalb ihres Anwendungsbereiches wiederum eingeschränkt. Diese Einschränkungen sind allerdings, abgesehen von den Zeugnisverweigerungsrechten Dritter im Zivilprozess, kaum durch den Gesetzgeber oder die Rechtsprechung systematisiert, sodass es weitgehend auf eine Einzelfallabwägung anhand verschiedener Kriterien ankommt. Dabei ist für die vorliegende Untersuchung entscheidend, wie sehr die Mitwirkungsverpflichtungen durch die Privatsphäre und insbesondere die informationelle Selbstbestimmung eingeschränkt werden.

a) Gesetzlich geregelte Zeugnisverweigerungsrechte

Für an einem Prozess nicht beteiligte Personen enthält die ZPO ausdrücklich geregelte Zeugnisverweigerungsrechte, die sich entweder aus persönlichen (§ 383 ZPO) oder sachlichen (§ 384 ZPO) Gründen ergeben können. Besteht ein solches Recht, kann die Vorlage oder Duldung der Besichtigung nach §§ 142 Abs. 2 S. 1 und 144 Abs. 2 S. 1 ZPO verweigert werden. Ein persönliches Zeugnisverweigerungsrecht besteht für Verlobte, Ehegatten und eingetragene Lebenspartner (§ 383 Abs. 1 Nr. 1–2a ZPO) und Verwandte (Nr. 3) einer Partei, sowie für Geistliche (Nr. 4), Journalisten (Nr. 5) und sonstige Personen, deren berufliche Tätigkeit sie zur Verschwiegenheit verpflichtet (Nr. 6), was insbesondere für die Anwälte einer Partei von Bedeutung sein kann. Die persönlichen Zeugnisverweigerungsrechte schützen die besondere Vertrauensbeziehung zwischen der Partei und dem Dritten und nicht ein bestimmtes Geheimnis vor der Offenbarung.[489] Die sachlich begründeten Zeugnisverweigerungsrechte bestehen für Aussagen, die dem Dritten oder einer im Sinne von § 383 Nr. 1–3 ZPO mit ihm verbundenen Person unmittelbar vermögensrechtlichen Schaden zufügen (§ 384 Nr. 1), ihr Ansehen herabsetzen oder sie einer Gefahr, wegen einer Straftat oder Ordnungswidrigkeit verfolgt zu werden, aussetzen würde (Nr. 2). Zudem kann die Vorlage verweigert werden, wenn dadurch Kunst- oder Gewerbegeheimnisse offenbart würden (Nr. 3). Diese sachlich begründeten Verweigerungsrechte geben allerdings kein umfassendes Recht zur Verweigerung, sondern umfassen nur solche Dokumente, deren Vorlage eine der Konfliktsituationen auslösen könnte.[490] Beruft sich ein Dritter berechtigterweise auf ein Zeugnisverweigerungsrecht, ist das Gericht daran gebunden, es findet keine Abwägung mit den Interessen der Prozessparteien statt.[491]

Die Zeugnisverweigerungsrechte geben aber nur eine Rückausnahme von den gezeigten Möglichkeiten der Vorlage von Dokumenten für den Fall, dass ein Drit-

---

[489] *Koch,* 197.
[490] *Greger,* in: Zöller, § 383 Rn. 1.
[491] *Koch,* 199.

ter Adressat der Vorlagepflicht ist und auch dann nur für wenige sensible Ausnahmesituationen. Für die praktisch bedeutendere Situation, dass die Vorlage durch den Prozessgegner angeordnet wird, bestehen keine derartigen Weigerungsrechte. Die Zeugnisverweigerungsrechte Dritter können aufgrund der unterschiedlichen Konfliktlage auch nicht analog auf die Parteien angewandt werden.[492] Anders als im englischen oder amerikanischen Zivilprozess gibt es in der ZPO für das Verfahren vor deutschen Gerichten keine ausdrücklichen Regelungen über Weigerungsrechte von Prozessparteien. Dass der Gesetzgeber solche nicht vorgeschrieben hat, erklärt sich daraus, dass für die Parteien historisch auch kaum prozessuale Verpflichtung zur Vorlage von Dokumenten oder sonstigen Mitwirkungen am Verfahren bestanden.[493] Daher hielt man auch die Regelung von Geheimhaltungsinteressen in Form von Weigerungsrechten der Parteien nicht für erforderlich.[494] In Anbetracht der mittlerweile in Rechtsprechung und Literatur anerkannten Möglichkeiten, auch von der Gegenpartei Mitwirkungshandlungen bei der Informations- und Beweismittelbeschaffung im Zivilprozess zu fordern[495], besteht nunmehr auch ein Bedürfnis, deren Grenzen zu bestimmen.[496] Indem aber auch mit der ZPO-Reform und der darin enthaltenen maßgeblichen Änderungen der §§ 142 ff. und § 371 ZPO keine speziellen Weigerungsrechte der Parteien geregelt wurde, überließ der Gesetzgeber die Ausgestaltung dieser Interessenabwägung den Gerichten für die Ermessensentscheidung im Einzelfall.[497] Dabei unterliegen die Parteien einer erheblich höheren Prozessförderungspflicht als Dritte.[498] Sie können sich nur in ganz eng begrenzten Ausnahmefällen auf ein überwiegendes Geheimhaltungsinteresse berufen.[499]

b) Berücksichtigung berechtigter Interessen

Alle gezeigten Mittel, Auskunft oder eine Vorlage von Urkunden und Augenscheinsobjekten zu veranlassen oder den Prozessgegner dazu zu veranlassen, durch substantiierten Tatsachenvortrag Informationen zu liefern, erfordern auch, dass berechtigte entgegenstehende Interessen berücksichtigt werden. Für die prozessuale Anordnung von Amts wegen nach §§ 142, 144 ZPO ergibt sich dies aus dem erforderlichen pflichtgemäßen Ermessen des Gerichts[500] und gegenüber

---

[492] *Stadler*, ZZP 2010, 261, 264; *Wagner*, JZ 2007, 706, 715 f.; *Zekoll/Bolt*, NJW 2002, 3129, 3130.

[493] *Koch*, 194.

[494] *Wagner*, JZ 2007, 706, 715 f.

[495] Siehe oben D. III.

[496] *Koch*, 194.

[497] *Wagner*, JZ 2007, 706, 715.

[498] *Stadler*, in: Musielak/Voit, ZPO, § 142 Rn. 7.

[499] *Koch*, 204 u. 221.

[500] Rechtsausschuss, BT-Drucks. 14/6036, S. 120; siehe zu § 142 ZPO BGH, Urt. v. 16.3.2017 – I ZR 205/15, NJW 2017, 3304, 3306; BGH, Urt. v. 17.7.2014 – III ZR

Dritten bereits aus dem tatbestandlichen Zumutbarkeitserfordernis in §§ 142 Abs. 2 S. 1 und § 144 Abs. 2 S. 1 ZPO[501]. Auch im Rahmen dieses Ermessens ist die Zumutbarkeit der Anordnung festzustellen, obwohl die nicht, wie bei der Anordnung gegenüber Dritten, ausdrücklich aus dem Gesetzestext hervorgeht, da sich dies unmittelbar aus verfassungsrechtlichen Vorgaben ableitet.[502] Zumutbarkeit bedeutet dabei, dass die angeordnete Vorlegung zur Aufklärung des Sachverhalts geeignet, erforderlich, verhältnismäßig und angemessen sein muss.[503] Beim Beweisantritt durch die beweisbelastete Partei nach § 371 Abs. 2 S. 1 Alt. 2, gilt das Zumutbarkeitserfordernis durch den Verweis auf § 144 Abs. 2 ZPO entsprechend.[504] Für die materiellen Informationsansprüche in §§ 809 Alt. 2 und 810 BGB ergibt sich die erforderliche Abwägung wie für die auf der Enforcement-Richtlinie beruhenden spezialgesetzlichen Regelungen daraus, dass sie durch die Verhältnismäßigkeit der Mitwirkung begrenzt sind (für die spezialgesetzlichen Regelungen ausdrücklich zum Beispiel in § 101a Abs. 2 UrhG).[505] Bei der Anerkennung eines Anspruchs auf Auskunft oder Vorlage nach § 242 BGB[506], sind die entgegenstehenden Interessen ebenso wie bei Annahme einer sekundären Darlegungslast[507] im Rahmen der Abwägung auf Tatbestandsebene zu berücksichtigen. Dabei ist im Zivilrecht ein eigener Zumutbarkeitsbegriff anzuwenden, da hier ein Ausgleich privater Interessen der Prozessparteien (und gegebenenfalls beteiligter Dritter) gefunden werden muss und nicht die Zulässigkeit staatlicher Eingriffe zu beurteilen ist.[508] Auch der kürzlich eingeführte § 33g GWB enthält in Abs. 3 S. 1 die Beschränkung auf solche Fälle, die unter Berücksichtigung der berechtigten Interessen der Beteiligten verhältnismäßig sind. Bei den verschiedenen Instrumenten der Informationsbeschaffung sind die im Rahmen der Abwägung zu berücksichtigenden Interessen und Abwägungskriterien weitgehend identisch.

514/13, WM 2014, 1611, 1613; BGH, Urt. v. 1.8.2006 – X ZR 114/03, GRUR 2006, 962, 966 f. – Restschadstoffentfernung; *Hartmann,* in: Baumbach/Lauterbach/Albers/Hartmann, ZPO, § 142 Rn. 5; *Stadler,* in: Musielak/Voit, ZPO, § 142 Rn. 7; *Wöstmann,* in: Saenger, ZPO, § 142 Rn. 3; *Zekoll/Bolt,* NJW 2002, 3129, 3132; zu § 144 ZPO *Stadler,* in: Musielak/Voit, ZPO, § 144 Rn. 3; *von Selle,* in: BeckOK ZPO, § 144 Rn. 7.

[501] Regierungsentwurf, BT-Drucks. 14/4722, S. 79; *Gruber/Kießling,* ZZP 2003, 305, 326; *Beckhaus,* 109.

[502] BGH, Urt. v. 1.8.2006 – X ZR 114/03, GRUR 2006, 962, 967; *Althammer,* in: Stein/Jonas, § 142 Rn. 22; *von Selle,* in: BeckOK ZPO, § 144 Rn. 7; *Hille,* DS 2015, 181, 184.

[503] BGH, Urt. v. 1.8.2006 – X ZR 114/03, GRUR 2006, 962, 966 f. – Restschadstoffentfernung.

[504] *Hartmann,* in: Baumbach/Lauterbach/Albers/Hartmann, ZPO, § 371 Rn. 7.

[505] Zu §§ 809 Alt. 2 und 810 BGB *Marburger,* in: Staudinger, Vorb §§ 809–811 Rn. 5; *Koch,* 136 u. 139.

[506] BGH, Urt. v. 6.2.2007 – X ZR 117/04, NJW 2007, 1806, 1808; *Bittner,* in: Staudinger, § 260 Rn. 21.

[507] *Prütting,* in: Handbuch der Beweislast, Kap. 22 Rn. 34.

[508] *Basler/Meßerschmidt,* NJW 2014, 3329, 3330.

aa) Entgegenstehende Interessen

Die Abwägung zwischen den Interessen des Anspruchsstellers beziehungsweise der beweisbelasteten Partei an der Vorlage von Dokumenten und dem entgegenstehenden Interesse des Anspruchs- oder Anordnungsgegners erfordert eine konkrete Berücksichtigung des Einzelfalls, sodass abstrakte Vorgaben schwer zu bestimmen sind. Gewisse Faktoren sind aber allgemein zu berücksichtigen und je nach Situation im Einzelfall und der Ausgangsposition des Informationsmittels zu gewichten.

Jedenfalls sind in der Abwägung berechtigte Geheimhaltungsinteressen der Betroffenen zu berücksichtigen.[509] Derartige Interessen können sich insbesondere aus den Vorgaben des Verfassungsrechts ergeben.[510] So bedeutet die Vorlage von Unterlagen, die Betriebs- und Geschäftsgeheimnisse enthalten, einen Eingriff in die Berufsfreiheit aus Art. 12 Abs. 1 GG, was gegen die uneingeschränkte Vorlage sprechen kann.[511] Darunter fallen alle nicht offenkundigen Tatsachen, Vorgänge und Umstände, die nur einem begrenzten Personenkreis zugänglich sind und an deren Nichtverbreitung ein berechtigtes Interesse besteht.[512] Einfachgesetzlich wird auf diesen Faktor als Teil der Verhältnismäßigkeitsabwägung in § 33g Abs. 3 S. 2 Nr. 6 GWB bereits ausdrücklich hingewiesen. Dabei kann allerdings nur der Schutz vor der Kenntnisnahme des Prozessgegners die Vorlagepflicht beeinflussen, da für den Schutz gegenüber der Öffentlichkeit die §§ 172 ff. GVG ausreichenden Schutz bieten.[513] Einen verstärkten Schutz von Geschäftsgeheimnissen sieht die EU-Richtlinie für den Schutz von Geschäftsgeheimnissen[514], die in einem neu zu schaffenden Gesetz zum Schutz von Geschäftsgeheimnissen in deutsches Recht umgesetzt werden. Vorgesehen ist insbesondere für Gerichtsverfahren zur Durchsetzung von Ansprüchen aus der Verletzung von Geschäftsgeheimnissen eine Geheimhaltungsverpflichtung der beteiligten Personen.

---

[509] Zu § 142: Rechtsausschuss, BT-Drucks. 14/6036, S. 120; BGH, Urt. v. 17.7.2014 – III ZR 514/13, WM 2014, 1611, 1613; BGH, Urt. v. 26.6.2007 – XI ZR 277/05, NJW 2007, 2989, 2992; zu § 809 BGB BGH, Urt. v. 2.5.2002 – I ZR 45/01, GRUR 2002, 1046, 1049 – Faxkarte; *Hartmann,* in: Baumbach/Lauterbach/Albers/Hartmann, ZPO, § 142 Rn. 5.

[510] BGH, Urt. v. 1.8.2006 – X ZR 114/03, GRUR 2006, 962, 967 – Restschadstoffentfernung.

[511] BVerfG, Beschl. v. 14.3.2006 – 1 BvR 2087/03, NVwZ 2006, 1041, 1042 f.; *Koch,* 205 ff.

[512] BVerfG, Beschl. v. 14.3.2006 – 1 BvR 2087/03, NVwZ 2006, 1041, 1042.

[513] *S. Lang,* 236.

[514] Richtlinie (EU) 2016/943 des Europäischen Parlaments und des Rates vom 8. Juni 2016 über den Schutz vertraulichen Know-hows und vertraulicher Geschäftsinformationen (Geschäftsgeheimnisse) vor rechtswidrigem Erwerb sowie rechtswidriger Nutzung und Offenlegung.

Beachtlich ist auch eine mögliche Störung des Geschäftsbetriebes durch eine erforderliche Mitwirkung, wenn zum Beispiel Dokumente vorzulegen sind, die für den Geschäftsbetrieb benötigt werden.[515]Auch die Verschwiegenheitspflicht von Berufsgeheimnisträgern im Sinne des § 203 StGB (wie zum Beispiel Notare gemäß § 18 BNotO) begründet ein Geheimhaltungsinteresse, welches ebenfalls aus Art. 12 Abs. 1 GG folgt.[516] Dies schließt aber die Vorlage dann nicht aus, wenn lediglich Geheimnisse einer Partei gewahrt werden, da diese dazu verpflichtet sind, den Geheimnisträger von seiner Schweigepflicht zu befreien, wenn sie eine nachteilige Würdigung im Prozess vermeiden wollen.[517] Die Korrespondenz zwischen Anwalt und Mandant ist zudem auch dann geschützt, wenn sie vom Mandanten und nicht vom nach § 383 Abs. 1 Nr. 6 ZPO weigerungsberechtigten Anwalt herausverlangt wird, da sie durch die von Art. 12 Abs. 1 GG geschützte Vertrauensbeziehung erfasst ist und das Interesse an einer Vorlage vollständig überwiegt.[518]

Geheimhaltungsinteressen bestehen aber nicht nur im Hinblick auf berufliche und gewerbliche, sondern auch auf persönliche Interessen. Diese können sich ebenfalls nicht nur im Rahmen von materiellen Informationsansprüchen, sondern auch bei prozessualen Vorlageanordnungen auswirken.[519] Das allgemeine Persönlichkeitsrecht aus Art. 2 Abs. 1 GG i.V. m. Art. 1 Abs. 1 GG und das daraus abgeleitete Recht auf informationelle Selbstbestimmung können der Mitwirkung entgegenstehen.[520] Auch dieses ist aber gerade nicht schrankenlos gewährt und kann wiederum aufgrund von überwiegenden Interessen anderer oder der Allgemeinheit durch Gesetz eingeschränkt werden, wobei sogar sensible Daten, wie in § 372a ZPO, erfasst sein können.[521] Nur wenn die Intimsphäre einer Person betroffen ist, schließt dies die Vorlage oder Einsichtnahme aus.[522] Ist lediglich die weitere Privat- und Geheimsphäre betroffen, so ist diese zu berücksichtigen, gibt aber keinen absoluten Schutz, sondern ist im Einzelfall mit dem Informationsinteresse abzuwägen.[523]

Die Gefahr, sich durch die Mitwirkung selbst einer Straftat oder Ordnungswidrigkeit zu bezichtigen, schließt eine Vorlage durch die Parteien anders als bei

---

[515] *Uhlenbruck,* NZI 2002, 589, 590.

[516] BGH, Urt. v. 17.7.2014 – III ZR 514/13, WM 2014, 1611, 1613; *Hamelmann,* 150 ff.

[517] BGH, Urt. v. 20.6.1967 – VI ZR 201/65, NJW 1967, 2012, 2012 f.; *Stadler,* ZZP 2010, 261, 264.

[518] *Koch,* 214; *S. Lang,* 229 ff.; *Timke,* 188; a. A. *Hamelmann,* 130 ff.

[519] *Koch,* 209.

[520] *Greger,* in: Zöller, § 142 Rn. 8; *Stadler,* in: Musielak/Voit, ZPO, § 142 Rn. 7; *Beckhaus,* 107; *Binder,* ZZP 2009, 187, 224; *Hamelmann,* 135; *Zekoll/Bolt,* NJW 2002, 3129, 3130 f.

[521] BVerfG, Urt. v. 13.2.2007 – 1 BvR 421/05, NJW 2007, 753, 754.

[522] *Osterloh-Konrad,* 258; *Stadler,* ZZP 2010, 261, 264.

[523] *Koch,* 210.

Dritten nicht aus.[524] Die Strafbarkeit seines Handelns würde der Partei ansonsten einen Vorteil für den Zivilprozess verschaffen, was mit rechtstaatlichen Grundsätzen kaum vereinbar wäre.[525] Die Gefahr einer Strafbarkeit durch Selbstbezichtigung ist vielmehr soweit erforderlich durch ein Beweisverwertungsverbot zu beseitigen, so wie dies in den die Enforcement-Richtlinie umsetzenden Vorschriften zum Beispiel §§ 140b Abs. 8 PatG gesetzlich geregelt ist.[526]

bb) Abwägungskriterien

Diese Geheimhaltungsinteressen der Betroffenen sind mit dem Informationsinteresse abzuwägen und in Ausgleich zu bringen. Für die Vorlage von Dokumenten oder eine Auskunft streitet das Recht auf Beweis, welches aus dem Justizgewährungsanspruch aus Art. 1, 2 Abs. 1 i.V.m. Art. 20 Abs. 3 GG oder dem Recht auf ein faires Verfahren aus Art. 2 I i.V.m. Art. 20 III GG hergeleitet wird.[527] Daraus folgt, dass verfahrensmäßige Einschränkung der Möglichkeiten der beweisbelasteten Partei, erforderliche Beweise auch zu erbringen, der Rechtfertigung bedürfen.[528] Zudem kann das Interesse der Allgemeinheit an einer höheren Prozessökonomie zu berücksichtigen sein, wenn durch die Vorlage ein Verfahren beschleunigt werden kann.[529] Dieses Informationsinteresse ist dann unter Berücksichtigung des Verhältnismäßigkeitsgrundsatzes mit den entgegenstehenden Interessen der Betroffenen abzuwägen. Als Faktoren können sich dabei unter anderem auch der zu vermutende Erkenntniswert[530], der Aufwand[531], der den Betroffenen durch die Vorlage auferlegt wird, die Wahrscheinlichkeit einer Rechtsverletzung[532] und eine mögliche Verfahrensbeschleunigung[533] auswirken. Bei der Vorlage durch Dritte ist aber zu berücksichtigen, dass diese, jedenfalls soweit ihnen für ihre Mitwirkung nach § 23 Abs. 2 JVEG Entschädigung und Ersatz ihrer Aufwendungen zusteht, nicht unzumutbar belastet werden.[534]

---

[524] BVerfG, Beschl. v. 13.1.1981 – 1 BvR 116/77, NJW 1981, 1431, 1432; BGH, Urt. v. 30.11.1989 – III ZR 112/88, NJW 1990, 510, 511; *Hamelmann,* 152 f.; *S. Lang,* 210 ff.; *Osterloh-Konrad,* 259.

[525] *Wagner,* JZ 2007, 706, 716.

[526] *S. Lang,* 215 ff.; *Wagner,* JZ 2007, 706, 717; a.A. *Hamelmann,* 153 ff.

[527] BVerfG, Beschl. v. 20.12.2000 – 2 BvR 591/00, NJW 2001, 2245, 2246; *Scherpe,* ZZP 2016, 153, 167; *Timke,* 180.

[528] *Prütting,* in: MüKoZPO, § 284 Rn. 18.

[529] *Kapoor,* 207.

[530] Rechtsausschuss, BT-Drucks. 14/6036, S. 120; BGH, Urt. v. 26.6.2007 – XI ZR 277/05, NJW 2007, 2989, 2992 – Schrottimmobilien; OLG München, Urt. v. 9.11.2006 – 1 U 2742/06, NJOZ 2006, 4541, 4543; *Greger,* in: Zöller, § 142 Rn. 8; *Stackmann,* NJW 2007, 3521, 3525.

[531] *Osterloh-Konrad,* 247 f.

[532] BGH, Urt. v. 2.5.2002 – I ZR 45/01, GRUR 2002, 1046, 1049 – Faxkarte.

[533] *Kapoor,* 231.

[534] *Hamelmann,* 139; *Timke,* 199.

Erheblich ist auch, ob eine Partei noch andere Möglichkeiten hat, an die erforderlichen Informationen zu gelangen, oder ob sie ansonsten in Beweisnot gerät.[535] Auch das Verschulden der Parteien bei der Entstehung der Informationsnot kann die Abwägung beeinflussen.[536] Die Wahrscheinlichkeit einer Rechtsverletzung ist insbesondere dann ausschlaggebend, wenn sich ein Informationsanspruch gegen den potentiellen Verletzer richtet.[537] Wie in § 33g Abs. 3 S. 2 Nr. 1 GWB ausdrücklich erwähnt, ist auch zu berücksichtigen, inwieweit das Informationsersuchen seinerseits bereits auf zugängliche Tatsachen und Beweismittel gestützt wird.[538] Dass die zum Schutz der Informationen getroffenen Vorkehrungen erheblich sind, lässt sich aus § 33g Abs. 3 S. 2 Nr. 6 GWB entnehmen und übertragen. Bei materiellen Informationsansprüchen ist zudem der Charakter einer zugrundeliegenden rechtlichen Sonderverbindung zu berücksichtigen, wobei sich aus Verhältnissen von längerer Dauer eher Informationspflichten ergeben können.[539] Besteht ein materiellrechtlicher Anspruch auf Vorlage, so ist ein Überwiegen der Interessen des Vorlagepflichtigen auch im Rahmen einer prozessualen Vorlageanordnung ausgeschlossen.[540]

cc) Interessenausgleich ohne vollständigen Ausschluss der Mitwirkung

Soweit die Geheimhaltungsinteressen zumindest zum Teil geeignet sind, das Informationsinteresse zu überwiegen, ist zu prüfen, ob diesen auch zur Geltung verholfen werden kann, ohne dass die Mitwirkung vollständig unterlassen wird. Dass die entgegenstehenden verfassungsrechtlichen Interessen in praktische Konkordanz gebracht werden müssen, spricht regelmäßig gegen eine Alles-oder-Nichts-Lösung, sodass wenn möglich ein schonender Ausgleich zwischen den entgegenstehenden Interessen zu suchen ist.[541]

Wenn die Geheimhaltungsinteressen der Betroffenen schon durch den Ausschluss der Öffentlichkeit und gegebenenfalls die Verpflichtung der Anwesenden zur Verschwiegenheit ausreichend gewahrt werden können, ist ein solcher Ausgleich unschwer möglich.[542] Die Interessen der Betroffenen stehen dann der Mit-

---

[535] BGH, Urt. v. 17.7.2014 – III ZR 514/13, WM 2014, 1611, 1613; BGH, Urt. v. 2.5.2002 – I ZR 45/01, GRUR 2002, 1046, 1049 – Faxkarte.

[536] *Osterloh-Konrad*, 261.

[537] *Beckhaus*, 366.

[538] Regierungsentwurf, BT-Drucks. 18/10207, S. 63.

[539] *Osterloh-Konrad*, 247.

[540] OLG Stuttgart, Urt. v. 13.11.2006 – 6 U 165/06, NJW-RR 2007, 250, 251.

[541] BVerfG, Beschl. v. 14.3.2006 – 1 BvR 2087/03, NVwZ 2006, 1041, 1043; BGH, Urt. v. 19.11.2008 – VIII ZR 138/07, NJW 2009, 502, 507; *Binder*, ZZP 2009, 187, 225; *Timke*, 202.

[542] BGH, Urt. v. 19.11.2008 – VIII ZR 138/07, NJW 2009, 502, 507.

wirkung (unter Ausschluss der Öffentlichkeit) nicht entgegen. Genügt dies nicht, kann ein Ausgleich auch dadurch erreicht werden, dass Teile von Unterlagen von der Vorlage ausgenommen oder gestrichen werden, soweit die entgegenstehenden Interessen dies erfordern.[543] Ist dies nicht möglich oder nicht ausreichend, kann das Einsichtsrecht unter Umständen auch nur durch einen zur Verschwiegenheit verpflichteten neutralen Dritten ausgeübt werden, sodass die beweisbelastete Partei selbst keine Einsicht erhält.[544] Für die Vorlage aufgrund eines materiellen Anspruchs aus §§ 140c PatG etc. ergibt sich dies daraus, dass das Gericht die zum Schutz vertraulicher Informationen erforderlichen Maßnahmen zu treffen hat.[545] Im Rahmen einer Beweisaufnahme nach §§ 142, 144 ZPO ist diese Schutzmöglichkeit aber keine zum Ausgleich der entgegenstehenden Interessen führende Lösung.[546] Dies ergibt sich aus dem Erfordernis, dass das Gericht selbst die entscheidungserheblichen Tatsachen beurteilen muss und dies nicht vollends auf einen Dritten (zum Beispiel einen Sachverständigen) übertragen werden darf.[547] Auch ein *in-camera* Verfahren, bei dem lediglich das Gericht die potentiellen Beweismittel prüft und deren Beweiserheblichkeit beurteilt, ohne dass die beweisbelastete Partei diese einsehen kann, ist nicht vorgesehen. Auch wenn dies aus verfassungsrechtlicher Sicht zulässig wäre, bedürfte es dafür aber einer bisher nicht erfolgten Umsetzung durch den Gesetzgeber.[548] Auch wenn im Zivilverfahren kein gesetzlich ausgestaltetes in-camera Verfahren existiert, spricht dies dafür, dass der völlige Ausschluss der Mitwirkung für die Prozessparteien und Dritte (über §§ 383 ff. ZPO hinaus) nur als *ultima ratio* in Frage kommt.

dd) Überwiegen des Informationsinteresses

Im Anwendungsbereich der gezeigten Mittel der Informationsbeschaffung überwiegt regelmäßig das Informationsinteresse das Geheimhaltungsinteresse und eine Unzumutbarkeit der Mitwirkung ist die Ausnahme, wenn die übrigen Voraussetzungen vorliegen. Dies ergibt sich sowohl beim Beweisantritt einer Partei bezüglich eines Beweismittels im Besitz des Prozessgegners oder eines Dritten als auch bei den materiellen Informationsansprüchen aus §§ 809 Alt. 2, 810 und § 242 BGB und den spezialgesetzlichen Informationsansprüchen daraus, dass die Mitwirkung nur ausgeschlossen ist, wenn die Inanspruchnahme im Ein-

---

[543] BGH, Urt. v. 1.8.2006 – X ZR 114/03, GRUR 2006, 962, 967 – Restschadstoffentfernung.

[544] BGH, Urt. v. 2.5.2002 – I ZR 45/01, GRUR 2002, 1046, 1049 – Faxkarte; *Bittner*, in: Staudinger, Vorb §§ 809–811 Rn. 5.

[545] Regierungsentwurf, BT-Drucks. 16/5048, S. 40 f.

[546] BGH, Urt. v. 1.8.2006 – X ZR 114/03, GRUR 2006, 962, 967 – Restschadstoffentfernung.

[547] BVerfG, Beschl. v. 14.3.2006 – 1 BvR 2087/03, NVwZ 2006, 1041, 1044.

[548] *Hamelmann*, 170 ff.

zelfall unverhältnismäßig ist.[549] Die Ermessensausübung im Rahmen der §§ 142, 144 ZPO muss sich an deren Normzweck orientieren.[550] Der Gesetzgeber wollte mit der Änderung des § 142 ZPO dem Gericht in der ersten Instanz ermöglichen, sich möglichst einen umfassenden Überblick über den Sachverhalt zu verschaffen.[551] Auch wenn die entgegenstehenden Interessen dabei ausdrücklich berücksichtigt werden sollen, spricht dies dafür, dass die Mitwirkung auf eine Anordnung des Gerichts der Regelfall sein soll. Dabei ist eine Unzumutbarkeit der Vorlage durch Dritte aufgrund eines Eingriffs in das allgemeine Persönlichkeitsrecht des Adressaten der Vorlageanordnung nach §§ 142, 144 ZPO ausgeschlossen, soweit der Schutzbereich vom Gesetzgeber im Rahmen der Zeugnisverweigerungsrechte in den §§ 383 ff. ZPO abschließend geregelt ist.[552] Die Zeugnisverweigerungsrechte sind systematisch kodifizierte Fälle der Unzumutbarkeit in den geregelten Situationen.[553] Insgesamt bleibt für eine Unzumutbarkeit der Vorlage durch Dritte im Regelungsbereich der §§ 383 ff. ZPO wohl nur wenig Raum, das vor allem aber in solchen Situationen, in denen sich die Unzumutbarkeit spezifisch aus der Situation der Vorlage von Dokumenten (im Gegensatz zur Zeugenaussage) ergibt.[554] Von den Zeugnisverweigerungsrechten nicht erfasst sind aber die persönlichkeitsrechtlichen Interessen von Personen, die weder als Partei noch als Adressat der Vorlageverpflichtung beteiligt sind. Deren Interessen können daher auch die Unzumutbarkeit begründen.

Stellt die beweisbelastete Partei einen förmlichen Beweisantrag auf Anordnung der Vorlage nach §§ 142, 144, ist das Auswahlermessen des Gerichts auf null reduziert.[555] Dies entspricht der grundlegenden Pflicht des Gerichts zur Beweisaufnahme, die sich aus dem verfassungsrechtlich verankerten Anspruch auf Justizgewährung ergibt.[556] Soll dieser erfüllt werden, so darf die Beweisaufnahme nur ausnahmsweise und in engen Grenzen verweigert werden können.[557] Ermessen besteht dann nur bei der Abwägung mit den entgegenstehenden Interessen der betroffenen Personen. Bei der Anordnung von Amts wegen hat das Gericht

---

[549] *Fritsche,* in: MüKoZPO, § 144 Rn. 6; *Ingerl/Rohnke,* in: Ingerl/Rohnke, MarkenG, § 19a Rn. 20; *Mes,* in: Mes, PatG, § 140c Rn. 23; *Ohst,* in: Wandtke/Bullinger, § 101 Rn. 22; *Pitz,* in: BeckOK PatG, § 140c Rn. 17.

[550] *Koch,* 171.

[551] Regierungsentwurf, BT-Drucks. 14/4722, S. 78.

[552] OLG Stuttgart, Urt. v. 13.11.2006 – 6 U 165/06, NJW-RR 2007, 250, 251; *Hamelmann,* 135 f.

[553] *Kapoor,* 189.

[554] *Kapoor,* 206, der die §§ 383 ff. ZPO für die Frage, ob eine Mitwirkung gänzlich ausgeschlossen ist, für abschließend erachtet und die Unzumutbarkeit dann nur für das konkrete Ausmaß heranzieht.

[555] *Althammer,* in: Stein/Jonas, § 144 Rn. 15; *Ahrens,* Kap. 22 Rn. 55; *Binder,* ZZP 2009, 187, 198 f.

[556] *Thole,* in: Stein/Jonas, § 284 Rn. 40.

[557] *Thole,* in: Stein/Jonas, § 284 Rn. 50.

dagegen regelmäßig weites Ermessen. Sie kann dann ebenso gut erfolgen wie unterbleiben. Besteht aber kein materieller Anspruch auf Vorlage einer Urkunde oder eines elektronischen Dokuments und hat der Prozessgegner, in dessen Besitz oder Verfügungsgewalt sich das Beweismittel befindet, auf diese auch keinen Bezug genommen, hat die beweisbelastete Partei keine Möglichkeit, durch einen Beweisantritt dessen Vorlage zu erzwingen. Soweit keine überwiegenden Interessen dagegen sprechen, kann das Ermessen des Gerichts durch das Recht auf Beweis und den Grundsatz der Waffengleichheit im Zivilprozess soweit reduziert sein, sodass es eine Vorlage von Amts wegen anordnen muss.[558]

c) Zwischenergebnis

Insgesamt führt die Berücksichtigung von persönlichkeitsrechtlichen Interessen des Informations- oder Vorlagepflichtigen oder anderen Betroffenen nicht zu einer engen Beschränkung der Vorlagepflichten. Berücksichtigt werden zudem vor allem entgegenstehende Interessen vorlagepflichtiger Dritter und nur selten die am Verfahren gänzlich unbeteiligter betroffener Personen.[559] Auch wird dem Informations- und Rechtsschutzinteresse regelmäßig Vorrang vor den persönlichkeitsrechtlichen Interessen der Betroffenen eingeräumt. Zwar werden die Vorlagemöglichkeiten im deutschen Recht wiederum durch eine erforderliche Abwägung mit entgegenstehenden Interessen des Vorlagepflichtigen eingeschränkt, aber die Entscheidung darüber liegt weit im Ermessen des Gerichts und ist stark von den Umständen des Einzelfalls abhängig. Die Abhängigkeit von den Umständen des Einzelfalles besteht in besonderem Maße bei der Möglichkeit der amtswegigen Vorlage und bei solchen materiellen Ansprüchen, die, wie der Anspruch aus Treu und Glauben nach § 242 BGB, einen engen Bezug zu Billigkeitserwägungen haben oder durch unbestimmte Merkmale wie die hinreichenden Wahrscheinlichkeit einer Rechtsverletzung geprägt sind. Innerhalb dieser Abwägung besteht aber die Tendenz, dass weitgehend das Informationsinteresse das Geheimhaltungsinteresse überwiegt, soweit die übrigen Voraussetzungen vorliegen, und die Verpflichtung zur Mitwirkung ist dann der Regelfall.[560] Nur in Ausnahmefällen überwiegt das Geheimhaltungsinteresse und selbst dann ist, soweit möglich, eine Lösung zu suchen, welche die Mitwirkung nur beschränkt und nicht gänzlich ausschließt.[561] Persönlichkeitsrechtliche Interessen sind – abgesehen vom Kern der Intimsphäre – keinesfalls absolut geschützt und führen daher regelmäßig nicht dazu, dass die Vorlage von Dokumenten oder eine Auskunft ausgeschlossen ist, sondern stattdessen höchstens zu ausgleichenden Maßnah-

---

[558] *Timke,* 181 ff.
[559] Siehe oben E. III. 2. a).
[560] Siehe oben E. III. 2. b) dd).
[561] Siehe oben E. III. 2. b) cc).

men, wie dem Ausschluss der Öffentlichkeit. Insbesondere das Recht auf informationelle Selbstbestimmung ist zwar zu berücksichtigen, begründet aber im Regelfall nicht den Ausschluss einer ansonsten vorgesehenen Vorlage.[562]

IV. Ergebnis

Die Untersuchungen in diesem Teil sprechen dafür, dass der Umfang der *discovery*-Verpflichtungen nicht mit dem Grundsatz der Verhältnismäßigkeit der Datenverarbeitung, dem Verbot mit Erlaubnisvorbehalt und dem Grundsatz der Datenminimierung unvereinbar ist. Der Umfang der funktional äquivalenten Mittel in England und Deutschland belegt ein Verständnis der für Zivilverfahren erforderlichen Datenverarbeitung innerhalb der EU-Mitgliedstaaten, mit dem auch der Umfang der *discovery* noch vereinbar ist. Die Betrachtung der Rechtslage in England hat ergeben, dass auch dort eine Vorlagepflicht mit weitem Umfang besteht.[563] Und selbst bei der Informationsbeschaffung für den deutschen Zivilprozess wird nicht durchgehend ein engerer inhaltlicher Bezug erreicht. Die Betrachtung und vergleichende Heranziehung der Rechtslage in England und Deutschland spricht nicht zwingend dafür, dass Zweckbindungs- und Erforderlichkeitsgrundsatz in der EU ausschließlich die Verwendung von Daten zulassen, die schlüssig vorgetragene Ansprüche betreffen und das Relevanzerfordernis des US-Rechts dem nicht genügt.[564] Bezüglich der inhaltlichen Begrenzung des Umfangs der Vorlageverpflichtungen zeigt sich, dass selbst die Abgrenzung zwischen der Beweisermittlung, wie sie das US-Recht gezielt vorsieht, und der Rechtslage in Deutschland, wo die Beweisaufnahme gerade nicht die Informationsbeschaffung bezweckt, unter Berücksichtigung der weitgehenden materiellen Informationsansprüche und der prozessualen Möglichkeiten der Vorlageanordnung keineswegs so eindeutig ist, wie dies die unterschiedlichen Ansätze zunächst nahelegen.[565] Der Vergleich mit den umfangsbegrenzenden Bezugserfordernissen in den EU-Mitgliedstaaten Deutschland und England zeigt zwar, dass in diesen Rechtsordnungen höhere Anforderungen an den Bezug der Dokumente, zu dem einem konkreten Verfahren zugrundeliegenden Sachverhalt, gestellt werden. Die Ähnlichkeiten, insbesondere die bestehenden Möglichkeiten, auch hier nicht nur unmittelbar beweiserhebliche Dokumente vorlegen zu lassen, deuten aber im Ergebnis auf ein weites Verständnisses der Erforderlichkeit der Verarbeitung personenbezogener Daten für Zivilprozesse hin.

Diese Erforderlichkeit wird durch die in den USA gestellten Anforderungen der Relevanz für einen plausibel dargelegten Anspruch und der Verhältnismäßig-

---

[562] Siehe oben E. III. 2. b) aa).
[563] Siehe oben ab E. II. 1. b).
[564] A.A. so aber *Lux/Glienke,* RIW 2010, 603, 605; *Posdziech,* 141.
[565] Siehe dazu insbesondere oben E. I. 1. a) cc), E. I. 1. d) und E. III. 1. e).

keit der Vorlage von nicht privilegierten Dokumenten nicht strukturell unterlaufen. Die *discovery* in den USA ist, wie gesehen, keineswegs grenzenlos. Auch wenn der vorausgesetzte Bezug zum konkreten Sachverhalt geringer und der Umfang der erfassten Dokumente dadurch insgesamt deutlich größer ist als in England und vor allem in Deutschland, wird die notwendige Datenübermittlung in den USA effektiv begrenzt. Dies geschieht durch die geforderte Relevanz für einen zuvor plausibel dargelegten Sachverhalt, die bei Vorlageanordnungen bezüglich solcher Dokumente, die dem europäischen Datenschutzrecht unterliegen, strenger verstanden wird und in Richtung einer rechtlichen Erheblichkeit tendiert, sowie durch die Berücksichtigung der Belastung des Adressaten einer Vorlagepflicht.[566]

Auch hat sich gezeigt, dass die Berücksichtigung von Persönlichkeitsrechten, insbesondere des Rechts auf Schutz der Privatsphäre und der Informationellen Selbstbestimmung, nicht nur in den USA kaum eine Rolle als Ausschlussgrund spielen, sondern dass auch in England und Deutschland nur selten eine Vorlagepflicht gänzlich ausscheidet, weil derartige Interessen dem Informationsinteresse für ein Zivilverfahren entgegenstehen.[567] Eine systematisierte und kodifizierte Berücksichtigung dieser Interessen findet sich weder für den englischen noch für den deutschen Zivilprozess. Stattdessen werden sie in beiden nur im Rahmen einer Interessenabwägung mit weitem Spielraum im Einzelfall durch die Gerichte berücksichtigt. Dass der Fokus eher auf dem Schutz von Geschäftsgeheimnissen liegt, kommt auch in Art. 8 der EU-Richtlinie für den Schutz von Geschäftsgeheimnissen[568] zum Ausdruck, der eine besondere Geheimhaltungspflicht für Verfahren über Verletzungen von Geschäftsgeheimnissen vorsieht.

Zudem ist zu beachten, dass sonst in der Diskussion um einen möglichen Konflikt der *pretrial discovery* mit dem europäischen (insbesondere deutschen) Recht immer wieder angebrachte Argumente zum Schutz der Prozessparteien hier nicht greifen.[569] Die Gefahr einer übermäßigen Inanspruchnahme oder Ausforschung besteht in der hier untersuchten Situation, dass ein Unternehmen Daten für ein Verfahren in den USA nutzen möchte, nicht. Das betroffene Unternehmen selbst hat sich hier – wenn auch faktisch durch das Risiko von Sanktionsmaßnahmen des Gerichts gezwungen – dazu entschieden, die Daten dafür zur Verfügung zu stellen, um Nachteile im Prozess vor dem US-Gericht zu vermeiden. Die Erwägungen zum Schutz der Prozessparteien könnten dazu führen, dass der *ordre*

---

[566] Siehe oben E. I. 1.

[567] Siehe oben E. II. 2. c) und E. III. 2. b) dd).

[568] Richtlinie (EU) 2016/943 des Europäischen Parlaments und des Rates vom 8. Juni 2016 über den Schutz vertraulichen Know-hows und vertraulicher Geschäftsinformationen (Geschäftsgeheimnisse) vor rechtswidrigem Erwerb sowie rechtswidriger Nutzung und Offenlegung.

[569] Vgl. Rechtsausschuss, BT-Drucks. 14/6036, S. 121.

public der Rechtshilfe bezüglich einer Verpflichtung zur *discovery* entgegensteht (was in Artikel 14 des Ausführungsgesetztes zur HBÜ Ausdruck findet, der dies ausdrücklich ausschließt). Im Rahmen der hier anzustellenden Beurteilung der erforderlichen Übermittlung durch ein an einem US-Zivilprozess beteiligtes Unternehmen aus datenschutzrechtlicher Perspektive sind diese Erwägungen aber nicht ausschlaggebend.

F. Begrenzung des Zugangs und der Verwendung

Aufbauend auf der Erkenntnis, dass nicht schon der Umfang der geforderten Datenübermittlung gegen die Vereinbarkeit der *discovery* mit dem europäischen Datenschutzrecht spricht, kommt es entscheidend darauf an, ob die mangelnde Begrenzung der Verwendung der zu übermittelnden Dokumente auf ein konkretes Verfahren dennoch die Vereinbarkeit der *discovery* mit dem europäischen Datenschutzrecht ausschließt. Bezüglich der US-amerikanischen *discovery* wird teilweise vertreten, dass die Zweckbindung nicht einzuhalten sei, da Gerichtsakten in den USA grundsätzlich öffentlich zugänglich seien und daher die Daten auch frei für andere Zwecke verwendet werden könnten.[1] Dies stehe den Grundsätzen des europäischen Datenschutzrechts zwingend entgegen.[2] Zuzugeben ist, dass unbeschränkter Zugang Dritter zu den übermittelten Daten ebenso gegen die Vereinbarkeit der Übermittlung mit dem europäischen Datenschutzrecht spricht, wie die uneingeschränkte Möglichkeit, die auf diesem Wege erlangten Dokumente zu anderen Zwecken zu nutzen. In Zusammenhang mit der *discovery* wäre dies, insbesondere in Hinblick auf die zunehmende Verbreitung elektronischer Gerichtsakten in den USA und dem damit einhergehenden Onlinezugriff auf die darin enthaltenen Dokumente, problematisch, da dies die faktische Hürde zur Einsichtnahme erheblich absenkt.[3] Sobald der Kreis der Personen, die Zugriff auf die Dokumente haben, über die am Prozess beteiligten Personen und ihre Vertreter hinaus erweitert wird, steigert dies auch die Intensität des Eingriffs in die datenschutzrechtlichen Interessen der Betroffenen.

Die Hauptverhandlung ist im US-Zivilverfahren nach FRCP ebenso wie in Deutschland und England grundsätzlich öffentlich. Die Öffentlichkeit kann nur in engen Ausnahmefällen auf Anordnung des Gerichts ausgeschlossen werden. Für die Beurteilung der Zweckbindung bei der Verwendung von Dokumenten ist aber entscheidend, inwiefern ein Recht auf Einsichtnahme in diese Verfahrensunterlagen besteht, welches über die bloße Anwesenheit bei der mündlichen Verhandlung hinausgeht. Im Anschluss daran ist zu berücksichtigen, ob und wie weit Parteien Dokumente, die sie im Rahmen der *discovery* erlangt haben, an Dritte weitergeben dürfen.

---

[1] *Deutlmoser/Filip,* in: Hoeren/Sieber/Holznagel, Teil 16.6 Rn. 58; *Patzak/Higard/ Wybitul,* CRi 2011, 13, 15; *Rath/S. Klug,* KuR 2008, 596, 598; *Spies/Schröder,* MMR 2008, 275, 279; *von dem Busche,* in: Plath, BDSG-alt, 2. Aufl., § 4c Rn. 14.

[2] *Deutlmoser/Filip,* in: Hoeren/Sieber/Holznagel, Teil 16.6 Rn. 58.

[3] *Moskowitz,* 78 U. Colo. L. Rev. 2007, 817, 876; vgl. auch *Ardia,* U. Ill. L. Rev. 2017, 1385, 1385 ff. u. 1396 ff.

I. Zugangsrechte und Zulässigkeit der Weitergabe von Dokumenten im US-Recht

Weder der Zugang der Öffentlichkeit noch die Weitergabe von in einem Zivilverfahren erlangten Dokumenten an nicht am konkreten Verfahren beteiligte Dritte sind für Zivilverfahren vor Bundesgerichten in den USA ausdrücklich in den FRCP geregelt. Bisher gab es mehrere erfolglose Initiativen, den Zugang der Öffentlichkeit zu den in Zivilverfahren verwendeten Dokumenten und zu Urteilen und Entscheidungen gesetzlich zu regeln und dadurch in größerem Maße als bisher zu ermöglichen, sowie die Möglichkeit zu beschränken, diese durch gerichtliche Anordnung geheim zu halten. Während es in den Bundesstaaten teilweise solche gesetzlichen Regelungen gibt,[4] wurde ein derartiges als *„Sunshine Act"* bezeichnetes Gesetz auf Bundesebene mehrfach in den Kongress eingebracht (zuletzt im Jahr 2015), aber nie verabschiedet.[5] Dennoch, oder auch gerade weil es keine gesetzliche Regelung gibt, ist die Zulässigkeit der Weitergabe durch die Parteien und der Zugang Dritter gegen den Willen der Parteien immer wieder Thema vor US-Bundesgerichten. Dabei spielen vor allem die Zulässigkeit und der Umfang von sogenannten *protective orders,* das heißt Anordnungen des Gerichts zum Schutz gewisser vertraulicher Informationen, insbesondere Geschäfts- aber auch Privatgeheimnisse, eine wichtige Rolle.

1. Zugang zu Gerichtsdokumenten und den Ergebnissen der *discovery*

Beim Zugang zu Dokumenten im Zusammenhang mit einem Zivilprozess ist danach zu unterscheiden, ob es sich um Dokumente handelt, die in die Gerichtsakten aufgenommen wurden, oder solche, die lediglich zwischen den Parteien in der *discovery*-Phase ausgetauscht wurden.

a) Öffentlicher Zugang zu Gerichtsdokumenten

Im US-Recht ist das Recht der Öffentlichkeit anerkannt, in öffentliche Archive, Dokumente und auch in Gerichtsdokumente Einsicht zu nehmen und diese zu vervielfältigen.[6] Unklar ist lediglich, ob sich dieses direkt aus der Verfassung

---

[4] *Goldstein,* 81 Chi.-Kent L. Rev. 2006, 375, 417 ff.

[5] *Keany,* 62 Hastings L.J. 2011, 795, 798.

[6] Nixon v. Warner Communications, Inc., 435 U.S. 589, 597 (1978); In re Cendant Corp., 260 F.3d 183, 192 f. (3d Cir. 2001); *Ardia,* U. Ill. L. Rev. 2017, 1385, 1403; *Goldstein,* 81 Chi.-Kent L. Rev. 2006, 375, 384; *The Sedona Conference,* Best Practices Addressing Protective Orders, Confidentiality & Public Access in Civil Cases, 2, S. 16.

ergibt.[7] Dies betrifft aber nur solche Dokumente, die dem Gericht tatsächlich im Rahmen eines Verfahrens übermittelt wurden und nicht solche, die ausschließlich zwischen den Parteien ausgetauscht wurden.[8] Sobald die Dokumente also an das Gericht übermittelt wurden, sind sie daher im Regelfall auch für die Öffentlichkeit zugänglich.[9] Von vornherein ausgenommen von diesem Grundsatz sind nur wenige besondere Verfahrensarten (zum Beispiel Familiensachen und Missbrauchsfälle) und gemäß FRCP 5.2, die dort aufgezählten Informationen wie Namen von Minderjährigen, Kontodaten und persönliche Identifikationsnummern (*Social Security*-Nummer und Steuernummer).[10]

b) Zugang zu sonstigen Ergebnissen des discovery-Verfahrens

Anders als bei Dokumenten, die Teil der Gerichtsakten geworden sind, besteht darüber hinaus kein öffentliches Zugangsrecht am *discovery*-Verfahren und sämtlichen darin offengelegten Dokumenten.[11] Der Zugang zu Unterlagen, die nicht zu den Gerichtsakten gehören, ist bedeutend, da auch diese *discovery*-Unterlagen, die nicht für eine Entscheidung des Gerichts erheblich waren, brisante Inhalte über die zugrundeliegenden Sachverhalte enthalten können und der Großteil der Verfahren durch einen Vergleich abgeschlossen wird, sodass kaum Angaben zum Sachverhalt in den Gerichtsakten erforderlich sind.[12] Da das *discovery*-Verfahren zum Großteil von den Parteien eigenständig abgewickelt wird[13] und nur in einem niedrigen einstelligen prozentualen Anteil der Fälle das Hauptverfahren eröffnet wird[14], gelangen auf diesem Wege nur die Dokumente in den Zugriffsbereich der Öffentlichkeit, die entweder danach auch ins Hauptverfahren eingeführt wurden oder über die das Gericht im Rahmen des *discovery*-Verfahrens zu entscheiden hatte.

---

[7] *Dore,* 74 Notre Dame L. Rev. 1999, 285, 319 f.; *Goldstein,* 81 Chi.-Kent L. Rev. 2006, 375, 384; vgl. auch *Ardia,* U. Ill. L. Rev. 2017, 1385, 1403 ff. m.w. N.

[8] Seattle Times Co. v. Rhinehart, 467 U.S. 20, 33 (1984).

[9] City of Greenville, Ill. v. Syngenta Crop Protection, LLC, 764 F.3d 695, 697 f. (7th Cir. 2014); *Ardia,* U. Ill. L. Rev. 2017, 1385, 1391.

[10] *The Sedona Conference,* Best Practices Addressing Protective Orders, Confidentiality & Public Access in Civil Cases, S. 2.

[11] Seattle Times Co. v. Rhinehart, 467 U.S. 20, 33 (1984); Bond v. Utreras, 585 F.3d 1061, 1066 (7th Cir. 2009); Chicago Tribune Co. v. Bridgestone/Firestone, Inc., 263 F.3d 1304, 1311 (11th Cir. 2001); In re Reporters Committee for Freedom of the Press, 773 F.2d 1325, 1338 f. (D.C. Cir. 1985); *The Sedona Conference,* Best Practices Addressing Protective Orders, Confidentiality & Public Access in Civil Cases, S. 2 und 15; *Ardia,* U. Ill. L. Rev. 2017, 1385, 1427.

[12] *Goldstein,* 81 Chi.-Kent L. Rev. 2006, 375, 403.

[13] *The Sedona Conference,* Best Practices Addressing Protective Orders, Confidentiality & Public Access in Civil Cases, S. 15.

[14] (ca. 2–3 %, Stand: 2002) siehe *Galanter,* 10 Disp. Resol. Mag 2004, 3.

c) Übermittlung an Gerichtsakten

Zwar können Dokumente aus der *discovery*-Phase der Öffentlichkeit durch die Gerichtsakten zugänglich gemacht werden[15], der Großteil der in der *discovery*-Phase ausgetauschten Dokumente wird aber nie Teil der Gerichtsakten. Bis zur entsprechenden Änderung von FRCP 5(d) im Jahr 2000 war es erforderlich, alle Dokumente, die im Rahmen der *discovery* offengelegt wurden, auch bei Gericht einzureichen, damit sie zu den Gerichtsakten genommen werden konnten, wenn das Gericht nicht ausdrücklich darauf verzichtete.[16] Ein Grund für dieses Erfordernis war das Ziel, der Öffentlichkeit den Zugang zu den im *discovery*-Verfahren offengelegten Informationen zu ermöglichen und somit Transparenz über das Verfahren zu schaffen.[17] Diese Verpflichtung wurde durch die Änderung im Jahr 2000 abgeschafft, was sich auch auf die Zugangsmöglichkeiten der Öffentlichkeit auswirkte.[18] Gemäß FRCP 5(d)(1) müssen seitdem Dokumente, die im Rahmen der *discovery* der Gegenseite offengelegt wurden, nur dann auch bei Gericht eingereicht werden, wenn die Dokumente im Verfahren vor Gericht eingesetzt werden oder das Gericht dies ausdrücklich anordnet. Diese Änderung war vor allem durch praktische Schwierigkeiten (insbesondere den enormen logistischen Aufwand für die Gerichte) und Kostenerwägungen veranlasst[19], wirkte sich aber auch auf den Zugang der Öffentlichkeit zu den Dokumenten aus, was teilweise deutliche Kritik hervorrief.[20] Durch die Änderung war nicht primär bezweckt worden, den Zugang der Öffentlichkeit zu den *discovery*-Unterlagen zu verringern.[21] Sie führt aber dazu, dass nur noch ein ausgewählter und kleinerer Teil der Dokumente, die im *discovery*-Verfahren offengelegt werden, über die Aufnahme in die Gerichtsakten der Öffentlichkeit zugänglich gemacht wird, da der Großteil der Verfahren an US-Zivilgerichten nie die Phase des *trial* erreicht und selbst wenn dies geschieht, nur ein geringer Teil der *discovery*-Dokumente in diesem verwendet wird.[22] Nur dann oder wenn das Gericht schon in der *discovery*-Phase einen Beschluss fassen muss, werden aber die dafür benötigten Dokumente zu den Gerichtsakten hinzugefügt. Für den Großteil der Verfahren gilt, dass diese in einem Vergleich enden, der häufig nur sehr wenige Sachverhaltsinformationen

---

[15] In re Roman Catholic Archbishop of Portland in Oregon, 661 F.3d 417, 424 (9th Cir. 2011) m.w.N.

[16] *Advisory Committee on Civil Rules* on Rule 5(d) – 1980 Amendment; siehe zur Änderung im Jahr 2000 *Moskowitz,* 78 U. Colo. L. Rev. 2007, 817, 848 ff.

[17] *Moskowitz,* 78 U. Colo. L. Rev. 2007, 817, 848.

[18] *Putnam,* 24 Hastings Comm. & Ent. L.J. 2001–2002, 427, 439.

[19] *Goldstein,* 81 Chi.-Kent L. Rev. 2006, 375, 411.

[20] *Moskowitz,* 78 U. Colo. L. Rev. 2007, 817, 852 m.w.N.

[21] *Goldstein,* 81 Chi.-Kent L. Rev. 2006, 375, 411.

[22] *The Sedona Conference,* Best Practices Addressing Protective Orders, Confidentiality & Public Access in Civil Cases, S. 15.

enthält, sodass kaum Dokumente zu den Gerichtsakten genommen werden.[23] Mit der beschriebenen Änderung von FRCP 5(d) wurde daher ein großer Teil, der im Zusammenhang mit Zivilverfahren verwendeten Dokumente, dem Zugang der Öffentlichkeit durch Einsichtnahme in die Gerichtsakten entzogen.

2. Weitergabe der Ergebnisse der *discovery*

Der Personenkreis, der Zugang zu den jeweiligen Dokumenten hat, wäre aber dann dennoch erheblich vergrößert, wenn Parteien die Dokumente, die sie im Rahmen der *discovery* von anderen Parteien erhalten haben, unbeschränkt an Dritte weitergeben könnten. Die Zulässigkeit der Weitergabe von Dokumenten durch die Parteien eines *discovery*-Verfahrens, die im Rahmen des Verfahrens erlangt werden, wird insbesondere – aber nicht ausschließlich – dann relevant, wenn andere potentielle Empfänger gegen denselben Beklagten bezüglich der gleichen oder zumindest einer sehr ähnlichen Situation vorgehen möchten.[24] Eine Partei des ursprünglichen *discovery*-Verfahrens möchte dann gegebenenfalls von sich aus – meist aus finanziellem Interesse da Kosten geteilt werden sollen – Dokumente an einen Dritten weitergeben, welche sie in einem *discovery*-Verfahren erlangt hat, die der Dritte dann gegebenenfalls in einem weiteren Verfahren einsetzen kann. Wenn ein ähnlich gelagerter Fall auf dieselbe *discovery* hinauslaufen würde, erscheint es aus Sicht der potentiellen Kläger ein unnötiger Aufwand, ein kostenintensives eigenes Verfahren durchzuführen, obwohl sie diese Informationen auch aus einem vorherigen Verfahren eines anderen Klägers erhalten könnte.[25] Dabei besteht ein besonderes Interesse bei Verfahren, die vor Beginn des Hauptverfahrens durch einen Vergleich beendet wurden, da es dann ansonsten kaum Möglichkeiten gibt, Informationen zu bekommen, da nur verhältnismäßig wenige Dokumente dem Gericht übermittelt und auf diesem Wege der Öffentlichkeit zugänglich gemacht wurden.[26]

Anders als im englischen Recht[27] ist die Weitergabe durch die Parteien für die Nutzung über das konkrete Verfahren hinaus nicht ausdrücklich in den FRCP geregelt. Im Umkehrschluss ergibt sich allerdings aus der Möglichkeit des Gerichts in FRCP 26(c)(1)(g), aus einem wichtigen Grund eine *protective order* zu erlassen, dass die Weitergabe der dort erlangten Informationen ohne eine solche Anordnung nicht besonders beschränkt ist.[28] Die Parteien können daher die

---

[23] *Goldstein,* 81 Chi.-Kent L. Rev. 2006, 375, 403.

[24] *Benham,* 71 Wash. & Lee L. Rev. 2014, 2181, 2182.

[25] *Benham,* 71 Wash. & Lee L. Rev. 2014, 2181, 2184.

[26] Siehe oben F. I. 1. c).

[27] Siehe unten F. II. 3. a).

[28] In re Agent Orange Prod. Liab. Litig., 821 F.2d 139, 145 (2d Cir. 1987); In re Halkin, 598 F.2d 176, 187 f. (D.C. Cir. 1979); *Benham,* 71 Wash. & Lee L. Rev. 2014, 2181, 2198; *Goldstein,* 81 Chi.-Kent L. Rev. 2006, 375, 410; *Moskowitz,* 78 U. Colo. L. Rev. 2007, 817, 825.

Dokumente, die sie im *discovery*-Verfahren erhalten, zulässigerweise an dritte Personen weitergeben, wenn keine entsprechende *protective order* des Gerichts ihnen dies verbietet.

3. Geheimhaltung durch *protective orders*

Wie bereits angesprochen kann das zuständige Gericht den Umfang und die Bedingungen des *discovery*-Verfahrens weit nach eigenem Ermessen bestimmen und die aus seiner Sicht notwendigen Schutzmaßnahmen anordnen.[29] Im Gegensatz zum Ausschluss oder einer Beschränkung der Offenlegung, die nur sehr restriktiv angeordnet werden, sind *protective orders,* die auf die Geheimhaltung der offengelegten Dokumente gerichtet sind, erheblich häufiger. Das Gericht kann dadurch insbesondere den Zugang der Öffentlichkeit zu Gerichtsdokumenten ausschließen und den Beteiligten die Weitergabe von im Rahmen der *discovery* erlangten Dokumenten untersagen, die nicht Teil der Gerichtsakten werden.

a) Zugangsbeschränkung auf Anordnung des Gerichts

Selbst wenn Dokumente Teil der Gerichtsakten geworden sind, besteht das öffentliche Zugriffsrecht an diesen nicht uneingeschränkt, sondern kann im konkreten Fall von entgegenstehenden Interessen überwogen werden.[30] So wird in manchen Konstellationen dem Interesse der Betroffenen an einer Geheimhaltung der Vorrang gegenüber dem Informationsbedürfnis der Öffentlichkeit eingeräumt.[31] In diesen Fällen können dann auf Antrag der Parteien entweder die Dokumente bei Gericht unter Verschluss gehalten (*sealed*) oder zumindest anonymisiert werden und dann nur aufgrund einer erneuten Entscheidung des Gerichts freigegeben werden. Diese Anordnung trifft das zuständige Gericht, im Zuge einer *protective order* gemäß FRCP 26 (c). Voraussetzung sind dafür zwingende Gründe, die nach einer Abwägung der entgegenstehenden Interessen eine Geheimhaltung ausnahmsweise erforderlich machen.[32]

b) Weitergabeverbot

Praktisch bedeutender ist der Fall, dass das Gericht die Weitergabe von Dokumenten, die nicht Teil der Gerichtsakten werden, durch die Beteiligten ein-

---

[29] Siehe oben B. I. 4. und E. I. 1. d) bb).

[30] Nixon v. Warner Communications, Inc., 435 U.S. 589, 598 (1978); In re Cendant Corp., 260 F.3d 183, 194 (3d Cir. 2001); Matter of Krynicki, 983 F.2d 74, 75 (7th Cir. 1992).

[31] Nixon v. Warner Communications, Inc., 435 U.S. 589, 598 (1978); Leucadia, Inc. v. Applied Extrusion Tech., Inc., 998 F.2d 157, 158 f. (3d Cir. 1993); Morgan v. U.S. Dept. of Justice, 923 F.2d 195, 197 (D.C. Cir. 1991).

[32] Siehe dazu ausführlich dazu unten ab F. I. 5.

schränkt. Möglich sind sowohl spezifische Anordnungen bezüglich genau bestimmter Dokumente als auch allgemeinere Anordnungen der Geheimhaltung
von Dokumenten oder Dokumentenkategorien, wenn diese bestimmte Kriterien
erfüllen und durch die verpflichtete Partei selbst als sensibel eingestuft werden,
sogenannte *umbrella protective orders.* Der oben erwähnte Umkehrschluss aus
FRCP 26(c)(1)(g)[33] legt nahe, dass die Beschränkung der Weitergabe und Nutzung der Dokumente und Informationen nur ausnahmsweise und mit wichtigem
Grund möglich sein könnte. In der Praxis sind allerdings die Gerichte sehr frei-
giebig mit dem Erlass von *umbrella protective orders,* die eine Geheimhaltung
vorsehen, sodass diese nahezu standardmäßig erlassen werden.[34]

Zwar kann das Gericht die Anordnung auch von sich aus vornehmen, in der
Praxis wird eine solche aber regelmäßig von den Parteien ausgehandelt, wobei
vor allem in komplexen Fällen nicht jede einzelne geheimhaltungsbedürftige Information behandelt, sondern stattdessen regelmäßig eine *umbrella protective
order* verwendet wird.[35] Oft hat dabei vor allem eine Partei eine hohes Interesse
daran, dass die Inhalte vor der Öffentlichkeit verborgen bleiben (insbesondere
Beklagte in Produkthaftungsfällen oder ähnlich gelagerten Schadensersatzpro-
zessen) und die andere Partei stimmt dieser zu, um das Verfahren zu beschleunigen. Für die hohe Verbreitung dieser Vereinbarungen wird insbesondere auch
der weite Anwendungsbereich der *discovery*-Verpflichtungen verantwortlich gemacht.[36] Dennoch ist es unwahrscheinlich, dass die Begrenzung der *discovery* in
jüngerer Zeit dazu führt, dass Parteien von nun an auf die Geheimhaltungsvereinbarungen verzichten. Denn selbst in Fällen, in denen eine der Parteien der Geheimhaltungsvereinbarung nicht oder nicht im selben Umfang zustimmt, erlassen
die Gerichte diese häufig, um den Austausch im *discovery*-Verfahren zu erleichtern und dadurch das Verfahren zu beschleunigen.[37] Verstößt eine Partei gegen
die Geheimhaltungsverpflichtung, kann das Gericht dies nach FRCP als Missachtung des Gerichts gemäß FRCP 37(b)(2) sanktionieren.[38]

---

[33] Siehe oben: F. I. 2.

[34] Pansy v. Borough of Stroudsburg, 23 F.3d 772, 785 (3rd Cir. 1994); City of Hartford v. Chase, 942 F.2d 130, 137 (2d Cir. 1991); *Anderson,* 55 S. C. L. Rev. 2004, 711,
715; *Benham,* 71 Wash. & Lee L. Rev. 2014, 2181, 2193; *Benham,* 35 Cardozo L. Rev.
2014, 1781, 1784; *Moskowitz,* 78 U. Colo. L. Rev. 2007, 817, 819; *Reinert,* 162 U. Pa.
L. Rev. 2014, 1767, 1780.

[35] Bond v. Utreras, 585 F.3d 1061, 1067 (7th Cir. 2010); *Dore,* 74 Notre Dame
L. Rev. 1999, 285, 332; diese Einschätzung stützt auch die Aussage des Gerichts in Zenith Radio Corp. v. Matsushita Elec. Indus. Co., 529 F. Supp. 866, 889 (E.D. Pa. 1981).

[36] *Dore,* 74 Notre Dame L. Rev. 1999, 285, 326.

[37] *Benham,* 35 Cardozo L. Rev. 2014, 1781, 1784.

[38] Roadway Express, Inc. v. Piper, 447 U.S. 752, 763 (1980); *Haydock/Herr,* s. 7.05;
Bishop, 31 Ga. St. U. L. Rev. 2015, 407, 408 ff.; a. A. Lipscher v. LRP Publications,
Inc., 266 F.3d 1305, 1323 (11th Cir. 2001); *Josephs,* 80 U. Chi. L. Rev. 2013, 1355,
1357 ff.

aa) Inhalt und Durchsetzung

In den *umbrella protective orders* wird die Geheimhaltung von Dokumenten, die im *discovery*-Verfahren ausgetauscht wurden, aber nicht in das Hauptverfahren eingebracht wurden, und deshalb nicht zu den Gerichtsakten gehören, zwischen den Parteien vereinbart, um die Weitergabe an Dritte zu verhindern. Es wird vereinbart, dass Dokumente von der Partei, welche sie vorlegt, nach bestem Wissen und Gewissen als sensibel eingestuft werden können und dann automatisch von der Geheimhaltungsvereinbarung erfasst sind.[39] Nur wenn die Gegenseite diese Einordnung anzweifelt, muss die Partei dann die Gründe für die Geheimhaltung konkret darlegen, sodass zwar die Beweislast in diesem Punkt bei der Partei liegt, welche die Weitergabe der Dokumente verhindern will,[40] aber praktisch auf diese Weise das Regel-Ausnahme-Verhältnis dennoch weit zugunsten der Geheimhaltung verschoben wird. In der *umbrella protective order* wird regelmäßig der Personenkreis bestimmt, der die Informationen zur Kenntnis nehmen darf (zum Beispiel nur Vertreter der Parteien oder sogar nur deren Anwälte[41]), und selbst diesen Personen wird die Kenntnisnahme nur nach Abgabe eines entsprechenden *non-disclosure-agreements* erlaubt.[42] Sie enthält üblicherweise Festlegungen darüber, für welche Kategorien von Informationen sie gilt, das Verfahren in dem festgestellt wird, welche Dokumente unter die erfassten Kategorien fallen und wie diese identifiziert werden, die Personen, denen der Zugriff auf die Dokumente erlaubt ist (insbesondere auch bezüglich eingesetzter externer Dienstleister), verpflichtende technische Sicherheitsvorkehrungen (wie zum Beispiel die Beschränkung der Digitalisierung von Dokumenten), das Verfahren für den Fall, dass eine Partei die Einordnung von Dokumenten durch die Gegenseite als sensibel anzweifelt, Abweichungen von den allgemeinen *discovery*-Regeln, das Geltungsende und Bestimmungen über die Rückgabe oder Zerstörung von Dokumenten.[43] Diese Anordnungen können zu jeder Zeit des Verfahrens erlassen werden.[44] Das Gericht kann zulässigerweise den Inhalt einer *protective order* nachträglich ändern oder gänzlich aufheben und so doch den Zugriff Dritter auf Informationen erlauben.[45] Für die Änderung einer *protective*

---

[39] United Nuclear Corp. v. Cranford Ins. Co., 905 F.2d 1424 (10th Cir. 1990); *Dore,* 74 Notre Dame L. Rev. 1999, 285, 333.

[40] Cipollone v. Liggett Group, Inc., 785 F.2d 1108, 1122 (3d Cir. 1986); *Dore,* 74 Notre Dame L. Rev. 1999, 285, 333 f.

[41] Paycom Payroll, LLC v. Richison, 758 F.3d 1198, 1202 f. (10th Cir. 2014); Knight Capital Partners Corp. v. Henkel Ag & Company, KGaA, 290 F.Supp.3d 681, 686 (2017).

[42] *Dore,* 74 Notre Dame L. Rev. 1999, 285, 334 f.

[43] *Federal Judicial Center,* Manual for Complex Litigation, § 11.432.

[44] *Kutz,* 42 Val. U. L. Rev. 2007, 291, 301.

[45] S.E.C. v. TheStreet.Com, 273 F.3d 222, 230 (2d Cir. 2001); Pansy v. Borough of Stroudsburg, 23 F.3d 772, 784 (3d Cir. 1994).

order gelten dann dieselben Anforderungen und es sind die gleichen Abwägungsfaktoren zu berücksichtigen wie bei deren Erlass.[46]

bb) Sonderfall *sharing provision*

Um einen Ausgleich zwischen dem möglichen Interesse der Parteien, Dokumente aus der *discovery*-Phase an andere potentielle Beteiligte eines ähnlichen Verfahrens weiter zu geben, und dem Wunsch der Gegenpartei, ihre Geschäftsgeheimnisse und andere vertrauliche Informationen vom Zugriff der Öffentlichkeit auszuschließen, zu schaffen, wird teilweise eine sogenannte *sharing provision* in die Anordnung eingefügt. Bei deren Anordnung und Inhalt hat das Gericht einen weiten Spielraum, üblicherweise wird damit aber der Personenkreis, der Einsicht in die Unterlagen der *discovery*-Phase nehmen darf, um solche Dritte erweitert, die in einer ähnlichen Situation ein ähnliches rechtliches Interesse haben und dieses potentiell gerichtlich geltend machen könnten. Dies kann beispielsweise weitere potentielle Kläger in einem Produkthaftungsfall erfassen, da gerade in diesen Verfahren häufig eine Vielzahl voneinander unabhängiger Geschädigter in vergleichbaren Situationen ein Interesse an Informationen über das Produkt oder den Hersteller geltend machen können.[47] Die meisten *sharing provisions* enthalten zur Eingrenzung aber wiederum eine Klausel, die Dritte, die ein solches begründetes Interesse daran haben die Informationen einzusehen und zu verwenden, ebenfalls verpflichtet, deren Inhalt geheim zu halten.[48]

Die Gerichte haben insgesamt bisher noch keine einheitliche Linie dazu gefunden, ob die Weitergabe von *discovery*-Dokumenten an andere mögliche Parteien für ein ähnliches Verfahren als zulässige Ausnahme in eine *protective order* aufzunehmen oder nachträglich einzufügen ist.[49] Insbesondere aus Effizienzgründen wird vielfach gefordert, eine Weitergabe von Dokumenten für andere Verfahren zuzulassen.[50] In Anbetracht der hohen Kosten der *discovery* und den immerwährenden Bestrebungen gerade diesen Verfahrensteil effizienter und vor allem weniger kostenintensiv zu gestalten, darf die Bedeutung dieser Frage nicht unterschätzt werden.[51] Das Verfahren möglichst kostengünstig zu gestalten, ist eines der Grundprinzipien in FRCP 1. Die ausufernden Kosten von Zivilverfahren, ins-

---

[46] Pansy v. Borough of Stroudsburg, 23 F.3d 772, 790 (3d Cir. 1994); siehe unten F. I. 5.

[47] *Benham,* 67 Baylor L. Rev. 2015, 622, 625 f.

[48] *Benham,* 35 Cardozo L. Rev. 2014, 1781, 1823.

[49] *Benham,* 71 Wash. & Lee L. Rev. 2014, 2181, 2183 m.w.N.

[50] *Benham,* 71 Wash. & Lee L. Rev. 2014, 2181, 2184; *Dore,* 74 Notre Dame L. Rev. 1999, 285, 363; *Federal Judicial Center,* Manual for Complex Litigation, § 11.423; *Miller,* 105 Harv. L. Rev. 1991, 427, 498 f.; *Putnam,* 24 Hastings Comm. & Ent. L.J. 2001–2002, 427, 433.

[51] *Dore,* 74 Notre Dame L. Rev. 1999, 285, 363; dem folgend *Benham,* 71 Wash. & Lee L. Rev. 2014, 2181, 2183.

besondere durch die aufwendige *discovery*-Phase, sind seit Einführung der FRCP ein viel diskutiertes Thema und immer wieder Grund für Gesetzesänderungen, die dem entgegenwirken sollen. Aus der hier anzulegenden Perspektive, aus der gefragt wird, wie eng die erhobenen Daten in den Dokumenten an den Zweck ihrer Erhebung gebunden bleiben, hat es nur eine untergeordnete Bedeutung, ob die Weitergabe von Informationen in dieser Situation möglich ist. So erhalten auf diesem Wege weitere Personen Zugriff auf die Daten, allerdings nur dann, wenn sie sich in einer vergleichbaren Situation befinden und ebenfalls ein erhebliches rechtliches Interesse an den darin enthaltenen Informationen nachweisen. Die inhaltliche Bindung an den Zweck der Verwendung für einen Zivilprozess aufgrund eines berechtigten Interesses wird daher nur in geringem Maße aus Effizienzerwägungen ausgedehnt.

4. *Intervention* nach FRCP 24

Die Vereinbarung darüber, ob und in welchem Umfang derartige *protective orders* ergehen, wird zwar von den Beteiligten eines Verfahrens ausgehandelt und bei Gericht beantragt und üblicherweise sind es auch Beteiligte, die gegen eine solche Anordnung vorgehen. Soweit ein am Verfahren weder als Partei noch als Adressat einer *discovery*-Pflicht gegen eine Anordnung der Geheimhaltung vorgehen möchte, kann aber auch er dies durch eine *Intervention* gemäß FRCP 24(a) und (b) tun.[52] Zweck der *Intervention* ist es hauptsächlich, mehrere Verfahren zu derselben Rechts- oder Sachfrage zu vermeiden.[53] Danach kann eine Partei in ein laufendes Verfahren eintreten, wenn sie die dafür erforderliche Eintrittsbefugnis (*standing*) hat. Dies ist in seltenen Ausnahmefällen – vor allem im Umweltrecht – ausdrücklich gesetzlich geregelt und ansonsten möglich, wenn sich die Betroffenheit aus einem eigenen Klagebegehren ergibt. Anerkannt ist aber über diese ausdrücklich aufgeführten Fälle hinaus, dass ein Dritter, auch ohne direktes rechtliches Interesse an dem Verfahren, schon alleine durch das öffentliche Interesse am Sachverhalt eines Verfahrens, das erforderliche *standing* bezüglich einer *protective order* haben kann, wenn er dieses öffentliche Interesse geltend macht.[54] Das kann insbesondere für Journalisten oder Interessenvertretungen der Fall sein. Erhöhte Anforderungen für den Nachweis eines *standings* in Form eines öffentlichen Interesses gelten, wenn das Ausgangsverfahren bereits abgeschlossen ist.[55]

---

[52] *Marcus,* in: Federal Practice & Procedure, § 2035.

[53] Deus v. Allstate Ins. Co., 15 F.3d 506, 525 (5th Cir. 1994); Washington Elec. Coop v. Massachusetts Mun. Wholesale Elec. Co., 922 F.2d 92, 97 (2d Cir. 1990).

[54] Grove Fresh Distributors v. Everfresh Juice Co., 24 F.3d 893, 896 (7th Cir. 1994); Pansy v. Borough of Stroudsburg, 23 F.3d 772, 777 (3d Cir. 1994); Alexander Grant & Co. Litigation, 820 F.2d 352, 354 f. (11th Cir. 1987); CBS v. Young, 522 F.2d 234, 237 f. (6th Cir. 1975).

[55] Bond v. Utreras, 585 F.3d 1061, 1072 (7th Cir. 2009).

Mit dem Eintritt in das Verfahren wird der Dritte dann bezüglich des ihn betreffenden Teils des Verfahrens zur Partei.[56] Auf diesem Wege kann er auch gegen eine *protective order* vorgehen, mit der das Gericht die Geheimhaltung von Dokumenten in den Gerichtsakten anordnet. Auch wenn die Anordnung bereits stattgefunden hat, kann der jeweilige Dritte nachträglich noch deren Abänderung oder Aufhebung verlangen.[57] Das zuständige Gericht überprüft dann die Zulässigkeit der *protective order*. Dabei sind das Interesse der Öffentlichkeit an der Information und das Geheimhaltungsinteresse der Parteien wie bei der Anordnung abzuwägen.[58] Dann trifft es eine Entscheidung darüber, ob diese geändert oder aufgehoben wird. Keine Einigkeit besteht bei den Gerichten hingegen bezüglich der Beweislastverteilung bei der Beurteilung der Rechtmäßigkeit einer bereits angeordneten *protective order*.[59] Die *Intervention* gemäß FRCP 24 kann folglich dazu führen, dass Dritte, und letztlich auch die Öffentlichkeit, doch noch Zugang zu Gerichtsdokumenten bekommen, deren Geheimhaltung das Gericht zunächst angeordnet hatte.

5. Anforderungen an die Anordnung einer *protective order*

Die Betrachtung des Zugangs zu Gerichtsdokumenten für Dritte und der Weitergabe von Dokumenten an eben diese ergibt, dass es in beiden Fällen darauf ankommt, ob eine wirksame *protective order* des Gerichts besteht, welche die Geheimhaltung von Dokumenten anordnet. Ohne eine solche sind der Zugang zu Gerichtsdokumenten und die Weitergabe von Dokumenten durch Parteien unbeschränkt möglich.[60] Die Voraussetzungen der Anordnung einer *protective order* und ihr zulässiger Inhalt sind daher für die Zugangsmöglichkeiten von Dritten die entscheidenden Faktoren. Sie geben die Hürde vor, die bei einem Antrag auf Anordnung, Änderung oder Aufhebung der *protective order* durch Beteiligte oder Dritte vom Gericht anzulegen ist.

In der Praxis werden regelmäßig sogenannte *umbrella protective orders* ausgehandelt, die vorsehen, dass die Beteiligten selbst die von ihnen offenzulegenden Dokumente als geheim einstufen und dies für Dokumentenkategorien erfolgt und nicht für konkrete Einzeldokumente, wodurch die Prüfung der materiellen Voraussetzungen der Anordnung auf den Zeitpunkt verlagert wird, in dem diese an-

---

[56] Deus v. Allstate Ins. Co., 15 F.3d 506, 525 (5th Cir. 1994).

[57] S.E.C. v. TheStreet.Com, 273 F.3d 222, 229 (2d Cir. 2001); Cipollone v. Liggett Group, Inc., 785 F.2d 1108, 1122 (3d Cir. 1986); Alexander Grant & Co. Litig., 820 F.2d 352, 356 (11th Cir. 1987).

[58] Siehe zu dieser Abwägung unten ab F. I. 5. b) bb).

[59] Für den Dritten Phillips v. General Motors Corp., 307 F.3d 1206, 1213 (9th Cir. 2002); für die Partei Pansy v. Borough of Stroudsburg, 23 F.3d 772, 789 f. (3d Cir. 1994); *The Sedona Conference*, Best Practices Addressing Protective Orders, Confidentiality & Public Access in Civil Cases, S. 11.

[60] Siehe oben F. I. 1. a) und F. I. 2.

gefochten wird.[61] Obwohl diese *umbrella protective orders* in der gerichtlichen Praxis weit verbreitet sind, manche Gerichte bieten sogar ein Standardformular für die Formulierung einer solchen Vereinbarung durch die Parteien zur Vorlage an das Gericht an[62], sind ihre Zulässigkeit und ihr zulässiger Umfang keineswegs unumstritten.[63] Insbesondere die Frage, ob die Praxis der Gerichte, oft mit keiner oder nur sehr geringer eigener Prüfung der Situation, auf Initiative der Parteien eine *umbrella protective order* zu erlassen, rechtmäßig ist oder ob eine genaue Prüfung der betroffenen Dokumente im Einzelfall erforderlich und ansonsten weitgehend der Zugriff von und die Weitergabe an Dritte zuzulassen ist, wird kontrovers diskutiert.[64] Problematisch ist dies vor allem, wenn die ausgehandelte *protective order* nicht nur ein Weitergabeverbot enthält, sondern auch die Dokumente in den Gerichtsakten vom Zugang der Öffentlichkeit ausschließen soll.

a) Good cause als Voraussetzung

Ausdrücklich ergibt sich aus FRCP 26(c)(1) lediglich, dass „*good cause*", also ein wichtiger Grund für eine Anordnung der Geheimhaltung vorliegen muss, welche die betroffenen Personen vor negativen Folgen der Offenbarung schützen soll („*annoyance, embarrassment, oppression, or undue burden or expense*"). Wann ein solcher wichtiger Grund vorliegt, ist nicht weiter gesetzlich bestimmt und bisher auch nicht durch den Supreme Court entschieden worden, sodass für das zuständige Tatsachengericht im Einzelfall in dieser Frage ein erheblicher Entscheidungsspielraum bleibt.[65] In besonderen Situationen wie zum Beispiel kartellrechtlichen Verfahren kann auch ein gesetzliches Verbot wie das der Preisabsprache begründen, dass eine Geheimhaltung gewisser Informationen (wie in diesem Fall Preiskalkulationen) vor der Gegenseite erforderlich ist.[66] Das Geheimhaltungsinteresse kann sich sowohl aus wirtschaftlichem Interesse an der Geheimhaltung von Geschäftsgeheimnissen als auch daraus ergeben, dass die Privatsphäre von Personen betroffen ist. Die FRCP sehen ihrem Wortlaut nach keine besondere Behandlung von Dokumenten vor, die private oder intime Informationen enthalten, solange diese nicht privilegiert sind.[67] Aus der Berücksichtigung

---

[61] Chicago Tribune Co. v. Bridgestone/Firestone, Inc., 263 F.3d 1304, 1307 (11th Cir. 2001); *Marcus,* in: Federal Practice & Procedure, § 2035.

[62] *Benham,* 35 Cardozo L. Rev. 2014, 1781, 1784, Fn. 16.

[63] Für eine Änderung sprechen sich unter anderem aus *Goldstein,* 81 Chi.-Kent L. Rev. 2006, 375, 375 ff.; *Kutz,* 42 Val. U. L. Rev. 2007, 291, 291 ff.; siehe dazu auch *Pace III,* 19 Antitrust 2005, 46, 47.

[64] Siehe unten F. I. 5. b).

[65] *Benham,* 71 Wash. & Lee L. Rev. 2014, 2181, 2192; *Kutz,* 42 Val. U. L. Rev. 2007, 291, 302.

[66] *Pace III,* 19 Antitrust 2005, 46.

[67] Seattle Times Co. v. Rhinehart, 467 U.S. 20, 30 (1984); Gill v. Gulfstream Park Racing Ass'n., Inc., 399 F.3d 391, 402 (1st Cir. 2005); Pansy v. Borough of Stroudsburg, 23 F.3d 772, 787 (3d Cir. 1994).

von einer unangemessenen Belastung durch *embarrassment* und *harassment* in FRCP 26(c)(1) zeigt sich aber, dass diese Erwägungen auch in der Systematik der FRCP anerkannt sind.[68] Neben dem Hauptanwendungsfall des Schutzes von Geschäftsgeheimnissen kann auch der Schutz der Privatsphäre Dritter, am Verfahren nicht beteiligter Personen, ein Grund für eine *protective order* sein.[69] Diese kann auch die Geheimhaltung von Dokumenten, die Teil der Gerichtsakten geworden sind, enthalten.[70] Dies erfasst auch mögliche Verstöße gegen Datenschutzrecht eines anderen Landes durch die Offenlegung im Rahmen der *discovery*.[71]

b) Prüfungsmaßstab

Auch wenn die Feststellung eines wichtigen Grundes und die Abwägung mit entgegenstehenden Interessen eine Einzelfallentscheidung ist, lässt sich aus dem anzulegenden Prüfungsmaßstab ein abstrakter Schluss auf die Hürde für eine Anordnung ziehen. Teilweise erlassen Gerichte eine *umbrella protective order* ohne jegliche Überprüfung, wenn beide Parteien eine solche ausgehandelt haben und über den Inhalt einig sind.[72] Andere haben auch in Fällen, in denen beide Parteien sich über die *umbrella protective order* einig waren und diese von keiner Seite in Frage gestellt wurde, die Anordnung verweigert und sehr hohe Anforderungen an die Darlegung des *good cause* gestellt, wobei diese Entscheidungen regelmäßig schon in den *pretrial-conferences* ergehen und nicht in den veröffentlichten Entscheidungen enthalten sind.[73] Wenn das Gericht dies für erforderlich erachtet, kann es auch die fraglichen Dokumente, oder Stichproben davon, unter Ausschluss der Öffentlichkeit und gegebenenfalls auch der Parteien prüfen (*in camera*), um festzustellen, ob ein Grund für die Anordnung besteht.[74] Diese Uneinigkeit zeigt, wie unterschiedlich der Erlass einer *umbrella protective order* gehandhabt werden kann. Der Konflikt über die erforderlichen Anforderungen dafür beruht auf dem Verhältnis von Transparenz des Verfahrens vor US-Zivilgerichten und dem Interesse an der Geheimhaltung gewisser Informationen. Um die Zulässigkeit der Geheimhaltung von Gerichtsunterlangen und Dokumenten der *discovery*-Phase besteht seit Jahrzehnten Streit in der Rechtswissenschaft in den

---

[68] *McPeak,* 64 U. Kan. L. Rev. 2015–2016, 235, 271.

[69] King v. Olympic Pipeline Co., 104 Wash. App. 338, 370 (Wash. Ct. App. 2000); Lawrence v. Hoban Management, Inc., 305 F.R.D. 589, 593 f. (S.D. Cal. 2015); *Marcus,* in: Federal Practice & Procedure, § 2037.

[70] *Ardia,* U. Ill. L. Rev. 2017, 1385, 1427.

[71] Bodner v. Paribas, 202 F.R.D. 370, 376 (E.D.N.Y. 2000).

[72] Pansy v. Borough of Stroudsburg, 23 F.3d 772, 785 (3d Cir. 1994); City of Hartford v. Chase, 942 F.2d 130 (2d Cir.1991); Estate of Frankl v. Goodyear Tire & Rubber Co., 853 A.2d 880, 882 (N.J. 2004); *Anderson,* 55 S. C. L. Rev. 2004, 711, 715.

[73] *Pace III,* 19 Antitrust 2005, 46.

[74] *Haydock/Herr,* s. 7.04.

USA. Während einige Autoren die Geheimhaltung von Verfahrensinhalten aus verschiedenen Gründen befürworten[75], kritisieren andere diese aus ihrer Sicht intransparente und gefährliche Vorgehensweise[76]. Die Debatte ist dabei in hohem Maße rechtspolitisch. Insbesondere die Vertreter einer erhöhten Transparenz fordern immer wieder das Eingreifen des Gesetzgebers. Aber auch bei der Auslegung der bestehenden Rechtslage begegnen sich diese beiden gegenläufigen Interessen.

Die abstrakte Beurteilung der Zugangsmöglichkeit der Öffentlichkeit hängt gerade davon ab, ob Parteien die Gründe für die Geheimhaltung für jedes Dokument einzeln darlegen müssen, um eine Geheimhaltungsanordnung zu erreichen oder ob es auch möglich ist, Gründe für die Anordnung einer *umbrella protective order* darzulegen, die es den Parteien dann ermöglicht, zunächst selbst Dokumente als geheimhaltungsbedürftig einzuordnen, sodass die Gründe dafür dann nur in Streitfällen konkret erläutert werden müssen.

aa) Feststellung im konkreten Einzelfall

Die Anordnung einer *protective order* ohne jegliche Prüfung, die Gerichtsdokumente vom Zugang der Öffentlichkeit ausnimmt und bezüglich der sonstigen Dokumente aus der *discovery*-Phase die Weitergabe verbietet, ist mit dem Wortlaut von FRCP 26(c), der ausnahmslos *good cause* verlangt, nicht vereinbar. Dass sich beide Parteien darüber einig sind, dass die Dokumente geheim gehalten werden sollen, die eine Partei als geheimhaltungsbedürftig klassifiziert hat, und dies von der anderen Partei nicht angezweifelt wurde, reicht alleine noch nicht aus.[77] Es ist trotzdem ein wichtiger Grund für die Geheimhaltung erforderlich.[78] Dafür, dass dies den Willen des Gesetzgebers widerspiegelt, spricht, dass ein Änderungsvorschlag für FRCP 26(c) erwogen wurde, der neben einem wichtigen Grund alternativ auch die Vereinbarung durch die Parteien ausreichen lassen hätte, der aber bewusst nicht umgesetzt wurde.[79] Würde man schon die Vereinbarung der Parteien ausreichen lassen, so würde dies dazu führen, dass die Parteien eigenständig die direkte Sanktionsandrohung einer Missachtung des Gerichts vereinbaren könnten, die dann durch das Gericht im Fall eines Verstoßes durchzusetzen wäre, obwohl es den Grund für das Verbot gar nicht vollständig

---

[75] *Erichson,* 81 Chi.-Kent L. Rev. 2006, 357; *Marcus,* U. Ill. L. Rev. 1991, 457; *Miller,* 105 Harv. L. Rev. 1991, 427.

[76] *Anderson,* 55 S. C. L. Rev. 2004, 711; *Koniak,* 30 Hofstra L. Rev. 2002, 783; *Kutz,* 42 Val. U. L. Rev. 2007, 291; *Zitrin,* 32 Hofstra L. Rev. 2004, 1565.

[77] In re Violation of Rule 28(D), 635 F.3d 1352, 1358 (Fed. Cir. 2011).

[78] In re Violation of Rule 28(D), 635 F.3d 1352, 1358 (Fed. Cir. 2011); Jepson, Inc. v. Makita Elec. Works, Ltd., 30 F.3d 854, 858 (7th Cir. 1994).

[79] *Dore,* 74 Notre Dame L. Rev. 1999, 285, 339 f.

geprüft hat.[80] Das zuständige Gericht hat daher in jedem Fall eine Feststellung über den wichtigen Grund der Anordnung zu treffen und kann dies nicht ausschließlich auf die Vereinbarung der Parteien stützen.

bb) Öffentliches Interesse an der Transparenz von Zivilverfahren

Auch eine zu oberflächliche Prüfung eines wichtigen Grundes, der die Anordnung einer *umbrella protective order* für eine Vielzahl von Dokumenten rechtfertigt, ist problematisch, wie die damit einhergehenden Risiken insbesondere in extremen Beispielsfällen aus dem Produkthaftungsrecht zeigen.[81] Das Interesse der Öffentlichkeit an Dokumenten aus einem Verfahren kann sich dabei nicht nur aus deren Bedeutung für das konkrete Verfahren, sondern auch aus ihrem Informationsgehalt selbst ergeben.[82] So zeigen sich die Gefahren einer weitgehend standardmäßigen Geheimhaltung in Zivilverfahren an den realen Beispielen von Todesfällen durch defekte Autoreifen[83], fehlerhafte Zündsysteme[84] und wiederholte Missbrauchsfälle[85] durch Pfarrer in der katholischen Kirche.[86] Dabei wären spätere Fälle möglicherweise zu verhindern gewesen, wenn die Öffentlichkeit schon durch das erste Verfahren von dem bestehenden Risiko erfahren hätte und dies nicht aufgrund von Geheimhaltungsvereinbarungen verborgen geblieben wäre. Hätten in diesen Fällen nicht die Anwälte der Beklagten auf einen Vergleich und dessen vollständige Geheimhaltung gedrängt, hätten möglicherweise weitere Opfer verhindert werden können.[87] Zudem kann öffentlicher Zugang die Sorgfalt der Gerichte und das Vertrauen der Bevölkerung in das Rechtssystem erhöhen[88], indem es Ungerechtigkeiten, Inkompetenz, Falschaussagen und Betrug im Verfahren erschwert und die Gerichte zu erhöhter Sorgfalt angehalten werden[89]. Insbesondere die aufgeführten Beispielsfälle machen deutlich, welche erheblichen Risiken es mit sich bringt, den Parteien zu weitgehende Geheimhaltung der Inhalte eines Verfahrens zuzugestehen, weshalb eine Prüfung durch das Gericht auch bei Übereinstimmung der Parteien erforderlich ist.

---

[80] *Anderson,* 55 S. C. L. Rev. 2004, 711, 727 ff.; *Erichson,* 81 Chi.-Kent L. Rev. 2006, 357, 368 u. 371 ff.

[81] *Benham,* 71 Wash. & Lee L. Rev. 2014, 2181, 2182 mit einem Überblick über den Stand der Literatur hierzu.

[82] *Goldstein,* 81 Chi.-Kent L. Rev. 2006, 375, 382 f.

[83] Estate of Frankl v. Goodyear Tire & Rubber Co., 853 A.2d 880, 880 ff. (N.J. 2004); *Goldstein,* 81 Chi.-Kent L. Rev. 2006, 375, 375 ff.

[84] *Zahnd,* 28 Geo. J. Legal Ethics 2015, 1005, 1005 ff.

[85] *Benham,* 35 Cardozo L. Rev. 2014, 1781, 1782.

[86] *Anderson,* 53 Vill. L. Rev. 2008, 811, 811 ff.

[87] *Zahnd,* 28 Geo. J. Legal Ethics 2015, 1005, 1008.

[88] *Goldstein,* 81 Chi.-Kent L. Rev. 2006, 375, 378 u. 381 f.; *Zitrin,* 32 Hofstra L. Rev. 2004, 1565, 1575 f.

[89] Gambale v. Deutsche Bank AG, 377 F.3d 133, 140 (2d Cir. 2004).

cc) Prozesseffizienz und Schutz privater Interessen
durch Geheimhaltung sensibler Informationen

Die Anforderungen an die Prüfung des wichtigen Grundes dürfen andererseits auch nicht überspannt werden. Trotz der angeführten Gründe für die größtmögliche Transparenz des Verfahrens gilt diese aber nicht uneingeschränkt. Dass schon der erste Zusatz zur US-Verfassung, das Recht auf freie Meinungsäußerung, die Anordnung des Verschlusses von Dokumenten aus Zivilverfahren generell verbietet, hat der Supreme Court bereits im Jahre 1984 abgelehnt.[90] Ob dieser bei der Zulässigkeit einer *umbrella protective order* unbeachtlich ist[91] oder aber zu berücksichtigen ist, allerdings nicht absolut deren Anordnung widerspricht[92], kann hier dahinstehen. Auch der Grundsatz der Verfahrensöffentlichkeit verbietet nicht kategorisch jegliche Geheimhaltung von Verfahrensunterlagen durch *umbrella protective orders,* da dieser einerseits nicht absolut gilt und andererseits für die Verfahrensphase der *discovery* nur soweit gilt, wie Informationen in der Hauptverhandlung relevant werden.[93] Für dieses Verständnis spricht auch, dass die *discovery* von ihrer Zielsetzung her nicht darauf gerichtet ist, Informationen für die Öffentlichkeit hervorzubringen und zugänglich zu machen.[94] Der weite Umfang der *discovery* wird nur durch den Zweck der größtmöglichen Wahrheitsfindung im Interesse der Parteien gerechtfertigt und nicht durch die darüber hinausgehenden Interessen der Öffentlichkeit an den zugrundeliegenden Sachverhalten.[95]

dd) Keine Einzelprüfung

Ein angemessener Ausgleich zwischen diesen beiden widerstreitenden Interessen wird dadurch erreicht, dass bei der Prüfung eines wichtigen Grundes für die Anordnung der Geheimhaltung keine überhöhten Anforderungen in Form einer Einzelprüfung des Inhalts jedes einzelnen Dokuments gestellt werden. Auch wenn die Tatsache, dass eine *umbrella protective order* regelmäßig von den Parteien ausgehandelt und vorgeschlagen wird, als solche noch keinen wichtigen Grund im Sinne von FRCP 26(c) darstellt, kann das Gericht bezüglich der entgegenstehenden Interessen der Parteien bei deren Einvernehmen eher von ihrer Ausgewogenheit ausgehen, als wenn es diese selbst entwickeln würde, was eine Tendenz zur Angemessenheit der Vereinbarung begründet.[96] Es trifft letztlich

---

[90] Seattle Times Co. v. Rhinehart, 467 U.S. 20, 30 (1984); dazu ausführlich *Benham,* 35 Cardozo L. Rev. 2014, 1781, 1782 ff.

[91] *Marcus,* U. Ill. L. Rev. 1991, 457, 462 f.

[92] *Benham,* 35 Cardozo L. Rev. 2014, 1781, 1811.

[93] Siehe oben F. I. 1. a).

[94] *Miller,* 105 Harv. L. Rev. 1991, 427, 447; dem folgend auch *Kutz,* 42 Val. U. L. Rev. 2007, 291, 297.

[95] *Erichson,* 81 Chi.-Kent L. Rev. 2006, 357, 366.

[96] *Benham,* 71 Wash. & Lee L. Rev. 2014, 2181, 2198; *Dore,* 74 Notre Dame L. Rev. 1999, 285, 327 u. 334.

aber trotzdem eine eigene Entscheidung mit weitem Spielraum über die Anordnung. Die aus dem weiten Umfang der *discovery* resultierende Möglichkeit des Missbrauchs dieses Instruments zur Informationsgewinnung für Zwecke, die über das konkrete Verfahren hinausgehen, macht weitreichende Geheimhaltungsmöglichkeiten bezüglich Unterlagen aus der *discovery*-Phase notwendig.[97] Für eine weitgehende Zulässigkeit von *umbrella protective orders* spricht zudem, dass sie die Effizienz im Ablauf von Verfahren verbessern und somit der übergeordneten Zielsetzung der gesamten FRCP entsprechen.[98] Da die Parteien selbst die Geheimhaltung gewisser Kategorien von Dokumenten aushandeln, besteht für sie weniger Risiko bei der Herausgabe von Dokumenten, was sich positiv auf ihre Bereitschaft auswirken soll, der Gegenseite und dem Gericht Dokumente zur Verfügung zu stellen.[99] Eine allgemeine Vereinbarung, die es ermöglicht, Dokumente als geheimhaltungsbedürftig einzuordnen, führt dazu, dass nach deren Abschluss die Parteien und das Gericht sich nicht mit einzelnen Dokumenten und deren Geheimhaltungsbedürftigkeit beschäftigen müssen und sich stattdessen zunächst auf das Verfahren konzentrieren können, anstatt eine Vielzahl von Dokumenten einzeln zu behandeln, was den Aufwand vervielfachen würde.[100] Dies entspricht dem Zweck in FRCP 1, jedes Verfahren möglichst gerecht, schnell und kostengünstig zu gestalten.[101]

Um den Ausgleich zwischen dem Transparenzinteresse der Öffentlichkeit und dem Geheimhaltungsbedürfnis der am Prozess beteiligten Personen zu schaffen, ist im Ergebnis ein Mittelweg zwischen beiden Positionen zu suchen.[102] Dieser besteht in einer spezifischen Prüfung der konkreten Gründe für eine *umbrella protective order*, ohne aber eine Überprüfung jedes einzelnen Dokuments durch das Gericht zu fordern. Die bloße Behauptung der Erforderlichkeit einer *protective order* reicht dafür nicht aus, sondern es ist stattdessen die Darlegung konkreter und genau beschriebener Tatsachen erforderlich.[103] Es müssen spezifische

---

[97] Chicago Tribune Co. v. Bridgestone/Firestone, Inc., 263 F.3d 1304, 1316 (11th Cir. 2001); *Erichson,* 81 Chi.-Kent L. Rev. 2006, 357, 362 ff.; *Saccone,* 39 U. Tol. L. Rev. 2008, 729, 740 f.

[98] *Kutz,* 42 Val. U. L. Rev. 2007, 291, 300.

[99] United Nuclear Corp. v. Cranford Ins. Co., 905 F.2d 1424, 1427 (10th Cir. 1990); *Dore,* 74 Notre Dame L. Rev. 1999, 285, 338; *Goldstein,* 81 Chi.-Kent L. Rev. 2006, 375, 406); *Saccone,* 39 U. Tol. L. Rev. 2008, 729, 741 f.

[100] S.E.C. v. TheStreet.Com, 273 F.3d 222, 229 (2d Cir. 2001); Cipollone v. Liggett Group, Inc., 785 F.2d 1108, 1122 (3d Cir. 1986); Alexander Grant & Co. Litig., 820 F.2d 352, 356 (11th Cir. 1987).

[101] *Kutz,* 42 Val. U. L. Rev. 2007, 291, 300.

[102] *Marcus,* in: Federal Practice & Procedure, § 2035; so im Ergebnis auch *Benham,* 35 Cardozo L. Rev. 2014, 1781, 1816 ff., der dies aber ausdrücklich mit dem Bezug zum 1. Verfassungszusatz (*freedom of* speech) begründet.

[103] Serrano v. Cintas Corp., 699 F.3d 884, 901 (6th Cir. 2012); Nemir v. Mitsubishi Motors Corp., 381 F.3d 540, 550 (6th Cir. 2004); Gulf Oil Co. v. Bernard, 452 U.S. 89, 102 (1981).

und genaue Beispiele für mögliche Gefahren einer Weitergabe oder Veröffentlichung gegeben werden und nicht nur allgemeine Behauptungen aufgestellt werden.[104] Der Nachweis eines wichtigen Grundes erfordert Fakten, die mögliche
Gefahren für die Privatsphäre potentieller Betroffener aufzeigen.[105] Diese Gefahren müssen klar bestimmt und ernsthaft sein[106], der drohende Schaden für die
potentiellen Betroffenen erheblich und keine bloße Bagatelle.[107] Bloß vage Behauptungen reichen nicht aus.[108] Die Partei, die eine Geheimhaltungsanordnung
beantragt, trägt die Darlegungslast bezüglich der Tatsachen, die ein bestimmtes
Bedürfnis für die Anordnung begründen[109]. Soweit auf diesem Wege wichtige
Gründe für eine weitgehende Geheimhaltung durch eine Partei dargelegt werden,
braucht das Gericht keine Überprüfung jedes einzelnen Dokuments vornehmen,
sondern kann eine *umbrella protective order* erlassen. Eine Überprüfung der einzelnen Dokumente wird dann nur erforderlich, wenn die andere Partei oder ein
Dritter konkret deren Freigabe fordert.

c) Abwägungsmaßstab für die Prüfung im Einzelfall

Sind die erforderlichen konkreten Tatsachen und drohende Risiken dargelegt
und ist eine *umbrella protective order* daher zulässig, muss das Gericht zwischen
diesen Risiken und dem öffentlichen Interesse an den Informationen abwägen
und feststellen, ob die dargelegten Tatsachen einen ausreichend wichtigen Grund
für die Geheimhaltung im Einzelfall ergeben.[110] Ist ein Geheimhaltungsinteresse
hinreichend dargelegt, muss auch das entgegenstehende Interesse von demjenigen, der gegen die *protective order* vorgeht, dementsprechend spezifisch dargelegt werden.[111] Bei der Entscheidung über die Anordnung, Änderung oder Auf-

---

[104] In re Roman Catholic Archbishop of Portland in Oregon, 661 F.3d 417, 424 (9th
Cir. 2011); Shingara v. Skiles, 420 F.3d 301, 306 (3d Cir. 2005); Foltz v. State Farm
Mut. Auto. Ins. Co., 331 F.3d 1122, 1130 (9th Cir.2003); Pansy v. Borough of Stroudsburg, 23 F.3d 772, 788 f. (3d Cir. 1994); Cipollone v. Liggett Group, Inc., 785 F.2d
1108, 1121 (3d Cir. 1986).

[105] Anderson v. Cryovac, Inc., 805 F.2d 1, 7 (1st Cir. 1986).

[106] Violation of Rule 28(D), 635 F.3d 1352, 1357 f. (Fed. Cir. 2011); Phillips v. Gen.
Motors Corp., 307 F.3d 1206, 1210 f. (9th Cir. 2002); Hobley v. Burge, 225 F.R.D. 221,
224 (N.D. Ill. 2004).

[107] Cipollone v. Liggett Grp., Inc., 785 F.2d 1108, 1121 (3d Cir. 1986).

[108] In re Roman Catholic Archbishop of Portland in Oregon, 661 F.3d 417, 424 (9th
Cir. 2011); Foltz v. State Farm Mut. Auto. Ins. Co., 331 F.3d 1122, 1130 (9th Cir.
2003); Cipollone v. Liggett Grp., Inc., 785 F.2d 1108, 1121 (3d Cir. 1986).

[109] Leucadia, Inc. v. Applied ExtrusionTechs., Inc., 998 F.2d 157, 166 (3d Cir. 1993).

[110] Glenmede Trust Co. v. Thompson, 56 F.3d 476 , 483 (3d Cir. 1995); Pansy v.
Borough of Stroudsburg, 23 F.3d 772, 785 (3d Cir. 1994); *Miller,* 105 Harv. L.Rev.
1991, 427, 432 f.

[111] Bruno & Stillman, Inc. v. Globe Newspaper Co., 633 F.2d 583, 597 (1st Cir.
1980); *Posdziech,* 90 m.w.N.

hebung einer *umbrella protective order* sind dann, wie bei jeder *protective order,* das Interesse der Öffentlichkeit an der Zugänglichkeit der Information (zum Beispiel Sicherheitserwägungen oder Effizienzgründe) oder das Weitergabeinteresse, mit dem Geheimhaltungsinteresse der Betroffenen abzuwägen.[112] Zu berücksichtigen ist unter anderem, ob:

1. der Zugriff der Öffentlichkeit in die Privatsphäre von Personen eingreift,

2. ein Dritter ein berechtigtes Interesse an dem Zugang hat,

3. die Offenlegung eine Partei in Verlegenheit bringt,

4. die Geheimhaltung von Informationen gefordert wird, die die öffentliche Gesundheit und Sicherheit betreffen,

5. die Weitergabe von Informationen an andere potentielle Kläger zu mehr Fairness und Effizienz führen würde,

6. die Geheimhaltung von einer Partei gefordert wird, die eine öffentliche oder private Stelle ist,

7. das Verfahren einen Sachverhalt betrifft, der für die Öffentlichkeit von Interesse ist.[113]

Dass diese Abwägungsfaktoren vage bleiben und einen erheblichen Spielraum für das Gericht in der Tatsacheninstanz einräumen, ist beabsichtigt, um diesem die erforderliche Flexibilität zu lassen, eine gerechte und angemessene Entscheidung im Einzelfall zu ermöglichen.[114] Im Rahmen dieser Abwägung sucht das Gericht nach einem Ausgleich der Interessen. Stellt es fest, dass für gewisse Informationen ein erhebliches Risiko mit ihrer Veröffentlichung einhergehen würde und daher ein wichtiger Grund für die Geheimhaltung vorliegt, muss es weiter prüfen, ob der zu befürchtende Schaden dadurch vermieden werden kann, dass lediglich Teile der geforderten Informationen geheim gehalten werden und andere Teile dann zugänglich gemacht werden können.[115] Ebenso wird der Ausschluss des Zugangs zu Gerichtsdokumenten aufgrund eines entgegenstehenden Personenbezugs nur dort in Frage kommen, wo keine Anonymisierung möglich

---

[112] Seattle Times Co. v. Rhinehart, 467 U.S. 20, 35 (1984); Crain Communications, Inc. v. Hughes, 521 N.Y.S.2d 244, 245 (N.Y. App. Div. 2010); *Federal Judicial Center,* Manual for Complex Litigation, § 11.432.

[113] In re Roman Catholic Archbishop of Portland in Oregon, 661 F.3d 417, 424 (9th Cir. 2011); Shingara v. Skiles, 420 F.3d 301, 306 (3d Cir. 2005); Glenmede Trust Co. v. Thompson, 56 F.3d 476, 483 (3d Cir. 1995); Pansy v. Borough of Stroudsburg, 23 F.3d 772, 788 f. (3d Cir. 1994).

[114] Pansy v. Borough of Stroudsburg, 23 F.3d 772, 789 (3d Cir. 1994).

[115] In re Roman Catholic Archbishop of Portland in Oregon, 661 F.3d 417, 425 (9th Cir. 2011); Foltz v. State Farm Mut. Auto. Ins. Co., 331 F.3d 1122, 1136 f. (9th Cir. 2003).

ist.[116] Die Anforderungen für den Ausschluss des Zugangs der Öffentlichkeit zu Gerichtsdokumenten sind zudem erheblich höher, als für ein Weitergabeverbot bezüglich der übrigen Dokumente des *discovery*-Verfahrens.[117] Der Ausschluss des Zugangs der Öffentlichkeit zu Dokumenten, die als Beweismittel eine Sachentscheidung des Gerichts stützen, scheidet üblicherweise aus und ist nur in engen Ausnahmefällen möglich.[118] Ein Weitergabeverbot aus diesem Grund ist als milderes Mittel zum Ausschluss der *discovery* hingegen viel eher denkbar.

6. Zwischenergebnis

Ein unbeschränkter Zugang nicht am Verfahren beteiligter Personen zu Dokumenten, die in der *discovery*-Phase offengelegt werden mussten, besteht nach US-Recht nicht. Durch das Zusammenspiel des geänderten FRCP 5(d), wonach nur noch die vor Gericht verwendeten Unterlagen aus dem *discovery*-Verfahren bei Gericht eingereicht werden müssen, den Grundsatz, dass nur die Gerichtsakten für die Öffentlichkeit zugänglich sind, und die weit verbreitet eingesetzten *umbrella protective orders* sind die Ergebnisse der *discovery* weitgehend vom Zugriff der Öffentlichkeit ausgeschlossen.[119] Und selbst solche Dokumente, die für das Verfahren erheblich sind und daher nach FRCP 5(d) Teil der Gerichtsakten werden, können in begründeten Ausnahmefällen durch die *protective order* vom Zugriff der Öffentlichkeit ausgeschlossen werden, wenn überwiegende Interessen dies erfordern. Soweit die Dokumente nicht Teil der Gerichtsakten werden, können sie in der Praxis regelmäßig unproblematisch weitgehend durch eine *umbrella protective order* vor der Weitergabe durch die Parteien und auch vor dem direkten Zugriff der Öffentlichkeit geschützt werden. Diese Schutzanordnungen beschränken den Kreis der Zugriffsberechtigten auf Dokumente aus der *discovery*-Phase üblicherweise auf die Parteien, ihre Anwälte und wenige Dritte, sodass weder die unkontrollierte Weitergabe der Dokumente noch der direkte Zugriff Dritter auf diese möglich ist.[120] Dabei ist eine *umbrella protective order* nicht nur unter relativ geringen Voraussetzungen zu erwirken und daher weit ver-

---

[116] In re Roman Catholic Archbishop of Portland in Oregon, 661 F.3d 417, 425 (9th Cir. 2011); Doe v. City of Chicago, 360 F.3d 667, 669 f. (7th Cir. 2004); Foltz v. State Farm Mut. Auto. Ins. Co., 331 F.3d 1122, 1136 f. (9th Cir. 2003).

[117] In re Cendant Corp., 260 F.3d 183, 192 (3d Cir. 2001); Mine Safety Appliances Co. v. North River Ins. Co., 73 F. Supp. 3d 544, 557 (W.D. Pa. 2014).

[118] Nixon v. Warner Communications, Inc., 435 U.S. 589, 570 (1978); Shane Group, Inc. v. Blue Cross Blue Shield of Michigan, 825 F.3d 299, 305 (6th Cir. 2016); Lugosch v. Pyramid Co. of Onondaga, 435 F.3d 110, 120 (2d Cir. 2006); Skky, LLC v. Facebook, Inc., 191 F. Supp. 3d 977, 980 (D. Minn. 2016); *Marcus,* in: Federal Practice & Procedure, § 2042.

[119] Siehe oben F. I. 1. und vgl. *Putnam,* 24 Hastings Comm. & Ent. L.J. 2001–2002, 427, 447.

[120] Siehe oben F. I. 3. b).

breitet, sondern auch üblicherweise so detailliert ausgestaltet, dass sie spezifische Angaben über die Zugangsmöglichkeiten enthalten. So kann ein für den Einzelfall geeigneter Ausgleich zwischen den widerstreitenden Interessen gefunden werden.

Wie bei der Beschränkung des Umfangs der *discovery* durch eine *protective order* ist auch für die Anordnung der Geheimhaltung zunächst erforderlich, dass der Antragsteller ein Geheimhaltungsinteresse darlegt, welches sich in der vorliegenden Situation aus der Belastung durch entgegenstehendes Datenschutzrecht eines Drittstaates und somit indirekt aus den darin geschützten Persönlichkeitsrechten ergibt.[121] Mit einem Antrag auf Anordnung einer *protective order* steht eine wirksame Möglichkeit zum Schutz von Datenschutzinteressen zur Verfügung. Dies ergibt sich aus den geringen Voraussetzungen für eine solche *protective order*, welche die Weitergabe von Dokumenten verbietet, wenn diese nicht Teil der Gerichtsakten werden. Erforderlich ist die Darlegung einer konkreten Gefahr für die Privatsphäre beziehungsweise eines Haftungsrisikos durch einen Verstoß gegen Datenschutzrecht, aber keine Einzelprüfung aller Dokumente.[122] Stattdessen kann eine beteiligte Partei selbst eigenständig Dokumente und Dokumentenkategorien als geheim einstufen. Gegen die Vereinbarkeit spricht auch nicht die Möglichkeit, dass Dritte Zugang zu spezifischen Dokumenten durch ein Einschreiten nach FRCP 24 erlangen können, wenn die Interessen der Dritten oder der Öffentlichkeit das Geheimhaltungsinteresse überwiegen. Dieser Zugriff ist dann nicht unkontrolliert, sondern wird erst nach einer Prüfung durch das Gericht bezüglich konkreter Dokumente für zulässig erkannt. Das Regel-Ausnahme-Verhältnis wird durch die weite Verbreitung von *umbrella protective orders* weit zu Gunsten der Geheimhaltung der Dokumente verschoben. Für Dritte ist der Zugriff auf Dokumente aus der *discovery* dann nur möglich, wenn im konkreten Fall ihr Interesse oder das Interesse der Öffentlichkeit das entgegenstehende Interesse an der Geheimhaltung der Dokumente überwiegt.

II. Verwendung der im Zivilprozess erlangten Dokumente und Informationen in England und Deutschland

Ob die gezeigten Möglichkeiten der Weitergabe von Dokumenten, die zur Verwendung in der *discovery* übermittelt wurden, durch die Parteien und die Zugriffsmöglichkeiten Dritter auf eben diese, der Vereinbarkeit der Übermittlung mit dem Datenschutzrecht entgegenstehen, ist ebenfalls im Vergleich mit der Rechtslage in dieser Frage in England und Deutschland zu beurteilen.

---

[121] Siehe oben E. I. 1. d).
[122] Siehe oben F. I. 5. b).

1. Grundsatz der Öffentlichkeit

Das Prinzip der Öffentlichkeit von Verhandlungen vor Zivilgerichten besteht in England und Deutschland ebenso wie im US-Recht. Auch in diesen europäischen Rechtssystemen sind Gerichtsverhandlungen im Regelfall öffentlich und können nur in engen Grenzen ausnahmsweise unter Ausschluss der Öffentlichkeit stattfinden, wenn dafür ein wichtiger Grund besteht. Dabei sind auch hier persönlichkeitsrechtliche Belange der beteiligten Personen als möglicher Grund für den Ausschluss der Öffentlichkeit anerkannt und im Einzelfall mit dem Interesse der Öffentlichkeit abzuwägen. Auch ist in allen drei Rechtsordnungen dabei der Ausschluss der Öffentlichkeit in der Verhandlung auf das absolut notwendige Minimum zu reduzieren und muss die Ausnahme bleiben. In England ergibt sich die Öffentlichkeit der Verhandlung eines Zivilverfahrens ausdrücklich aus CPR 39.2(1). Der Grundsatz der Öffentlichkeit kommt aus dem *common law,* ist aber auch hier trotz seiner großen Bedeutung nicht absolut.[123] Die Öffentlichkeit kann vom Gericht per Anordnung gemäß CPR 39.2(3) unter anderem ganz oder teilweise von einer Verhandlung ausgeschlossen werden, wenn ansonsten vertrauliche Informationen preisgegeben würden oder dies zum Schutz von Kindern und Patienten erforderlich ist (die anderen dort aufgeführten Ausschlussgründe, wie zum Beispiel die nationale Sicherheit, sind für die vorliegende Untersuchung nicht erheblich). Eine solche Anordnung darf als Abweichung vom Grundsatz der Öffentlichkeit allerdings nur ergehen, soweit dies notwendig und verhältnismäßig ist, um die Rechte der betroffenen Parteien und Personen zu schützen.[124] Es handelt sich um eng auszulegende Ausnahmevorschriften. Auch wenn ein begründetes Interesse daran besteht, die Öffentlichkeit von einer Verhandlung auszuschließen, muss diese Einschränkung auf das absolut notwendige Maß begrenzt sein.[125] So finden zum Beispiel Verfahren in Familiensachen unter Ausschluss der Öffentlichkeit statt, gemäß CPR 27.10. Dies hat allerdings nicht automatisch zur Folge, dass auch eine Verpflichtung zur Geheimhaltung über die Inhalte der Verhandlung besteht, wenn das Gericht diese nicht ausdrücklich anordnet oder Minderjährige in dem Verfahren betroffen sind.[126] In diesem Fall ist eine Veröffentlichung von Informationen über das Verfahren gemäß CPR 12.73(2) nicht erlaubt. Im deutschen Zivilprozess ist der Grundsatz der Öffentlichkeit der Hauptverhandlung in § 169 GVG festgeschrieben. Eine Verhandlung kann nur ausnahmsweise und bei Vorliegen eines besonderen Grundes gemäß §§ 171a–172 GVG unter Ausschluss der Öffentlichkeit stattfinden. Dadurch sind

---

[123] Scott v Scott [1913] AC 417, 437 ff. (HL); R. v Bow County Court [2001] U.K.H.R.R. 165 (QB), Rn. 18 und 20.

[124] G v Wikimedia Foundation [2010] EMLR 14 (QB), Rn. 17.

[125] Ntuli v Donald [2011] 1 W.L.R. 294, 306 (CA).

[126] Clibbery v Allan Court of Appeal [2002] Fam. 261 (CA); *Sime,* in: Blackstone's civil practice, Rn. 50.49.

Verhandlungen gewisser besonders sensibler Bereiche von vorneherein der Öffentlichkeit entzogen.

2. Zugang zu Gerichtsdokumenten in England und Deutschland

Deutlich komplexer ist der Vergleich aber bezüglich des Zugangs Dritter zu den für einen Prozess verwendeten Dokumenten. Der beschriebene, gleichermaßen in allen untersuchten Rechtsordnungen geltende Öffentlichkeitsgrundsatz umfasst nur die Teilnahme an der Verhandlung selbst. Beim Zugang Dritter zu Dokumenten in den Gerichtsakten besteht sowohl in England als auch Deutschland eine andere Ausgangsposition als in den USA.

a) Zugang Dritter zu Gerichtsdokumenten in England

Anders als die Parteien, die gemäß CPR 5.4B Zugang zu sämtlichen Gerichtsdokumenten bezüglich ihres Verfahrens haben, ist der Zugang Dritter zu Gerichtsdokumenten bei englischen Zivilgerichten in CPR 5.4C klar begrenzt. Zwar sind Gerichtsverhandlungen gemäß CPR 39.2(1) öffentlich, ein absolutes Recht auf Zugang zu Gerichtsdokumenten besteht aber nicht, sondern nur unter den Voraussetzungen von CPR 5.4C.[127] Danach können Dritte vom Gericht gemäß CPR 5.4C(1) Kopien von jeder Entscheidung des Gerichts sowie auch der Klageschrift und der Klageerwiderung erhalten.[128] Dies erfasst allerdings ausdrücklich nicht die Dokumente, die mit den Schriftsätzen zusammen von den Parteien eingereicht werden, aber über diese hinausgehen. Dritte haben kein Recht, weitere Dokumente einzusehen, nur weil diese in einer öffentlichen Verhandlung erwähnt wurden.[129]

aa) Freigabe von weiteren Dokumenten durch das Gericht

Das Gericht im englischen Zivilprozess hat aber einen weiten Spielraum, auf Antrag weitere Dokumente für Dritte freizugeben, die ein berechtigtes Interesse daran geltend machen. Auf über die Schriftsätze und Entscheidungsabschriften hinausgehende Dokumente aus den Gerichtsakten (einschließlich der schriftlichen Kommunikation zwischen dem Gericht und den Parteien) kann das Gericht Dritten den Zugang gemäß CPR 5.4C(2) gewähren. Ein Antrag auf Zugang zu einer Kopie dieser Dokumente kann, sobald die Klage den Beklagten zugestellt worden ist – und die Empfangsbestätigung der Beklagten vorliegt, gemäß CPR

---

[127] Chan U Seek v Alvis Vehicles Ltd [2004] EWHC 3092 (Ch), Rn. 21.

[128] Dies gilt für Dokumente, die vor dem 2.10.2006 aufgenommen wurden, wie sich aus CPR 5.4C(1A) ergibt.

[129] Gio Personal Investment Services Ltd. v Liverpool and London Steamship Protection and Indemnity Association Ltd. and Others v (FAI General Insurance Co. Ltd. Intervening) [1999] 1 W.L.R. 984, 995 (CA).

5.4C(3) – und dann sowohl während, als auch nach Abschluss eines Verfahrens gestellt werden.[130] Dieser muss sich entweder auf bestimmte Dokumente oder zumindest eine bestimmbare Kategorie von Dokumenten beziehen.[131] Journalistisches Interesse kann dabei ein ausreichendes berechtigtes Interesse an der Einsichtnahme in über die Schriftsätze hinausgehende Dokumente ergeben.[132] Dabei obliegt es nicht dem Gericht zu bewerten, ob der Inhalt der Dokumente überhaupt von journalistischem Interesse ist.[133]

Das Gericht kann auch Zugang zu Dokumenten aus Verfahren, die vor Beginn des *trials* durch einen Vergleich beendet wurden, gewähren, selbst dann, wenn diese dann nicht in einer öffentlichen Verhandlung verwendet wurden, zum Beispiel um festzustellen, weshalb ein solcher Vergleich zustande gekommen ist.[134] Dokumente, die nicht tatsächlich im öffentlichen Verfahren vorgelesen wurden, da sie bereits vorher vom Gericht gelesen wurden, sind trotzdem vom Zugangsrecht erfasst, um zu Gunsten des Zugangs der Öffentlichkeit von Verfahren einen Ausgleich zu der fortschreitenden Verschriftlichung von Zivilverfahren zu schaffen.[135]

bb) Begrenzung des Zugangs im Ausnahmefall

Andererseits kann das Gericht gemäß CPR 5.4C(4) im Einzelfall auch auf Antrag einer Partei oder einer in einem Dokument erwähnten Person den Zugang Dritter zu Kopien der Schriftsätze beschränken, indem es diesen entweder ganz untersagt oder auf bestimmte Personen oder Personengruppen beschränkt oder nur zu einer bearbeiteten, das heißt anonymisierten, Version der Zugang erlaubt wird.[136] Auch hierbei handelt es sich aber um eine eng zu verstehende Ausnahmevorschrift, die vom Grundsatz der Öffentlichkeit der Hauptverhandlung abweicht, sodass solche Anordnungen auf das zwingend erforderliche Maß zu beschränken sind.[137]

cc) Materielle Rechtsgrundlage aus dem *common law* und Interessenabwägung

CPR 5.4C regelt allerdings nur das Verfahren für den Zugang Dritter zu Gerichtsdokumenten. Das materielle Recht ergibt sich aus dem Grundsatz der Öf-

---

[130] Chan U Seek v Alvis Vehicles Ltd [2004] EWHC 3092 (Ch), Rn. 43.

[131] Practice Direction 5A – Court Documents para. 4.3; Dian AO v Davis Frankel & Mead [2004] EWHC 2662 (Comm), Rn. 34.

[132] Chan U Seek v Alvis Vehicles Ltd [2004] EWHC 3092 (Ch), Rn. 22 und 42.

[133] Chan U Seek v Alvis Vehicles Ltd [2004] EWHC 3092 (Ch), Rn. 42.

[134] NAB v Serco [2014] EWHC 1225 (QB), Rn. 39.

[135] Chan U Seek v Alvis Vehicles Ltd [2004] EWHC 3092 (Ch), Rn. 23, 24 und 35.

[136] Kerry Cox v Lawrence Jones, [2004] EWHC 1006 (Ch.), Rn. 13.

[137] G v Wikimedia Foundation [2009] EWHC 3148 (QB), Rn. 17.

fentlichkeit (*open justice principle*) des *common law*.[138] Dies wird zudem durch Art. 6 und 10 EMRK beeinflusst, die im Jahr 2000 durch den Human Rights Act 1998 auch in England geltendes Recht wurden. Zwar hat der englische Gesetzgeber die Kompetenz, den durch das *common law* geregelten Zugang zu Gerichtsdokumenten neu zu regeln, dies müsste aber ausdrücklich aus dem jeweiligen Gesetz hervorgehen.[139] Dass ein Zugang Dritter zu Gerichtsdokumenten aus Sicht der Parteien potentiell unerwünscht ist und damit ein gewisser Eingriff in ihre Rechte verbunden ist, führt nicht dazu, dass dieser gänzlich ausgeschlossen ist.[140] Trifft das Gericht eine Entscheidung über den Zugriff auf Dokumente im Einzelfall, sind dabei das Interesse der Öffentlichkeit, das Handeln und die Entscheidungen der Justiz zu überprüfen, mit den Geheimhaltungsinteressen der Betroffenen abzuwägen. Zwar ist der Hauptgedanke, hinter dem Öffentlichkeitsgrundsatz, insbesondere aus historischer Sicht, die Möglichkeit der Überwachung der Justiz, das bedeutet aber nicht, dass nicht darüber hinaus auch weitere Aspekte in der Abwägung zu beachten sein können, wie insbesondere die Funktion der Presse.[141] Dokumente, die das Gericht auf dem Weg der Entscheidungsfindung gelesen und für die Entscheidung berücksichtigt hat, sind daher Dritten tendenziell zur Verfügung zu stellen, da in diesen Fällen der Öffentlichkeitsgrundsatz greift, während Dokumente, die das Gericht nicht gelesen hat, nur ausnahmsweise aus wichtigem Grund freizugeben sind.[142] Die Beweis- und Darlegungslast liegt bei der Partei oder Person, die den Zugang der Öffentlichkeit trotz eines berechtigten Interesses verhindern möchte.[143]

b) Einsichtnahme in Gerichtsakten bei deutschen Zivilgerichten

Noch enger ist der Zugang bei deutschen Zivilgerichten begrenzt. Hier sind (anders als in England) auch die Schriftsätze prinzipiell nicht zugänglich und Urteilsabschriften werden nur anonymisiert erteilt. Neben dem sehr engen Recht auf Akteneinsicht in § 299 ZPO besteht lediglich für Vertreter der Presse aufgrund von journalistischem Interesse die Möglichkeit, weitergehend Einsicht in Gerichtsakten zu erhalten. Ein allgemeiner Zugang zu den Gerichtsdokumenten besteht nicht, sondern es muss bereits eine gewisse rechtlich erhebliche Verbindung in Form eines rechtlichen Interesses bestehen. Dies beschränkt die Gruppe der Zugriffsberechtigten, die nicht selbst als Partei am Prozess beteiligt sind, auf einen kleinen Personenkreis, dessen Rechte zumindest mittelbar vom Inhalt oder

---

[138] R (Guardian News and Media) v Westminster Magistrates' Court [2012] EWCA Civ 420 (QB), Rn. 69 und 75.

[139] R (Guardian News and Media) v Westminster Magistrates' Court [2012] EWCA Civ 420 (QB), Rn. 73.

[140] Chan U Seek v Alvis Vehicles Ltd [2004] EWHC 3092 (Ch), Rn. 34.

[141] Chan U Seek v Alvis Vehicles Ltd [2004] EWHC 3092 (Ch), Rn. 38.

[142] Dian AO v Davis Frankel & Mead [2004] EWHC 2662 (Comm), Rn. 57.

[143] *Zuckerman*, Rn. 3.138.

Ausgang des ursprünglichen Verfahrens betroffen sind. Soweit es um die allgemeine Einsicht in Gerichtsakten geht, ist diese durch § 299 ZPO abschließend speziell geregelt, sodass ein Rückgriff auf die Informationsfreiheitsgesetze des Bundes und der Länder nicht möglich ist.[144] Eine Verdrängung speziellerer Regelungen des Informationszugangs ist mit deren Einführung nicht beabsichtigt gewesen.[145]

aa) Akteneinsicht gemäß § 299 ZPO

Während die Prozessparteien gemäß § 299 Abs. 1 ZPO ein unbedingtes Recht haben, die Gerichtsakten einzusehen[146] und sich von diesen Kopien anfertigen zu lassen, müssen Dritte für die Einsichtnahme in diese Akten (ohne Zustimmung der Parteien) ein rechtliches Interesse geltend machen, § 299 Abs. 2 ZPO. Als Dritter in diesem Sinne gilt jeder, der nicht selbst als Partei an dem jeweiligen Verfahren beteiligt ist.[147] Ein ausreichendes rechtliches Interesse begründet jedenfalls das wissenschaftliche Interesse an den rechtlichen Erwägungen eines Urteils.[148] Bei der Herausgabe von Urteilen zur Veröffentlichung in der Fachliteratur oder sonst aufgrund wissenschaftlichen Interesses, ist regelmäßig vor der Weitergabe eine Anonymisierung vorzunehmen.[149] Zwar besteht auch für anonymisierte Urteile kein direkter Anspruch aus Art. 5 Abs. 3 GG auf die Einsicht in Gerichtsakten zu Forschungszwecken.[150] Daraus, dass anonymisierte Entscheidungen keine Rechte Dritter betreffen, wird aber geschlossen, dass analog § 299 Abs. 2 ZPO jedes berechtigte Interesse am Erhalt der Entscheidung ausreicht, sodass sich das Einsichtnahmerecht dadurch weit ausdehnt und daher bei pflichtgemäßem Ermessen der Zugang nicht aus diesem Grund verweigert werden kann.[151] Dies gilt aber gerade nur für anonymisierte Entscheidungen, bei deren Veröffentlichung oder Weitergabe keine Abwägung mit Persönlichkeitsrechten vorgenommen werden muss.[152]

(1) Rechtliches Interesse

Soweit es um nicht anonymisierte Entscheidungen oder den darüber hinausgehenden Akteninhalt geht, ist es für eine positive Entscheidung zunächst erfor-

---

[144] *Longrée/Maiwurm,* MDR 2015, 805, 806; dem folgend *Huber,* in: Musielak/Voit, ZPO, § 299 Rn. 3.

[145] *Longrée/Maiwurm,* MDR 2015, 805, 806.

[146] *Prütting,* ZZP 1993, 427, 456.

[147] *Greger,* in: Zöller, § 299 Rn. 6; *Prütting,* in: MüKoZPO, § 299 Rn. 19; *Thole,* in: Stein/Jonas, § 299 Rn. 22.

[148] *Haertlein,* ZZP 2001, 441, 445; *Thole,* in: Stein/Jonas, § 299 Rn. 27.

[149] BVerwG, Urt. v. 26.2.1997 – 6 C 3/96, NJW 1997, 2694, 2695.

[150] BVerwG, Beschl. v. 9.10.1985 – 7 B 188/85, NJW 1986, 1277, 1277.

[151] *Prütting,* in: MüKoZPO, § 299 Rn. 22.

[152] So im Ergebnis schon *Hirte,* NJW 1988, 1698 ff.

derlich, ein rechtliches Interesse glaubhaft zu machen. Was genau unter diesen Begriff des rechtlichen Interesses fällt, ist nicht weiter definiert. Die Formulierung wird an mehreren Stellen in der Zivilprozessordnung verwendet (siehe § 66 Abs. 1 und § 256 Abs. 1 ZPO) und muss im Zusammenhang mit dem Schutzzweck der jeweiligen Vorschrift verstanden werden.[153] Dabei sind die Interessenlagen aller Betroffenen,[154] mithin die Situation der Einsichtnahme in Gerichtsakten und deren Schutzzweck, zu berücksichtigen[155]. Das rechtliche Interesse muss sich aus der Rechtsordnung selbst ergeben und setzt zumindest ein gegenwärtiges Verhältnis zwischen Personen oder einer Person und einer Sache voraus, welches auf Rechtsnormen beruht oder durch diese geregelt ist.[156] Es ist nicht inhaltsgleich, sondern enger als der Begriff des „berechtigten Interesses" zu verstehen.[157] Ein nur tatsächliches Interesse oder bloße Neugier stellen noch kein rechtliches Interesse dar.[158] Auch rein wirtschaftliche Interessen reichen nicht aus.[159] Dass auch wirtschaftliche Interessen hinter dem Einsichtsnahmeersuchen stehen, spricht aber nicht dagegen, dass auch ein rechtliches Interesse besteht.[160] Das Interesse eines Antragstellers lässt sich nicht eindeutig in einen wirtschaftlichen und einen rechtlichen Teil aufteilen, da diese beiden Interessen untrennbar zusammenhängen können.[161] Vielmehr ist bei jeglicher Geltendmachung finanzieller Ansprüche anzunehmen, dass diese vor allem auf wirtschaftlichen Interessen beruhen.[162] Eine trennscharfe Abgrenzung, wann auch ein rechtliches Interesse besteht und wann nur ein wirtschaftliches, fällt somit schwer. Teilweise wird eine Systematisierung für generell nicht möglich gehalten; stattdessen solle ausschließlich im konkreten Einzelfall entschieden werden.[163]

Auch wenn im Einzelfall eine Ermessensentscheidung mit erheblicher Ungewissheit verbleibt, lässt sich dennoch eine gewisse Systematisierung vornehmen. Entscheidend ist, dass ein Bezug besteht, der rechtliche Auswirkungen hat, also

---

[153] *Longrée/Maiwurm,* MDR 2015, 805, 807; *Zuck,* NJW 2010, 2913.

[154] *Greger,* in: Zöller, § 299 Rn. 6a f.; *Prütting,* in: MüKoZPO, § 299 Rn. 21.

[155] *Longrée/Maiwurm,* MDR 2015, 805, 807; *Zuck,* NJW 2010, 2913.

[156] BGH, Beschl. v. 5.4.2006 – IV AR(VZ) 1/06, NZG 2006, 595, 595; BGH, Beschl. v. 22.1.1952 – IV ZB 82/51, NJW 1952, 579, 579.

[157] *Zuck,* NJW 2010, 2913, 2913, Fn. 6.

[158] KG, Beschl. v. 12.4.1988 – 1 VA 1/88, NJW 1989, 534, 534; KG, Beschl. v. 9.2. 1988 – 1 VA 5/87, NJW 1988, 1738, 1738; *Greger,* in: Zöller, § 299 Rn. 6a; *Prütting,* in: MüKoZPO, § 299 Rn. 21.

[159] *Prütting,* in: MüKoZPO, § 299 Rn. 21.

[160] BGH, Beschl. v. 5.4.2006 – IV AR(VZ) 1/06, NZG 2006, 595, 596 m.w.N.

[161] BGH, Beschl. v. 5.4.2006 – IV AR(VZ) 1/06, NZG 2006, 595, 596; so im Ergebnis wohl auch *Zuck,* NJW 2010, 2913, 2914.

[162] *Zuck,* NJW 2010, 2913, 2914.

[163] *Swierczok/Kontny* 2016, 566, 568; *Thole,* ZIP 2012, 1533, 1536.

den rechtlichen Interessenkreis des Antragstellers berührt.[164] Direkt besteht ein rechtliches Interesse, wenn vertragliche Beziehungen zu einer Partei des ursprünglichen Verfahrens bestehen und diese durch die dort erhobenen Tatsachen betroffen sind, wie zum Beispiel bei einer Rechtsschutzvereinbarung.[165] Das Gleiche gilt für ein bestehendes Prozessverhältnis[166] oder die Situation, dass jemandem der Streit verkündet wurde, der aber dem Prozess noch nicht beigetreten ist[167]. Das Ziel, allgemeine Informationen zu erlangen, um diese möglicherweise später in einem eigenen Verfahren einzusetzen, welches nicht im Zusammenhang mit dem Primärverfahren steht, reicht alleine jedenfalls nicht aus, da es in diesem Fall deutlich an dem gegenwärtig bestehenden rechtlichen Verhältnis fehlt, wenn schon kein inhaltlicher Bezug der Situation des Antragstellers zum Ausgangsverfahren besteht.[168] Das Verfahren selbst oder zumindest der zugrundeliegende Sachverhalt müssen für Rechte des Antragstellers konkrete Bedeutung haben.[169] Das ist der Fall, wenn über die rein wirtschaftlichen Interessen hinaus ein Bezug der Situation des Antragstellers zu dem Ursprungsprozess und auch zum Inhalt der dazu geführten Gerichtsakten besteht. Liegen deutliche Anhaltspunkte für das Bestehen eines eigenen Anspruchs vor, der mit dem in den Gerichtsakten festgehaltenen Sachverhalt zusammenhängt, stellt dies eine ausreichende rechtliche Beziehung dar.[170] Ein solcher ausreichender sachlicher Bezug besteht beispielsweise, wenn der Antragsteller durch die Einsicht in die Akten Vermögengegenstände seines Schuldners feststellen möchte, um gegebenenfalls ein Zwangsvollstreckungsverfahren anzustrengen,[171] oder für einen Auftraggeber gegen den Hauptunternehmer, der vorher Subunternehmer wegen Mängeln am Bau des Auftraggebers verklagt hat[172]. In diesen Fällen berührt der gleiche Sachverhalt auch die Ansprüche des Antragstellers mittelbar, sodass ein inhaltlicher Bezug besteht, der sich auf dessen Rechte auswirkt. Auch die Gläubigerstellung im Insolvenz-

---

[164] BGH, Beschl. v. 25.10.1972 – I ZA 1/72, GRUR 1973, 491, 491; OLG Nürnberg, Beschl. v. 14.1.2014 – 4 VA 2218/13, ZIP 2014, 700, 700; OLG Naumburg, Beschl. v. 27.5.2010 – 5 VA 11/10, NZI 2010, 766, 767; KG, Beschl. v. 9.2.1988 – 1 VA 5/87, NJW 1988, 1738, 1739.

[165] OLG Koblenz, Beschl. v. 4.11.2015 – 12 VA 4/15, BeckRS 2016, 01196.

[166] OLG Nürnberg, Beschl. v. 14.1.2014 – 4 VA 2218/13, ZIP 2014, 700, 700; Zuck, NJW 2010, 2913, 2914.

[167] OLG München, Beschl. v. 9.3.1989 – 11 W 3434/88, MDR 1989, 548; Hartmann, in: Baumbach/Lauterbach/Albers/Hartmann, ZPO, § 299 Rn. 26; Huber, in: Musielak/Voit, ZPO, § 299 Rn. 3a.

[168] KG, Beschl. v. 19.3.2008 – 1 VA 12–25/07, NJW 2008, 1748, 1748; OLG Saarbrücken, Beschl. v. 17.2.2000 – 1 VA 1/00-1, NJW-RR 2001, 931, 931.

[169] OLG Braunschweig, Beschl. v. 26.11.2014 – 2 VA 3/14, BeckRS 2015, 06038, Rn. 35; OLG Hamm, Beschl. v. 8.8.2014 – I-15 VA 8/14, r + s 2015, 22, 22.

[170] OLG Hamburg, Beschl. v. 24.1.2000 – 2 VA 9/99, NJW-RR 2002, 139, 139.

[171] KG, Beschl. v. 19.3.2008 – 1 VA 12–25/07, NJW 2008, 1748; OLG Brandenburg, Beschl. v. 15.7.2004 – 11 VA 3/04, BeckRS 2005, 06507.

[172] OLG Oldenburg, Beschl. v. 23.1.2015 – 4 AR 1/15, NJW 2015, 1255, 1255 f.

verfahren begründet eine ausreichende Beziehung, wenn ein Verfahren mangels Masse nicht eröffnet wurde.[173] Die Verbindung ergibt sich in diesem Fall daraus, dass für etwaige Schadensersatzansprüche entscheidend ist, ob überhaupt ein Schaden entstanden ist, was sich wiederum daraus ergibt, ob sich eine bestehende Forderung gegen das insolvente Unternehmen noch beitreiben lässt.[174] Der Zusammenhang besteht dann, weil der Schutzzweck des Insolvenzverfahrens gerade auch der Schutz des Gläubigers vor Schäden durch den Ausfall von Forderungen ist.[175]

(2) Glaubhaftmachung

Die Tatsachen, welche das rechtliche Interesse begründen, sind vom Antragsteller glaubhaft zu machen. Für die Glaubhaftmachung gelten die allgemeinen Grundsätze zu § 294 ZPO.[176] Es muss daher kein Vollbeweis der dargelegten Tatsachen erfolgen, sondern es genügt eine geringere Wahrscheinlichkeitsfeststellung.[177] Es müssen schlüssige Tatsachen dargelegt werden, die das rechtliche Interesse begründen.[178] Das erforderliche Beweismaß ist dann aber nicht die volle richterliche Überzeugung, sondern stattdessen die überwiegende Wahrscheinlichkeit des Zutreffens der dargelegten Tatsachen.[179] Die Tatsachen sind daher schon ausreichend glaubhaft gemacht, wenn aus objektiver Sicht des Gerichts mehr für als gegen ihr Zutreffen spricht.[180]

(3) Ermessensentscheidung über die Gestattung der Einsichtnahme

Wenn ein rechtliches Interesse glaubhaft gemacht wurde, ist dieses mit den entgegenstehenden Interessen betroffener Personen, insbesondere der Parteien, abzuwägen.[181] Dritte haben, anders als die Parteien, kein Einsichtsrecht, sondern über ihr Begehren ergeht stattdessen eine Ermessensentscheidung durch den Prä-

---

[173] BGH, Beschl. v. 5.4.2006 – IV AR(VZ) 1/06, NZG 2006, 595, 595 f. m.w.N.

[174] BGH, Beschl. v. 5.4.2006 – IV AR(VZ) 1/06, NZG 2006, 595, 596.

[175] BGH, Beschl. v. 5.4.2006 – IV AR(VZ) 1/06, NZG 2006, 595, 596.

[176] *Prütting,* in: MüKoZPO, § 299 Rn. 21.

[177] *Greger,* in: Zöller, § 294 Rn. 1; *Prütting,* in: MüKoZPO, § 294 Rn. 24; *Thole,* in: Stein/Jonas, § 294 Rn. 21.

[178] *Zeuner,* NJW 2007, 2952, 2953; *Zuck,* NJW 2010, 2913, 2915.

[179] BGH, Beschl. v. 11.9.2003 – IX ZB 37/03, NJW 2003, 3558, 3558; BGH, Beschl. v. 9.2.1998 – II ZB 15–97, NJW 1998, 1870, 1870; BGH, Beschl. v. 5.5.1976 – IV ZB 49/75, BeckRS 1976 30396402; *Prütting,* in: MüKoZPO, § 294 Rn. 24 und *Thole,* in: Stein/Jonas, § 294 Rn. 21 jeweils mit zahlreichen Nachweisen; die Unschärfe dieser Formulierung kritisiert *Greger,* in: Zöller, § 294 Rn. 6, der eine Anpassung des Maßes der Glaubhaftigkeit an die Folgen der Entscheidung fordert.

[180] BGH, Beschl. v. 11.9.2003 – IX ZB 37/03, NJW 2003, 3558, 3559.

[181] *Prütting,* in: MüKoZPO, § 299 Rn. 25; *Thole,* in: Stein/Jonas, § 299 Rn. 28.

sidenten des Gerichts, welches die Akten verwahrt.[182] Aufgrund der in der Praxis üblichen Übertragung von solchen Aufgaben vom Präsidenten auf einzelne Richter, scheidet die Arbeitsbelastung als Begründung für eine Ablehnung aus.[183] Die Entscheidung darüber, ob die Einsichtnahme durch Dritte zugelassen wird, ist, anders als die Akteneinsicht durch Prozessparteien, auch nicht Teil des ihnen zugrundeliegenden Prozesses, sodass die Vorschriften über die Justizverwaltung anwendbar sind.[184] Die Einsichtnahme kann auf einen Teil der Akten beschränkt werden, wenn dies nach Ermessen des Gerichts notwendig ist, da nur insoweit ein berechtigtes Interesse dargelegt wurde oder ansonsten die entgegenstehenden Interessen überwiegen.[185] Wurde ein Antrag auf Akteneinsicht einmal abgewiesen, kann der Antragsteller eine neue Entscheidung nur dann verlangen, wenn er aufgrund neuer Tatsachen ein rechtliches Interesse geltend macht, welches noch nicht Teil der ersten Ermessensausübung des Gerichts gewesen ist.[186]

In der Abwägung kann der Einsichtnahme das Grundrecht auf informationelle Selbstbestimmung betroffener Personen entgegenstehen.[187] Dabei ist aber auch hier zu beachten, dass das Recht auf informationelle Selbstbestimmung nicht absolut ist, sondern durch konkurrierende Verfassungsgüter – wie hier das Gebot des effektiven Rechtsschutzes – wiederum begrenzt wird und mit diesen in praktische Konkordanz zu bringen ist.[188] Der Gesetzgeber hat mit der Einführung des Einsichtsrechts in § 299 Abs. 2 ZPO eine Ausgangsposition geschaffen, die, bei Vorliegen eines rechtlichen Interesses, auf einen Vorrang des Einsichtsinteresses vor dem Geheimhaltungsinteresse der Parteien hindeutet.[189] Für eine gewisse Tendenz zum Vorrang der Einsichtnahme spricht auch, dass die Verhandlungen im Zivilprozess grundsätzlich öffentlich sind.[190] Für ein besonderes Interesse an der Geheimhaltung der Verfahrensinhalte spricht es im Gegenzug, wenn das Verfahren aufgrund des Parteiinteresses unter Ausschluss der Öffentlichkeit stattge-

---

[182] OLG Frankfurt a.M., Beschl. v. 27.6.2005 – 20 VA 2/04 ZInsO 2005, 1327, 1328; OLG Dresden, Beschl. v. 10.12.2002 – 6 VA 0004/02 und 6 VA 4/02, ZIP 2003, 39, 40; *Greger,* in: Zöller, § 299 Rn. 6; *Wagner,* ZZP 1995, 193, 207.

[183] *Baumann,* § 299 Rn. 23.

[184] *Assmann,* in: Wieczorek/Schütze, § 299 Rn. 35; *Prütting,* in: MüKoZPO, § 299 Rn. 24; *Thole,* in: Stein/Jonas, § 299 Rn. 22.

[185] BGH, Beschl. v. 27.6.2007 – X ZR 56/05, GRUR 2007, 815, 815; *Bacher,* in: BeckOK ZPO, § 299 Rn. 33; *Hartmann,* in: Baumbach/Lauterbach/Albers/Hartmann, ZPO, § 299 Rn. 25; *Pardey,* NJW 1989, 1647, 1652.

[186] KG, Beschl. v. 19.3.2008 – 1 VA 12–25/07, NJW 2008, 1748, 1748.

[187] OLG Nürnberg, Beschl. v. 14.1.2014 – 4 VA 2218/13, ZIP 2014, 700, 700; *Greger,* in: Zöller, § 299 Rn. 6 b; *Prütting,* in: MüKoZPO, § 299 Rn. 32.

[188] BVerfG, Beschl. v. 26.5.1970 – 1 BvR 83/69, NJW 1970, 1729, 1730; BVerfG, Urt. v. 23.10.1952 – 1 BvB 1/51, NJW 1952, 1407, 1409; *Zuck,* NJW 2010, 2913, 2916.

[189] *Zuck,* NJW 2010, 2913, 2916.

[190] *Zuck,* NJW 2010, 2913, 2916.

funden hat.[191] Dieser Vorrang des Einsichtsinteresses des Antragstellers kann aber im Einzelfall sowohl durch das Recht auf informationelle Selbstbestimmung als auch durch andere berechtigte Interessen der betroffenen Personen, wie zum Beispiel wirtschaftliche oder ideelle Interessen an der Geheimhaltung, überwogen werden.[192]

bb) Auskunftsanspruch der Presse

Über den engen Anwendungsbereich der Akteneinsicht nach § 299 Abs. 2 ZPO hinaus besteht aber ein weitergehendes Recht der Presse auf Auskunft oder Einsichtnahme in Gerichtsakten. Der presserechtliche Auskunftsanspruch ermöglicht die Auskunft über Verfahren durch Urteilsabschriften in anonymisierter und nichtanonymisierter Form und auch die Einsichtnahme in die Gerichtsakten, wenn daran ein mögliches publizistisches Interesse besteht und dieses im konkreten Einzelfall nicht durch entgegenstehende Interessen der betroffenen Personen überwogen wird. Voraussetzung dafür ist, dass dies zur Erfüllung der Pressearbeit erforderlich ist, damit geht das erforderliche Interesse aber deutlich weiter als das „rechtliche Interesse", welches allgemein für eine Akteneinsicht nach § 299 Abs. 2 ZPO erforderlich ist.

(1) Auskunftsberechtigte

Die Presse hat einen Anspruch darauf, dass ihnen Behörden die Informationen erteilen, welche sie zur Erfüllung ihrer Aufgaben benötigt, der sich aus § 4 Abs. 1 des jeweiligen Landespressegesetzes ergibt.[193] Dieser Anspruch besteht der Formulierung nach für alle „Vertreter der Presse" oder auch für „die Presse" als solches.[194] Um den Kreis der Berechtigten genauer zu bestimmen, ist die Auslegung vom Zweck des Auskunftsanspruchs her vorzunehmen.[195] Dieser besteht darin, die Wahrnehmung der verfassungsrechtlich anerkannten Kontroll- und Wächterfunktion der Presse zu ermöglichen.[196] Der Anspruch besteht für jeden, der daran beteiligt ist, die öffentlichen Aufgaben der Presse zu erfüllen.[197] Zu dieser Aufgabe gehört auch die Beschaffung von Informationen.[198] Der Pres-

---

[191] *Thole,* in: Stein/Jonas, § 299 Rn. 28.

[192] *Zuck,* NJW 2010, 2913, 2916.

[193] *Coelln,* 501, Unterschiede zwischen den Bundesländern bestehen nur in Detailfragen.

[194] *Burkhardt,* in: Löffler, Presserecht, § 4 LPG Rn. 46; *Soehring,* in: Soehring/Hoehne, § 4 Rn. 9.

[195] *Burkhardt,* in: Löffler, Presserecht, § 4 LPG Rn. 42; *Soehring,* in: Soehring/Hoehne, § 4 Rn. 9.

[196] *Soehring,* in: Soehring/Hoehne, § 4 Rn. 9.

[197] *Burkhardt,* in: Löffler, Presserecht, § 4 LPG Rn. 42.

[198] *Soehring,* in: Soehring/Hoehne, § 4 Rn. 9.

sebegriff ist dabei weit zu verstehen und weder auf die klassische periodische Presse, noch durch qualitative Kriterien begrenzt.[199] Die Berechtigten müssen dann lediglich eine hinreichend konkrete Anfrage stellen[200], während eine Begründung[201] oder besondere Form nicht erforderlich sind[202]. Ist ein öffentliches Interesse von vorneherein ausgeschlossen, da dem Antragsteller jegliches publizistisches Interesse fehlt und er die Information zu rein kommerziellen Zwecken nutzen will, besteht kein Anspruch auf Auskunft, da dies über den Zweck des Pressegesetzes hinausgeht.[203]

(2) Anspruchsinhalt

Überwiegend bestimmen die Landespressegesetze, dass der Presse die „zur Erfüllung ihrer Aufgabe dienenden Auskünfte zu erteilen" sind. Der Inhalt einer Auskunft richtet sich daher danach, was für die Pressearbeit im Einzelfall erforderlich ist.[204] Dabei ist aber die grundrechtliche Dimension des Auskunftsrechts der Presse zu beachten, wonach die Gerichtsöffentlichkeit selbst Teil des Rechtstaatsprinzips ist und die Kontrollfunktion der Presse einen möglichst ungehinderten Zugang der Presse zu Informationen erfordert.[205] Die Auskunftsverpflichtung umfasst nur Tatsachen und keine Kommentare oder Stellungnahmen.[206] Nur wenn Werturteile untrennbar mit einer Tatsacheninformation verbunden sind, können diese Teile der erforderlichen Auskunft sein. Da der Anspruch sich nach dem Bedarf der Presse im Einzelfall richtet, können die unterschiedlichsten Informationen, Dokumente oder Objekte dessen Gegenstand sein.

Der Auskunftsanspruch der Presse besteht aber in keinem Bundesland unbegrenzt. In § 4 Abs. 2 der Landespressegesetze finden sich jeweils die Grenzen in Form von Gründen, die Auskunft zu verweigern.[207] Meist ist dies vorgesehen, wenn dadurch die Durchführung eines laufenden Verfahrens beeinträchtigt wird, gesetzliche Geheimhaltungsvorschriften entgegenstehen oder ein überwiegendes öffentliches oder schutzwürdiges privates Interesse verletzt würde. Der Verweigerungsgrund der Gefährdung der Durchführung eines laufenden Verfahrens ist

---

[199] *Burkhardt,* in: Löffler, Presserecht, § 4 LPG Rn. 43 f.

[200] *Weberling,* AfP 2003, 304, 304.

[201] *Weberling,* AfP 2003, 304, 307.

[202] *Soehring,* in: Soehring/Hoehne, § 4 Rn. 82.

[203] BayVGH, Urt. v. 7.10.2008 – 5 Bv 07.2162, AfP 2009, 183, 186; *Soehring,* in: Soehring/Hoehne, § 4 Rn. 22a.

[204] *Weberling,* in: Löffler/Ricker/Weberling, Kap. 19 Rn. 2.

[205] BVerfG, Beschl. v. 14.9.2015 – 1 BvR 857/15, NJW 2015, 3708, 3709.

[206] OVG Münster, Urt. v. 23.5.1995 – 5 A 2875/92, NJW 1995, 2741, 2742; *Burkhardt,* in: Löffler, Presserecht, § 4 LPG Rn. 85; *Soehring,* in: Soehring/Hoehne, § 4 Rn. 40.

[207] Siehe dazu Übersicht bei *Burkhardt,* in: Löffler, Presserecht, vor § 4 LPG.

restriktiv auszulegen und daher nur bei konkreten Gefährdungen von einigem Gewicht erfüllt, da ansonsten bei jedem laufenden Verfahren an eine Verweigerung zu denken wäre.[208] Geheimhaltungsvorschriften in diesem Sinne müssen Parlamentsgesetze sein oder Verwaltungsvorschriften, die auf Grund eines solchen erlassen wurden,[209] öffentliche Geheimnisse schützen und sich zumindest auch an die Behörde richten, an die sich im konkreten Fall das Auskunftsersuchen richtet.[210] Sie müssen die jeweilige Behörde zur Geheimhaltung verpflichten, gegen die sich auch der Anspruch richtet, und nicht bloß den einzelnen Beamten.[211] Nur dann, wenn sie die Preisgabe der Informationen der Behörde schlechthin untersagt, besteht eine solche materielle Geheimhaltungsvorschrift.[212] Dies sind insbesondere solche, die Staats oder Dienstgeheimnisse betreffen, wie zum Beispiel §§ 93 ff., 203, 353b StGB, und Vorschriften, die private Geheimnisse schützen, nicht aber zum Beispiel die Anordnung einer nichtöffentlichen Sitzung eines Gemeinderates.[213]

Die Verweigerung aufgrund möglicher Verletzung überwiegender öffentlicher oder schutzwürdiger privater Interessen hat die Funktion einer Generalklausel und zwingt die Behörde im Rahmen ihres Ermessens zu einer vollständigen Abwägung der entgegenstehenden Interessen.[214] Teilweise ist auch ein unzumutbarer Umfang ein ausreichender Grund, die Auskunft zu verweigern. Dieser Verweigerungsgrund ist aber ebenfalls sehr restriktiv auszulegen und selten einschlägig.[215] Erfasst sind lediglich rechtsmissbräuchliche Anfragen.[216] Ob, wie weit und in welcher Form ein Auskunftsanspruch besteht, ist daher durch eine umfassende Güterabwägung mit allen dem Auskunftsinteresse der Presse entgegenstehenden anerkannten Interessen zu bestimmen, die nur ausnahmsweise entbehrlich ist, wenn sie durch den Gesetzgeber in Form einer abwägungsfesten Geheimhaltungsvorschrift vorweggenommen wurde.[217]

---

[208] *Burkhardt,* in: Löffler, Presserecht, § 4 LPG Rn. 106.

[209] *Weberling,* in: Löffler/Ricker/Weberling, Kap. 20 Rn. 8b.

[210] OVG Berlin-Brandenburg, Beschl. v. 7.3.2014 – OVG 6 S 48.13, NVwZ 2014, 1177, 1178; OVG Münster, Beschl. v. 25.3.2009 – 5 B 1184/08, MMR 2009, 494, 494.

[211] OVG Berlin-Brandenburg, Beschl. v. 7.3.2014 – OVG 6 S 48.13, NVwZ 2014, 1177, 1178.

[212] OVG Hamburg, Beschl. v. 4.10.2010 – 4 Bf 179/09.2, AfP 2010, 617, 620; *Burkhardt,* in: Löffler, Presserecht, § 4 LPG Rn. 109.

[213] VGH München, Beschl. v. 13.8.2004 – 7 CE 04.1601, NJW 2004, 3358, 3359; *Burkhardt,* in: Löffler, Presserecht, § 4 LPG Rn. 109.

[214] *Burkhardt,* in: Löffler, Presserecht, § 4 LPG Rn. 118.

[215] *Weberling,* in: Löffler/Ricker/Weberling, Kap. 20 Rn. 13.

[216] *Soehring,* in: Soehring/Hoehne, § 4 Rn. 39.

[217] *Soehring,* in: Soehring/Hoehne, § 4 Rn. 24a; *Weberling,* in: Löffler/Ricker/Weberling, Kap. 20 Rn. 10 m.w.N.

(3) Auskünfte von Gerichten als verpflichtete Behörde

Durch den presserechtlichen Auskunftsanspruch werden dem Wortlaut nach „Behörden" verpflichtet. Dieser Begriff ist nicht auf den Bereich der Exekutive zu beschränken, sondern als eigenständig presserechtlicher Begriff zu verstehen.[218] Er umfasst auch die Gerichte und das sowohl in ihrer Form als Verwaltung als auch bezüglich ihrer Funktion als Organ der Rechtsprechung.[219] Bezogen auf Auskunftsanfragen an Gerichte können auf diesem Wege durch die Presse zum Beispiel Termine und der Ausgang von Verfahren erfragt werden, wobei der Auskunftsanspruch hierbei zumindest so weit geht, wie die Veröffentlichungsverpflichtung der Gerichte besteht[220], sodass die Presse die Möglichkeit hat, das Ausbleiben von Veröffentlichungen auszugleichen.[221] Darüber hinaus können aber auch weitergehende Einzelheiten zum Gegenstand des Verfahrens erforderlich sein, um den Anspruch der Presse zu erfüllen.[222] Werden Details zu Sachfragen in einem Verfahren erfragt, ist eine solche Anfrage regelmäßig nur durch die Überlassung einer Kopie der Entscheidung sachgerecht und vollständig zu beantworten.[223] Das fachliche wissenschaftliche Interesse an rechtlichen Entscheidung wird allerdings in nahezu allen Fällen durch eine anonymisierte Entscheidung befriedigt. Daher sind Entscheidungen regelmäßig vor der Weitergabe zu anonymisieren.[224] Der Auskunftsanspruch ist daher regelmäßig auch auf diese anonymisierte Entscheidung beschränkt, wenn nicht ein darüber hinausgehendes Interesse besteht. Er kann auch so gut wie nie verweigert werden.[225] Die Veröffentlichung von anonymisierten Entscheidungen ist einer der wichtigsten Teile der Öffentlichkeitsarbeit von Gerichten, meist ausreichend und zudem aus datenschutzrechtlicher Sicht unproblematisch.

Die Auskunft kann verweigert werden, wenn dem Auskunftsinteresse überwiegende öffentliche oder private Interessen entgegenstehen. In dieser Frage besteht für die Behörden ein überprüfbares Ermessen, welches eine Abwägung der gegenüberstehenden Interessen erforderlich macht.[226] Dies wird aber bei der Weitergabe von anonymisierten Entscheidungen zur Veröffentlichung nicht relevant. In dieser Situation ist ein öffentliches Interesse an der Nichtveröffentlichung ausgeschlossen und auch überwiegende private Interessen sind kaum denkbar.[227]

---

[218] *Burkhardt,* in: Löffler, Presserecht, § 4 LPG Rn. 61.
[219] *Burkhardt,* in: Löffler, Presserecht, § 4 LPG Rn. 61; *Coelln,* 503.
[220] BVerfG, Beschl. v. 14.9.2015 – 1 BvR 857/15, NJW 2015, 3708, 3710.
[221] *Coelln,* 504.
[222] *Coelln,* 504.
[223] *Coelln,* 504.
[224] BVerfG, Beschl. v. 14.9.2015 – 1 BvR 857/15, NJW 2015, 3708, 3710.
[225] *Coelln,* 506; *Huff,* NJW 2004, 403, 406.
[226] *Burkhardt,* in: Löffler, Presserecht, § 4 LPG Rn. 97 ff.
[227] *Burkhardt,* in: Löffler, Presserecht, § 4 LPG Rn. 181.

Das Interesse einer Partei, dass eine aus ihrer Sicht ungünstige Rechtsprechung nicht öffentlich wird, ist unbeachtlich.[228] Die Einsicht in anonymisierte Entscheidungen kann daher nicht aufgrund von Interessen der Öffentlichkeit oder Privater verweigert werden.[229] Vielmehr besteht sogar eine Veröffentlichungspflicht der Gerichte bezüglich ihrer Entscheidungen.[230] Diese Pflicht kann nicht nur nach Abschluss eines Verfahrens, sondern auch schon vor Rechtskraft der Entscheidung bestehen.[231] Soweit diese Veröffentlichungspflicht reicht, besteht auch ein presserechtlicher Auskunftsanspruch.[232]

(4) Anspruch auf nichtanonymisierte Auskünfte

Anders kann dies bei nichtanonymisierten Entscheidungen von Zivilgerichten sein. In diesem Fall können die persönlichkeitsrechtlichen Interessen der Parteien und anderer betroffener Personen einer Veröffentlichung oder Weitergabe an die Presse entgegenstehen. Das Regel-Ausnahme-Verhältnis ist hier umgekehrt, da, anders als bei Strafverfahren, in der Regel schon keinerlei öffentliches Interesse an den Namen der Beteiligten einer Entscheidung in einem privatrechtlichen Verfahren besteht.[233] Soweit aber ausnahmsweise ein öffentliches Interesse an einem Verfahren besteht, kann auch die Auskunft über die Namen der Parteien eines Verfahrens vom presserechtlichen Auskunftsanspruch erfasst sein. Ein hinreichendes Interesse an einer nichtanonymisierten Urteilsabschrift kann sich beispielsweise aus der Präjudizwirkung eines Verfahrens ergeben, wenn potentiell weitere Verfahren für eine der Prozessparteien aus der Veröffentlichung folgen können.[234] Ebenfalls besteht ein Interesse an der Namensnennung, wenn diese untrennbar mit dem Verfahren verknüpft ist, wie zum Beispiel in Kartellverfahren möglich.[235] Auch die Stellung der beteiligten Personen oder die Gegebenheiten eines Falles können ein öffentliches Interesse an der Nennung der Beteiligten begründen, ebenso wie die Tatsache, dass der zugrundeliegende Sachverhalt bereits einer großen Öffentlichkeit bekannt geworden ist.[236]

Anders als die Einsicht in anonymisierte Urteilsabschriften erfordert die Nennung der Prozessbeteiligten (und gegebenenfalls anderer Personen, wie zum Beispiel Zeugen) dann eine Abwägung mit den entgegenstehenden Interessen der

---

[228] *Hirte,* NJW 1988, 1698, 1700.

[229] *Hirte,* NJW 1988, 1698, 1702.

[230] BVerfG, Beschl. v. 14.9.2015 – 1 BvR 857/15, NJW 2015, 3708, 3710; BVerwG, Urt. v. 26.2.1997 – 6 C 3/96, NJW 1997, 2694, 2694; *Hirte,* NJW 1988, 1698, 1702.

[231] BVerfG, Beschl. v. 14.9.2015 – 1 BvR 857/15, NJW 2015, 3708, 3710.

[232] BVerfG, Beschl. v. 14.9.2015 – 1 BvR 857/15, NJW 2015, 3708, 3710.

[233] *Soehring,* in: Soehring/Hoehne, § 4 Rn. 65.

[234] *Hirte,* NJW 1988, 1698, 1703.

[235] *Hirte,* NJW 1988, 1698, 1703.

[236] *Soehring,* in: Soehring/Hoehne, § 4 Rn. 65.

betroffenen Personen im Einzelfall. Wann und wie weit einem Anspruch stattzugeben ist und wann ein solches Ersuchen abzulehnen ist, ergibt sich dann aus einer umfassenden Abwägung der entgegenstehenden Interessen im Einzelfall, wobei aber die Ablehnung von Anfragen restriktiv zu handhaben ist. Dabei ist die prinzipielle Öffentlichkeit von Zivilverfahren zu berücksichtigen, die dafür spricht, dass auch eine Nennung der Beteiligten in einer Abschrift keinen unangemessenen Eingriff darstellt.[237] Durch die Nennung der beteiligten Personen in den Medien wird allerdings die Intensität des Eingriffs in das Persönlichkeitsrecht gegenüber der bloßen Saalöffentlichkeit deutlich erhöht.[238] Etwas anderes kann sich daraus ergeben, dass ein Verfahren unter Ausschluss der Öffentlichkeit stattgefunden hat. Im Rahmen dieser Abwägung darf aber die bezüglich der Veröffentlichung von personenbezogenen Informationen bestehende Sorgfaltspflicht nicht schon die Ermessensentscheidung der Verwaltung über den Zugang der Medien zu den Informationen beeinflussen, da diese Pflicht nur die jeweiligen Medien selbst trifft und daher von diesen auszuüben ist.[239] Die auskunftspflichtige Behörde darf keine Filterung der Informationen vorwegnehmen, die tatsächlich erst den jeweiligen Presseorganen obliegt.[240] Zu beachten ist in diesem Zusammenhang auch, dass eine vollständige Anonymisierung praktisch nahezu nie und auch eine weitgehende Anonymisierung, insbesondere bei Verfahren mit großem öffentlichen Interesse, oft schwierig umzusetzen ist, da immer ein gewisser Personenkreis den Personenbezug herstellen kann, insbesondere bei öffentlichen Verfahren.[241]

(5) Einsicht in Gerichtsakten als erforderliche Auskunft

Die wichtigste Frage im Vergleich zur Einsicht in Gerichtsakten nach US-Recht ist, ob für die Presse über die Erteilung von Urteilsabschriften hinaus auch die Möglichkeit besteht, Einsicht in die gesamten Gerichtsakten zu einem Verfahren zu nehmen. Die Art und Weise der Auskunftserteilung steht der Behörde weitgehend frei, sie hat ihr weites Ermessen aber pflichtgemäß auszuüben.[242] Daher ist regelmäßig die Weitergabe von Urteilsabschriften ausreichend.[243] Sie ist aber dazu verpflichtet, die Auskünfte wahr, vollständig und sachgerecht zu

---

[237] *Soehring,* in: Soehring/Hoehne, § 4 Rn. 64.

[238] *Soehring,* in: Soehring/Hoehne, § 4 Rn. 64.

[239] BVerfG, Beschl. v. 14.9.2015 – 1 BvR 857/15, NJW 2015, 3708, 3710.

[240] *Weberling,* AfP 2003, 304, 305 f.

[241] *Brink/Vogel,* NJW 2015, 3708, 3711, Anmerkungen zu BVerfG, Beschl. v. 14.9. 2015 – 1 BvR 857/15.

[242] OVG Münster, Urt. v. 13.3.2013 – 5 A 1293/11, AfP 2013, 162, 165; OVG Bremen, Urt. v. 25.10.1988 – OVG 1 BA 32/88; *Burkhardt,* in: Löffler, Presserecht, § 4 LPG Rn. 87; *Weberling,* AfP 2003, 304, 305.

[243] Siehe oben F. II. 2. b) bb) (3).

erteilen.[244] Dadurch kann sich das Ermessen der Behörde bezüglich der Art der Auskunftserteilung im Einzelfall ausnahmsweise auch auf die Gewährung von Akteneinsicht reduzieren, wenn die Komplexität des Falles dies erfordert.[245] Dem widerspricht es nicht, dass die presserechtlichen Auskunftsansprüche kein allgemeines Recht auf Akteneinsicht geben[246]. Erforderlich ist gerade eine konkrete Anfrage und nicht das allgemeine Verlangen, Zugang zu den Akten zu erhalten. Soweit eine solche konkrete Anfrage bezüglich eines Sachverhaltes im Einzelfall aufgrund ihrer Komplexität aber nur vollständig und sachgerecht beantwortet werden kann, indem auch Einsicht in die Akten selbst genommen wird, kann dies auch vom Auskunftsrecht der Presse umfasst sein.

Fraglich ist, ob der Auskunftsanspruch der Presse durch § 299 Abs. 2 ZPO und die dort für die Akteneinsicht Dritter festgelegte Hürde, von vorneherein eingeschränkt wird, oder ob darüber hinaus auch das hinter dem publizistischen Interesse der Presse stehende gesellschaftliche Interesse ausreichen kann. Dann wäre auch für die Presse eine Einsicht in Gerichtsakten überhaupt nur nach Darlegung eines „rechtlichen Interesses" im Sinne des § 299 Abs. 2 ZPO zulässig. Dies würde sich zwar nicht auf die Möglichkeit der Überlassung von anonymisierten Urteilsabschriften auswirken, da ein wissenschaftliches Interesse an einer anonymisierten Urteilsabschrift auch im Rahmen des § 299 Abs. 2 ZPO ausreichend ist.[247] Die darüber hinausgehende Einsichtnahme in die Gerichtsakten wäre aber dann aufgrund der engen Begrenzung durch das Erfordernis eines „rechtlichen Interesses" vielfach ausgeschlossen. Eine direkte Begrenzung des presserechtlichen Auskunftsanspruchs durch § 299 Abs. 2 ZPO scheidet aber schon aufgrund mangelnder Gesetzgebungskompetenz des Bundesgesetzgebers für den Bereich des Medienrechts aus.[248] Daher kann die Presse auch ohne ein „rechtliches Interesse" im Sinne des § 299 Abs. 2 ZPO ihren presserechtlichen Auskunftsanspruch geltend machen und auf diesem Weg auch Akteneinsicht in Gerichtsakten erlangen, wenn die Gegebenheiten im Einzelfall dies erforderlich machen und keine Interessen Privater dem entgegenstehen. Dies wird auch nicht automatisch dadurch eingeschränkt, dass jede Einsichtnahme, die nach § 299 Abs. 2 ZPO nicht zulässig wäre, nach § 4 des Landespressegesetzes ausgeschlos-

---

[244] BayVGH, Beschl. v. 13.8.2004 – 7 CE 04.1601, NJW 2004, 3358, 3359; *Burkhardt*, in: Löffler, Presserecht, § 4 LPG Rn. 91 f.; *Weberling*, in: Löffler/Ricker/Weberling, Kap. 19 Rn. 2.

[245] BVerfG, Beschl. v. 14.9.2015 – 1 BvR 857/15, NJW 2015, 3708, 3709 mit Verweis auf *Soehring*, in: Soehring/Hoehne, § 4 Rn. 22b; so auch schon VG Cottbus, Beschl. v. 15.1.2002 – 1 L783/01, AFP 2002, 360, 361; *Burkhardt*, in: Löffler, Presserecht, § 4 Rn. 87; *Weberling*, in: Löffler/Ricker/Weberling, Kap. 19 Rn. 2.

[246] OVG Berlin-Brandenburg, Beschl. v. 7.3.2014 – OVG 6 S 48.13, NVwZ 2014, 1177, 1177 f.

[247] Siehe oben F. II. 2. b) aa) (1).

[248] *Soehring*, in: Soehring/Hoehne, § 4 Rn. 62; *Coelln*, 509.

sen ist, weil ein Auskunftsverweigerungsgrund nach Absatz 2 vorliegt.[249] Einer solchen Einschränkung des presserechtlichen Auskunftsanspruchs steht der Ausnahmecharakter der Verweigerungsgründe im Verhältnis zum prinzipiell möglichen Zugang der Presse zu Informationen der öffentlichen Hand entgegen. Sie ist auch nicht erforderlich, da die Interessen der betroffenen Parteien und sonstigen Personen im Rahmen der Interessenabwägung ausreichend berücksichtigt werden können. Im Ergebnis stehen daher einer über den Entscheidungstext hinausgehenden Einsicht in die Prozessakten vielfach die Interessen der Beteiligten Personen entgegen.[250] Sie ist aber möglich, wenn im konkreten Einzelfall wichtige öffentliche Belange betroffen sind und diese es erforderlich machen, dass die Presse auch in die Gerichtsakten Einsicht nimmt.

c) Zwischenergebnis

Der Zugang Dritter und der Öffentlichkeit zu Prozessmaterialien ist in England und Deutschland enger begrenzt als in den USA, aber auch dann, wenn datenschutzrechtliche oder sonstige persönlichkeitsrechtliche Interessen betroffen sind, nicht ausgeschlossen. In England unterliegen die Ergebnisse der *disclosure* standardmäßig der Geheimhaltung, ohne dass dafür wie in den USA eine Anordnung des Gerichts erforderlich ist.[251] Während in England aber zumindest der Zugang zu Schriftsätzen und Entscheidungen unproblematisch möglich ist und darüber hinaus die Gerichte einen weiten Spielraum haben, Dokumente im Einzelfall auf Anfrage freizugeben, ist der Zugang in Deutschland auf zwei Ausnahmefälle und ansonsten auf anonymisierte Entscheidungen beschränkt. Dritte können aber auch hier nach § 299 Abs. 2 ZPO Einsicht in Gerichtsakten von Zivilverfahren erlangen, wenn sie ein rechtliches Interesse daran darlegen können und nicht entgegenstehende Interessen (wie Persönlichkeitsrechte oder sonstige Geheimhaltungsinteressen) dieses überwiegen.[252] Dies ähnelt funktional erheblich der Möglichkeit der Einsichtnahme in Gerichtsdokumente für andere potentielle Kläger in den oben angesprochenen Produkthaftungsfällen vor US-Gerichten. In die erforderliche Abwägung werden dann auch die datenschutzrechtlichen Belange eventuell Betroffener einbezogen.[253] Auch die Einsichtnahme in Gerichtsakten aufgrund eines öffentlichen Interesses findet in England mit der Möglichkeit der Zugänglichmachung aufgrund eines journalistischen Interesses und in Deutschland im presserechtlichen Auskunfts-

---

[249] So aber *Coelln,* 510.
[250] *Soehring,* in: Soehring/Hoehne, § 4 Rn. 66a.
[251] Siehe oben F. II. 2. a) und *Matthews/Malek,* Rn. 1.23.
[252] Siehe oben F. II. 2. b) aa).
[253] Siehe oben F. II. 2. b) aa) (3).

anspruch der Landespressegesetze ein funktionales Äquivalent.[254] Wie im US-Recht kann das öffentliche, respektive publizistische Interesse überwiegen und daher zu einer Akteneinsicht führen.[255]

3. Weiterverwendung von Dokumenten

Während die Verwendung von Dokumenten, die in Zusammenhang mit einem Zivilprozess erlangt und/oder verwendet wurden, in England eine vergleichbare Rolle spielt wie in den USA, ist dies in Deutschland schon aufgrund der Tatsache, dass erheblich weniger Dokumente überhaupt von der Gegenpartei oder Dritten zur Verwendung im Prozess erlangt werden, weniger bedeutend. Die aus dem *common law* entstandene und nunmehr in den CPR enthaltene Regelung im englischen Recht sieht ein Verbot der Weitergabe für den Fall vor, dass Dokumente auf diesem Wege erlangt wurden. Bezüglich der Inhalte eines Verfahrens, welches unter Ausschluss der Öffentlichkeit stattgefunden hat, besteht in Deutschland nach § 174 Abs. 3 ZPO eine vergleichbare Anordnungsmöglichkeit. Darüber hinaus können sich spezielle Weitergabeverbote hier nur aus dem Inhalt der Dokumente selbst ergeben, dann aber unabhängig davon, ob diese erst durch den Zivilprozess erlangt wurden.

a) Beschränkung der Verwendung in England durch CPR 31.22(1)

Anders als in den FRCP im US-Recht ist in den englischen CPR die Verwendung der Dokumente, die durch die *disclosure* erlangt werden, ausdrücklich gesetzlich geregelt und beschränkt. Das Verbot der Verwendung von Dokumenten über das Verfahren hinaus, für das sie offengelegt wurden, ist, wie im amerikanischen Recht, durch die Sanktion des *contempt of court* bewehrt.[256] Zudem werden Klagen, die auf zu Unrecht verwendeten Dokumenten beruhen, als missbräuchlich abgewiesen.[257] Die Dokumente, in die eine Partei im Rahmen der *disclosure* Einsicht nimmt, darf diese prinzipiell auch nur für das Verfahren nutzen, zu dessen Zwecken die Offenlegung erfolgte, CPR 31.22(1). Etwas anderes gilt danach nur, wenn das Dokument in einer öffentlichen Anhörung verlesen oder in einer solchen darauf Bezug genommen wurde, das Gericht dies erlaubt oder alle betroffenen Parteien damit einverstanden sind. Betroffen in diesem Sinne sind nicht nur die Parteien, sondern auch sonstige Personen zu denen die Informationen einen Bezug haben.[258] CPR 31.22 bezieht sich ausdrücklich nur auf die Per-

---

[254] Siehe oben F. II. 2. a) aa) und F. II. 2. b) bb).

[255] Siehe oben F. II. 2. b) bb) (4).

[256] Lilly Icos Limited v Pfizer Limited [2002] EWCA Civ 2 (CA), Rn. 5; *Gibbons,* 20 C.J.Q. 2001, 303, 306.

[257] Riddick v Thames Board Mills Ltd [1977] Q.B. 881, 902 (CA).

[258] *Matthews/Malek,* Rn. 19.09.

sonen, gegenüber denen die Dokumente im Rahmen der *disclosure* offengelegt wurden. Das Ziel des Schutzes der Privatsphäre der Betroffenen erfordert aber, dass dies auch gegenüber dritten Parteien gilt, wenn ihnen bekannt ist, dass die Dokumente im Rahmen eines *disclosure* Verfahrens offengelegt wurden.[259]

Es gilt daher, dass im Regelfall eine Verwendung über das ursprüngliche Verfahren hinaus unzulässig ist und nur ausnahmsweise durch die betroffene Partei, das Gericht oder die Verwendung oder Erwähnung in einer öffentlichen Verhandlung erlaubt wird. Dies bezieht sich nicht nur auf die Dokumente selbst, sondern auch auf deren Inhalt, der ebenfalls nicht weiterverwendet werden darf, wenn dessen Kenntnis aus der Vorlage der Dokumente im Rahmen der *disclosure* beruht.[260] Die Grundregel, die auch schon vor Einführung der CPR bestand, ist, dass solche Dokumente weder über das Ausgangsverfahren hinaus kommerziell noch für ein weiteres Verfahren verwendet werden dürfen.[261] Es soll vermieden werden, dass die Dokumente, die eine Partei zum Zweck der Nutzung in einem Verfahren erhält, für darüber hinausgehende eigennützige Ziele verwendet werden.[262]

Über die Grundregel in CPR 31.22 kann das Gericht durch Anordnung in manchen Situationen die Verwendung von Dokumenten begrenzen.[263] So kann es gemäß CPR 18.2 auch die Verwendung von Informationen, die eine Partei entweder freiwillig oder auf Aufforderung des Gerichts zur Klarstellung gemäß CPR 18.1 hin gemacht hat, auf das konkrete Verfahren begrenzen. Liegt eine Erlaubnis der betroffenen Partei und gegebenenfalls zusätzlich auch aller betroffenen Personen vor, ist eine über das konkrete Verfahren hinausgehende Verwendung gemäß CPR 31.22(1)(c) zulässig. Diese Ausnahme vom Verwendungsverbot ist nur konsequent, da das Verbot dem Schutz der Rechte und Interessen der Betroffenen dient und daher für diese auch disponibel ist.[264]

Die Parteien haben so bezüglich des Großteils der Dokumente, die im *disclosure*-Verfahren offengelegt werden, direkt die Möglichkeit, deren Verwendung über das konkrete Verfahren hinaus zu verhindern. So können sie persönlichkeitsrechtliche Interessen – auch von Dritten – schützen, indem sie der Weitergabe nicht zustimmen und somit auf datenschutzrechtliche Belange Rücksicht nehmen. Entscheidend für die Bindung der Dokumente an das Ausgangsverfahren

---

[259] *Matthews/Malek,* Rn. 19.11.

[260] IG Index plc v Johannes Hendrik Cloete [2013] EWHC 3789 (QB), Rn. 31; White Book – Civil Procedure, Section A, Rn. 31.22.1; *Matthews/Malek,* Rn. 19.19.

[261] *Sime,* in: Blackstone's civil practice, Rn. 50.45.

[262] Harman Appellant v Secretary of State for the Home Department Respondent [1983] 1 A.C. 280, 308 (HL); Prudential Assurance Co. Ltd v. Fountain Page Ltd [1991] 1 W.L.R. 756, 765 (QB); *Gibbons,* 20 C.J.Q. 2001, 303, 304.

[263] *Matthews/Malek,* Rn. 19.27; *Zuckerman,* Rn. 15.175.

[264] *Gibbons,* 20 C.J.Q. 2001, 303, 306.

ist daher, wie weit die Ausnahmetatbestände eine Verwendung darüber hinaus ermöglichen. Die CPR enthalten keine genaueren Bestimmungen dazu, wann ein Gericht im Einzelfall eine Erlaubnis zur Verwendung über das Ausgangsverfahren hinaus oder ein Verbot der Verwendung trotz einer öffentlichen Anhörung anordnen soll.[265] Das Gericht hat daher im Einzelfall einen weiten Spielraum bezüglich dieser Entscheidungen.[266]

aa) Verwendung für das Ausgangsverfahren

Prinzipiell dürfen die Dokumente nur für die Zwecke des Ausgangsverfahrens (*„purpose of the proceedings"*) verwendet werden. Es stellt sich aber die Frage, ob darunter nur die Verwendung in dem jeweiligen formalen Prozess fällt oder ob *„proceedings"* in diesem Zusammenhang weiter zu verstehen ist. Dabei ist zu beachten, dass CPR 31.22(1) an die vor Einführung der CPR 1998 bestehende Rechtsprechung zu dieser Frage anknüpft und diese in Gesetzesform fassen sollte.[267] Die vorher geltenden Grundsätze des *common laws* sollten durch die Gesetzesfassung nicht geändert, sondern lediglich einheitlich sprachlich fixiert werden und sind daher für die Auslegung der Vorschrift heranzuziehen.[268] Vor Geltungsbeginn der CPR bestanden verschiedene Ausprägungen der *common law*-Regel, ob eine Partei erlangte Dokumente ohne besondere Erlaubnis des Gerichts weiterverwenden konnte, die auch mit dem Wortlaut von CPR 31.22(1) weiter vereinbar sind.[269]

Teilweise wurde die sehr enge Ansicht vertreten, dass durch die *disclosure* erlangte Dokumente nur für das formale Verfahren, in dem sie erlangt wurden, verwendet werden dürften.[270] Vor allem in späteren Entscheidungen wurde aber die Verwendung ohne gerichtliche Erlaubnis auch dann zugelassen, wenn diese in einem Nebenprozess vorgesehen war, welcher sich aus dem ursprünglichen Verfahren ergab.[271] Dies beruht auf der Annahme, dass es auf das Ziel des Ausgangsverfahrens ankomme und nicht formalistisch auf das dort formulierte pro-

---

[265] *Gibbons,* 20 C.J.Q. 2001, 303, 305 f.

[266] *Gibbons,* 20 C.J.Q. 2001, 303, 305 f.

[267] *Gibbons,* 20 C.J.Q. 2001, 303, 304.

[268] *Gibbons,* 20 C.J.Q. 2001, 303, 305.

[269] *Gibbons,* 20 C.J.Q. 2001, 303, 309.

[270] Miller and Another v Scorey and Others [1996] 1 W.L.R. 1122, 1129 (Ch); Sybron Corp. v. Barclays Bank Plc, [1985] 1 Ch. 299, 320 (Ch); Distillers Co. (Biochemicals) Ltd. v. Times Newspapers Ltd, [1975] Q.B. 613, 621; vom Mehrheitsvotum des Gerichts abweichend auch in Riddick v. Thames Board Mills Ltd [1977] Q.B. 881, 901; Prudential Assurance Co. Ltd v. Fountain Page Ltd [1991] 1 W.L.R. 756, 765 (QB).

[271] Crest Homes Plc v. Marks [1987] A.C. 829, 860 (HL); Omar v. Omar [1995] 1 W.L.R. 1428, 1436 (Ch); Wilden Pump & Engineering Co. v. Fusfield [1985] F.S.R. 581, 599 (Ch).

zessuale Ziel.[272] So wurde in einem Verfahren zur Feststellung einer Missachtung des Gerichts, bezüglich einer im Ausgangverfahren ergangenen Anordnung, die Verwendung auch ohne Erlaubnis des Gerichts für zulässig erachtet.[273] Auch bei einem Antrag auf Anordnung der *disclosure* gegenüber einem ehemaligen Mitarbeiter eines Unternehmens, welches im Ausgangverfahren die Beklagte war, wurde die Zulässigkeit der Weitergabe angenommen, da es sich bei der Trennung der beiden Verfahren um eine bloße Formalität handele.[274] Gegen eine rein formale Begrenzung auf das Ausgangsverfahren spricht der historische Zweck der Beschränkung der Verwendung von Dokumenten, die durch die *disclosure* erlangt werden. Trotz unterschiedlicher Ausprägungen war das zugrundeliegende Ziel einheitlich, die missbräuchliche Nutzung solcher Dokumente zu verhindern.[275] Um dies zu erreichen, ist es aber nicht erforderlich, die Verwendung streng formal auf das Ausgangsverfahren zu begrenzen. Es genügt stattdessen, wenn das Gericht die Möglichkeit hat, die Verwendung für einen anderen Prozess im Einzelfall zu unterbinden.[276] Eine strenge formalistische Beschränkung auf das Ausgangsverfahren ist daher nicht zweckmäßig. Dass die Verwendung auf demselben Sachverhalt (*cause of action*) beruht, der auch das Ausgangsverfahren begründet, wurde vor Einführung von 31.22 CPR ebenfalls als Kriterium verwendet, ist aber nicht mit der Verwendung „*for the purpose of the proceeding*" gleichzusetzen.[277] Vielmehr ist es sowohl möglich, dass auf einem *cause of action* mehrere formal getrennte Verfahren beruhen, als auch, dass mehrere Klagegründe formell zu einem Verfahren gehören.[278]

Im Ergebnis ist daher die Beschränkung auf den *purpose of the proceedings* so weit zu verstehen, dass auch zusätzliche Verfahren noch erfasst sind, wenn sie sich aus dem Ziel des Ausgangsverfahrens direkt ergeben und sie dieses unterstützen.[279] Dazu gehören aber jedenfalls nicht mehr Verfahren, die Dritte gegen den Beklagten des Ausgangsverfahrens führen möchten[280] oder die Veröffentlichung von Dokumenten durch Weitergabe an die Presse. In diesen Fällen ist daher eine Ausnahmeerlaubnis nach CPR 31.22(1)(b) für die Verwendung erforderlich. Aber auch die Verwendung für Verfahren zwischen den gleichen Parteien und solche, die sich aus dem gleichen Sachverhalt ergeben, ist nur im Falle der genannten besonderen Verknüpfung erfasst und erfordert ansonsten eine gerichtliche Erlaubnis. So ist die Erlangung von Informationen gerade der Zweck einer

---

[272] Riddick v. Thames Board Mills Ltd [1977] Q.B. 881, 896 und 910 (CA).

[273] Wilden Pump & Engineering Co. v. Fusfield [1985] F.S.R. 581, 605 (Ch).

[274] Crest Homes Plc v. Marks [1987] A.C. 829, 860 (HL).

[275] *Gibbons,* 20 C.J.Q. 2001, 303, 320 ff.

[276] *Zuckerman,* Rn. 15.196.

[277] *Gibbons,* 20 C.J.Q. 2001, 303, 311 f.

[278] Sybron Corporation and Another v Barclays Bank Plc. [1985] Ch. 299, 320 (Ch).

[279] *Matthews/Malek,* Rn. 19.23; *Zuckerman,* Rn. 15.179.

[280] Crest Homes Plc v. Marks [1987] A.C. 829, 837 (HL).

search order, sodass die dadurch erlangten Dokumente und Informationen für getrennte Verfahren verwendet werden können.[281] In diesen Fällen ist die Verwendung in dem anderen Verfahren gerade der Zweck der angeordneten *disclosure,*
sodass keine weitere Erlaubnis des Gerichts für die Verwendung erforderlich
ist.[282] Das gleiche gilt für eine *Norwich Pharmacal order,* die das Ziel, hat un-
rechtmäßiges Handeln aufzudecken.[283]

bb) Vorherige Verwendung oder Erwähnung
in einer öffentlichen Verhandlung

Die enge Begrenzung auf die Zwecke des Ausgangsverfahrens wird allerdings
wiederum durch die in CPR 31.22(1)(a–c) vorgesehenen Ausnahmen gelockert.
Dokumente und ihr Inhalt dürfen auch dann frei verwendet werden, wenn sie in
einem öffentlichen Verfahren verlesen wurden oder dort auf sie Bezug genommen wurde, CPR 31.22(1)(a). Diese Ausnahme vom Verwendungsverbot ist Ausdruck des Öffentlichkeitsgrundsatzes im englischen Zivilprozessrecht.[284] Dafür
ist es nicht erforderlich, dass die Dokumente tatsächlich innerhalb der öffentlichen Verhandlung verlesen wurden, es genügt auch, dass das Gericht diese vor
der Verhandlung gelesen hat oder jedenfalls von einer Partei auf das Dokument
hingewiesen wurde und diese so Teil der Entscheidungsgrundlage des Gerichts
wurden.[285] Dies gilt auch für Dokumente, die lediglich in einer Anhörung oder
einer Zeugenaussage erwähnt wurden, nicht aber, wenn das Gericht zwar die Dokumente gelesen hat, das Verfahren dann aber ohne Entscheidung des Gerichts
einvernehmlich beigelegt wird.[286] Grund für dieses weite Verständnis ist ein er-
forderlicher Ausgleich zur Praxis der Gerichte, einen großen Teil des Verfahrens
umfangreich schriftlich vorzubereiten und dann auf die Verlesung von Dokumenten in der öffentlichen Verhandlung zu verzichten.[287]

Die Verwendung von Dokumenten, die in einer öffentlichen Verhandlung verwendet oder erwähnt wurden, kann allerdings gemäß CPR 31.22(2) auf Anord-

---

[281] Bayer A.G. v. Winter (No. 2) [1986] 12 F.S.R. 357, 360 (Ch); Sony Corp. v.
Anand (U.K.) Ltd v. Domicrest (Fancy Goods) Ltd, [1981] 7 F.S.R. 398, 401 f. (Ch).

[282] Rank Film Distributors Ltd. v. Video Information Centre [1982] A.C. 380, 446 f.
(HL); Attorney-General for Gibraltar v May and Others [1999] 1 W.L.R. 998, 1007 f.
(CA).

[283] *Matthews/Malek,* Rn. 19.25.

[284] *Zuckerman,* Rn. 15.204.

[285] Lilly Icos Limited v Pfizer Limited [2002] EWCA Civ 2 (CA), Rn. 7 ff.; Smithkline Beecham Biologicals SA v Connaught Laboratories Inc [2000] F.S.R. 1, 13 f.
(CA).

[286] Smithkline Beecham Biologicals SA v Connaught Laboratories Inc [2000] F.S.R.
1, 13 (CA).

[287] Smithkline Beecham Biologicals SA v Connaught Laboratories Inc [2000] F.S.R.
1, 12 (CA).

nung des Gerichts wiederum eingeschränkt werden. Eine solche Anordnung kann nach CPR 31.22(3) von einer Partei selbst oder der Person, zu der das Dokument gehört, beantragt werden. Dafür muss diese allerdings detailliert die Gründe für die Anordnung vortragen.[288] Auch wenn das Gericht im konkreten Fall eine Einzelfallentscheidung treffen muss, lassen sich dennoch allgemeine Tendenzen erkennen. Sobald Dokumente in einer öffentlichen Gerichtsverhandlung verwendet wurden, ist der Zugang der Öffentlichkeit zu diesen der Regelfall.[289] Beschränkungen der Weiterverwendung durch eine Anordnung des Gerichts und die damit einhergehende Ausnahme vom Grundsatz der Öffentlichkeit der Gerichtsverhandlung sind dann nur noch aus wichtigen Gründen (*„very good reasons"*) möglich.[290] Bloße Behauptungen eines Geheimhaltungsbedürfnisses genügen nicht, auch wenn beide Parteien darüber übereinstimmen, es bedarf einer spezifischen Begründung, weshalb die Gefahr eines Schadens besteht, wenn die öffentliche Verwendung bestimmter Dokumente nicht untersagt wird.[291] Bei der Abwägung zwischen dem Interesse der Öffentlichkeit und dem Geheimhaltungsinteresse ist zu berücksichtigen, welche Bedeutung die fraglichen Dokumente für die Entscheidung des Ausgangsverfahrens und die Möglichkeit der Öffentlichkeit, diese nachzuvollziehen, hat.[292] Auch die Gefahr, dass eine restriktive Anordnung von Verwendungsverboten die Bereitschaft der Prozessparteien zur Offenlegung aller Dokumente während der *disclosure* beeinträchtigt, ist zu beachten.[293] So kann es für ein Verwendungsverbot sprechen, dass dies einen geringeren Eingriff in den Öffentlichkeitsgrundsatz als eine Verhandlung unter Ausschluss der Öffentlichkeit darstellt, wenn eine solche ansonsten möglicherweise erforderlich wäre, um die berechtigten Interessen der Parteien zu schützen.[294]

cc) Erlaubnis durch das Gericht

Wenn die vorgesehene Verwendung über das hinausgeht, was für die Zwecke des Ausgangsverfahrens erforderlich ist[295], und die Dokumente nicht in einer öffentlichen Verhandlung verwendet wurden, kann das Gericht dennoch gemäß CPR 31.22(1)(b) auf Antrag einer Partei die weitere Verwendung im Einzelfall erlauben. Die Verwendung über das Ausgangsverfahren hinaus muss dann aber die Ausnahme bleiben.[296] Dies ergibt sich daraus, dass die Verpflichtung zur *disclosure* einen Eingriff in die Privatsphäre der Betroffenen darstellt und der

---

[288] Lilly Icos Limited v Pfizer Limited [2002] EWCA Civ 2 (CA), Rn. 17.

[289] NAB v Serco Ltd [2014] EWHC 1225 (QB), Rn. 31.

[290] Lilly Icos Limited v Pfizer Limited [2002] EWCA Civ 2 (CA), Rn. 25.

[291] Lilly Icos Limited v Pfizer Limited [2002] EWCA Civ 2 (CA), Rn. 25.

[292] Lilly Icos Limited v Pfizer Limited [2002] EWCA Civ 2 (CA), Rn. 25.

[293] Lilly Icos Limited v Pfizer Limited [2002] EWCA Civ 2 (CA), Rn. 25.

[294] Lilly Icos Limited v Pfizer Limited [2002] EWCA Civ 2 (CA), Rn. 25.

[295] Siehe oben F. II. 3. a) aa).

[296] Crest Homes Plc v. Marks [1987] A.C. 829, 860 (HL).

Zweck der Sachverhaltsaufklärung diesen Eingriff nur so weit rechtfertigen kann, wie dies für ein Verfahren erforderlich ist.[297] Eine Erlaubnis kann daher im Regelfall nicht kategorisch, sondern nur bezüglich einzeln bestimmter Dokumente ergehen, da eine Einzelüberprüfung der Dokumente durch das Gericht erforderlich ist.[298]

Zusammen mit der Möglichkeit der Beschränkung des Zugangs gemäß CPR 31.22(2) lässt dies dem Gericht im Einzelfall einen weiten Spielraum bezüglich der zulässigen Verwendung. Die beiden Anordnungen erfordern die gleiche Interessenabwägung und unterscheiden sich nur durch die umgekehrte Ausgangsposition und Beweislast.[299] Wichtigster Fall eines berechtigten Interesses zur weiteren Verwendung ist, wie in den USA[300], die Verwendung in laufenden oder potentiell zu führenden weiteren Prozessen.[301] So hat eine Partei des Ausgangsverfahrens ein berechtigtes Interesse an der Verwendung in einem Prozess, wenn sich aus den Dokumenten, die sie durch die *disclosure* erlangt hat, weitere Ansprüche gegen die Gegenpartei oder Dritte ergeben. Das gilt insbesondere auch, wenn eine *search order* solche Dokumente hervorbringt.[302] Bei der Entscheidung über die Erlaubnis sind jedenfalls die Art des Ausgangsverfahrens, die Umstände, unter denen die *disclosure* stattfand, und die Art des angestrebten weiteren Prozesses zu berücksichtigen.[303] Die Abwägung wird dabei durch das Recht auf ein faires Verfahren in Art. 6 EMRK beeinflusst, welches verletzt sein kann, wenn die Verwendung von Dokumenten für einen Prozess ohne Grund verweigert wird.[304]

Für die Erlaubnis der Verwendung in einem weiteren Prozess spricht es, wenn die Parteien in beiden Verfahren identisch sind oder der Antragsteller ansonsten dieselben Dokumente im späteren Verfahren im Rahmen der *disclosure* nach CPR 31.6 herausverlangen könnte.[305] Auch die Weitergabe an Dritte für einen Prozess, an welchem keine der Parteien des ursprünglichen Verfahrens beteiligt sind, kann aber ein berechtigtes Interesse sein.[306] Die Hürde für dessen Darlegung ist dann allerdings besonders hoch.[307] Erforderlich sind stichhaltige und

---

[297] Taylor and Another Appellants v Director of the Serious Fraud Office and Others Respondents [1999] 2 A.C. 177, 210 (HL).

[298] *Matthews/Malek,* Rn. 19.40.

[299] NAB v Serco Ltd [2014] EWHC 1225 (QB), Rn. 27.

[300] Siehe oben ab F. I. 2.

[301] *Matthews/Malek,* Rn. 19.43.

[302] Sony Corp. v. Anand [1981] F.S.R. 398, 403 (Ch).

[303] Sybron Corp. v. Barclays Bank Plc [1985] 1 Ch. 299, 326 (Ch).

[304] *Zuckerman,* Rn. 15.188.

[305] *Zuckerman,* Rn. 15.189.

[306] Bibby Bulk Carriers Ltd. v Cansulex Ltd. and Others [1989] Q.B. 155, 163 (QB); *Matthews/Malek,* Rn. 19.46.

[307] Bibby Bulk Carriers Ltd. v Cansulex Ltd. and Others [1989] Q.B. 155, 163 (QB); *Matthews/Malek,* Rn. 19.47.

überzeugende Gründe für die vorgesehene Verwendung.[308] Der Weitergabe an Dritte stehen allerdings regelmäßig berechtigte Interessen der offenlegenden Partei entgegen, sodass qualifizierte Ausnahmesituationen selten sind. Wie aussichtsreich das angestrebte Verfahren ist, ist zu berücksichtigen, wenn eine solche Einschätzung ohne großen Aufwand möglich ist.[309] Besteht eine rechtliche Verpflichtung zur Vorlage von Dokumenten vor ausländischen Gerichten, so soll dies einer Partei, soweit möglich, nicht versagt werden.[310] Dasselbe gilt für die Verwendung in Verfahren vor der EU-Kommission.[311] Möglich ist auch die Erlaubnis zur Verwendung in einem Strafverfahren oder die Weitergabe an Steuerbehörden.[312] Besteht ein hohes Risiko, dass eine Partei unredliche und arglistige Ziele mit der Weiterverwendung von Dokumenten verfolgt, spricht dies gegen eine Verwendungserlaubnis.[313] Die Erlaubnis des Gerichts muss prinzipiell eingeholt werden, bevor die Dokumente weiterverwendet werden, in extremen Ausnahmefällen kann das Gericht aber auch noch im Nachhinein eine Nutzung legitimieren.[314]

dd) Private Vereinbarungen

Die Parteien können zudem eine sogenannte *confidentiality club*-Vereinbarung treffen, worin vereinbart wird, dass während des gesamten Verfahrens nur ein eng begrenzter, vorher festgelegter Personenkreis die Dokumente einsehen darf, welche von der offenlegenden Partei als vertraulich markiert wurden.[315] Dies ist insbesondere in Patentrechtsverfahren üblich und beinhaltet regelmäßig Klauseln, wonach diese Verpflichtung nicht mehr gilt, sobald die Dokumente in einer öffentlichen Verhandlung verwendet wurden, und zudem mit dem Prozessende erlischt.[316] Solche Vereinbarungen sind für das Gericht nicht bindend, können aber bei der Entscheidung über Erlaubnis oder Beschränkung der Verwendung berücksichtigt werden.[317]

---

[308] Crest Homes Plc. v. Marks [1987] A.C. 829, 859 (HL); Bibby Bulk Carriers Ltd. v Cansulex Ltd. and Others [1989] Q.B. 155, 160 (QB).

[309] Sybron Corp. v. Barclays Bank Plc [1985] 1 Ch. 299, 326 f. (Ch).

[310] Bank of Crete SA v Koskotas (No.2) [1992] 1 W.L.R. 919, 926 (Ch).

[311] White Book – Civil Procedure, Section A, 31.22.1 mit Verweis auf die Entscheidung in Apple Corps. Ltd v Apple Computer Inc [1992] F.S.R. 389 (Ch), die allerdings vor Geltungsbeginn der CPR erging.

[312] Sony Corp. v. Anand [1981] F.S.R. 398, 402 f. (Ch); *Zuckerman*, Rn. 15.185.

[313] Eronar v Tabbah [2002] EWCA Civ 950 (CA).

[314] *Zuckerman*, Rn. 15.183 unter Hinweis auf Miller v. Scorey [1996] 1 W.L.R. 1122, 1133 (Ch), dort wurde die Möglichkeit einer nachträglichen Legitimierung angesprochen aber im konkreten Fall abgelehnt.

[315] Lilly Icos Limited v Pfizer Limited [2002] EWCA Civ 2 (CA), Rn. 10.

[316] Lilly Icos Limited v Pfizer Limited [2002] EWCA Civ 2 (CA), Rn. 10 und 11.

[317] Lilly Icos Limited v Pfizer Limited [2002] EWCA Civ 2 (CA), Rn. 12; Smithkline Beecham Biologicals SA v Connaught Laboratories Inc [2000] F.S.R. 1, 14 f. (CA).

b) Geringe Relevanz der Weitergabeverbote in Deutschland

Ein allgemeines prozessrechtliches Verbot, Dokumente, die im Rahmen eines Zivilprozesses erlangt wurden, weiterzugeben, besteht in Deutschland, wie auch in den USA, nicht. Dies hat aber in Deutschland auch deutlich weniger Relevanz in der Praxis, da überhaupt nur in engeren Grenzen Dokumente auf diesem Wege erlangt werden können.[318] Soweit ein materiellrechtlicher Herausgabeanspruch erfolgreich geltend gemacht wurde, um die Dokumente zu erlangen, ist die weitere Verwendung der auf diesem Wege erlangten Informationen schon nicht durch das Prozessrecht beschränkt, da sie in einem eigenständigen Verfahren erlangt wurden, welches nicht zwangsläufig prozessual mit dem ausschlaggebenden Hauptsacheverfahren verbunden ist, für welches die Informationen verwendet werden sollen. Aber auch bezüglich Informationen aus Dokumenten, welche von einer Partei in den Prozess eingebracht wurden, besteht kein allgemeines Verbot, diese weiterzugeben. Ein solches besteht nur ausnahmsweise, wenn für das Verfahren die Öffentlichkeit ausgeschlossen ist und darüber hinaus die am Verfahren beteiligten Personen eine gesetzliche oder durch das Gericht angeordnete Geheimhaltungsverpflichtung trifft.

aa) Eingeschränkte Verfahrensöffentlichkeit und Geheimhaltungsverpflichtung nach § 174 Abs. 3 GVG

Nur in Familiensachen und Angelegenheiten der freiwilligen Gerichtsbarkeit ist die Öffentlichkeit schon von Gesetzes wegen gemäß § 170 Abs. 1 GVG vom Verfahren ausgeschlossen und kann nur ausnahmsweise zugelassen werden. In anderen Prozessen kann das Gericht ansonsten die Öffentlichkeit ausnahmsweise von einer Verhandlung ausschließen (in den Fällen der §§ 171a, 171b, 172, 173 GVG). Darüber hinaus kann es auch die am Prozess beteiligten Personen zum Schweigen über die Inhalte der Verhandlung verpflichten (§ 174 Abs. 3 GVG i.V.m. § 171b oder § 172 Nr. 2 und 3). Die Geheimhaltung bezieht sich in diesen Fällen auf Tatsachen und den Inhalt von Dokumenten, von denen im Verfahren Kenntnis erlangt wurde und erfasst jegliche Form der Weitergabe.[319] Diese Schweigepflicht ist dann gemäß § 353d Nr. 2 StGB strafbewehrt. Praktisch wird von der Gerichten nur selten von der Möglichkeit Gebrauch gemacht, eine Schweigepflicht aufzuerlegen.[320] Eine gesetzliche Schweigeverpflichtung in diesem Sinne besteht gemäß § 174 Abs. 2 GVG nur für den Fall, dass die Öffentlichkeit wegen Gefährdung der Staatssicherheit ausgeschlossen wird und ist aus datenschutzrechtlicher Perspektive nicht relevant.

---

[318] Siehe dazu oben D. III.
[319] *Kissel/Mayer,* in: Kissel/Mayer, GVG, § 174 Rn. 26.
[320] *Jacobs,* in: Stein/Jonas, 22. Aufl., § 174 GVG Rn. 9.

Der Ausschluss der Öffentlichkeit von der Verhandlung und die Verpflichtung zum Schweigen erfolgt durch zwei unterschiedliche Anordnungen des Gerichts, wobei sich aus § 174 Abs. 3 S. 1 GVG ergibt, dass für die Anordnung einer Schweigeverpflichtung der vorherige Ausschluss der Öffentlichkeit Voraussetzung ist. Anders als für den Ausschluss der Öffentlichkeit in § 171b Abs. 3 GVG besteht für die Anordnung einer Schweigeverpflichtung kein bindendes Antragsrecht der Betroffenen.[321] Während daher der Ausschluss der Öffentlichkeit eines Verfahrens auf Antrag eines Betroffenen durch das Gericht anzuordnen ist, wenn es zu dem Entschluss kommt, dass die Anforderungen vorliegen, besteht für die Auferlegung einer Schweigepflicht ein Beurteilungsspielraum. Hierdurch behält das Gericht die Entscheidung darüber, ob die strafbewehrte Sanktionsandrohung angeordnet wird oder nicht. Die Möglichkeit, die beteiligten Personen zum Schweigen zu verpflichten, besteht, zum Schutz der Privatsphäre (§ 171b GVG), wenn ein privates Geheimnis (§ 172 Nr. 3 GVG) erörtert wird, dessen Offenbarung strafbewehrt ist, oder zum Schutz wichtiger schutzwürdiger geschäftlicher Geheimnisse, die das Interesse der Öffentlichkeit überwiegen (§ 172 Nr. 2). Der Ausschluss aufgrund von geschäftlichen Geheimnissen wirkt sich aus datenschutzrechtlicher Sicht nicht aus. Anders ist dies beim Ausschluss zum Schutz strafrechtlich geschützter privater Geheimnisse gemäß § 172 Nr. 3 GVG oder bei einem Ausschluss gemäß § 171 Abs. 1, wenn die Erörterung von Tatsachen des persönlichen Lebensbereichs eines Betroffenen dessen schutzwürdige Interessen verletzen würde. Die Regelung in § 172 Nr. 3 GVG erfasst insbesondere die in § 203 StGB aufgeführten Fälle sowie die spezialgesetzlichen Vorschriften der § 96 Abs. 7 Nr. 1, § 130 Abs. 1 Nr. 1, § 155 SGB IX, § 120 Abs. 2 BetrVG.[322] Die Schweigeverpflichtung für sämtliche am Prozess beteiligten Personen bildet dann das Korrektiv für die Entbindung von der Schweigepflicht zur erforderlichen Sachverhaltsaufklärung im Verfahren bezüglich der geschützten Geheimnisse.[323] Für Informationen, die zu den darin geschützten besonders sensiblen Lebensbereichen gehören (unter anderem der Beziehung zwischen Arzt und Patient, Rechtsanwalt und Mandant sowie Amtsträger und öffentlich Verpflichteten), besteht daher für das Gericht die Möglichkeit, deren Weitergabe durch die Parteien und andere betroffene Personen (strafbewehrt) zu verbieten. Das Gericht trifft über diese Anordnung eine Entscheidung nach pflichtgemäßem Ermessen.

§ 171b Abs. 1 GVG gibt dem Gericht in Verbindung mit § 174 Abs. 3 GVG die Möglichkeit, auch über den strafrechtlich geschützten persönlichen Geheimnisbereich hinaus die Öffentlichkeit vom Verfahren auszuschließen und den Beteiligten eine Schweigeverpflichtung aufzuerlegen, wenn Umstände des persönlichen Lebensbereiches von Personen offengelegt würden und dies deren schutzwürdige

---

[321] *Zimmermann,* in: MüKoZPO, § 174 GVG Rn. 15.

[322] *Jacobs,* in: Stein/Jonas, 22. Aufl., § 172 GVG Rn. 12.

[323] *Hartmann,* in: Baumbach/Lauterbach/Albers/Hartmann, ZPO, § 172 GVG Rn. 6.

Interessen verletzen würde. Eine trennscharf abgegrenzte Definition des „persönlichen Lebensbereiches" ist nicht möglich.[324] Darunter fallen jedenfalls die Privat- und Intimsphäre im Sinne von Umständen, die geeignet sind, die Wertschätzung einer Person bei Dritten zu beeinflussen oder die jemand vor der Öffentlichkeit verbergen möchte.[325] Dies umfasst Bereiche wie den des Familienlebens, die Sexualsphäre, politische und religiöse Einstellungen, persönliche Eigenheiten und Neigungen und den Gesundheitszustand einer Person.[326] Teilweise wird das Merkmal des persönlichen Lebensbereichs sehr weit verstanden, sodass sogar die wirtschaftlichen Verhältnisse noch darunter fallen sollen.[327] Diese unterschiedliche Einschätzung hat aber lediglich einen dogmatischen Hintergrund, der in der Frage liegt, ob die Bestimmung des persönlichen Lebensbereiches von der Bewertung der Verletzung schutzwürdiger Interessen getrennt werden muss.[328] Ob aber die Einschränkung des Tatbestandes schon durch ein engeres Verständnis des Begriffs des persönlichen Lebensverhältnisses oder bei der Beurteilung der Schutzwürdigkeit des Geheimhaltungsinteresses vorgenommen wird, dürfte in der Praxis keine Auswirkungen auf die Ausschlussmöglichkeit des Gerichts haben. Diese erfordert jedenfalls eine Beurteilung im Einzelfall, ob ein schutzwürdiges Interesse des Betroffenen vorliegt, und wenn dies der Fall ist, eine Abwägung mit dem öffentlichen Interesse. Die Schutzwürdigkeit des Geheimhaltungsinteresses des Betroffenen ist dabei objektiv zu beurteilen.[329] Schutzwürdig können in diesem Sinne auch nur solche Interessen sein, die eine gewisse Erheblichkeitsschwelle überschreiten, also über das allgemein übliche hinaus in die Privatsphäre der Betroffenen eingreifen, da der Grundsatz der Öffentlichkeit des Verfahrens ansonsten gänzlich ausgehebelt würde.[330] Auch wenn ein schutzwürdiges Interesse des Betroffenen festgestellt ist, kann dies gemäß § 171b Abs. 1 GVG dennoch durch das entgegenstehende Interesse der Öffentlichkeit überwogen werden.

Im Ergebnis läuft daher die Anordnung des Ausschlusses der Öffentlichkeit und die darauf aufbauende Anordnung der Geheimhaltungsverpflichtung gemäß § 174 Abs. 3 GVG i.V.m. § 171b Abs. 1 oder § 172 Nr. 3 GVG auf eine Abwägung derselben Interessen hinaus, wobei § 172 Nr. 3 GVG besonders sensible Bereiche betrifft, deren Schutzwürdigkeit sich schon aus ihrer strafrechtlichen

---

[324] *Jacobs,* in: Stein/Jonas, 22. Aufl., § 171b GVG Rn. 3; *Kissel/Mayer,* in: Kissel/Mayer, GVG, § 171 Rn. 3.

[325] *Kissel/Mayer,* in: Kissel/Mayer, GVG, § 171 Rn. 3.

[326] BGH, Urt. v. 18.9.1981 – 2 StR 370/81, NJW 1982, 59, 59; *Fenger,* NJW 2000, 851, 851 ff.; *Kissel/Mayer,* in: Kissel/Mayer, GVG, § 171b Rn. 3.

[327] *Jacobs,* in: Stein/Jonas, 22. Aufl., § 171b GVG Rn. 3.

[328] *Jacobs,* in: Stein/Jonas, 22. Aufl., § 171b GVG Rn. 3.

[329] *Kissel/Mayer,* in: Kissel/Mayer, GVG, § 171b Rn. 5; *Jacobs,* in: Stein/Jonas, 22. Aufl., § 171 GVG Rn. 4.

[330] *Kissel/Mayer,* in: Kissel/Mayer, GVG, § 171b Rn. 7.

Relevanz ergibt und die daher regelmäßig eher das Öffentlichkeitsinteresse überwiegen als solche Tatsachen, die lediglich unter § 171b Abs. 1 fallen. In beiden
Fällen erfordert daher die Anordnung der Geheimhaltungspflicht eine Ermessensausübung des Gerichts und damit eine Abwägung des Interesses der betroffenen
Person an der Geheimhaltung und dem im Grundsatz der Öffentlichkeit mani-
festierten öffentlichen Interesse an dem Verfahren.[331] Nur wenn diese Abwägung
zu Gunsten des Betroffenen ausfällt, ist daher den am Verfahren beteiligten Personen jegliche Weitergabe der Informationen über das Verfahren und folglich
auch die Weitergabe von Dokumenten darüber strafrechtlich bewehrt verboten.

bb) Sonstige Weitergabeverbote aus dem Inhalt der Dokumente

Ohne eine besondere Anordnung kann sich ein Verbot der Weitergabe auch
direkt aus dem Inhalt der Dokumente ergeben, wenn spezialgesetzliche Vorschriften dies vorsehen.[332] Dabei ist allerdings die prinzipielle Öffentlichkeit von
Zivilprozessen zu beachten, sodass ein darüber hinausgehende Eingriff mit der
Weitergabe einhergehen muss. Der besteht zum Beispiel, wenn personenbezogene Daten nicht nur im Rahmen einer Verhandlung vorgetragen, sondern geordnet
abgespeichert und auf diesem Wege schriftlich zugänglich sind. Ein Verbot kann
sich dann insbesondere aus datenschutzrechtlichen Vorschriften oder der Verletzung anderer Persönlichkeitsrechte ergeben. Aufgrund des im Datenschutzrecht
geltenden Verbots mit Erlaubnisvorbehalt und der Möglichkeit, eine Verarbeitung
aufgrund einer gesetzlichen Erlaubnis vorzunehmen, wenn daran ein berechtigtes
Interesse besteht, führt dies dazu, dass die Zulässigkeit der Weitergabe von personenbezogenen Informationen aus einem Zivilverfahren auf eine allgemeine
datenschutzrechtliche Abwägung des Weitergabeinteresses mit dem Geheimhaltungsinteresse des Betroffenen hinausläuft. Der Schutz von Geschäftsgeheimnissen ist praktisch wohl der wichtigste Grund für ein Verbot der Weitergabe von
Informationen, die jemand während eines Zivilverfahrens erhalten hat, wirkt sich
aber, wie schon erwähnt, aus datenschutzrechtlicher Sicht nicht unmittelbar aus.

4. Zwischenergebnis

In England ist die Verwendung der durch die *disclosure* erlangten Dokumente
im Regelfall auf den Verfahrensgegenstand, nicht aber auf ein formelles Verfahren begrenzt.[333] Dies gilt nicht für Dokumente, die bereits in einem öffentlichen
Verfahren verwendet wurden.[334] In Ausnahmefällen kann das Gericht darüber

---

[331] BGH, Urt. v. 8.7.2009 – VIII ZR 314/07, NJW 2009, 2894, 2896; Regierungsentwurf, BT-Drucks. 7/550, S. 321 f.; *Kissel/Mayer,* in: Kissel/Mayer, GVG, § 174 Rn. 27.
[332] Siehe zur Anordnung soeben oben F. II. 3. b) aa).
[333] Siehe oben F. II. 3. a) aa).
[334] Siehe oben F. II. 3. a) bb).

hinaus eine Verwendung konkreter Dokumente erlauben.[335] Die Weitergabe von Dokumenten, die im Zusammenhang mit einem Zivilprozess erlangt oder verwendet wurden, ist in Deutschland nur ausnahmsweise verboten, wenn das Gericht dies ausdrücklich anordnet.[336] Die Frage der Zulässigkeit der Weitergabe spielt aber in Deutschland auch nur eine untergeordnete Rolle, da erheblich weniger Dokumente im Rahmen eines Prozesses erlangt werden. Ansonsten können sich Weitergabeverbote hier nur allgemein aus dem Inhalt der Dokumente, unabhängig von deren Bezug zu einem Zivilprozess, ergeben.

III. Ergebnis

Die Zugangs- und Weitergabemöglichkeiten zu den im *discovery*-Verfahren offengelegten Dokumenten weichen, unter Berücksichtigung der vergleichbaren Regelungen in England und Deutschland, nicht so weit vom Verständnis des zulässigen Maßes ab, dass dies gegen die Vereinbarkeit mit dem europäischen Datenschutzrecht spricht. Die Übermittlung von Daten zum Zwecke der Verarbeitung in einem *discovery*-Verfahren erfolgt zu einem eindeutig feststehenden rechtmäßigen Zweck. Wie gezeigt, kann sowohl der Zugriff Dritter als auch die Weitergabe von Dokumenten, die im Rahmen der *discovery* erlangt wurden, erheblich eingeschränkt werden. Auch wird durch die funktional vergleichbaren Regelungen in England und Deutschland die Verwendung der Daten, die für ein Zivilverfahren beschafft und verwendet werden, nicht absolut auf den Zweck der Verwendung für ein konkretes Verfahren beschränkt[337] und diese sind zudem nicht gänzlich vom Zugriff Dritter ausgeschlossen, wenn diese ein berechtigtes eigenes oder öffentliches Interesse daran geltend machen[338].

Im Hinblick darauf, dass nach geänderter Rechtslage nur noch ein Bruchteil der in der *discovery* erhaltenen Dokumente zu den Gerichtsakten genommen wird und zudem die Möglichkeit besteht, auch diese prinzipiell öffentlichen Gerichtsunterlagen im Einzelfall aufgrund von berechtigten entgegenstehenden Interessen durch *protective orders* vor der Öffentlichkeit geheim zu halten, läuft auch die Rechtslage in den USA nicht darauf hinaus, dass Dokumente aus der *discovery*-Phase allgemein und grenzenlos der Öffentlichkeit zugänglich gemacht werden.[339] Auch in England kann mit berechtigtem Interesse weitgehend Einsicht in die Gerichtsdokumente genommen werden.[340] In Deutschland ist der Zugang

---

[335] Siehe oben F. II. 3. a) cc).

[336] Siehe oben F. II. 3. b) aa).

[337] So allerdings für Deutschland *Simitis,* in: Simitis, BDSG-alt, § 4c Rn. 21 und *Hladjk,* in: Abel/Behling, Kap. 5 Rn. 270.

[338] Siehe oben ab F. II. 2. a).

[339] Siehe oben F. I. 1.

[340] Siehe oben F. II. 2. a) aa).

zu Gerichtsakten auf ein bestehendes rechtliches oder ein journalistisches Interesse eines Vertreters der Presse beschränkt, aber ebenfalls nicht ausgeschlossen.[341]

Die Weitergabe an Dritte von sonstigen Dokumenten, die nur im *discovery*-Verfahren genutzt und nicht an das Gericht übermittelt wurden, ist in den USA anders als in England erlaubt, wenn nicht eine Anordnung des Gerichts dies verbietet. Besteht ein Geheimhaltungsinteresse, ist dieses Regel-Ausnahme-Verhältnis aber weithin durch die weit verbreitete Anordnung von *umbrella protective orders* umgekehrt.[342] Soweit dargelegt wird, weshalb gewisse Dokumente und die darin enthaltenen Informationen vertraulich sind, kann eine solche Anordnung der Geheimhaltung durch das Gericht zum Beispiel für große Datensätze oder Datenkategorien ergehen, ohne dass eine Einzelprüfung der Dokumente erforderlich ist.[343] So besteht auch in den USA für Parteien eine gut zugängliche Möglichkeit, datenschutzrechtliche Interessen zu schützen. Für die Effektivität dieser Anordnungen spricht schon die weit verbreitete Kritik der mangelnden Transparenz.[344] Wird dann nach Anordnung einer solchen *protective order* ein Interesse Dritter an den Dokumenten geltend gemacht, kann das Gericht die Geheimhaltungspflicht wiederum nur gezielt im Einzelfall aufheben. Dies erfolgt aber nur aufgrund eines nachgewiesenen berechtigten Interesses und führt nicht zu einer mit dem ursprünglichen Zweck unvereinbaren Weiterverarbeitung. Auch in England und Deutschland ist die Weitergabe, wie in den USA, möglich, wenn ein berechtigtes Interesse besteht, die Dokumente in einem weiteren Prozess einzusetzen. Insgesamt läuft die Entscheidung über die Zulässigkeit der Weitergabe solcher Dokumente durch die Parteien auf eine Interessenabwägung zwischen Geheimhaltungsinteresse und den Interessen der Partei und der Öffentlichkeit durch das Gericht hinaus. Allerdings trägt im US-Recht die Partei, welche die Geheimhaltung erreichen möchte, die Beweislast, während im englischen Prozessrecht und im deutschen Datenschutzrecht ein Grund für die Weitergabe an einen Dritten erforderlich ist.

Im Ergebnis führen der beschränkte Zugriff der Öffentlichkeit und die Weitergabemöglichkeit im US-Recht aufgrund der geringen Voraussetzungen für eine umfassende *umbrella protective order* nicht dazu, dass die Bindung an den Zweck der Übermittlung zur Verwendung in einem konkreten Verfahren so weit gelockert wird, dass dies, unter Berücksichtigung der Regelungen in England und Deutschland, zwingend gegen die Vereinbarkeit mit dem Grundsatz der Zweckbindung und daher mit dem europäischen Datenschutzrecht spricht.

---

[341] Siehe oben F. II. 2. b).
[342] Siehe oben ab F. I. 3. a).
[343] Siehe oben F. I. 5. b) dd).
[344] So auch *Krapfl*, 135.

G. Gerichtliche Kontrolle

Die praktische Durchführung der Informationsbeschaffung und die Verwirklichung ihrer Beschränkungen zum Schutz von entgegenstehenden Interessen hängen maßgeblich davon ab, inwiefern die Dokumentenvorlage unter gerichtlicher Aufsicht stattfindet oder jedenfalls durch Gerichte kontrolliert werden kann.[1]

I. Durchgehend gerichtliche Kontrolle in Deutschland

In Deutschland ist die gerichtliche Kontrolle bei der Informationsbeschaffung durchgehend gewährleistet. Die bestehenden Möglichkeiten der Informationsbeschaffung von einer Gegenpartei oder Dritten zum Zweck der Verwendung für einen deutschen Zivilprozess finden, unabhängig davon, ob dies durch die Geltendmachung materieller Informationsansprüche oder innerhalb der Beweisaufnahme durch prozessuale Mittel stattfindet, unter richterlicher Leitung statt.[2] Der Dokumentenvorlage durch die Gegenpartei oder Dritte innerhalb eines Prozesses geht zwangsläufig die Prüfung der geforderten Vorlage und des damit verbundenen Sachverhalts sowie die Abwägung mit möglicherweise entgegenstehenden auch persönlichkeitsrechtlichen Interessen voraus. Auch die Beschaffung von Informationen und Dokumenten durch Geltendmachung materieller Vorlageansprüche findet unter richterlicher Aufsicht und Kontrolle statt. In diesem Fall ist sogar eine durch Rechtsmittel überprüfbare Entscheidung des Gerichts über die Verpflichtung zur Herausgabe der Dokumente erforderlich. Auch in diesen Verfahren sind entgegenstehende Interessen der zu Verpflichtenden oder Dritter zu berücksichtigen.[3]

II. Anordnung der *disclosure* in England

Im englischen Zivilprozessrecht ist die richterliche Kontrolle über die verpflichtende Dokumentenvorlage keine Selbstverständlichkeit. Die Rolle des Gerichts in Zivilverfahren ist hier historisch allgemein passiver angelegt.[4] Eine Abkehr von der streng passiven Rolle des Richters kann aber in verschiedenen Gesetzesänderungen der letzten Jahrzehnte insbesondere durch Einführung der CPR im Jahr 1999 ausgemacht werden.[5] So sollen die Gerichte nunmehr gemäß

---

[1] Siehe oben C. III. 3.

[2] Siehe oben D. III. im Ergebnis auch *Paulus*, Rn. 361.

[3] Siehe oben E. III. 2. b).

[4] *Osthaus*, 57.

[5] *Weber*, ZZPInt 2000, 59, 64 ff.

CPR 1.4 ausdrücklich eine aktive Rolle bei der Verfahrensleitung einnehmen.[6] Seitdem findet die Dokumentenvorlage im englischen Zivilverfahren nicht mehr ohne Kontrolle des Gerichts statt. Die Verpflichtung zur *disclosure* entsteht nicht schon automatisch aus der Klageerhebung, sondern wird vom zuständigen Gericht angeordnet, was ein höheres Maß an richterlicher Kontrolle im Einzelfall ermöglicht.[7] Das Gericht kann somit in entscheidendem Maße Kontrolle über den Ablauf der *disclosure* ausüben.[8] Mit Einführung der CPR wurde zudem in CPR 1.1(1) das übergeordnete Ziel des Verfahrensrechts (*overriding objective*) formuliert. Danach ist es das Ziel, eine gerechte Behandlung der Fälle unter verhältnismäßigem Kostenaufwand zu erreichen. Darunter fällt nach CPR 1.1(2):

– die Gleichberechtigung der Parteien,

– die Einsparung von Kosten,

– die angemessene Behandlung unter Berücksichtigung des Streitwerts, der Bedeutung des Falls, seiner Komplexität und der finanziellen Ressourcen der Parteien,

– die zügige und angemessene Durchführung,

– die Zuteilung von angemessenen Gerichtsressourcen unter Berücksichtigung der Gesamtbelastung der Gerichte und dem Bedarf der übrigen Verfahren,

– und die Durchsetzung der Vorschriften der CPR, der *Practice Directions* und der Anordnung des Gerichts.

Mit dieser Zielsetzung wurde der Grundsatz der Verhältnismäßigkeit in das englische Zivilprozessrecht eingeführt.[9] Erreicht werden sollen diese Ziele insbesondere durch ein aktiveres Eingreifen der Gerichte in das Verfahren, das sogenannte *active case management*. Darunter fallen insbesondere die in CPR 1.4 aufgezählten Maßnahmen. In Bezug auf die Dokumentenvorlage ist vor allem beachtlich, dass die Gerichte angehalten sind, die Streitfragen frühzeitig herauszustellen, damit sich die *disclosure* auf diese beschränken kann.[10]

Direkt nach Klageerhebung und Erwiderung greift das Gericht erstmals in das Verfahren ein. Durch die Zuweisung zu einem der möglichen Verfahrenspfade (*small claims, fast track* oder *multi track*) entscheidet das Gericht darüber, ob die *disclosure* den Regelfall darstellt oder nur ausnahmsweise auf besondere Anordnung stattfindet.[11] In den meist komplexeren und umfangreicheren *multi track* Verfahren kann das Gericht zudem eine *case management conference* oder eine

---

[6] *M. Stürner*, ZVglRWiss 2000, 310, 315 f.

[7] Siehe oben D. II. 1.

[8] *Zuckerman*, Rn. 15.18.

[9] *M. Stürner*, ZVglRWiss 2000, 310, 315; *Zuckerman*, Rn. 15.07.

[10] White Book – Civil Procedure, Section A, Rn. 1.4.6; *M. Stürner*, ZVglRWiss 2000, 310, 316.

[11] Siehe oben D. II. 1.

pretrial review anordnen. Auch in *fast track* oder *multi track* Verfahren findet die *document disclosure* nicht automatisch statt, sondern erst auf Anordnung des Gerichts. Das Gericht trifft also die Entscheidung, entweder die *standard disclosure* anzuordnen oder bewusst von deren Vorgaben abzuweichen. Sollen auch Dokumente über die *standard disclosure* in CPR 31.6 hinaus offengelegt oder Einsicht in diese genommen werden, ist für diese *specific disclosure or inspection* eine besondere Entscheidung des Gerichts im Einzelfall erforderlich.

Zu beachten ist allerdings auch, dass ein beachtlicher Teil des Dokumentenaustauschs durch die Praxis des vorprozessualen Austauschs zwischen den Parteien wiederum der Kontrolle des Gerichts entzogen wird.[12]

III. Gerichtliche Partizipation und Kontrolle im *discovery*-Verfahren

Aufgrund dieser engen, wenn auch in England nicht lückenlosen, gerichtlichen Kontrolle der Offenlegung in England und Deutschland, würde es gegen die Vereinbarkeit mit dem Datenschutzrecht sprechen, wenn die US-*discovery* ausschließlich zwischen den Parteien und ohne gerichtliche Aufsicht stattfindet.[13] Die Rolle des Gerichts im US-Recht ist vom Grundsatz her passiv angelegt. Es soll sich, dem Grundverständnis der Rolle des Gerichts im amerikanischen *adversary system* entsprechend, tendenziell zurückhalten und erst auf Antrag der Beteiligten tätig werden, die ansonsten das *discovery*-Verfahren eigenständig und ohne das Gericht durchführen sollen.[14] Es wird aber schon seit Jahrzehnten immer wieder angemerkt, dass diese passive Rolle keineswegs absolut ist und ebenso lange auch eine Tendenz hin zu einem aktiveren Verständnis beobachtet.[15]

1. Verständnis und Entwicklung der Rolle des Gerichts im *pretrial*-Verfahren

Die grundlegend passive Ausrichtung der Rolle des Gerichts wurde seit Einführung der FRCP, insbesondere im *pretrial*-Verfahren, immer weiter geändert, indem Eingriffsmöglichkeiten geschaffen wurden, um das Gericht zu einer aktiveren Rolle zu motivieren.[16] Diese Entwicklung begann in den 1970er Jahren, als

---

[12] Siehe oben D. II. 3. d).

[13] *Schantz,* in: Wolf/Brink BDSG-alt, § 4c Rn. 24.1; *Spies,* in: Forgó/Helfrich/Schneider, Teil XII. Kap. 2 Rn. 3; *O. Forster/Almughrabi,* 36 Hastings Int'l & Comp. L. Rev. 2013, 111, 120; *Posdziech,* 141; *Spies/Schröder,* MMR 2008, 275, 276.

[14] Harlem River Consumers Cooperative, Inc. v. Associated Grocers o/Harlem, Inc., 54 F.R.D. 551, 553 (S.D.N.Y. 1972); so auch *Osthaus,* 92; *Schack,* 45; *R. Stürner,* FS Stiefel, 763, 768.

[15] *Koch,* 75.

[16] *Kane/A. B. Spencer,* in: Federal Practice & Procedure, § 1525.1.

die vollständige Abwesenheit des Richters neben dem kaum begrenzten Umfang der *discovery* als Hauptproblem des *pretrial*-Verfahrens ausgemacht wurde.[17] Dies ermöglicht den Gerichten mittlerweile eine deutliche aktivere Rolle. Die FRCP enthalten dabei sowohl Möglichkeiten für das Gericht, aktiv nach eigenem Ermessen in das Verfahren einzugreifen, als auch solche, die nur auf Antrag der Parteien erfolgen können.

2. Aktive Einflussnahme des Gerichts

Aktiv beeinflussen können die Gerichte den Ablauf der *discovery* insbesondere in den Konferenzen mit den Parteien.[18] Wie weit sie dabei in ein Verfahren eingreifen, steht in großem Maße in ihrem eigenen Ermessen. Dieser weite Ermessensspielraum erstreckt sich auf den Umfang der *discovery* oder die Anordnung von *protective orders* oder der Verpflichtung zur Erfüllung eines *discovery*-Ersuchens. So kann das Gericht ein hohes Maß an Kontrolle über die *discovery* ausüben, wenn es dies für zweckmäßig erachtet.[19] Dabei ist aber zwischen der *discovery conference* oder *conference of the parties,* die zwischen den Parteien alleine abgehalten wird, und solchen *pretrial*-Konferenzen, an denen das Gericht teilnimmt, zu unterscheiden.

a) Conference of the parties

Tatsächlich wird von den Parteien eines Verfahrens vor einem US-Zivilgericht ein hohes Maß an direkter Kooperation erwartet, bevor das Gericht sich mit dem Verfahren befasst oder bezüglich einer Einzelfrage einschreitet. Innerhalb der *pretrial*-Phase zeigt sich dies daran, dass mit der *conference of the parties* in FRCP 26(f), die meist einfach als *discovery conference* bezeichnet wird, vor Beginn der *discovery* verpflichtend eine Konferenz zwischen den Parteien stattfindet. Dabei handelt es sich um ein eigenständiges Institut und keine *pretrial conference* unter Beteiligung des Gerichts im Sinne von FRCP 16. Sie wurde im Jahr 1980 eingeführt, in den Jahren 1991 und 1993 erheblich umgestaltet und findet seitdem immer dann statt, wenn das Gericht nicht etwas anderes ausdrücklich anordnet oder einer der Ausnahmefälle vorliegt, in denen schon keine *initial disclosure* stattfindet.[20] Das Gericht nimmt nicht mehr an dem Treffen selbst teil, wie dies noch bis 1993 der Fall war, ihm wird aber der dort ausgearbeitete *discovery plan* zur Prüfung vorgelegt.[21] Diese Änderung sollte ausdrücklich keine

---

[17] *Junker,* ZZPInt 1996, 235, 239.
[18] *Böhm,* Rn. 492; *Osthaus,* 54.
[19] *Federal Judicial Center,* Manual for Complex Litigation, § 10.1.
[20] *Marcus,* in: Federal Practice & Procedure, § 2051.1.
[21] *Marcus,* in: Federal Practice & Procedure, § 2051.1.

Abkehr von der Aufsicht des Gerichts über diese Planung des weiteren Vorgehens bedeuten.[22]

Die Konferenz muss so bald wie möglich nach Klageerhebung abgehalten werden, wie sich aus FRCP 26(f)(1) ergibt. Bevor sie stattgefunden hat, können gemäß FRCP 26(d)(1) regelmäßig keine *discovery*-Maßnahmen stattfinden und wenn, dann nur ausnahmsweise auf Anordnung des Gerichts nach vorangegangener Prüfung.[23] Eine Partei, die bei der Ausarbeitung des *discovery*-Plans nicht kooperiert, kann gemäß FRCP 37(f) vom Gericht dazu verpflichtet werden, die Kosten der anderen Partei zu tragen. Die Parteien sollen bei der Konferenz die Art und die Grundlagen ihrer Ansprüche und Erwiderungen prüfen und Möglichkeiten ausloten, den Rechtsstreit vorzeitig zu beenden. Gelingt letzteres nicht, ist ein *discovery plan* zu erstellen, dessen Inhalt sich nach FRCP 26(f)(1) richten muss. Es sind unter anderem der Zeitplan, die Form und das Bedürfnis der Offenlegung, die Streitpunkte zu denen später *discovery* erforderlich sein könnte, die Form in welcher elektronisch gespeicherte Informationen beizubringen sind und Forderungen zur Beschränkung der offenzulegenden Materialien festzuhalten. Auch wenn das Gericht an dieser Konferenz nicht beteiligt ist, kommt den dort erzielten Ergebnissen große Bedeutung zu, da das Gericht den erarbeiteten *discovery plan* in der Folge prüft und dann für die Parteien verbindlich anordnet. Auch kann es den Parteien über den von FRCP 26(f) vorgesehenen Inhalt Besprechungsthemen für die *discovery conference* aufgeben.[24] Das Treffen der Parteien ist daher für die Parteien eine wichtige Gelegenheit, sich entweder direkt mit der Gegenseite über den Umfang der *discovery* zu einigen oder ansonsten jedenfalls die Streitpunkte herauszuarbeiten und für das Gericht eine frühe Möglichkeit, indirekt Einfluss auf die *discovery* zu nehmen.

b) Pretrial conferences

Direkter kann das Gericht Einfluss nehmen, in dem es nach FRCP 16(a) eine oder mehrere *pretrial conferences* anordnet, bei denen die Parteien und das Gericht teilnehmen und den Ablauf und Inhalt des Verfahrens beraten. Diese Konferenzen sind nicht zwingend vorgeschrieben und das Gericht kann nach eigenem Ermessen entscheiden, ob und wieviele dieser Konferenzen es abhält.[25] Regelmäßig werden umso mehr Konferenzen stattfinden, je komplexer und umfangreicher ein Verfahren ist.

---

[22] *Advisory Committee on Civil Rules* on Rule 16 – 1993 Amendment.

[23] Siehe oben B. I.

[24] *The Judicial Conference of the United States Committee on Court Administration and Case Management,* Civil Litigation Management Manual, 12.

[25] *Kane/A. B. Spencer,* in: Federal Practice & Procedure, § 1523 Fn. 1.

aa) *Scheduling conference*

Die zeitlich erste mögliche Konferenz zwischen den Parteien und dem Gericht ist häufig eine sogenannte *scheduling conference,* bei der dann insbesondere der Ablaufplan der weiteren *discovery* festgelegt wird. Diese findet dann, anders als sonstige *pretrial conferences* statt, bevor die Sachfragen des Falls feststehen.[26] Das Gericht muss von zulässigen Ausnahmen in den *local rules* abgesehen – unabhängig davon, ob eine solche Konferenz stattgefunden hat, eine sogenannte *scheduling order* anordnen, in der zumindest Zeitlimits festgelegt werden müssen, bis wann Parteien ihre Schriftsätze ergänzen, die *discovery* beendet und Anträge gestellt haben müssen. Darüber hinaus kann darin gemäß FRCP 16(b)(3)(B) unter anderem ausdrücklich auch der Umfang der *discovery* geändert, die Offenlegung oder Auskunftserteilung oder Speicherung von elektronisch gespeicherten Informationen vorgesehen oder eine Vereinbarung bezüglich Weigerungsrechten oder Geheimhaltung für verbindlich erklärt werden. Mit der Änderung von FRCP 16(a) im Jahr 1983 wurde das sogenannte *case management* im Verfahren ausdrücklich als Zweck der *scheduling conference* aufgenommen, um die richterliche Leitung in der gesamten *pretrial*-Phase zu verstärken.[27] Wichtiges Ziel dieser Konferenzen ist es zudem, den Streitgegenstand, auf den sich die *discovery* bezieht, einzugrenzen um den Aufwand möglichst gering zu halten.[28]

Die *scheduling order* und eine dazugehörige Konferenz sind daher zwar primär dazu gedacht, den zeitlichen Ablauf des *discovery*-Verfahrens zu regeln, sie bieten aber auch darüber hinaus die Möglichkeit für das Gericht, sich inhaltlich mit der *discovery* zu beschäftigen und deren Umfang bei dieser Gelegenheit durch Anordnungen zu regeln.

bb) Sonstige *pretrial conferences*

Das Gericht kann zudem beliebig viele weitere *pretrial conferences* einberufen, dies aber auch gänzlich unterlassen. Insbesondere in komplexen und umfangreichen Verfahren sind mehrere solche Konferenzen empfohlen.[29] Diese Konferenzen sind von erheblicher Bedeutung für die Kontrolle der *discovery* durch das Gericht.[30] Sie können insbesondere dazu dienen, den Streitgegenstand und die zwischen den Parteien streitigen Sachverhaltsfragen genauer zu bestimmen, als dies durch die Schriftsätze der Parteien erfolgt, und somit auch den Umfang der erforderlichen *discovery* zu beschränken.[31] Das Gericht kann hierbei

---

[26] *Kane/A. B. Spencer,* in: Federal Practice & Procedure, § 1522.1.

[27] *Kane/A. B. Spencer,* in: Federal Practice & Procedure, § 1522.

[28] *The Judicial Conference of the United States Committee on Court Administration and Case Management,* Civil Litigation Management Manual, 26 u. 32.

[29] *Federal Judicial Center,* Manual for Complex Litigation, § 11.22.

[30] *The Judicial Conference of the United States Committee on Court Administration and Case Management,* Civil Litigation Management Manual, 40.

insbesondere Tatsachenfragen an die Parteien und ihre Anwälte stellen und sich so ein möglichst umfassendes Bild von der Sachlage und der erforderlichen Aufklärung verschaffen.[32]

Praktisch sehr bedeutend ist auch die Funktion der Konferenzen als Möglichkeit, durch die Identifizierung des streitigen Sachverhalts und zumindest eine summarische Einschätzung des Gerichts zu offenen Rechtsfragen, eine Einigung zwischen den Parteien ohne Hauptverhandlung und weitere *discovery* zu erzielen.[33] Die Konferenzen sollen aber nicht den Informationsaustausch durch die *discovery* ersetzen und dürfen nicht zur Ausforschung der Gegenseite genutzt werden.[34] Auch wenn es teilweise für sinnvoll erachtet wurde, dass, wenn nur eine Konferenz vor der Hauptverhandlung stattfindet, diese möglichst kurz vor der Hauptverhandlung und nach dem Abschluss der *discovery* stattfindet, da die Parteien dann eine möglichst genaue Übersicht über den Fall haben, werden auch die Vorteile einer frühen Einflussnahme auf den Verlauf durch eine Konferenz anerkannt.[35]

Die Ergebnisse einer Konferenz werden regelmäßig in einer *pretrial order* festgehalten, bei deren Erstellung das Gericht wiederum weiten Spielraum hat und sich häufig der Parteien insofern bedient, als dass diese einen gemeinsam erarbeiteten Vorschlag vorlegen.[36] Diese *pretrial order* soll den weiteren Verlauf des Verfahrens lenken, wobei auch mehrere *pretrial orders* nach mehreren Konferenzen hierzu angeordnet werden können.[37] Ihr Inhalt kann und muss vom Gericht abgeändert werden, wenn sie aus dessen Sicht zu offensichtlich ungerechten Folgen führen können.[38] Durch diese Konferenzen und die darauf folgenden Anordnungen kann das Gericht enge Kontrolle über die *discovery* ausüben, es hat aber einen sehr weiten Ermessensspielraum.

3. Tätigwerden auf Betreiben der Beteiligten

Über die aktive Rolle des Gerichts in der *discovery*-Phase hinaus haben die Beteiligten die Möglichkeit, eine gerichtliche Anordnung über die konkrete Vor-

---

[31] *Kane/A. B. Spencer*, in: Federal Practice & Procedure, § 1522 Fn. 3 ff.; *The Judicial Conference of the United States Committee on Court Administration and Case Management,* Civil Litigation Management Manual, 42 u. 44.

[32] *The Judicial Conference of the United States Committee on Court Administration and Case Management,* Civil Litigation Management Manual, 44.

[33] *Kane/A. B. Spencer,* in: Federal Practice & Procedure, § 1522 Fn. 25.

[34] *Kane/A. B. Spencer,* in: Federal Practice & Procedure, § 1525.

[35] *The Judicial Conference of the United States Committee on Court Administration and Case Management,* Civil Litigation Management Manual, 32.

[36] *Kane/A. B. Spencer,* in: Federal Practice & Procedure, § 1526.

[37] *Kane/A. B. Spencer,* in: Federal Practice & Procedure, § 1527.1.

[38] Hale v. Firestone Tire & Rubber Co., 756 F.2d 1322, 1335 (8th Cir. 1985); Coastal States Mktg., Inc. v. Hunt, 694 F.2d 1358, 1369 (5th Cir. 1983).

lageverpflichtung zu veranlassen. Dies geschieht entweder durch den Antrag des Vorlagepflichtigen auf die Anordnung einer *protective order,* die nicht nur auf die Verschwiegenheit des Empfängers gerichtet ist, sondern die Offenlegung abwenden soll, oder wenn eine Partei eine ausdrückliche Anordnung des Gerichts zur Verpflichtung der Gegenseite oder Dritter zur Offenlegung von Dokumenten beantragt (*motion to compel*). Erforderlich ist dafür lediglich, dass die antragstellende Partei zuvor versucht hat, eine Einigung über die umstrittene Offenlegung mit dem Prozessgegner zu erreichen.

Wie bereits gezeigt, haben die Parteien (und betroffene Dritte) die Möglichkeit eine Geheimhaltungsanordnung zum Schutz vertraulicher Inhalte zu beantragen.[39] Das Gericht prüft dann zunächst die Gründe für eine solche Anordnung und ordnet dann gegebenenfalls eine Geheimhaltungsverpflichtung an. Dokumente, die darunter fallen, sind dann geschützt, wobei die Parteien selbst die Einordnung vornehmen. Um den Schutz aufzuheben ist eine erneute Anordnung durch das Gericht erforderlich, wobei die Dokumente in diesem Fall vom Gericht zu überprüfen sind.[40] Soweit also Gründe für eine Geheimhaltung vorliegen, die auch der Bezug zur Privatsphäre der Betroffenen sein können, kann eine Partei die Entscheidung des Gerichts über deren Geheimhaltung erreichen, indem es eine *protective order* beantragt.

Kommt es zu Unstimmigkeiten über die Offenlegung, ist zunächst der Versuch der Verständigung mit der Gegenpartei zu unternehmen, und nur wenn dieser scheitert, kann die fordernde Partei eine Verpflichtungsanordnung des Gerichts (*motion to compel*) ersuchen.[41] Auch wenn die US-Gerichte allgemein ein hohes Maß an Kooperation zwischen den Parteien direkt erwarten, ist insbesondere bei der Offenlegung von Dokumenten trotz entgegenstehender Vorschriften im jeweiligen Land die *discovery* unter enger Aufsicht des Gerichts durchzuführen.[42] Dabei überprüft das Gericht nicht jedes vorzulegende Dokument einzeln, es wird aber der Umfang der jeweiligen *discovery*-Ersuchen und ihr Bezug und ihre Bedeutung für das Verfahren kontrolliert und in Zweifelsfällen durch das Gericht bestimmt. Zwar steht dem Gericht ein erheblicher Spielraum bezüglich der Eingriffe und Kontrolle zu, die es über das Verfahren ausübt, in der *discovery*-Phase nehmen die Gerichte aber, insbesondere in umfangreichen und komplexen Verfahren, mittlerweile tendenziell sehr starken Einfluss auf das Verfahren.[43] Besonders eng ist die Aufsicht, wenn die Offenlegung vor der Klageerhebung erfolgen soll. In diesen Fällen ist immer eine ausdrückliche vorherige Anordnung des Gerichts erforderlich.[44]

---

[39] Siehe oben F. I. 3.

[40] Siehe oben ab F. I. 5. b) dd).

[41] *Böhm,* Rn. 402.

[42] Bodner v. Paribas, 202 F.R.D. 370, 375 f. (E.D.N.Y. 2000).

[43] *Böhm,* Rn. 388; *Oberheiden,* DRiZ 2009, 332, 334; *Schack,* 61.

IV. Ergebnis zur gerichtlichen Kontrolle
über die Informationsbeschaffung

Anders als nach den amerikanischen FRCP entsteht die prozessuale Verpflichtung zur Offenlegung von Dokumenten im Zivilprozess in England und Deutschland nur durch Anordnung eines Gerichts. Dabei ist aber zu beachten, dass auch im deutschen Zivilprozess der primäre Grund hierfür nicht der Schutz von Interessen ist, die sich aus dem Inhalt der Dokumente selbst ergeben.[45] Vielmehr ist die Bedeutung für den Prozessausgang das entscheidende Kriterium. Die stärkere Tendenz zur Prozessleitung im deutschen Zivilprozess erfüllt vor allem auch den Zweck, ein eventuell bestehendes Informationsungleichgewicht zwischen den Parteien auszugleichen, was in den USA und England durch die allgemeine prozessuale Aufklärungspflicht erreicht wird.[46] Darüber hinaus ist in US-Verfahren eine Entwicklung hin zu einer stärkeren aktiven Aufsicht der *discovery* durch das Gericht zu erkennen.[47] Dies gilt insbesondere für Verfahren, in denen entgegenstehende Verpflichtungen aus anderen Rechtsordnungen geltend gemacht werden. Die Gerichte haben umfangreiche Einwirkungsmöglichkeiten, von denen sie nach weitem Ermessen Gebrauch machen können. Auch haben die Beteiligten die Möglichkeit, eine gerichtliche Anordnung über den Umfang der Offenlegung, den Zugang der Öffentlichkeit zu den Daten und die Zulässigkeit der Weiterverwendung zu veranlassen, indem sie entweder einem *discovery*-Ersuchen nicht entsprechen oder ihrerseits selbst einen Antrag auf eine *protective order* stellen.

---

[44] Siehe oben B. I. 8.
[45] Vgl. dazu oben E. III. 2.
[46] *M. Stürner,* ZVglRWiss 2000, 310, 330.
[47] Siehe oben G. III. 2.

H. Gesamtergebnis und Fazit

I. Gesamtergebnis

Die Untersuchung hat ergeben, dass hinter dem Spannungsverhältnis zwischen der *e-discovery* und dem EU-Datenschutzrecht kein unlösbarer spezifischer Konflikt der Informationsbeschaffung durch die *e-discovery* mit datenschutzrechtlichen Grundprinzipien steht, sondern sich allgemein unterschiedliche Vorstellungen zum Schutz der Privatsphäre und der informationellen Selbstbestimmung in den USA und in der EU auch in der Situation der Übermittlung personenbezogener Daten zum Zweck der Verwendung im Rahmen eines *discovery*-Verfahrens auswirken. Die *e-discovery* als Mittel der Informationsbeschaffung für den US-Zivilprozess ist als solche nicht mit den Grundprinzipien des Datenschutzrechts unvereinbar, wie die Beurteilung aus datenschutzrechtlicher Perspektive unter vergleichender Berücksichtigung der funktional äquivalenten Mittel der Informationsbeschaffung in England und Deutschland ergeben hat. Die Betrachtung anhand der Kriterien des Umfangs, der Begrenzung und der gerichtlichen Kontrolle der Datenverarbeitung[1] hat gezeigt, dass die nach US-Recht für die *e-discovery* geforderte Übermittlung regelmäßig auch mit dem Verständnis der zur Geltendmachung, Ausübung oder Verteidigung von Rechtsansprüchen innerhalb der EU in Einklang gebracht werden kann. Die vom Verständnis in der EU abweichende Gewichtung datenschutzrechtlicher Interessen in den USA insgesamt kommt aber auch an verschiedenen Stellen innerhalb des *discovery*-Verfahrens, insbesondere in Abwägungsentscheidungen, zum Ausdruck.

Das Bedürfnis der Verarbeitung personenbezogener Daten zur Informationsbeschaffung und Verwendung für einen möglichen oder laufenden Zivilprozess ist nicht nur in den USA, sondern auch innerhalb der EU anerkannt und wird auch in England und Deutschland nur in Ausnahmefällen mit einer besonderen Intensität – insbesondere wenn ein enger Bezug zur Privatsphäre besteht – problematisiert und dann gegebenenfalls unter Abwägung mit dem Informationsinteresse beschränkt. Dass zu diesem Zweck im *discovery*-Verfahren eine allgemeine prozessuale Aufklärungspflicht besteht, spricht nicht per se gegen die Vereinbarkeit mit dem Unionsrecht. Auf ein solches Verständnis lässt die vergleichende Betrachtung der Rechtslage in England und Deutschland nicht schließen. Weder ist die Heranziehung der Gegenpartei oder Dritter zur Mitwirkung im Verfahren durch Vorlage von elektronischen und physischen Dokumenten den Rechtsord-

---

[1] Siehe oben C.

nungen in England und Deutschland fremd, noch deutet die Rechtslage dort darauf hin, dass dies dort nur in ganz engen Ausnahmefällen erfolgen soll.[2] Selbst in Deutschland gibt es mittlerweile in zahlreichen Konstellationen, in denen typischerweise ein Informationsungleichgewicht entsteht, weitgehende Möglichkeiten, eine bestehende Informationsnot auch durch die Vorlage von Dokumenten auszugleichen.[3]

Auch der weite Umfang der Vorlagepflicht im *discovery*-Verfahren ist noch mit dem Verständnis der zum Zweck der Rechtsdurchsetzung in einem Zivilprozess erforderlichen Verarbeitung personenbezogener Daten innerhalb der EU vereinbar, obwohl die vergleichende Betrachtung ergeben hat, dass in England die Vorlagepflicht von der rechtlichen Erheblichkeit der Dokumente abhängt und in Deutschland schon aufgrund der umgekehrten Ausgangsposition viel weniger Dokumente von einer Vorlagepflicht erfasst sein können. Dennoch ist auch hier die Vorlage nicht durchgehend eng auf genau bestimmte, vorher bekannte Vorlageobjekte und zu detailliert dargelegten beweiserheblichen Tatsachenbehauptungen begrenzt. Die Anforderungen hierfür sind insbesondere außerhalb des Wahrnehmungsbereichs des Informationssuchenden erheblich herabgesenkt. Zudem wird sowohl in England als auch in Deutschland nur im Einzelfall eine Rückausnahme von bestehenden Informationsmitteln zum Schutz der Privatsphäre und der informationellen Selbstbestimmung gemacht. Auch wenn die *discovery* einen erheblich weiteren Umfang haben kann, ist die Vorlagepflicht auch dort keinesfalls grenzenlos, sondern durch die erforderliche tatsächliche Relevanz inhaltlich an die den plausiblen Klägervortrag ausmachenden Tatsachenbehauptungen geknüpft und zudem durch das Kriterium der Verhältnismäßigkeit beschränkt.[4] So wird der Zweck der Datenverarbeitung im Vorhinein bestimmt und begrenzt. Dies folgt auch daraus, dass die *discovery* regelmäßig erst nach der Klageerhebung gegenüber dem Prozessgegner und gegenüber Dritten nur ausnahmsweise nach Anordnung des Gerichts stattfindet. Die Gerichte in den USA haben insgesamt einen weiten Spielraum bei der Festlegung der Vorlagepflichten. Sie haben dadurch die Möglichkeit, entgegenstehende – auch datenschutzrechtliche – Interessen und das bei deren Verletzung drohende Haftungsrisiko zu berücksichtigen und den Umfang der Vorlagepflichten auf unmittelbar für die Klageansprüche erhebliche Dokumente zu beschränken.[5] Insbesondere in Verfahren mit Auslandsbezug kann auf diesem Wege der Umfang der *e-discovery* auf das unbedingt erforderliche Maß reduziert werden.

Auch die Bindung und Begrenzung der Verwendung der Daten für ein konkretes Verfahren kann so eng gefasst werden, dass dies mit dem Zweckbindungs-

---

[2] Siehe oben Teil D.
[3] Siehe oben D. III.
[4] Siehe oben E. I. 1. so im Ergebnis auch *Kurtz*, in: Borges/Meents, § 16 Rn. 5.
[5] Siehe oben E. I. 1. d).

grundsatz vereinbar ist. Das Regel-Ausnahme-Verhältnis bezüglich der Verwendung von Dokumenten, über das ursprüngliche Verfahren hinaus, ist nur auf den ersten Blick im US-Recht grundlegend anders als im englischen und deutschen Recht. Während dort die Verwendung der erlangten Dokumente prinzipiell zulässig ist und dies nur durch Anordnung des Gerichts eingeschränkt werden kann, ist in England eine ausdrückliche Erlaubnis des Gerichts für eine solche zusätzliche Verwendung erforderlich und in Deutschland deren Weitergabe aufgrund der geringeren Verbreitung der Vorlagepflichten kein spezifisches Problem. Allerdings wird auch in den USA durch den geringen Anteil der *discovery*-Dokumente, die zu den Gerichtsunterlagen genommen und dadurch der Öffentlichkeit zugänglich werden, und die weite Verbreitung der *umbrella protective orders,* die auch ganze Kategorien von Daten erfassen können, das Regel-Ausnahme-Verhältnis umgekehrt.[6] Für die Übermittlung von personenbezogenen Daten für US-Zivilprozesse besteht daher eine weit verbreitete Möglichkeit, die Verwendung und die Veröffentlichung von Dokumenten einzuschränken und so den Eingriff in datenschutzrechtliche Interessen der betroffenen Personen zu begrenzen. Auch in England und Deutschland besteht, wenn auch in engeren Grenzen, die Möglichkeit, dass Dritte Zugang zu Gerichtsakten erhalten, und die Weitergabe von aufgrund einer Vorlagepflicht zum Zweck der Informationsbeschaffung für Zivilprozesse erlangten Dokumenten ist nicht kategorisch ausgeschlossen. Soweit innerhalb der Abwägung im Einzelfall die allgemein unterschiedliche Gewichtung des Schutzes der Privatsphäre und der informationellen Selbstbestimmung im US-Recht zum Ausdruck kommt, ist dies kein spezifisches Merkmal des *discovery*-Verfahrens.

Dass die *pretrial discovery* in den USA üblicherweise weitgehend im Parteibetrieb und ohne Einbeziehung des Gerichts stattfindet, gilt in der vorliegend untersuchten Situation nur eingeschränkt und spricht daher ebenfalls nicht gegen die Vereinbarkeit mit Grundprinzipien des Datenschutzrechts aufgrund des Fehlens jeglicher gerichtlicher Kontrolle. Wird die Übermittlung von Dokumenten im Rahmen der *discovery* verlangt, die potentiell entgegenstehenden gesetzlichen Vorschriften aus dem Recht eines anderen Staates unterliegen, wird von den Gerichten üblicherweise eine engere und umfassendere Aufsicht über die *discovery* vorgenommen, indem der genaue Umfang und Ablauf der *discovery* festgelegt wird, und die Parteien haben zudem im Zweifelsfall die Möglichkeit, eine Entscheidung des Gerichts über den Umfang der *discovery* und die Anordnung einer *protective order* zu veranlassen.[7]

Im Ergebnis besteht daher kein unlösbarer spezifischer Konflikt zwischen der *e-discovery* und den Grundprinzipien des Datenschutzrechts. Das Spannungsver-

---

[6] Siehe oben F. I. 3.
[7] Siehe oben G. III. 2.

hältnis zwischen der Offenlegungsverpflichtung und dem EU-Datenschutzrecht kann durch einen Ausgleich der entgegenstehenden Verpflichtungen entschärft werden.

II. Fazit

Wenn man mit der hier vertretenen Auffassung davon ausgeht, dass die *e-discovery* als Mittel der Informationsbeschaffung nicht spezifisch mit den Grundprinzipien des Datenschutzrechts in Widerspruch steht, wäre auch eine rechtssichere Lösung durch ein bilaterales Abkommen in dieser Frage zwischen der EU und den USA denkbar. Darin könnten insbesondere die Kriterien dafür, wann Dokumente für ein Verfahren unmittelbar relevant und erforderlich sind und die Voraussetzungen für die Anordnung von *protective orders* und deren Inhalt genauer festgelegt werden. Auf diese Möglichkeit wird hier aber nicht weiter eingegangen, da eine solche Lösung – wenn auch aus Gründen der Rechtssicherheit begrüßenswert – zum einen rechtspolitisch sehr unwahrscheinlich und zum anderen auch nicht zwingend notwendig erscheint.[8]

Daraus, dass die *e-discovery* nach US-Recht als Instrument der Informationsbeschaffung nicht spezifisch mit den Grundprinzipien des Datenschutzrechts unvereinbar ist, folgt, dass zwischen dieser und dem EU-Datenschutzrecht auch unter der bestehenden Rechtslage kein unlösbarer Konflikt besteht, sodass die beteiligten Parteien und das Gericht durch kooperative Zusammenarbeit einen angemessenen Ausgleich erreichen können. Zwar kann die Zulässigkeit einer Übermittlung von personenbezogenen Daten aus der EU in die USA zum Zweck der Verwendung in einem *discovery*-Verfahren nur im jeweiligen konkreten Einzelfall entschieden werden. Aus den Ergebnissen der vorliegenden Untersuchung lässt sich aber zumindest ein abstraktes Vorrangverhältnis für die Beurteilung der Zulässigkeit nach den geltenden Vorschriften ableiten. Wie gesehen enthält Art. 49 Abs. 1 lit. e DS-GVO die Erlaubnis, die zur Geltendmachung, Ausübung oder Verteidigung von Rechtsansprüchen erforderliche Übermittlung personenbezogener Daten vorzunehmen. Die Ergebnisse der vorliegend angestellten Beurteilung der *e-discovery* aus datenschutzrechtlicher Perspektive unter Vergleich mit funktional äquivalenten Regelungen in England und Deutschland sprechen dafür, dass die Übermittlung elektronischer Daten zur Verwendung im *discovery*-Verfahren regelmäßig durch Art. 49 Abs. 1 lit. e DS-GVO gedeckt ist, soweit drei Voraussetzungen erfüllt sind:

---

[8] Zu Lösungsansätzen in diese Richtung vgl. *Bareiß,* 171 ff.; *Posdziech,* 173 ff.; zu den Schwierigkeiten einer solchen Lösung siehe auch oben A. II. 2. und vgl. zu gescheiterten Bemühungen für die Erfüllung von Rechtshilfeersuchen in Deutschland die Beschlussempfehlung BT-Drucks. 18/11637 und den Gesetzesentwurf der Bundesregierung BT-Drucks. 18/10714.

1. Zunächst ist erforderlich, dass das jeweilige US-Gericht die *discovery*-Verpflichtung auf unmittelbar für das konkrete Verfahren tatsächlich relevante und notwendige Dokumente beschränkt.[9]

2. Darüber hinaus muss eine *umbrella protective order* ausgehandelt und/oder vom Gericht angeordnet werden, die den Parteien die Möglichkeit gibt, Dokumente als geheim einzustufen, sodass deren Weitergabe durch den Empfänger eng auf einen kleinen Personenkreis, der notwendigerweise Zugang erhalten muss (Unternehmensvertreter, Anwälte etc.), begrenzt ist, und zudem die Geheimhaltung oder Anonymisierung der Dokumente mit Personenbezug vorsieht, die zu den Gerichtsakten übermittelt werden, wenn dem kein überwiegendes Interesse der Öffentlichkeit entgegensteht.[10]

3. Zudem muss das zuständige Gericht eine Anordnung über den Ablauf und den Umfang der *discovery* treffen, soweit personenbezogene Daten betroffen sind und deren Einhaltung überwachen.[11]

Darauf, dass diese Voraussetzungen erfüllt werden, können die Parteien hinwirken, letztlich trifft aber das US-Gericht die Entscheidung darüber, wobei einiges dafür spricht, dass entgegenstehende Interessen berücksichtigt werden können, wenn keine vollständige Blockade gegenüber der Übermittlung für die *discovery* geltend gemacht wird. Unter den genannten Voraussetzungen ist die Übermittlung von Dokumenten, die personenbezogene Daten enthalten, dann erforderlich im Sinne des Art. 49 Abs. 1 lit. e DS-GVO und zulässig, wenn sich nicht aus den Umständen des Einzelfalles etwas anderes ergibt. Ein Unternehmen handelt dann im Einklang mit dem Datenschutzrecht, solange es die Datenverarbeitung und Übermittlung so eng wie möglich auf das geforderte Maß beschränkt, indem es unter anderem nicht erfasste Dokumente ausfiltert und, so weit wie die Vorlagepflicht nach US-Recht keinen Personenbezug erfordert, die Dokumente anonymisiert und andere datenschutzrechtliche Verpflichtungen wie zum Beispiel die Informationspflichten gegenüber den Betroffenen einhält. In der Praxis können die Vorlagepflichten im Einzelfall zwar so umfangreich oder die Schutzmaßnahmen so unzureichend sein, dass eine Übermittlung im konkreten Fall unzulässig ist. Die Ergebnisse in dieser Untersuchung ergeben aber ein abstraktes Regel-Ausnahme-Verhältnis zu Gunsten der Zulässigkeit einer Übermittlung von personenbezogenen Daten in dem für die *e-discovery* erforderlichen Umfang, wenn die genannten Voraussetzungen erfüllt sind. Für die Parteien und das Gericht ist es daher im Regelfall möglich, einen Ausgleich zwischen dem Vorlage- und Datenschutzinteresse zu erreichen, der im konkreten Einzelfall von keiner Seite die Aufgabe des eigenen Interesses erfordert, sodass für die betroffenen Unternehmen ein unlösbarer Konflikt vermieden werden kann.

---

[9] Siehe oben E. I. 1. d).
[10] Siehe oben F. I. 3.
[11] Siehe oben G. III.

Literaturverzeichnis

Abdollahi, Tony, The Hague Convention: A Medium For International Discovery, 40 N.C.J. Int'l L. & Com. Reg. 2015, S. 771–803.

Abel, Ralf Bernd/*Behling,* Thorsten, Praxishandbuch Datenschutz im Unternehmen, Gestaltungsmöglichkeiten und Strategien für Unternehmen, Berlin 2014.

Adler, David B., US-discovery und deutscher Patentverletzungsprozess, Berlin 2014.

Adloff, Daniel, Vorlagepflichten und Beweisvereitelung im deutschen und französischen Zivilprozess, Tübingen 2007.

Ahrens, Hans-Jürgen, Der Beweis im Zivilprozess, Köln 2015.

Albrecht, Friedrich/*Kur,* Annette/*Bomhard,* Verena von, Beck'scher Online-Kommentar Markenrecht, 14. Edition, Stand: 1.7.2018, 14. Aufl., München 2018.

Albrecht, Jan Philipp/*Jotzo,* Florian, Das neue Datenschutzrecht der EU, Grundlagen, Gesetzgebungsverfahren, Synopse, Baden-Baden 2017.

Allman, Thomas Y., The „two-tiered" approach to E-Discovery: Has Rule 26(B)(2)(B) fullfilled its promise?, 14 Rich. J.L. & Tech. 2008, S. 1–36.

Althammer, Christoph, Materialisierung der amtswegigen Urkundenedition (§§ 142 ff. ZPO) als Folge der Umsetzung des europäischen Sonderprozessrechts (insbesondere der Kartellschadensersatzrichtlinie), in: Rolf A. Schütze (Hrsg.), Fairness, Justice, Equity, Festschrift für Reinhold Geimer zum 80. Geburtstag, München 2017, S. 15–24 (zitiert: *Althammer,* FS Geimer).

American Law Institute, Restatement of the law third, The foreign relations law of the United States, St. Paul, Minn. 1987.

Amschewitz, Dennis, Die Durchsetzungsrichtlinie und ihre Umsetzung im deutschen Recht, Tübingen 2008.

Anderson, Joseph F., Hidden from the Public by Order of the Court: The Case against Government-Enforced Secrecy, 55 S.C.L.Rev. 2004, S. 711–759.

Anderson, Joseph F., Secrecy in the Courts: At the Tipping Point, 53 Vill. L.Rev. 2008, S. 811–828.

Andrews, Neil, Andrews on civil processes, Volume I: Court Proceedings, Cambridge 2013.

Ardia, David S., Privacy and Court Records: Online Access and the Loss of Practical Obscurity, U. Ill. L. Rev. 2017, S. 1385–1454.

Art. 29 Datenschutzgruppe, Arbeitspapier über eine gemeinsame Auslegung des Artikels 26 Absatz 1 der Richtlinie 95/46/EG vom 24. Oktober 1995, 25.11.2005, WP 114, http://ec.europa.eu/justice/article-29/documentation/index_en.htm (zugegriffen am 1.9.2018).

Art. 29 Datenschutzgruppe, Arbeitsunterlage 1/2009 über Offenlegungspflichten im Rahmen der vorprozessualen Beweiserhebung bei grenzübergreifenden zivilrechtlichen Verfahren (pre-trial discovery), 11.2.2009, WP 158, http://ec.europa.eu/jus tice/article-29/documentation/index_en.htm (zugegriffen am 1.9.2018).

Art. 29 Datenschutzgruppe, Arbeitsunterlage: Übermittlungen personenbezogener Daten an Drittländer: Anwendung von Artikel 25 und 26 der Datenschutzrichtlinie der EU, 24.7.1998, WP 12, http://ec.europa.eu/justice/article-29/documentation/index_en. htm (zugegriffen am 1.9.2018).

Art. 29 Datenschutzgruppe, Art. 29-Datenschutzgruppe, Stellungnahme 1/2006 zur Anwendung der EU-Datenschutzvorschriften auf interne Verfahren zur Meldung mutmaßlicher Missstände in den Bereichen Rechnungslegung, interne Rechnungslegungskontrollen, Fragen der Wirtschaftsprüfung, Bekämpfung von Korruption, Banken- und Finanzkriminalität, 1.2.2006, WP 117, http://ec.europa.eu/justice/article-29/ documentation/opinion-recommendation/index_en.html (zugegriffen am 1.9.2018).

Art. 29 Datenschutzgruppe, Stellungnahme 6/2010 zum Schutz natürlicher Personen bei der Verarbeitung personenbezogener Daten in der Republik Östlich des Uruguay vom 12. Oktober 2010, 12.10.2010, WP 177, http://ec.europa.eu/justice/article-29/ documentation/opinion-recommendation/index_en.html (zugegriffen am 1.9.2018).

Art. 29-Datenschutzgruppe, Opinion 01/2016 on the EU – U.S. Privacy Shield draft adequacy decision, 13.4.2016, WP 238, http://ec.europa.eu/justice/article-29/docu mentation/opinion-recommendation/index_en.html (zugegriffen am 1.9.2018).

Auernhammer, Herbert/*Eßer,* Martin/*Kramer,* Philipp/*Lewinski,* Kai von, Datenschutz-Grundverordnung, Bundesdatenschutzgesetz und Nebengesetze, 6. Aufl., Köln 2018.

Auernhammer, Herbert/*Eßer,* Martin/*Kramer,* Philipp/*Lewinski,* Kai von, Kommentar zum Bundesdatenschutzgesetz, 4. Aufl., Köln 2014.

Auer-Reinsdorff, Astrid/*Conrad,* Isabell, Handbuch IT- und Datenschutzrecht, 2. Aufl., München 2016.

Bach, Albrecht/*Wolf,* Christoph, Neue Instrumente im Kartellschadensersatzrecht – Zu den Regeln über Offenlegung, Verjährung und Bindungswirkung, NZKart 2017, S. 285–294.

Bamberger, Heinz Georg/*Roth,* Herbert/*Hau,* Wolfgang/*Poseck,* Roman, Beck'scher Online-Kommentar BGB, 46. Edition, Stand: 1.5.2018, München 2018.

Bareiß, Andreas, Pflichtenkollisionen im transnationalen Beweisverkehr, Offenbarungspflichten im Zivilprozessrecht der USA und Offenbarungsverbote nach deutschem und europäischen Recht, Tübingen 2014.

Basler, Christoph/*Meßerschmidt,* Klaus, Zumutbarkeit von Beweiserhebungen und Wohnungsbetroffenheit im Zivilprozess, NJW 2014, S. 3329–3334.

Baumann, Bastian, Datenschutzkonflikte zwischen der EU und den USA, Angemessenheit des Datenschutzniveaus am Beispiel der PNR-Abkommen, Berlin 2016.

Baumbach, Adolf/*Hopt,* Klaus J./*Kumpan,* Christoph/*Merkt,* Hanno/*Roth,* Markus, Handelsgesetzbuch, Mit GmbH & Co., Handelsklauseln, Bank- und Börsenrecht, Transportrecht (ohne Seerecht), 38. Aufl., München 2018.

Baumbach, Adolf/*Hueck,* Alfred/*Beurskens,* Michael/*Fastrich,* Lorenz/*Haas,* Ulrich/ *Noack,* Ulrich, Gesetz betreffend die Gesellschaften mit beschränkter Haftung, 21. Aufl., München 2017.

Baumbach, Adolf/*Lauterbach,* Wolfgang/ *Albers,* Jan/*Hartmann,* Peter, Zivilprozessordnung, mit FamFG, GVG und anderen Nebengesetzen, 76. Aufl., München 2018.

Baumgärtel, Gottfried/*Laumen,* Hans W./*Prütting,* Hanns, Handbuch der Beweislast – Grundlagen, 3. Aufl., Köln 2016.

Beckhaus, Gerrit Marian, Die Bewältigung von Informationsdefiziten bei der Sachverhaltsaufklärung, Die Enforcement-Richtlinie als Ausgangspunkt für die Einführung einer allgemeinen Informationsleistungspflicht in das deutsche Zivilrecht, Tübingen 2010.

Benham, Dustin B., Dirty Secrets: The First Amendment in protective-order Litigation, 35 Cardozo L. Rev. 2014, S. 1781–1828.

Benham, Dustin B., Discovery Sharing in Texas: Litigant Confidentiality v. Litigation Costs, 67 Baylor L. Rev. 2015, S. 622–698.

Benham, Dustin B., Proportionality, Pretrial Confidentiality, and Discovery Sharing, 71 Wash. & Lee L. Rev. 2014, S. 2181–2251.

Berg, Werner/*Mäsch,* Gerald, Deutsches und europäisches Kartellrecht, 3. Aufl., Köln 2018.

Berger, Christian, Beweisführung mit elektronischen Dokumenten, NJW 2005, S. 1016–1020.

Bergmann, Lutz/*Möhrle,* Roland/*Herb,* Arnim, Datenschutzrecht, 54. Aktualisierung, Stuttgart 2018.

Berman, Seth, Cross-border Challenges for e-Discovery, 11 Bus. L. Int'l 2010, S. 123–131.

Binder, Jens-Hinrich, Pflichten zur Offenlegung elektronisch gespeicherter Informationen im deutschen Zivilprozess am Beispiel der Unternehmensdokumentation, ZZP 2009, S. 187–225.

Bishop, Amber M., Remove the Muzzle and Give Rule 37(b) Teeth: Advocating for the Imposition of Sanctions for Rule 26(c) Protective Order Violations in the Eleventh Circuit, 31 Ga. St. U. L. Rev. 2015, S. 407–442.

Böhm, Ulrike, Amerikanisches Zivilprozessrecht, Köln 2005.

Bone, Robert G., Plausibility pleading revisited and revised: A comment on Ashcroft v. Iqbal, 85 Notre Dame L. Rev. 2010, S. 849–885.

Bone, Robert G., Twombly, pleading rules, and the regulation of court access, 94 Iowa Law Review 2009, S. 873–936.

Borges, Georg/*Meents,* Jan Geert, Cloud Computing, Rechtshandbuch, München 2016.

Born, Gary/*Rutledge,* Peter B., International civil litigation in United States courts, 5. Aufl., New York 2011.

Brandt, Verena, Das englische Disclosure-Verfahren, Ein Modell für Zugang zu Information und Beweis im deutschen Zivilprozess?, Tübingen 2015.

Braun, Johann, Lehrbuch des Zivilprozeßrechts: Erkenntnisverfahren, Tübingen 2014.

Brehm, Wolfgang, Bindung des Richters an den Parteivortrag und Grenzen freier Verhandlungswürdigung, Tübingen 1982.

Brennan-Marquez, Kiel, The epistemology of Twombly and Iqbal, 26 Regent U. L. Rev. 2014, S. 167–207.

Brink, Stefan/*Vogel,* Michael, Anmerkungen zu BVerfG, Beschl. v. 14.9.2015 – 1 BvR 857/15, NJW 2015, S. 3708–3711.

Brisch, Klaus/*Laue,* Philip, E-Discovery und Datenschutz, RDV 2010, S. 1–7.

Brose, Johannes, Substantiierungslast im Zivilprozess, MDR 2008, S. 1315–1319.

Burgkardt, Felix, Grundrechtlicher Datenschutz zwischen Grundgesetz und Europarecht, Hamburg 2013.

Büttner, Siegfried, Vaterschaftsprozesse und Ausforschungsbeweis, ZZP 1954, S. 73–107.

Calliess, Christian/*Ruffert,* Matthias, EUV/AEUV, Das Verfassungsrecht der Europäischen Union mit Europäischer Grundrechtecharta, 5. Aufl., München 2016.

Campbell, Ray Worthy, Getting a clue: Two stage complain pleading as a solution to the Conley-Iqbal dilemma, 114 Penn St. L. Rev. 2010, S. 1191–1245.

Carroll, John L., Proportionality in Discovery: A Cautionary Tale, 32 Campbell L. Rev. 2010, S. 455–466.

Cavanagh, Edward D., Making Sense of Twombly, 63 S. C. L. Rev. 2011, S. 97–140.

Chudoba, Gerd, Der ausforschende Beweisantrag, Berlin 1993.

Clermont, Kevin M., Three myths about Twombly-Iqbal, 45 Wake Forest L. Rev. 2010, S. 1337–1371.

Coelln, Christian von, Zur Medienöffentlichkeit der Dritten Gewalt, Rechtliche Aspekte des Zugangs der Medien zur Rechtsprechung im Verfassungsstaat des Grundgesetzes, Tübingen 2005.

Coester-Waltjen, Dagmar, Internationales Beweisrecht, Das auf den Beweis anwendbare Recht in Rechtsstreitigkeiten mit Auslandsbezug, Ebelsbach 1983.

Copinger, Walter Arthur/*Skone James,* Edmund Purcell/*Davies,* Gillian/*Caddick,* Nicholas/*Harbottle,* Gwilym, Copinger and Skone James on copyright, London 2017.

Crump, David, Goodbye, Reasonably Calculated; You're Replaced by Proportionality: Deciphering the New Federal Scope of Discovery, 23 George Mason Law Review 2015–2016, S. 1093–1105.

Curran, Vivian Grosswald, U.S. Discovery in a Transnational and Digital Age and the Increasing Need for Comparative Analysis, 51 Akron L. Rev. 2017, S. 857–887.

Curran, Vivian Grosswald, United States Discovery and Foreign Blocking Statutes, 76 La. L. Rev. 2016, S. 1141–1150.

Cutler, Samantha, The Face-off between Data Privacy and Discovery: Why U.S. Courts Should Respect EU Data, 59 B. C. L. Rev. 2018, S. 1513–1540.

Däubler, Wolfgang/*Wedde,* Peter/*Weichert,* Thilo/*Sommer,* Imke, EU-Datenschutz-Grundverordnung und BDSG-neu, Kompaktkommentar: EU-Datenschutz-Grundverordnung (EU-DSGVO), neues Bundesdatenschutzgesetz (BDSG-neu), weitere datenschutzrechtliche Vorschriften, Frankfurt am Main 2018.

Determann, Lothar, Datenschutz in den USA – Dichtung und Wahrheit, NVwZ 2016, S. 561–567.

Dippold, Rolf/*Meier,* Andreas/*Schnider,* Walter/*Schwinn,* Klaus, Unternehmensweites Datenmanagement, Von der Datenbankadministration bis zum Informationsmanagement, 4. Aufl., Dordrecht 2005.

Dodson, Scott, Comparative Convergences in pleading standards, 158 U. Pa. L. Rev. 2010, S. 441–472.

Dodson, Scott, New Pleading, New Discovery, 109 Mich. L. Rev. 2010, S. 53–89.

Dodson, Scott, Presuit Discovery in a comparative Context, 6 J. Comp. L. 2011, S. 51–66.

Dölling, Birger, Die Voraussetzungen der Beweiserhebung im Zivilprozess, NJW 2013, S. 3121–3127.

Domke, Carsten, International E-Discovery, E-Discovery vs. German Data Protection, ABA Tech Committee 2010, https://apps.americanbar.org/labor/techcomm/mw/Papers/2010/pdf/domke.pdf (zugegriffen am 1.9.2018).

Dore, Laurie Kratky, Secrecy by consent: The Use and Limits of Confidentiality in the Pursuit of Settlement, 74 Notre Dame L. Rev. 1999, S. 285–402.

Dreier, Thomas/*Schulze,* Gernot, Urheberrechtsgesetz, Urheberrechtswahrnehmungsgesetz, Kunsturhebergesetz; Kommentar, 5. Aufl., München 2015.

Drenckhahn, Cornelia, Urkundsvorlagepflichten im Zivilprozess und im arbeitsgerichtlichen Verfahren nach der ZPO-Reform unter besonderer Berücksichtigung der Neufassung des § 142 ZPO, Frankfurt am Main 2007.

Dunz, Walter, Der unzulässige Ausforschungsbeweis, NJW 1956, S. 769–773.

Engelhardt, Matthias, Die Woolf-Reform in England – Inspirationen für den deutschen Zivilprozess, Frankfurt am Main 2007.

Erichson, Howard M., Court-ordered confidantiality in Discovery, 81 Chi.-Kent L. Rev. 2006, S. 357–374.

Esser, Guido, Der Ausforschungsbeweis, Bonn 1969.

Federal Judicial Center, Manual for Complex Litigation, Fourth, 4. Aufl., Washington, https://www.fjc.gov/sites/default/files/2012/mcl4.pdf (zugegriffen am 1.9.2018).

Fenger, Hermann, Die Öffentlichkeit in Arzthaftpflichtverfahren, NJW 2000, S. 851–853.

Fezer, Karl-Heinz, Markenrecht, Kommentar zum Markengesetz, zur Pariser Verbandsübereinkunft und zum Madrider Markenabkommen; Dokumentation des nationalen, europäischen und internationalen Kennzeichenrechts, München 2009.

Fitzner, Uwe/*Bodewig,* Theo/*Lutz,* Raimund, Beck'scher Online-Kommentar Patentrecht, 8. Edition, Stand: 16.4.2018, München 2018.

Forgó, Nikolaus/*Helfrich,* Marcus/*Schneider,* Jochen, Betrieblicher Datenschutz, 2. Aufl., München 2017.

Forster, Oliver/*Almughrabi,* Osama, Managing the Conflict between U.S. E-Discovery and the German Data Protection Act, 36 Hastings Int'l & Comp. L. Rev. 2013, S. 111–143.

Freeman, Rod/*Duchesne,* Cecil/*Polly,* Sebastian, Kampf der Kulturen: Europäischer Datenschutz vs. außereuropäische Auskunftsansprüche, Ein Dilemma im Produkthaftungs- und Produktsicherheitsrecht, PHi 2012, S. 22–25.

Friederich, Brian, Reinforcing the Hague Convention on Taking Evidence Abroad after Blocking Statutes, Data Privacy Directives, and Aerospatiale Comment, 12 San Diego Int'l L.J. 2010, S. 263–298.

Fromm, Friedrich Karl/*Nordemann,* Wilhelm, Urheberrecht, Kommentar zum Urheberrechtsgesetz Verlagsgesetz Urheberrechtswahrnehmungsgesetz, 11. Aufl., Stuttgart 2014.

Galanter, Marc, The Vanishing Trial, 10 Disp. Resol. Mag 2004, S. 3–6.

Gambol, Anthony, The Twombly Standard and Affirmative Defenses: What is Good for the Goose is Not Always Good for the Gander, 79 Fordham L. Rev. 2010–2011, S. 2173–2210.

Gamp, Lothar, Die Bedeutung des Ausforschungsbeweises im Zivilprozeß, DRiZ 1982, S. 165–171.

Geercken, Karl/*Holden,* Kelly/*Rath,* Michael/*Surguy,* Mark/*Stretton,* Tracey, Cross Border E-Discovery, How to manage potential evidence in an international environment, CRi 2010, S. 65–74.

Gensler, Steven S., Federal rules of civil procedure, Rules and commentary, Eagan, Minn. 2018.

Gernhuber, Joachim, Das Schuldverhältnis, Begründung und Änderung, Pflichten und Strukturen, Drittwirkungen, Tübingen 1989.

Gersdorf, Hubertus/*Paal,* Boris P., Beck'scher Online-Kommentar Informations- und Medienrecht, 20. Edition, Stand: 1.5.2018, München 2018.

Gibbons, Susan M. C., Protecting documents disclosed under pre-action protocols against subsequent use, 21 C.J.Q. 2002, S. 254–270.

Gibbons, Susan M. C., Subsequent use of documents obtained through disclosure in civil proceedings – the „purpose of the proceedings" test, 20 C.J.Q. 2001, S. 303–326.

Gierschmann, Sibylle, Systematischer Praxiskommentar Datenschutzrecht, Datenschutz aus Unternehmenssicht, Köln 2014.

Gola, Peter/*Schomerus,* Rudolf/*Klug,* Christoph/*Körffer,* Barbara, Bundesdatenschutzgesetz, 12. Aufl., München 2015.

Goldstein, Andrew D., Sealing and Revealing: Rethinking the Rules Governing Public Access to Information Generated through Litigation, 81 Chi.-Kent L. Rev. 2006, S. 375–438.

Gomille, Christian, Informationsproblem und Wahrheitspflicht, Ein Aufklärungsmodell für den Zivilprozess, Tübingen 2016.

Götting, Horst-Peter, Die Entwicklung neuer Methoden der Beweisbeschaffung zur Bekämpfung von Schutzrechtsverletzungen, Die Anton-Piller-Order – Ein Modell für das deutsche Recht?, GRUR Int. 1988, S. 729–744.

Gottwald, Peter, Die Aufklärungspflicht im Rechtsvergleich, in: Walter Buchegger (Hrsg.), Beiträge zum Zivilprozeßrecht 5, Linzer Universitätsschriften, Wien 1995, S. 19–43 (zitiert: *Gottwald,* Die Aufklärungspflicht im Rechtsvergleich).

Gottwald, Peter, Zur Wahrung von Geschäftsgeheimnissen im Zivilprozeß, BB 1979, S. 1780–1787.

Götz, Andreas, Der Schutz von Betriebs- und Geschäftsgeheimnissen im Zivilverfahren, Tübingen 2014.

Grabenwarter, Christoph, Europäischer Grundrechteschutz, Enzyklopädie Europarecht, Band 2, Baden-Baden 2014.

Grabitz, Eberhard/*Hilf,* Meinhard/*Nettesheim,* Martin, Das Recht der Europäischen Union, Band IV Sekundärrecht, 40. Aktualisierung 2009, München.

Grainger, Ian/*Fealy,* Michael/*Spencer,* Martin, The civil procedure rules in action, 2. Aufl., London 2000.

Greenberg, Jason, Swidler & Berlin v. United States … and justice for all?, 80 B.U.L. Rev. 2000, S. 939–966.

Greger, Reinhard, Zweifelsfragen und erste Entscheidungen zur neuen ZPO, NJW 2002, S. 3049–3053.

Greger, Reinhard, Zwischen Mediation und Inquisition – Neue Wege der Informationsbeschaffung im Zivilprozess, Deutsches Steuerrecht 2005, S. 479–484.

Grenig, Jay E./*Kinsler,* Jeffrey S., Handbook of federal civil discovery and disclosure, Volume II – E-Discovery and Records, 4. Aufl., Eagan, Minnesota 2017.

Gruber, Urs Peter/*Kießling,* Erik, Die Vorlagepflichten der §§ 142 ff. ZPO nach der Reform 2002, Elemente der „discovery" im neuen deutschen Gerichtsverfahren?, ZZP 2003, S. 305–333.

Haeffs, Julia Aya, Der Auskunftsanspruch im Zivilrecht, Zur Kodifikation des allgemeinen Auskunftsanspruchs aus Treu und Glauben (§ 242 BGB), Baden-Baden 2010.

Haertlein, Lutz, Die Erteilung von Abschriften gerichtlicher Entscheidungen an wissenschaftlich Interessierte und die Erhebung von Kosten, ZZP 2001, S. 441–471.

Hamelmann, Uwe, Urkundenvorlagepflichten nach § 142 Abs. 1 und 2 ZPO, Leipzig 2012.

Hanloser, Stefan, e-discovery, Datenschutzrechtliche Probleme und Lösungen, DuD 2008, S. 785–789.

Harguth, Alexander, „Pre-Trial Discovery" und das deutsche Datenschutzrecht, Marburg 2013.

Hartnett, Edward A., Taming Twombly, even after Iqbal, 158 U. Pa. L. Rev. 2010, S. 473–516.

Hartz, Nikolaus von, Beweissicherungsmöglichkeiten im Urheberrecht nach der Enforcement-Richtlinie im deutschen Recht, ZUM 2005, S. 376–384.

Hay, Peter/*Schlosser,* Peter, Die Informationsbeschaffung für den Zivilprozeß, Die verfahrensmäßige Behandlung von Nachlässen, ausländisches Recht und internationales Zivilprozeßrecht: ein Forschungsbericht, Bielefeld 1996.

Haydock, Roger S./*Herr,* David F., Discovery Practice, 8. Aufl., New York 2017.

Hellmann, Hans-Joachim/*Steinbrück,* Ben, Discovery Light – Informations- und Beweismittelbeschaffung im Rahmen von Kartellschadensersatzklagen, NZKart 2017, S. 164–175.

Higgins, Andrew, Open door disclosure in civil litigation, 16 Int'l J. Evidence & Proof 2012, S. 298–322.

Hill, Louise L., Gone but Not Forgotten: When Privacy, Policy and Privilege Collide, 9 Nw. J. Tech. & Intell. Prop. 2011, S. 565–590.

Hille, Christian Peter, Zulässigkeit und Grenzen der Anordnung einer Begutachtung von Amts wegen, DS 2015, S. 181–187.

Himmelreich, Ned T., Metadata, Data about Data, 43 Md. B.J. 2010, S. 34–38.

Hirte, Heribert, Mitteilung und Publikation von Gerichtsentscheidungen, Zum Spannungsverhältnis von Persönlichkeitsschutz und Interessen der Öffentlichkeit, NJW 1988, S. 1698–1705.

Hoeren, Thomas/*Sieber,* Ulrich/*Holznagel,* Bernd, Handbuch Multimedia-Recht, Teil 16.6 E-Discovery, zuletzt überarbeitet: 34. Ergänzungslieferung April 2013, München.

Hök, Götz-Sebastian, Obliegenheitsverletzung durch fehlende Substantiierung: zum Parteivorbringen bei Informationsgefälle, MDR 1995, S. 773–779.

Huff, Martin, Notwendige Öffentlichkeitsarbeit der Justiz, NJW 2004, S. 403–407.

Ingerl, Reinhard/*Rohnke,* Christian, Markengesetz, Gesetz über den Schutz von Marken und sonstigen Kennzeichen, 3. Aufl., München 2010.

Jarass, Hans D., Charta der Grundrechte der Europäischen Union, Unter Einbeziehung der vom EuGH entwickelten Grundrechte, der Grundrechtsregelungen der Verträge und der EMRK, 3. Aufl., München 2016.

Jauernig, Othmar/*Stürner,* Rolf, Bürgerliches Gesetzbuch, 17. Aufl., München 2018.

Josephs, Adam M., The Availability of Discovery Sanctions for Violations of Protective Order, 80 U. Chi. L. Rev. 2013, S. 1355–1389.

Jotzo, Florian, Der Schutz personenbezogener Daten in der Cloud, Baden-Baden 2013.

Junker, Abbo, Die Discovecy-Reform des Jahres 1993, Zeitenwende oder Gesetzeskosmetik?, ZZPInt 1996, S. 235–269.

Junker, Abbo, Discovery im deutsch-amerikanischen Rechtsverkehr, Heidelberg 1987.

Junker, Abbo, Electronic Discovery gegen deutsche Unternehmen, Rechtliche Grenzen und Abwehrstrategien, Frankfurt am Main 2008.

Kapoor, Arun, Die neuen Vorlagepflichten für Urkunden und Augenscheinsgegenstände in der Zivilprozessordnung, Baden-Baden 2009.

Kay, Maurice/*Sime,* Stuart/*French,* Derek, Blackstone's civil practice 2017, Oxford 2017.

Keany, Mary Elizabeth, Don't Steal My Sunshine, Deconstructing the Flawed Presumption of Privacy for Unfiled Documents Exchanged During Discovery, 62 Hastings L.J. 2011, S. 795–820.

Kersting, Christian/*Podszun,* Rupprecht, Die 9. GWB-Novelle, Kartellschadensersatz – Digitale Ökonomie – Fusionskontrolle – Bußgeldrecht – Verbraucherschutz, München 2017.

Kessler, David J./*Nowak,* Jamie/*Khan,* Sumera, The Potential Impact of Article 48 of the General Data Protection Regulation on Cross Border Discovery from the United States, 17 Sedona Conf. J. 2016, S. 575–611.

Kiethe, Kurt, Zulässigkeit von Beweisantritten bei Behauptungen auf Grundlage einer zivilrechtlichen Vermutungsbasis, MDR 2003, S. 1325–1329.

Kischel, Uwe, Rechtsvergleichung, München 2015.

Kissel, Otto Rudolf/*Mayer,* Herbert, Gerichtsverfassungsgesetz, Kommentar, 8. Aufl., München 2015.

Klar, Manuel/*Kühling,* Jürgen, Privatheit und Datenschutz in der EU und den USA – Kollision zweier Welten?, AöR 2016, S. 165–224.

Klein, Benjamin L., Trust, Respect, and Cooperation May Keep Us out of Jail: A Practical Guide to Navigate the European Union Privacy Directive's Restrictions on American Discovery Procedure, 25 Geo. J. Legal Ethics 2012, S. 623.

Klumpe, Gerhard/*Thiede,* Thomas, Keeping the Floodgates Shut – Kartellschadensersatz nach der 9. GWB-Novelle, NZKart 2017, S. 332–339.

Knaak, Roland, Die EG-Richtlinie zur Durchsetzung der Rechte des geistigen Eigentums und ihr Umsetzungsbedarf im deutschen Recht, GRUR Int. 2004, S. 745–750.

Knapp, Kristen A., Enforcement of U.S. Electronic Discovery Law against Foreign Companies: Should U.S. Courts Give Effect to the EU Data Protection Directive, Rich. J. Global L. & Bus. 2010, S. 111–133.

Knöfel, Oliver L., Electronic Discovery im deutschamerikanischen Rechtsverkehr, RIW 2010, S. 403–407.

Koch, Raphael, Mitwirkungsverantwortung im Zivilprozess, Ein Beitrag zum Verhältnis von Parteiherrschaft und Richtermacht, zur Wechselwirkung von materiellem Recht und Prozessrecht sowie zur Risikoverteilung und Effizienz im Zivilprozess, Tübingen 2013.

Köhler, Helmut, Der Schadensersatz-, Bereicherungs- und Auskunftsanspruch im Wettbewerbsrecht, NJW 1992, S. 1477–1482.

Koniak, Susan P., Are Agreements to Keep Secret Information Learned in Discovery Legal, Illegal, or Something in Between Conference on Legal Ethics: What Needs Fixing, 30 Hofstra L. Rev. 2002, S. 783–810.

Kopp, Wolfgang, Fallstricke der Tatsachenfeststellung im Zivilprozess, NJOZ 2017, S. 330–335.

Krapfl, Claudia, Die Dokumentenvorlage im internationalen Schiedsverfahren, Ein deutsch-US-amerikanischer Vergleich, Frankfurt am Main 2007.

Kroll, Vlad, Default Production of electronically stored Information under the Federal Rules of Civil Procedure, The Requirement of Rule (34(b), 59 Hastings L.J. 2007, S. 221–240.

Krüger, Wolfgang/*Rauscher,* Thomas, Münchener Kommentar zur Zivilprozessordnung mit Gerichtsverfassungsgesetz und Nebengesetzen – Band 1: §§ 1–354, 5. Aufl., München 2016.

Krüger, Wolfgang/*Rauscher,* Thomas, Münchener Kommentar zur Zivilprozessordnung mit Gerichtsverfassungsgesetz und Nebengesetzen – Band 2: §§ 355–945b, 5. Aufl., München 2016.

Krüger, Wolfgang/*Rauscher,* Thomas, Münchener Kommentar zur Zivilprozessordnung mit Gerichtsverfassungsgesetz und Nebengesetzen – Band 3: §§ 946–1117, 5. Aufl., München 2017.

Kühling, Jürgen/*Buchner,* Benedikt, Datenschutz-Grundverordnung/BDSG, 2. Aufl., München 2018.

Kuta, Kevin, Die Besichtigungsanordnung nach dem „Düsseldorfer Modell", Zur Rechtmäßigkeit des Düsseldorfer Besichtigungsverfahrens de lege lata, Tübingen 2017.

Kutz, Ashley A., Rethinking the Good Cause Requirement: A New Federal Approach to Granting Protective Orders under F.R.C.P. 26 (c), 42 Val. U. L. Rev. 2007, S. 291–340.

Lang, Johannes, Die Aufklärungspflicht der Parteien des Zivilprozesses vor dem Hintergrund der europäischen Rechtsvereinheitlichung, Eine vergleichende Betrachtung des deutschen, englischen und französischen Zivilprozeßrechts sowie des „Storme-Entwurfs", Berlin 1999.

Lang, Sonja, Die Urkundenvorlagepflichten der Gegenpartei gemäß § 142 Abs. 1 Satz 1 ZPO, Frankfurt am Main 2007.

Laumen, Hans W., Die „Beweiserleichterung bis zur Beweislastumkehr" – Ein beweisrechtliches Phänomen, NJW 2002, 3739–3746.

Leipold, Dieter, Die gerichtliche Anordnung der Urkundenvorlage im reformierten deutschen Zivilprozess, in: Eberhard Schilken (Hrsg.), Festschrift für Walter Gerhardt, Köln 2004, S. 563–585 (zitiert: *Leipold,* FS Gerhardt).

Löffler, Martin, Presserecht, Kommentar zu den deutschen Landespressegesetzen mit systematischen Darstellungen zum pressebezogenen Standesrecht, Anzeigenrecht, Werbe- und Wettbewerbsrecht, Urheber- und Verlagsrecht, Arbeitsrecht, Titelschutz, Mediendatenschutz, Jugendmedienschutz und Steuerrecht, 6. Aufl., München 2015.

Löffler, Martin/*Ricker,* Reinhart/*Weberling,* Johannes, Handbuch des Presserechts, 6. Aufl., München 2012.

Longrée, Sebastian J. M./*Maiwurm,* Nils, Das Recht auf Einsichtnahme in die Akten fremder Verfahren, MDR 2015, S. 805–809.

Lorenz, Stephan, Auskunftsansprüche im Bürgerlichen Recht, JuS 1995, S. 569–575.

Lorenz, Stephan, Die Neuregelung der pre-trial-Discovery im US-amerikanischen Zivilprozeßrecht, Inspiration für den deutschen und europäischen Zivilprozeß, ZZP 1998, S. 35–65.

Lüderitz, Alexander, Ausforschungsverbot und Auskunftsanspruch bei Verfolgung privater Rechte, Tübingen 1966.

Lüke, Gerhard, Der Informationsanspruch im Zivilrecht, JuS 1986, S. 2–7.

Lux, Johannes/*Glienke,* Tobias, US-Discovery versus deutsches Datenschutzrecht, RIW 2010, S. 603–607.

Marcus, Richard L., The Discovery Confidentiality Controversy, U. Ill. L. Rev. 1991, S. 457–506.

Mark, Gideon, Federal discovery stays, 45 U. Mich. J. L. Reform 2012, S. 405–453.

Matthews, Paul/*Malek,* Hodge M., Disclosure, 5. Aufl., London 2017.

Maxeiner, James R., Pleading and access to civil procedure, Historical and comparative reflections on iqbal, a day in court and a decision according to law, 114 Penn St. L. Rev. 2010, S. 1257–1289.

McKown, James R., Discovery of Trade Secrets, 10 Santa Clara High Tech. L.J. 1994, S. 35–67.

McPeak, Agnieszka, Social Media, Smartphones, and Proportional Privacy in Civil Discovery, 64 U. Kan. L. Rev. 2015–2016, S. 235–292.

Meller-Hannich, Caroline, Selbstständiges Beweisverfahren: Anordnung der Urkundenvorlegung, MDR 2017.

Mes, Peter, Patentgesetz, Gebrauchsmustergesetz, 4. Aufl., München 2015.

Metz, Martin/*Spittka,* Jan, Datenweitergabe im transatlantischen Rechtsraum – Konflikt oder Konsistenz?, ZD 2017, S. 361–367.

Meyer, Jürgen, Charta der Grundrechte der Europäischen Union, 4. Aufl., Baden-Baden 2014.

Michl, Walther, Das Verhältnis zwischen Art. 7 und Art. 8 GRCh – zur Bestimmung der Grundlage des Datenschutzgrundrechts im EU-Recht, DuD 2017, S. 349–353.

Miller, Arthur R., Confidentiality, Protective Orders, and Public Access to the Courts, 105 Harv. L. Rev. 1991, S. 427–502.

Miller, Arthur R., From Conley to Twombly to Iqbal: A double play on the federal rules of civil procedure, 60 Duke L.J. 2010, S. 1–118.

Moore, Jonathan E., Social-Media Discovery: It's a matter of proportion, 31 T. M. Cooley L. Rev. 2014, S. 403–427.

Moskowitz, Seymour, Discovering Discovery, Non-Party Access to Pretrial Information in the Federal Courts 1938–2006, 78 U. Colo. L. Rev. 2007, S. 817–878.

Musielak, Hans-Joachim, Hilfen bei Beweisschwierigkeiten im Zivilprozeß, in: Karsten Schmidt, Claus-Wilhelm Canaris, Andreas Heldrich (Hrsg.), 50 Jahre Bundesgerichtshof, Festgabe aus der Wissenschaft, München 2000, S. 193–225 (zitiert: *Musielak, FS BGH*).

Musielak, Hans-Joachim/*Voit,* Wolfgang, Zivilprozessordnung, Mit Gerichtsverfassungsgesetz, 15. Aufl., München 2018.

Niehr, Patrick, Die zivilprozessuale Dokumentenvorlegung im deutsch-englischen Rechtshilfeverkehr nach der deutschen und der englischen Prozessrechtsreform, Frankfurt am Main 2004.

Noorda, C. W./*Hanloser,* Stefan, EU Data Privacy Regulations, A practical guide, in: C. W. Noorda, Stefan Hanloser (Hrsg.), E-discovery and data privacy, Alphen aan den Rijn 2011, S. 13–27 (zitiert: *Noorda/Hanloser,* E-discovery and data privacy).

Oberheiden, Nick, Das Richterbild des Common Law, DRiZ 2009, S. 332–335.

Osterloh-Konrad, Christine, Der allgemeine vorbereitende Informationsanspruch, Zivilrechtliche Auskunfts- und Rechenschaftsansprüche und ihre Funktion im Zivilprozess, München 2007.

Osterrieth, Christian, Patentrecht, 5. Aufl., München 2015.

Osthaus, Wolf, Informationszugang für den internationalen Prozess zwischen lex fori und lex causae, Zur kollisionsrechtlichen Behandlung von Informationszugangsrechten am Beispiel des Deliktrechts mit rechtsvergleichender Einführung, Göttingen 2005.

Owen, Joseph W., A ‚plausible' future, Some state courts embrace heightened pleading after Twombly and Iqbal, 36 N. C. Cent. L. Rev. 2013, S. 104–129.

Paal, Boris P./*Pauly,* Daniel A., Datenschutz-Grundverordnung, Bundesdatenschutzgesetz, 2. Aufl., München 2018.

Pace III, Jack E., An Analysis of Recent Challenges to Stipulated Blanket Protective Orders, 19 Antitrust 2005, S. 46–52.

Pardey, Karl-Dieter, Informationelles Selbstbestimmungsrecht und Akteneinsicht – Zum Erfordernis verfassungskonformer Eingrenzung der Akteneinsichtsrechte in FGG-Verfahren, NJW 1989, S. 1647–1652.

Pardo, Michael S., Pleadings, Proof, and judgement: A unified theory of civil litigation, 51 B. C. L. Rev. 2010, S. 1451–1509.

Patzak, Andrea/*Higard,* Mark C./*Wybitul,* Tim, European and German privacy laws and cross-border data transfer in US discovery procedures, CRi 2011, S. 13–18.

Paulus, Christoph G., Zivilprozessrecht, Erkenntnisverfahren, Zwangsvollstreckung und Europäisches Zivilprozessrecht, 5. Aufl., Berlin 2013.

Peters, Egbert, Auf dem Wege zu einer allgemeinen Prozeßförderungspflicht der Parteien?, in: Peter Gottwald (Hrsg.), Festschrift für Karl Heinz Schwab zum 70. Geburtstag, München 1990, S. 399–408 (zitiert: *Peters, FS Gottwald*).

Peters, Egbert, Ausforschungsbeweis im Zivilprozeß, Köln 1966.

Plath, Kai-Uwe, BDSG/DSGVO, Kommentar zum BDSG und zur DSGVO sowie den Datenschutzbestimmungen des TMG und TKG, 2. Aufl., Köln 2016.

Podszun, Rupprecht/*Kreifels,* Stephan, Kommt der Ausforschungsanspruch? – Anmerkungen zum geplanten § 33g GWB, GWR 2017, S. 67–72.

Posdziech, Marion, US-amerikanische Discovery und deutsches Datenschutzrecht, Der Konflikt im Falle der Dokumentenvorlage, Wiesbaden, s.l. 2017.

Prosser, William L., Privacy, 48 Cal. L. Rev. 1960, S. 383–432.

Prütting, Hanns, Datenschutz und Zivilverfahrensrecht in Deutschland, ZZP 1993, S. 427–468.

Prütting, Hanns, Gegenwartsprobleme der Beweislast, München 1983.

Prütting, Hanns/*Gehrlein,* Markus, Zivilprozessordnung, 9. Aufl., Köln 2017.

Putnam, Kurt, Your Trade Secret Is Safe With Us, How the Revision to Federal Rules of Civil Procedure Makes Discovery Presumptively Confidential, 24 Hastings Comm. & Ent. L.J. 2001–2002, S. 427–447.

Rachlinski, Jeffrey J., Why hightened pleading – Why now?, 114 Penn St. L. Rev. 2010, S. 1247–1256.

Rath, Michael/*Klug,* Saskia, e-Discovery in Germany?, KuR 2008, S. 596–600.

Reardon, Colin T., Pleading in the Information Age, 85 N.Y.U. L. Rev. 2010, S. 2170–2208.

Reiling, Florian, Das US-amerikanische Discovery-Verfahren im Rahmen deutscher gerichtlicher Auseinandersetzungen, Eine Untersuchung unter rechtsvergleichenden Gesichtspunkten sowie unter besonderer Berücksichtigung des Verfahrens nach 28 U.S.C. 1782 (a) als Beweisbeschaffungsmöglichkeit für Patentstreitigkeiten vor deutschen Gerichten, Tübingen 2016.

Reinert, Alexander A., The Burdens of Pleading, 162 U. Pa. L. Rev. 2014, S. 1767–1791.

Reyes, Carla L., The U.S. Discovery-EU Privacy Directive Conflict, Constructing a three-tiered compliance strategy, 19 Duke J. Comp. & Int'l L. 2009, S. 357–387.

Richter, Peter, Datenschutz zwecklos? – Das Prinzip der Zweckbindung im Ratsentwurf der DSGVO, DuD 2015, S. 735–740.

Rosenberg, Leo/*Schwab,* Karl Heinz/*Gottwald,* Peter, Zivilprozessrecht, 18. Aufl., München 2018.

Roßnagel, Alexander, Handbuch Datenschutzrecht, Die neuen Grundlagen für Wirtschaft und Verwaltung, München 2003.

Rouhette, Thomas/*Barda,* Ela, The French Blocking Statute and Cross-Border Discovery, 84 Def. Counsel J. 2017.

Saccone, Nick, Somewhere between Florida, Texas, and Federal Rule of Civil Procedure 26(C): A Balanced Approach to Protective Orders and Confidential Settlements, 39 U. Tol. L. Rev. 2008, S. 729–754.

Säcker, Franz-Jürgen/*Rixecker,* Roland/*Oetker,* Hartmut/*Limperg,* Bettina, Münchener Kommentar zum Bürgerlichen Gesetzbuch – Band 2, 7. Aufl., München 2016.

Säcker, Franz-Jürgen/*Rixecker,* Roland/*Oetker,* Hartmut/*Limperg,* Bettina, Münchener Kommentar zum Bürgerlichen Gesetzbuch – Band 5/2, 7. Aufl., München 2017.

Säcker, Franz-Jürgen/*Rixecker,* Roland/*Oetker,* Hartmut/*Limperg,* Bettina, Münchener Kommentar zum Bürgerlichen Gesetzbuch – Band 6, 7. Aufl., München 2017.

Saenger, Ingo, Grundfragen und aktuelle Probleme des Beweisrechts aus deutscher Sicht, ZZP 2008, S. 139.

Saenger, Ingo, Zivilprozessordnung, Familienverfahren, Gerichtsverfassung, Europäisches Verfahrensrecht, 7. Aufl., Baden-Baden 2017.

Schaaff, Petra, Discovery und andere Mittel der Sachverhaltsaufklärung im englischen Pre-Trial-Verfahren im Vergleich zum deutschen Zivilprozess, Berlin 1983.

Schack, Haimo, Einführung in das US-amerikanische Zivilprozessrecht, 4. Aufl., München 2011.

Scherpe, Julia Caroline, Recht auf Beweis und Beibringungsgrundsatz im Zivilprozess, ZZP 2016, S. 153–186.

Schlosser, Peter, Die lange deutsche Reise in die prozessuale Moderne, JZ 1991, S. 599–608.

Schlosser, Peter, Französische Anregungen zur Urkundenvorlagepflicht nach § 142 ZPO, in: Michael Coester (Hrsg.), Privatrecht in Europa, Vielfalt, Kollision, Kooperation; Festschrift für Hans Jürgen Sonnenberger zum 70. Geburtstag, München 2004, S. 135–154 (zitiert: *Schlosser,* FS Sonnenberger).

Schreiber, Christoph, Das Recht auf Besichtigung von Sachen, JR 2008, S. 1–5.

Schricker, Gerhard/*Loewenheim,* Ulrich/*Leistner,* Matthias/*Ohly,* Ansgar, Urheberrecht, München 2017.

Schulte, Rainer, Patentgesetz mit Europäischem Patentübereinkommen, Kommentar auf der Grundlage der deutschen und europäischen Rechtsprechung, 10. Aufl., Köln 2017.

Schultz, Volker, Substanziierungsanforderungen an den Parteivortrag in der BGH-Rechtsprechung, NJW 2017, S. 16–21.

Schwarze, Jürgen/*Becker,* Ulrich/*Hatje,* Armin/*Schoo,* Johann, EU-Kommentar, 3. Aufl., Baden-Baden 2012.

Sime, Stuart, A practical approach to civil procedure, 20. Aufl., Oxford 2017.

Simitis, Spiros, Bundesdatenschutzgesetz, 8. Aufl., Baden-Baden 2014.

Smith, Matthew J., Resolving the Cross-Border Discovery Catch-22, 47 Suffolk U. L. Rev. 2014, S. 601–625.

Soehring, Jörg/*Hoene,* Verena/*Wallraf,* Georg, Presserecht, 5. Aufl., Köln 2013.

Soergel, Hans Theodor/*Ekkenga,* Jens (Red.), Bürgerliches Gesetzbuch mit Einführungsgesetz und Nebengesetzen – Band 3/2: Schuldrecht 1/2: §§ 243–304, Neubearbeitung 2014, 13. Aufl., Stuttgart 2014.

Soergel, Hans Theodor/*Hadding,* Walther (Red.), Bürgerliches Gesetzbuch mit Einführungsgesetz und Nebengesetzen – Band 11/3: Schuldrecht 9/3 §§ 780–822, Neubearbeitung 2012, 13. Aufl., Stuttgart 2012.

Spencer, A. Benjamin, Plausibility Pleading, 49 B. C. L. Rev. 2008, S. 431–494.

Spencer, A. Benjamin, Understanding pleading doctrine, 108 Mich. L. Rev. 2009, S. 1–36.

Spies, Axel, Gesetzgeber billigt Datenzugriff außerhalb der USA (CLOUD Act), ZD-Aktuell 2018, S. 4291.

Spies, Axel, USA: Internationale Durchsuchungen – Fall jetzt vor dem Supreme Court, ZD-Aktuell 2017, S. 5829.

Spies, Axel/*Schröder,* Christian, Auswirkungen der elektronischen Beweiserhebung (eDiscovery) in den USA auf deutsche Unternehmen, MMR 2008, S. 275–281.

Spindler, Gerald/*Schuster,* Fabian, Recht der elektronischen Medien, Kommentar, 3. Aufl., München 2015.

Stackmann, Nikolaus, Richterliche Anordnungen versus Parteiherrschaft im Zivilprozess?, NJW 2007, S. 3521–3526.

Stadler, Astrid, Der Schutz des Unternehmensgeheimnisses im deutschen und U.S.-amerikanischen Zivilprozess und im Rechtshilfeverfahren, Tübingen 1989.

Stadler, Astrid, Geheimnisschutz im Zivilprozess aus deutscher Sicht, ZZP 2010, S. 261–282.

Staudinger, Julius v./*Löwisch,* Manfred (Red.), Kommentar zum Bürgerlichen Gesetzbuch mit Einführungsgesetz und Nebengesetzen, Buch 2: Recht der Schuldverhältnisse §§ 255–304, Neubearbeitung 2014, Berlin 2014.

Staudinger, Julius v./*Marburger,* Peter (Red.), Kommentar zum Bürgerlichen Gesetzbuch mit Einführungsgesetz und Nebengesetzen, Buch 2: Recht der Schuldverhältnisse §§ 779–811, Neubearbeitung 2015, Berlin 2015.

Stein, Friedrich/*Jonas,* Martin, Kommentar zur Zivilprozessordnung 22. Aufl. – Band 3: §§ 128–252, 22. Aufl., Tübingen 2005.

Stein, Friedrich/*Jonas,* Martin, Kommentar zur Zivilprozessordnung 22. Aufl. – Band 4: §§ 253–327, 22. Aufl., Tübingen 2008.

Stein, Friedrich/*Jonas,* Martin, Kommentar zur Zivilprozessordnung 22. Aufl. – Band 9: §§ 916–1066, EG ZPO, 22. Aufl., Tübingen 2002.

Stein, Friedrich/*Jonas,* Martin, Kommentar zur Zivilprozessordnung 23. Aufl. – Band 2: §§ 78–147, 23. Aufl., Tübingen 2016.

Stein, Friedrich/*Jonas,* Martin, Kommentar zur Zivilprozessordnung 23. Aufl. – Band 4: §§ 271–327, 23. Aufl., Tübingen 2018.

Stein, Friedrich/*Jonas,* Martin, Kommentar zur Zivilprozessordnung 23. Aufl. – Band 5: §§ 328–510c, 23. Aufl., Tübingen 2015.

Steinman, Adam N., The Pleading Problem, 62 Stan. L. Rev. 2010, S. 1293–1360.

Steinman, Adam N., The Rise and Fall of Plausibility Pleading?, 69 Vand. L. Rev. 2016, S. 333–400.

Stern, Klaus/*Sachs,* Michael, Europäische Grundrechte-Charta, München 2016.

Stürner, Michael, „... What so exhausts finances, patience, courage, hope ...", Zur Reform des englischen Zivilprozeßrechts, ZVglRWiss 2000, S. 310–337.

Stürner, Rolf, Beweislastverteilung und Beweisführungslast in einem harmonisierten europäischen Zivilprozeß, in: Gerhard Hohloch (Hrsg.), Festschrift für Hans Stoll zum 75. Geburtstag, Tübingen 2001, S. 691–702 (zitiert: *Stürner,* FS Stoll).

Stürner, Rolf, Die Aufklärungspflicht der Parteien des Zivilprozesses, Tübingen 1977.

Stürner, Rolf, Parteipflichten bei der Sachverhaltsaufklärung im Zivilprozeß, Zugleich ein Beitrag zur Lehre von der Beweisverteilung, ZZP 1985, S. 237–256.

Stürner, Rolf, U.S.-amerikanisches und europäisches Verfahrensverständnis, in: Marcus Lutter (Hrsg.), Festschrift für Ernst C. Stiefel zum 80. Geburtstag, München 1987, S. 763–784 (zitiert: *Stürner,* FS Stiefel).

Swierczok, Artur M./*Kontny,* Sandra A., Das Akteneinsichtsrecht im Insolvenzverfahren nach § 4 InsO iVm § 299 ZPO 2016, S. 566–570.

Taeger, Jürgen/*Gabel,* Detlev, Kommentar zum BDSG und zu den Datenschutzvorschriften des TKG und TMG, 2. Aufl., Frankfurt am Main 2013.

The Judicial Conference of the United States Committee on Court Administration and Case Management, Civil Litigation Management Manual, 2. Aufl. 2010, https://www.fjc.gov/sites/default/files/2012/CivLit2D.pdf (zugegriffen am 1.9.2018).

The Sedona Conference, Commentary on privileged ESI, Sedona Conf. J. 2015, S. 101–199.

The Sedona Conference, International Principles on Discovery, Disclosure & Data Protection in Civil Litigation (Transitional Edition) 2017, https://thesedonaconference.org/publications (zugegriffen am 1.9.2018).

The Sedona Conference, The Sedona Conference Glossary: E-Discovery & Digital Information Management, 4. Aufl. 2013, https://thesedonaconference.org/publications (zugegriffen am 1.9.2018).

The Sedona Conference, The Sedona Guidelines: Best Practices Addressing Protective Orders, Confidentiality & Public Access in Civil Cases 2007, https://thesedonaconference.org/publications (zugegriffen am 1.9.2018).

The Sedona Conference, The Sedona Principles: Best Practices, Recommandations & Principles for adressing electronic document production 2004, https://thesedonaconference.org/publications (zugegriffen am 1.9.2018).

Thole, Christoph, Gläubigerinformation im Insolvenzverfahren, ZIP 2012, S. 1533–1542.

Timke, Arne, Die Vorlagebefugnisse von Amts wegen in Deutschland und die U.S.-amerikanische discovery, Eine Untersuchung, inwieweit sich die im Jahr 2001 novellierten §§ 142, 144 ZPO und die U.S.-amerikanische discovery inhaltlich angenähert haben, Taunusstein 2014.

Uhlenbruck, Wilhelm, Gerichtliche Anordnung der Vorlage von Urkunden gegenüber dem Insolvenzverwalter, NZI 2002, S. 589–590.

Vorwerk, Volkert/*Wolf,* Christian, Beck'scher Online-Kommentar ZPO, 29. Edition, Stand: 1.6.2018, 28. Aufl., München 2018.

Vos, Geoffrey/*Fontaine,* Barbara Janet/*Scott,* I. R., White Book Services – Civil procedure 2018, London 2018.

Wach, Karl/*Bücheler,* Gebhard, Die Behauptung trotz Nichtwissens – Der „Vortrag ins Blaue hinein" zwischen Verfassungsrecht und Rechtsmissbrauch, in: Rolf A. Schütze (Hrsg.), Fairness, Justice, Equity, Festschrift für Reinhold Geimer zum 80. Geburtstag, München 2017, S. 765–769 (zitiert: *Wach/Bücheler,* FS Geimer).

Wagner, Gerhard, Datenschutz und Zivilprozeß, ZZP 1995, S. 193–218.

Wagner, Gerhard, Urkundenedition durch Prozeßparteien – Auskunftspflicht und Weigerungsrechte, JZ 2007, S. 706–719.

Wandtke, Artur-Axel/*Bullinger,* Winfried, Praxiskommentar zum Urheberrecht, 4. Aufl., München 2014.

Ward, Burke T./*Sipior,* Janice C./*Hopkins,* Jamie P./*Purwin,* Carolyn/*Volonino,* Linda, Electronic Discovery: Rules for a digital age, 18 B.U. J. Sci. & Tech. L. 2012, S. 150–198.

Warren, Samuel D./*Brandeis,* Louis D., The Right to Privacy, Harv. L. Rev. 1890, S. 192–220.

Waterstraat, Daniel, Informationspflichten der nicht risikobelasteten Partei im Zivilprozess, ZZP 2005, S. 459–485.

Weber, Helmut, Aktuelle Prozeßrechtsreformen in England, ZZPInt 2000, S. 59–74.

Weberling, Johannes, Informations- und Auskunftspflichten der öffentlichen Hand gegenüber Medien in der Praxis, AfP 2003, S. 304–307.

Weiß, Matthias, Disclosure und Inspection im englischen Zivilprozess, Hintergrund, Ausgestaltung und Durchführung, RIW 2014, S. 340–344.

Wieczorek, Bernhard/*Schütze,* Rolf A., Zivilprozessordnung und Nebengesetze – Großkommentar, Band 3: §§ 128–252, 4. Aufl., Berlin 2013.

Wieczorek, Bernhard/*Schütze,* Rolf A., Zivilprozessordnung und Nebengesetze – Großkommentar, Band 4: §§ 253–299a, 4. Aufl., Berlin 2013.

Willer, Ralf, Das selbstständige Beweisverfahren und die Grenzen richterlicher Vorlageanordnungen, NJW 2014, S. 22–25.

Winkler von Mohrenfels, Peter, Abgeleitete Informationsleistungspflichten im deutschen Zivilrecht, Berlin 1986.

Wolfe, Leah M., Perfect Is the Enemy of the Good: The Case for Proportionality Rules Instead of Guidelines in Civil E-Discovery, 43 Cap. U. L. Rev. 2015, S. 153–200.

Wolff, Heinrich Amadeus/*Brink,* Stefan, Beck'scher Online-Kommentar Datenschutzrecht, 24. Edition, Stand: 1.5.2016, München 2016.

Wright, Charles Alan/*Miller,* Arthur R., Federal Practice & Procedure, Volumes 5, 5C, 6A, 8, 8A, 9A 2018.

Zahnd, Mel David, Who's Afraid of the Light – Product Liability Cases, Confidential Settlements, and Defense Attorneys' Ethical Obligations, 28 Geo. J. Legal Ethics 2015, S. 1005–1026.

Zekoll, Joachim/*Bolt,* Jan, Die Pflicht zur Vorlage von Urkunden im Zivilprozess – Amerikanische Verhältnisse in Deutschland?, NJW 2002, S. 3129–3134.

Zeuner, Mark, Durchsetzung von Gläubigerinteressen im Insolvenzverfahren, NJW 2007, S. 2952–2957.

Zitrin, Richard, The Judicial Function: Justice between the Parties, or a Broader Public Interest, 32 Hofstra L. Rev. 2004, S. 1565–1604.

Zöller, Richard, Zivilprozessordnung, 32. Aufl., Köln 2018.

Zöllner, Stephanie, Der Vorlage- und Besichtigungsanspruch im gewerblichen Rechtsschutz – Ausgewählte Probleme, insbesondere im Eilverfahren, GRUR-Prax 2010, S. 74–79.

Zuck, Rüdiger, Das rechtliche Interesse auf Akteneinsicht im Zivilprozess, NJW 2010, S. 2913–2916.

Zuckerman, Adrian A. S., Justice in Crisis: Comparative Dimensions of Civil Procedure, in: Adrian A. S. Zuckerman, Sergio Chiarloni, Peter Gottwald (Hrsg.), Civil justice in Crisis, Comparative perspectives of civil procedure, Oxford 1999 (zitiert: *Zuckerman,* Justice in Crisis).

Zuckerman, Adrian A. S., Zuckerman on civil procedure, Principles of practice, 3. Aufl., London 2013.

Sachregister

Tamina Preuß

Die Kontrolle von E-Mails und sonstigen elektronischen Dokumenten im Rahmen unternehmensinterner Ermittlungen

Eine straf- und datenschutzrechtliche Untersuchung unter Berücksichtigung von Auslandsbezügen

Das Phänomen der unternehmensinternen Ermittlungen zur Aufklärung von Wirtschaftsstraftaten ist spätestens seit der »Siemens-Affäre« in den Fokus der Öffentlichkeit gerückt. Da elektronische Medien in hohem Maße Einzug in den Geschäftsverkehr der Unternehmen gehalten haben, haben die Sichtung, Auswertung und Weitergabe von E-Mails und sonstigen elektronischen Dokumenten hierbei einen herausragenden Stellenwert. Damit die positiven Effekte unternehmensinterner Ermittlungen – wie etwa die Vermeidung und Milderung unternehmensbezogener Sanktionen und die Aufrechterhaltung der Unternehmensreputation – erreicht werden, müssen diese sich innerhalb der Grenzen des materiellen Rechts bewegen. Neben den aus dem Kernstrafrecht zu beachtenden Straftatbeständen – insbesondere der Verletzung des Fernmeldegeheimnisses (§ 206 StGB) und des Ausspähens von Daten (§ 202a StGB) – sind auch die einschlägigen Vorschriften des Nebenstraf- und Ordnungswidrigkeitenrechts in die Überlegung miteinzubeziehen. Die Autorin hat es sich zur Aufgabe gemacht, praktisch handhabbare Lösungsansätze für eine gesetzeskonforme Kontrolle zu finden.

Schriften zum Strafrecht, Band 292
653 Seiten, 2016
ISBN 978-3-428-14762-5, € 119,90
Titel auch als E-Book erhältlich.

www.duncker-humblot.de